민사소송법
핵심판례 셀렉션

전병서

박영사

머리말

다른 법도 그렇지만 민사소송법에서도 판례의 중요성은 크다. 최근 본래의 실체법적 분쟁에 더하여 절차법적 쟁점과 관련된 분쟁이 추가로 전개되기도 하는 사안이 많이 나타나면서, 민사소송법 관련 판례가 계속 나오고 있다. 체계서에서 인용된 민사소송법 핵심판례를 선정하여 분석하였다. 단순한 판례의 나열이 아니고, 그 의미를 다듬고 분석하여 독자에게 도움이 되고자 하였다.

민사소송법을 이해함에 있어서 판례학습을 빼놓을 수 없다. 가령 민사소송법 제77조「참가인에 대한 재판의 효력」의 의미는 무엇인가. 이는 구체적 사건에 있어서 판례를 통하여 나타날 것이다. 학생으로서는 제한된 시간에 스스로 판례를 선정하여 전문을 살피는 것이 쉽지 않다. 특히 수험생을 위하여 시험에 나오는 주요판례에 주목하여 해당 판례 마지막에 관련된 시험출제를 표시하였으므로 이를 참고하면 될 것이다. 또한 체계서의 학습에 도움이 되도록 본서 마지막 색인에서는 중요판례 전부를 연도별로 찾아볼 수 있도록 하였다. 아무쪼록 판례교재로 유용하게 사용되었으면 하는 마음이다.

본서에서 선정한 핵심판례를 포함하여 그 밖의 민사소송법 중요판례 전체의 분석은 신속한 업데이트와 모바일 디바이스(mobile device)에서의 접근성도 배려한 전자책『민사소송법 판례』에서 만날 수 있다. 분량의 문제도 거의 제한이 없으므로 전자책에서는 대부분의 판례를 충분히 다루었다.

출판에 있어서 기획 단계부터 도움을 준 조성호 이사님과 편집 작업을 맡아 준 윤혜경 씨에게 감사를 표한다.

2020. 4.
전병서

☞ 강의 동영상 및 최신 판례 업데이트 등을 유스티치아(Justitia) Law Center 플랫폼(justitia.kr)이나 유튜브 채널(유스티치아)에서 만날 수 있습니다.

목 차

PART 01 총 론

PART 02 법 원

PART 03 당사자

PART 04　소송의 개시

PART 05 변 론

PART 06 증 거

PART 07 소송의 종료

PART 08   병합청구소송

PART 09   다수당사자소송

참고문헌

[체계서]	[인용약어]
강현중, 민사소송법[제7판], 박영사, 2018	강
김용진, 민사소송법[제5판], 신영사, 2008	김용
김홍규/강태원, 민사소송법, 삼영사, 2017	김/강
김홍엽, 민사소송법[제9판], 박영사, 2020	김홍
송상현/박익환, 민사소송법, 박영사, 2014	송/박
이시윤, 신민사소송법[제13판], 박영사, 2019	이
정동윤/유병현/김경욱, 민사소송법[제7판], 법문사, 2019	정/유/김
정영환, 민사소송법[개정신판], 법문사, 2019	정영
한충수, 민사소송법[제2판], 박영사, 2018	한
호문혁, 민사소송법, 법문사, 2016	호

PART

01

총 론

1-1

대법원 1994. 5. 13.자 92스21 전원합의체 결정

과거의 양육비의 상환을 청구하는 사건은 **비송사건**

이혼한 부모의 한쪽만이 자(子)를 양육하여 왔는데, 상대방에 대한 자의 양육자 지정과 현재 및 장래의 양육비의 적정 금액의 분담을 청구하는 사건에 자의 양육에 관하여 소요된 비용(이른바 과거의 양육비)의 상환청구를 병합할 수 있는가?

 판결

부모 중 한쪽만이 자녀를 양육하게 된 경우에 과거의 양육비에 대하여도 상대방이 분담함이 상당하다고 인정되는 경우에는 그 비용의 상환을 청구할 수 있다. 민법 837조 2항에 규정된 자의 양육에 관한 처분에 해당하는 것으로 보아(가사소송법 2조 1항 나. (2) 마류사건 3호에서 민법 837조의 규정에 의한 자의 양육에 관한 처분을 가사비송사건으로 규정), **가사비송사건**으로 가정법원이 심판으로 정하여야 할 것이지 지방법원이 민사소송절차에 따라 판정할 것은 아니다. **[반대의견]** 이른바 과거의 양육비의 상환을 청구하는 것은 성질상 민사소송사항이고 가사소송법이 정한 가정법원의 관할사항이 아니다.

 검토

대상결정은 과거의 양육비의 상환청구는 **가사비송사건**으로 보는 전제에서, 이를 양육자 지정과 현재 및 장래의 양육비의 적정 금액의 분담을 청구하는 가사비송사건에 **병합**하여 청구할 수 있다고 본 것이다. 한편, 가사소송법상 가사소송사건과 가사비송사건을 1개의 소로 제기할 수 있으나(가사소송법 14조 1항), 가사비

	소송사건	비송사건
판단형식	양자택일적 판단	합목적적 판단
당사자	2당사자대립구조	대립당사자구조 아님
심리방식	필수적 변론	임의적 변론
재판형식	판결	결정
불복신청	항소·상고	항고·재항고

송사건에 민사소송사건을 병합할 수는 없는 것이므로, 반대의견에 의하면, 과거의 양육비의 상환을 가사비송사건에 병합하여 청구할 수 없다. 그런데 (장래의 것이든, 과거의 것이든) 양육비의 지급청구가 비송화의 한계 내인지 의문을 제기하기도 한다(이, 16면).

1-2

대법원 2017. 4. 26. 선고 2017다201033 판결

심리를 세밀히 하거나 적절한 **소송지휘권**을 행사하는 등의 방법으로 甲의 주장사실에 대한 乙의 입장을 밝혀 보지도 아니한 채 乙이 변론기일에 출석하지 아니하자 곧바로 변론을 종결하고 제1심판결과 전혀 다른 결론의 판결을 선고한 항소심의 조치에는 **석명권**을 적정하게 행사하지 아니한 심리미진 등 잘못이 있다고 한 사례

甲이 乙의 언니인 丙에게 돈을 대여하면서 그중 일부를 乙 명의의 계좌로 송금하였는데, 乙이 위 금원을 송금받아 소지하거나 사용하였을 가능성이 있으므로 乙은 丙과 연대하여 위 대여금 일부를 지급할 의무가 있다고 주장하는 소를 제기하였는데, 乙이 소장 부본을 송달받고도 답변서를 제출하지 아니하자, 제1심은 변론 없이 甲의 주장은 그 자체로 이유 없다고 보아 (통장 명의를 빌려준 사람은 금전소비대차계약의 당사자가 아니므로 돈을 송금받거나 이를 사용하였다고 하여 차용금을 연대하여 지급할 의무가 없어) 乙에 대해서는 甲의 청구를 기각하는 판결을 선고하였고, 한편 丙에 대해서는 甲 승소판결을 선고하였다. (甲은 丙에 대하여는 항소하지 않았다.) 甲이 乙에 대한 청구에 불복하여 항소하면서 乙에 대한 청구원인 사실을 편취행위에 가담하였음을 이유로 한 불법행위로 인한 손해배상청구로 변경하자, 법원은 발송송달의 방법으로 변론기일통지서를 송달한 후 乙이 불출석한 상태에서 변론기일을 진행하여 甲이 소장 및 항소장을 진술하고, 소장에 첨부되어 있던 甲이 乙 명의의 통장으로 송금한 금융거래내역을 서증으로 제출하자 더 이상의 심리를 진행함이 없이 그 기일에 변론을 종결한 다음, 150조 3항, 1항에 따라 乙이 청구원인 사실을 자백한 것으로 보아 불법행위로 인한 손해배상책임을 인정하였다. 甲의 주장사실에 대한 乙의 입장을 밝혀 보지도 아니한 채 제1심판결과 전혀 다른 결론의 판결을 선고한 항소심의 조치에 대하여 검토하시오.

 판 결

• 원심 ⊗ 파기환송

법원은 소송절차가 **공정 · 신속**하고 경제적으로 진행되도록 노력하여야 하며, 당사자와 소송관계인은 **신의에 따라 성실하게 소송을 수행**하여야 하므로(1조), **법원**은 변론주의에 반하지 아니한 범위 내에서 소송관계를 명료하게 하기 위하여 당사자에게 사실상과 법률상의 사항에 관하여 질문하거나 입증을 촉구할 수 있는 **석명권 등 소송지휘권**을 적절히 행사하여 실체적인 진실을 규명하고 분쟁을 효과적으로 종식시킬 수 있도록 충실히 사건을 심리하여야 하고, **당사자**들도 자신들의 공격 · 방어권 행사에 불이익이 초래된다는 등 특별한 사정이 없는 한 이러한 법원의 조치에 대하여 신의에 좇아 성실하게 협력하여야 할 의무가 있다고 할 것이다(대법원 2003. 1. 24. 선고 2002다61668 판결 참조).

원심으로서는 이와 같은 소송 진행 하에서 바로 피고의 자백간주 판결을 할 것이 아니라, 그에 앞서 제1심이 무변론판결을 선고하면서 원고의 청구를 기각한 연유는 무엇인지, 거기에 절차상 흠은 없는지, 소송의 경과를 전체적으로 보아 피고가 원고의 주장사실에 대하여 다툰 것으로 인정할 여지는 없는지 등을 심리하여 보고, 필요하다면 서면 등을 통하여 원고의 주장에 대한 피고의 입장을 밝힐 것을 촉구하는 등 석명권을 적절히 행사함으로써 진실을 밝혀 구체적 정의를 실현하려는 노력을 게을리하지 말았어야 한다.

그럼에도 불구하고 원심은 심리를 세밀히 하거나 적절한 **소송지휘권**을 행사하는 등의 방법으로 원고의 주장사실에 대한 피고의 입장을 밝혀 보지도 아니한 채 피고가 변론기일에 출석하지 아니하자 곧바로 변론을 종결하고 제1심판결과 전혀 다른 결론의 판결을 선고하고 말았으니 이러한 원심의 조치에는 석명권을 적정하게 행사하지 아니하여 필요한 심리를 다하지 아니하거나 자백간주의 법리를 오해한 잘못이 있다.

 검토

원심이 150조 3항, 1항에 의하여 자백간주로 처리한 사건을 대법원이 1조에서 정한 신의칙상의 법원 쪽 의무위반을 들어서 파기환송한 사건이다.

법원은 소송절차가 공정하고 신속하며 경제적으로 진행되도록 노력하여야 하고(1조 1항), 법원이 가지는 소송의 주재권능인 소송지휘권은 법원의 권한이자 책무·의무이기도 하다. 가령 석명권(136조)을 통하여 소송관계를 분명하게 할 수 있다. 그럼에도 법원이 석명권 등 소송지휘권을 적절히 행사하지 못한 잘못이 문제된 사안이다. 사실심의 충실화와 관련하여, 법원은 실체적으로 소송을 지휘를 하도록 하여, 사안해명뿐만 아니라, 나아가 법적 방향 설정에 있어서도, 당사자와 함께 사실상 및 법률상의 측면에서 토론(erörtern)하고, 발문하여 당사자가 적시에 완전한 주장을 할 수 있도록 개입하여야 하는 등의 석명권의 강화, 실체적 소송지휘 등의 중요성을 떠올리게 하는 판례이다.

대상판결이 1조에서 규정한 민사소송의 이상과 신의성실의 원칙을 당사자와 법원의 협력관계로 높인 다음, 여기서 법원의 의무를 석명권행사로 연결한 것은 법원의 새로운 심리방향에 대한 노력이라고 평가한다(강현중, 법률신문 2017. 11. 21.자 판례분석 참조).

1-3

대법원 2017. 2. 15. 선고 2014다19776, 19783 판결

순환소송 인정결과가 되어 **소송경제**에 반할 뿐만 아니라 **신뢰에 반하는** 권리행사

이동전화사업자인 甲은 상호접속협정에 따라 2009. 9. 17.까지는 LM 3G호와 VM 3G호에 대하여 MSC 방식의 접속을 제공하여 甲의 접속설비를 최소한도로 이용할 수 있도록 할 의무가 있음에도 甲이 이를 거부하여 乙로 하여금 위 일자 이후에도 계속하여 2G MSC 우회접속방식으로 접속하여 우회구간에 대하여 추가적인 접속설비를 이용하도록 하면서 그로 인한 추가 접속통화료를 청구하고 있다. 그런데 甲이 LM 3G호와 VM 3G호에 대하여 MSC 방식으로 접속을 하기 위한 乙의 2008. 6. 2.자 정보제공요청에 응하지 않음으로써 위 각호에 대한 MSC 방식의 접속이 지연되었고, 甲은 위 지연과 관련하여 2009. 9. 18.부터는 乙에 대하여 채무불이행 또는 불법행위에 기한 손해배상책임을 부담한다. 甲이 乙을 상대로 2009. 9. 18. 이후의 접속분에 대하여 2G MSC 우회접속방식으로 접속함으로써 乙이 추가로 이용한 접속설비에 대한 접속통화료의 지급을 청구한다면, 甲에게 그 접속통화료를 지급한 乙은 다시 甲에 대하여 甲의 통신서비스에 가입한 이용자에게 통화를 하는 경우 접속인 LM 3G호와 VM 3G호에 관하여 MSC 방식의 접속을 甲이 거부한 것을 이유로 같은 금액 상당의 손해배상청구를 할 수 있다. 甲의 乙을 상대로 한 2008. 9. 18.부터의 접속에 대한 추가 접속통화료의 청구에 대하여 신의성실의 원칙과 관련하여 검토하시오.

 판결

　신의성실의 원칙은 법률관계의 당사자가 상대방의 이익을 배려하여 형평에 어긋나거나 신의를 저버리는 내용 또는 방법으로 권리를 행사하거나 의무를 이행해서는 안 된다는 추상적 규범이다. 신의성실의 원칙에 반한다는 이유로 권리의 행사를 부정하기 위해서는 상대방에게 신뢰를 제공하였다거나 객관적으로 보아 상대방이 신뢰를 하는 데 정당한 상태에 있어야 하고, 이러한 상대방의 신뢰에 반하여 권리를 행사하는 것이 정의관념에 비추어 용인될 수 없는 정도의 상태에 이르러야 한다.

원고가 피고를 상대로 LM 3G호와 VM 3G호에 관한 2009. 9. 18. 이후의 접속분에 대하여 2G MSC 우회접속방식이 유지됨으로써 피고가 추가로 이용한 접속설비에 대한 접속통화료의 지급을 청구할 수 있다면, 원고에게 그 접속통화료를 지급한 피고는 다시 원고에 대하여 원고가 LM 3G호와 VM 3G호에 관하여 MSC 방식의 접속을 거부한 것을 이유로 같은 금액 상당의 손해배상 청구를 할 수 있을 것이다. 그러나 이것은 원·피고 사이의 **순환소송을 인정하는 결과**가 되어 **소송경제에 반할 뿐만 아니라** 원고는 결국 피고에게 반환할 것을 청구하는 것이 되어 이를 허용하는 것은 **신의성실의 원칙**에 비추어 타당하지 않다. 따라서 2008. 9. 18.부터의 접속에 대한 추가 접속통화료의 청구는 상호접속협정에 의하여 형성된 피고의 신뢰에 반하는 권리 행사로서 허용되지 않는다.

 검 토

민사소송법 1조 2항은 당사자와 소송 관계인은 신의에 따라 성실하게 소송을 수행하여야 한다고 하여 신의칙(Treu und Glauben)이 민사소송법의 대원칙임을 명문화하고 있다. 민사소송에 있어서 신의

칙의 여러 가지 적용례를 그에 알맞게 그룹으로 나누든지 유형화하여 각각의 유형에 따라 그 적용요건 등을 연구하는 것이 일반적인데, 신의칙 적용례를 유형화하면 그림과 같다.

위 사안에서 대상판결은 원·피고 사이의 순환소송을 인정하는 결과가 되어 소송경제에 반할 뿐만 아니라 원고의 청구를 허용하는 것이 되어 신의성실의 원칙에 비추어 타당하지 않다고 보았다.

위와 같은 순환소송은 민사소송의 이상에 관한 1조 1항에 위반된 소송행위의 경우로 **소송경제에 반하는 제소의 금지**라는 신의칙이 발현되는 **제5의 형태**로 포착하는 입장도 있다(강, 89면).

 【대법원 2002. 3. 21. 선고 2000다62322 전원합의체 판결】 산업재해가 보험가입자와 제3자의 공동불법행위로 인하여 발생한 경우에, 근로복지공단이 제3자에 대하여 산업재해보상보험법 54조 1항에 의하여 보험급여액 전액을 구상할 수 있다면, 그 급여액 전액을 구상당한 제3자는 다시 공동불법행위자인 보험가입자를 상대로 그 과실 비율에 따라 그 부담 부분의 재구상을 할 수 있고, 재구상에 응한 보험가입자는 산업재해보상보험법 55조의2의 유추적용에 의하여 근로복지공단에게 재구상당한 금액의 재재구상을 할 수 있다고 하여야 할 것인데, 그렇게 되면 **순환소송**이 되어 **소송경제**에도 반할 뿐만 아니라, 근로복지공단이 결국은 보험가입자에게 반환할 것을 청구하는 것이 되어 이를 허용함은 **신의칙**에 비추어 보더라도 상당하지 않다.

1-4

대법원 2011. 9. 29.자 2011마62 결정

관할만을 발생시킬 목적으로 본래 제소할 의사 없는 청구를 병합한 것이 명백한 경우, **관할**
선택권의 남용으로서 **신의칙에 위배**

변호사 甲과 乙 사찰이, 소송위임계약으로 인하여 생기는 일체 소송은 전주지방법원(乙 사찰의 주된 사무
소를 관할하는 법원)을 관할 법원으로 하기로 합의하였다. 그런데 이후 甲이 乙 사찰을 상대로 소송위임
계약에 따른 성공보수금지급 청구소송을 제기하면서 乙 사찰의 대표단체인 丙 재단(재단법인 대한불교조
계종유지재단)이 乙 사찰을 지휘, 감독할 책임이 있다는 이유로 서울중앙지방법원(丙 재단의 주소지를 관
할하는 법원)에 乙 사찰과 丙 재단을 공동피고로 하여(관련재판적) 위 소를 제기하였다. 공동소송의 경우
에 관련재판적의 적용이 있는가? 전속적 합의관할에 관련재판적에 관한 규정의 적용이 있는가? 그런데
乙 사찰은 종단에 등록을 마친 사찰로서 독자적인 권리능력과 당사자능력을 가지고, 한편 乙 사찰의 甲에
대한 소송위임약정에 따른 성공보수금 채무에 관하여 丙 재단이 당연히 연대채무를 부담하게 되는 것은
아니다. 이에 대하여 피고들은, 원고가 오로지 관할권을 발생시킬 목적으로 본래 제소할 의사가 없는 丙
재단을 공동피고로 삼아 서울중앙지방법원에 성공보수금의 지급을 구하는 소를 제기하였는바, 이는 관할
선택권의 남용이므로 25조의 관련재판적에 관한 규정이 적용되어서는 아니 된다고 주장한다. 법률전문
가인 甲이 丙 재단을 공동피고로 삼은 것은 관할선택권의 남용으로서 신의칙에 위반하는 것은 아닌가?

  판 결   • 원심 ⊗ 파기 (서울고등법원에) 환송

재항고심인 대상결정은, 민사소송의 당사자와
소송관계인은 신의에 따라 성실하게 소송을 수행하
여야 하고(1조 1항), 민사소송의 일방 당사자가 다른
청구에 관하여 관할만을 발생시킬 목적으로 본래
제소할 의사가 없는 청구를 병합한 것이 명백한 경

제1심	직권으로 전주지방법원으로 이송
항소심	이송을 명한 제1심 결정을 취소
상고심	원심결정을 파기/원심법원에 환송

우에는 **관할선택권의 남용**으로서 신의칙에 위배되
어 허용될 수 없으므로, 그와 같은 경우에는 관련재판적에 관한 25조의 규정을 적용할 수 없는
데, 피고 乙 사찰은 대한불교조계종에 등록을 마친 사찰이고, 원고는 1991년부터 현재까지 전주
시에서 법률사무소를 운영하여 온 변호사로서, 2008. 2. 14. 피고 乙 사찰과 소송위임계약을 체
결한 후 2008. 3. 4. 피고 乙 사찰의 소송대리인으로서 한국방송공사를 상대로 전주지방법원
2008가합1254호 삭도철거 등 청구 소송을 제기하고 수행한 사실 등이 있으나, 한편 사설 사찰
이 아닌 불교 종단에 등록을 마친 사찰은 독자적인 권리능력과 당사자능력을 가진 법인격 없는

사단이나 재단이라고 할 것이고, 전통사찰의 보존 및 지원에 관한 법률은 전통사찰의 주지가 동산이나 부동산(해당 전통사찰의 경내지에 있는 그 사찰 소유 또는 사찰 소속 대표단체 소유의 부동산)을 양도하려면 소속 대표단체 대표자의 승인서를 첨부하여 문화체육관광부장관의 허가를 받도록 규정하고(9조 1항), 문화체육관광부장관이 전통사찰의 경내지에 대하여 다른 법률에 따른 수용·사용 또는 제한의 처분을 하려는 자에게 그에 대한 동의를 하려면 전통사찰의 소속 대표단체의 대표자와 협의하여야 한다고 규정하는(13조 1항 및 2항) 외에는 소속 대표단체에 관하여 아무런 규정도 두고 있지 않은 점 등을 종합하여 보면, 피고 乙 사찰이 대한불교조계종에 등록을 마친 사찰로서 독자적인 권리능력과 당사자능력을 가지고, 피고 丙 재단이 피고 乙 사찰에 대하여 전통사찰법이 규정하는 소속 대표단체의 지위에 있다거나 피고 乙 사찰을 지휘·감독할 권한을 가진다고 하더라도, 그것만으로는 피고 乙 사찰의 원고에 대한 소송위임약정에 따른 성공보수금 채무에 관하여 피고 丙 재단이 **당연히 연대채무를 부담하게 되는 것은 아니며**, 법률전문가인 원고로서는 위와 같은 점을 잘 알고 있었다고 보아야 할 것인데, 원고가 **丙 재단을 공동피고로 추가한 것**은 실제로는 丙 재단을 상대로 성공보수금을 청구할 의도는 없으면서도 단지 丙 재단의 주소지를 관할하는 서울중앙지방법원에 관할권을 생기게 하기 위함이라고 할 것이고, 따라서 이는 **관할선택권의 남용**으로서 **신의칙**에 위반하여 허용될 수 없으므로 관련재판적에 관한 25조는 적용이 배제되어 서울중앙지방법원에는 원고의 피고 乙 사찰에 대한 청구에 관하여 관할권이 인정되지 않는다.

검토

일방 당사자가 간책을 써서 악의로 소송법규의 요건에 맞는 법적 상태를 작출하여 해당 법규의 부당한 적용을 받으려고 하는 경우에는 신의칙(1조 2항)에 의하여 그 적용이 배제되고, 소기의 효과가 부정된다. 예를 들어 국내에 주소도 재산도 없는 자를 상대로 소송상 청구를 하려고 하는데 국내에 재판적이 없어 소를 제기할 길이 막혔을 때에 억지로 재산을 국내에 끌어들여 재산이 있는 곳의 특별재판적(11조)을 만들어 소를 제기하는 행위는 신의칙에 반한다.

사안에서 甲은 처음부터 명백하게 丙 재단에 대한 소송을 수행할 의사를 가지지 않고, 다만 자기에게 편리한 丙 재단의 주소지를 관할하는 서울중앙지방법원에 乙 사찰에 대한 청구도 병합하여 관할을 발생시키려는 목적인 것에서 관련재판적(25조) 발생을 위한 이른바 **재판적의 도취(盜取) 또는 관할원인의 부당취득**의 예이다. 대상결정은 외형상 25조 관련재판적의 요건을 충족한 경우라도 사안과 같은 소송태도는 관할권선택의 남용 내지는 관할원인의 부당취득으로 신의칙상(민사소송법 1조 2항) 소송상 권능의 남용 금지 내지는 소송상태의 부당형성 배제에 걸리게 된다는 점을 밝힌 판례이다.

한편, 위 대상결정의 원심이 전속적 합의관할은 법정의 전속관할과는 달리, 임의관할에 해당하므로 관련재판적에 관한 규정의 적용이 배제되지 않는다고 판단한 부분은 양자의 관계에 대하여 의미가 있는 판단이다(다만, 원심결정의 문제점으로는 오정후, 민사소송(2013. 11), 19면 이하 참조).

1-5

대법원 1996. 7. 30. 선고 94다51840 판결

실효의 원칙의 의의 및 그 원칙의 소송법상 권리에 대한 적용 가부(적극-항소권의 실효)

甲은 미국으로 이민간 자신의 딸인 乙을 상대로 1986. 3.경에 경기도 안양시 소재 토지에 관한 소유권이전등기소송을 제기하면서 법원을 속이고 乙의 주소를 허위로 기재하여 乙에 대한 소장부본, 변론기일 소환장 등의 소송서류를 그 허위주소로 송달되게 한 후, 乙이 아닌 소외 A로 하여금 권한 없이 이를 수령하게 하여, 결국 1986. 5.경에 **자백간주**(의제자백) 형식에 따른 甲 승소의 제1심판결이 선고되었고, 그 판결정본도 위와 같은 방법으로 송달되었다. 乙은 1988.

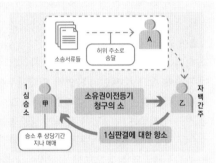

10.경 국내에 일시 귀국하여 약 1개월 동안 체류하였는데, 당시 甲의 차남인 소외 B로부터 甲이 위와 같은 방법으로 승소판결을 받아 그 판결에 기하여 이 사건 부동산에 관하여 甲 명의로 소유권이전등기를 경료하였으므로 이에 대하여 양해하여 달라는 말을 듣고서 위 제1심판결이 있었다는 것을 알게 되었다. 乙은 당시 甲에게 이의를 제기하고 법률사무소에 그 구제수단을 문의하였다. 그런데 乙은 소송비용도 없고, 이 사건 부동산이 다른 사람도 아닌 자신의 아버지인 甲의 명의로 등기된 것이므로 설마 다른 사람에게 팔겠느냐 하는 생각에서 별다른 소송문제를 거론하지 않은 채 1988. 11.경 미국으로 출국하였다. 한편 甲은 乙이 위 제1심판결에 대하여 상당한 기간이 지나도 아무런 법적 조치를 취하지 않으므로 1992. 11.경 이 사건 부동산을 금 2억원에 소외 C에게 매도하고, 소유권이전등기를 하여 주었다. 그 무렵 乙의 동생 소외 D가 미국에 거주하는 乙에게 甲이 이 사건 부동산을 매도하여 대금을 착복하였다고 전화로 알려주었다. 결국 乙은 1993. 1.경 귀국하여 위 제1심판결에 대하여 항소를 제기하였다. 이에 대하여 甲은 乙이 상당한 기간이 지나도 아무런 법적 조치를 취하지 않은 것이 부녀지간의 일이라 용서해 준다는 취지로 믿고 이 사건 부동산을 매도하였다고 주장하면서 乙의 항소권은 실효된 것이라는 주장을 펼쳤다. 甲의 주장은 받아들여질 수 있는가?

⚖️ 판결

권리자가 장기간에 걸쳐 그 권리를 행사하지 아니함에 따라 그 의무자인 상대방이 더 이상 권리자가 권리를 행사하지 아니할 것으로 신뢰할 만한 정당한 기대를 가지게 되어 상대방이 그에 따라 일정한 행동을 한 경우에 새삼스럽게 권리자가 그 권리를 행사하는 것은 법질서 전체를 지배하는 신의칙에 위반되어 허용되지 아니한다는 실효의 원칙이 항소권과 같은 소송상 권능(소송법상 권리)에 대하여도 적용될 수 있다. 그런데 실효의 원칙이 적용되기 위하여 필요한 요건으로서 실효기간(권리를 행사하지 아니한 기간)의 길이와 의무자인 상대방이 권리가 행사되지 아니하리라고 신뢰할 만한 정당한 사유가 있는지의 여부는 일률적으로 판단할 수 있는 것이 아니라 구체적인 경우마다 권리를 행사하지 아니한 기간의 장단과 함께 권리자 측과 상대방 측 쌍방의 사정 및 객관적으로 존재한 사정 등을 고려하여 사회통념에 따라 합리적으로 판단하여야 한다고 전제하고, 결국 乙의 항소권은 실효된 것은 아니라고 보았다.

검 토

乙의 항소에 대하여 신의성실원칙의 발현의 하나의 태양으로 소송상 권능의 실효(기간의 정함이 없는 항소권)가 인정될 수 있는지 여부가 사안의 쟁점인데, 그 전제로 乙이 항소하게 된 배경, 즉 사안은 **자백간주**에 의한 **판결이 편취**된 경우이다.

여기서 乙이 구제를 구하는 소송법적 수단에 대하여 학설은 ① **재심설**(451조 1항 11호 명문에 재심사유로 「당사자가 … 주소나 거소를 거짓으로 하여 소를 제기한 때」를 규정하고 있고, 한편 항소에 의한다면 심급의 이익이 문

신의칙 적용례의 유형화
(신의칙 발현의 형태)

소송상태의 부당형성 배제
선행행위와 모순되는 거동의 금지
소송상 권능의 실효
소송상 권능의 남용 금지

제이므로 재심에 의하여 구제되어야 한다. 이, 678면), ② **항소설**(송달은 교부송달이 원칙이고 송달을 받을 사람에게 소송서류가 송달되어야 송달의 효력이 생기는데, 위와 같은 경우는 전혀 송달된 것이 아니고, 이러한 판결은 그 정본이 송달되지 아니한 상태의 판결로 아직 항소기간이 지나지 않은 미확정판결로서 어느 때나 항소를 제기할 수 있으며, 이에 대한 항소의 추후보완 및 재심의 소는 허용되지 않는다. 강, 662면; 김홍, 929면; 호, 982-983면), ③ **재심·항소 병용설**(재심 외에 항소에 의하여도 무방하다. 정/유/김, 833면; 정영, 1219면; 한, 646면)로 나뉘고 있다. **판례**는 항소설을 취한다(대법원 1978. 5. 9. 선고 75다634 전원합의체 판결 참조). 이를 전제로 사안에서 乙은 어느 때나 항소를 제기할 수 있는데(다만, 이는 불안정한 법률상태를 방치하는 것이 되므로 법적 안정성을 해치게 된다), 여기서 항소권의 실효가 문제된 것이다.

위 대상판결은 실효의 원칙이 항소권과 같은 소송법상의 권리에도 적용됨을 처음으로 밝힘과 동시에 그것이 적용되는 기준을 구체적으로 제시하고 있다는 점에 그 의의가 있다는 평석을 참조하라(이광범, 대법원판례해설(1997. 7), 20면).

PART

02

법 원

2-1

대법원 2011. 12. 13. 선고 2009다16766 판결

우리나라 법원이 외국을 제3채무자로 하는 채권압류 및 추심명령을 발령할 재판권을 가지는
지 여부(한정 적극) 및 추심명령에 대한 재판권이 인정되지 않는 경우에는 추심금 소송에 대한 재
판권 역시 인정되지 않는지 여부(적극)

대한민국에 거주하면서 주한미군사령부에서 근무하는 乙의 채권자 甲이 우리나라 법원에서 제3채무자를
미합중국으로 하여 乙이 미합중국에 대하여 가지는 퇴직금과 임금 등에 대하여 채권압류 및 추심명령을
받은 후 추심금의 지급을 구한 사안에서 우리나라 법원의 재판권이 인정되는가?

 판 결

피압류채권이 외국의 사법적 행위를 원인으로 하여 발생한 것이고 그 사법적 행위에 대하여
해당 국가를 피고로 하여 우리나라의 법원이 재판권을 행사할 수 있다고 하더라도, 피압류채권
의 당사자가 아닌 집행채권자가 해당 국가를 제3채무자로 한 압류 및 추심명령을 신청하는 경
우, 우리나라 법원은, 해당 국가가 국제협약, 중재합의, 서면계약, 법정에서 진술 등의 방법으로
그 사법적 행위로 부담하는 국가의 채무에 대하여 압류 기타 우리나라 법원에 의하여 명하여지
는 강제집행의 대상이 될 수 있다는 점에 대하여 명시적으로 동의하였거나 또는 우리나라 내에
그 채무의 지급을 위한 재산을 따로 할당해 두는 등 우리나라 법원의 압류 등 강제조치에 대하
여 재판권 면제 주장을 포기한 것으로 볼 수 있는 경우 등에 한하여 그 해당 국가를 제3채무자로
하는 채권압류 및 추심명령을 발령할 재판권을 가진다고 볼 것이고, 이와 같이 우리나라 법원이
외국을 제3채무자로 하는 추심명령에 대하여 재판권을 행사할 수 있는 경우에는 그 추심명령에
기하여 외국을 피고로 하는 추심금 소송에 대하여도 역시 재판권을 행사할 수 있다고 할 것이
나, 반면 **추심명령에 대한 재판권이 인정되지 않는 경우에는 추심금 소송에 대한 재판권 역
시 인정되지 않는다**고 봄이 상당하다고 판단하였다.

검 토

우리나라 영토 내에서 행하여진 외국국가의 사법적 행위에 대한 외국국가의 재판권 면제에
대하여 **판결절차**에서는 그 사법적 행위가 주권적 활동에 속하는 것이거나 이와 밀접한 관련이

있어서 이에 대한 재판권 행사가 외국의 주권적 활동에 대한 부당한 간섭이 될 우려가 있다는 등의 특별한 사정이 없는 한, 외국의 사법적 행위에 대하여는 해당 국가를 피고로 하여 우리나라의 법원이 재판권을 행사할 수 있다고 하여 **상대적 면제주의**를 취하였는데(대법원 1998. 12. 17. 선고 97다39216 전원합의체 판결), 한편 채권압류 및 추심명령은 집행법원이 일방적으로 제3채무자에게 채무자에 대한 채무의 지급금지를 명령하고 피압류채권의 추심권능을 집행채권자에게 부여하는 것으로서 이에 따라 제3채무자는 집행당사자가 아님에도, 지급금지명령, 추심명령 등 집행법원의 강제력 행사의 직접적인 상대방이 되어 이에 복종하게 된다는 점을 고려하면 제3채무자를 외국으로 하는 채권압류 및 추심명령에 대한 재판권 행사는 판결절차에서의 재판권 행사보다 더욱 신중히 행사될 것이 요구된다고 본 것이다.

이에 대하여, 채무자가 피고를 상대로 퇴직금 등의 지급을 구하는 소를 제기하였다면 우리나라에 재판권이 있는 경우인데, 원고가 그 채권에 기해 제3채무자인 외국국가를 상대로 추심의 소를 제기하였다고 하여 외국국가의 주권면제(우리나라의 재판권을 부정)를 인정할 이유가 없다는 등의 비판도 상당하다.

가령, 대상판결의 평석으로, 외국국가가 제3채무자인 채권압류 및 추심명령에 대하여 우리나라 법원의 재판권행사가 제한된다고 하려면, 재판권면제에 관한 국내법이나 그에 준하는 조약 등이 없는 우리나라 법원으로서는 그와 관련된 국제관습법에 근거를 둘 수밖에 없는데, 국제조약이나 외국의 입법례, 판결례 등을 참고할 때, 위 대상판결과 같이 집행채무자가 사인인 경우에 제3채무자가 외국국가라고 하여 피압류채권에 대한 채권압류 및 추심명령에 대하여 재판권 행사를 제한하는 국제관습법이 존재한다고 할 수 없다. 또한 추심명령은 제3채무자가 외국국가라고 하더라도 집행채무자의 재산에 대한 집행절차이고, 외국국가에 대한 국가권력을 침해하는 것이 아니어서, 그 추심명령에 대한 재판권면제와 외국국가를 피고로 하는 추심금소송에 대한 재판권면제의 문제는 구별하여야 한다는 비판이 있다(문영화, 성균관법학(2015. 9), 155면 이하).

【대법원 1998. 12. 17. 선고 97다39216 전원합의체 판결】 외국국가에 대한 재판권의 유무 ▬ 우리나라의 영토 내에서 행하여진 외국의 사법적(私法的) 행위가 주권적 활동에 속하는 것이거나 이와 밀접한 관련이 있어서 이에 대한 재판권의 행사가 외국의 주권적 활동에 대한 부당한 간섭이 될 우려가 있다는 등의 특별한 사정이 없는 한, 외국의 사법적 행위에 대하여는 해당 국가를 피고로 하여 우리나라의 법원이 재판권을 행사할 수 있다. 종전 절대적 면제주의를 폐기하고 **상대적 면제주의**로 입장을 변경하였다.

2-2

대법원 2010. 7. 15. 선고 2010다18355 판결

김해공항 인근에서 발생한 중국 항공기 추락사고로 사망한 중국인 승무원의 유가족이 중국 항공사를 상대로 대한민국 법원에 손해배상청구소송을 제기한 사안에서 국제재판관할권을 인정한 사례

이 사건 항공기는 중국 베이징을 출발하여 대한민국 김해공항 활주로에 착륙하기 위하여 선회접근을 하던 중 돗대산 중턱 부분에 부딪혀 추락하였다. 위 항공기 회사는 중국의 법령에 의하여 설립되어 대한민국 내(부산 중구)에도 그 영업소를 두고 국제항공운송사업 등을 영위하는 중국 법인인 중국국제항공공사로서 항공기의 항공운송인이고, A(중국인)는 위 항공기 회사와 사이에 근로계약을 체결하고 그 무렵부터 근무해 왔고, 이 사건 사고로 사망하였다. 甲 등은 위 A의 부모이다. 甲 등은 위 항공기 회사의 불법행위 또는 근로계약상 채무불이행으로 인한 A의 손해배상청구권을 상속하였다고 주장하면서 부산지방법원에 그 배상을 구하였다. 이에 대하여, 피고인 위 항공기 회사는, 이 사건은 중국인 甲 등과 중국 법인인 피고 회사 사이의 분쟁에 관한 것으로서 대한민국과 실질적 관련이 없으므로, 결국 이 사건 소는 국제재판관할권 없는 대한민국 법원에 제기되어 부적법하다고 주장한다. 이를 검토하시오.

판 결   • 원심 파기 ⊗ 제1심판결 취소, 부산지방법원 합의부에 환송

첫째, 이 사건 소송의 청구원인은 피고 회사의 불법행위 또는 근로계약상 채무불이행으로 인한 손해배상청구이므로, 불법행위지(이 사건 사고의 행위지 및 결과발생지 또는 이 사건 항공기의 도착지) 및 피고 회사의 영업소 소재지가 속한 대한민국 법원에 민사소송법상 토지관할권이 존재한다고 봄이 상당한데, 대한민국과 실질적 관련이 있는지를 판단하는 데 있어서 민사소송법상 토지관할권 유무가 여전히 중요한 요소가 됨을 부인할 수 없다.

둘째, 국제재판관할권은 배타적인 것이 아니라 병존할 수 있으므로, 지리상, 언어상, 통신상의 편의 측면에서 중국 법원이 대한민국 법원보다 피고 회사에 더 편리하다는 것만으로 대한민국 법원의 재판관할권을 쉽게 부정하여서는 곤란하고, 원고가 대한민국 법원에서 재판을 받겠다는 의사를 명백히 표명하여 재판을 청구하고 있는 점도 쉽사리 외면하여서는 아니 된다. 그리고 피고 회사의 영업소가 대한민국에 존재하고 피고 회사 항공기가 대한민국에 취항하며 영리를 취득하고 있는 이상, 피고 회사가 그 영업 활동을 전개하는 과정에서 대한민국 영토에서 피고 회사 항공기가 추락하여 인신사고가 발생한 경우 피고 회사로서는 대한민국 법원의 재판관할권에 복속함이 상당하고, 피고 회사 자신도 이러한 경우 대한민국 법원에 피고 회사를 상대로

손해배상소송이 제기될 수 있다는 점을 충분히 예측할 수 있다고 보아야 한다. 따라서 개인적인 이익 측면에서도 대한민국 법원의 재판관할권이 배제된다고 볼 수 없다.

셋째, 일반적으로 항공기 사고가 발생한 국가의 법원에 사안과 증거조사가 편리하다는 재판관할의 이익이 인정된다고 할 것이다. 그리고 준거법은 어느 국가의 실질법 질서에 의하여 분쟁을 해결하는 것이 적절한가의 문제임에 반하여, 국제재판관할권은 어느 국가의 법원에서 재판하는 것이 재판의 적정, 공평을 기할 수 있는가 하는 서로 다른 이념에 의하여 지배되는 것이기 때문에, 이 사건에 적용될 준거법이 중국법이라고 하더라도 그러한 사정만으로 이 사건 소와 대한민국 법원과의 실질적 관련성을 부정하는 근거로 삼기에 부족하다. 또한, 피고 회사의 영업소가 대한민국에 있음에 비추어 대한민국에 피고 회사의 재산이 소재하고 있거나 장차 재산이 형성될 가능성이 있고, 따라서 원고들은 대한민국에서 판결을 받아 이를 집행할 수도 있을 것이다. 따라서 법원의 이익 측면에서도 대한민국 법원에 재판관할권을 인정할 여지가 충분하다고 할 것이다.

넷째, 국제재판관할권은 주권이 미치는 범위에 관한 문제라고 할 것이므로, 형식적인 이유를 들어 부당하게 자국의 재판관할권을 부당하게 넓히려는 시도는 타당하지 않지만, 부차적인 사정을 들어 국제재판관할권을 스스로 포기하는 것 또한 신중할 필요가 있다. 그리고 같은 항공기에 탑승하여 같은 사고를 당한 사람의 손해배상청구에 있어서 단지 탑승객의 국적과 탑승 근거가 다르다는 이유만으로 국제재판관할권을 달리하게 된다면 형평성에 있어서도 납득하기 어려운 결과가 될 것이다.

그렇다면 원고들의 이 사건 소는 대한민국과 실질적 관련이 있다고 보기에 충분하다고 할 것이다(제1심이 소를 각하하고 원심이 제1심판결을 그대로 유지한 데에는 위법이 있으므로 원심판결을 파기하되, 대법원이 직접 재판하기에 충분하므로 자판하기로 하여 제1심판결을 취소하고, 418조 본문의 규정에 따라 사건을 다시 심리·판단하게 하기 위하여 제1심법원에 환송).

검토

피고 회사는 중국 법인으로 대한민국 내에도 영업소를 두면서 국제항공운송사업 등을 영위하여 왔고, 중국인인 원고들은 피고 회사의 승무원인 망인의 부모로서 피고 회사가 운항하는 북경발 김해행 항공기가 김해공항에서 추락하여 망인이 사망하자 한국인인 다른 피해자, 유가족들과 함께 피고 회사를 상대로 하여 대한민국 법원에 손해배상을 청구하는 소를 제기하였다. 국제재판관할권이 문제되고 있는 당사자는 중국 항공사, 중국인 승무원(사망) 및 승무원의 중국인 부모이고(그런 의미에서 대한민국 법원보다는 중국 법원이 당사자와 훨씬 밀접한 관련이 있다고 볼 수 있지만), 다만 민사소송법상 토지관할권, 소송당사자들의 개인적인 이익, 법원의 이익, 다른 피해유가족들과의 형평성 등에 비추어 위 소송은 대한민국과 실질적 관련이 있다고 보기에 충분하다고 보았다.

국제사법 2조 1항에서 "법원은 당사자 또는 분쟁이 된 사안이 대한민국과 실질적 관련이 있는 경우에 국제재판관할권을 가진다. 이 경우 법원은 실질적 관련의 유무를 판단함에 있어 국제재판관할 배분의 이념에 부합하는 합리적인 원칙에 따라야 한다."고 규정하고, 이어 2항에서 "법원은 국내법의 관할 규정을 참작하여 국제재판관할권의 유무를 판단하되, 1항의 규정의 취지에 비추어 국제재판관할의 특수성을 충분히 고려하여야 한다."고 규정하고 있으므로, 당사자 간의 공평, 재판의 적정, 신속 및 경제를 기한다는 기본이념에 따라 국제재판관할을 결정하여야 하고, 구체적으로는 소송당사자들의 공평, 편의 그리고 예측가능성과 같은 개인적인 이익뿐만 아니라 재판의 적정, 신속, 효율 및 판결의 실효성 등과 같은 법원 내지 국가의 이익도 함께 고려하여야 하며, 이러한 다양한 이익 중 어떠한 이익을 보호할 필요가 있을지 여부는 개별 사건에서 법정지와 당사자의 실질적 관련성 및 법정지와 분쟁이 된 사안과의 실질적 관련성을 객관적인 기준으로 삼아 합리적으로 판단하여야 할 것이다(대법원 2005. 1. 27. 선고 2002다59788 판결, 대법원 2008. 5. 29. 선고 2006다71908, 71915 판결 참조)라고 국제재판관할에 관하여 종전의 일반론을 설시한 뒤, 대한민국 법원에 재판관할권을 인정할 여지가 충분하므로 대한민국 법원의 국제재판관할권을 인정하였다.

민사소송법상 토지관할을 강조함과 아울러 실질적 관련성의 추가적인 판단기준을 보다 구체적으로 제시하고, 끝으로 부차적인 사정을 들어 스스로 국제재판관할권을 포기하는 것은 신중을 기해야 한다고 설시함으로써, ① 민사소송법상의 토지관할 규정에 대한 검토, ② 국제재판관할 배분의 이념 및 국제재판관할의 특수성을 감안하여 국제재판관할 판단에서 고려하여야 할 다른 관할이익의 검토(개인적 이익 및 법원의 이익 측면에서), ③ 관할권 행사를 포기할 만한 다른 사유의 검토라는 국제재판관할의 판단구조를 설시한 대표적 판례이다(한애라, 민사판례연구(2013. 2), 1104면).

 참조 【대법원 2019. 6. 13. 선고 2016다33752 판결】 대한민국 법원에 제기된 대여금 청구 소송의 당사자들이 모두 중국인들이고 계약체결지가 중국이나, 피고들이 중국에서의 재판에 불응하고 대한민국에 생활기반을 마련하였고 원고도 영업을 위해 대한민국에 입국한 경우 대한민국 법원의 국제재판관할권 인정 여부(적극)

2-3

대법원 2016. 8. 30. 선고 2015다255265 판결

개성공업지구에 있는 건물 등에 관한 우리 현지기업 간 분쟁의 대한민국 법원의 재판관할권
(적극) / 위 건물인도청구의 소의 이익(긍정)

> 남한주민이 「남북교류협력에 관한 법률」에 따른 협력사업의 승인을 받거나 신고의 수리를 받아 개성공업
> 지구에 설립한 우리 현지기업 사이에서의 개성공업지구에 위치한(토지이용권을 취득) 이 사건 건물에 관
> 하여 임대차계약 기간만료로 인한 인도청구의 소를 의정부지방법원 고양지원에 제기하였는데, 대한민국
> 법원의 재판관할권이 있는가? 한편, 개성공업지구에 위치한 이 사건 건물에 관한 인도청구의 소에서 승소
> 하더라도 강제집행이 곤란하므로 소의 이익이 없다는 주장을 검토하시오.

 판 결

「개성공업지구 지원에 관한 법률」은 개성공업지구를 국가산업단지로 보고, 정부가 개성공업
지구에 설립된 우리 기업에 대하여 관계 법령에 따른 각종 지원을 할 수 있도록 하고, 또한 이에
고용된 남한주민에 대하여 국민연금법 등을 적용한다고 규정하고 있는 점(동법 2조, 6조, 7조 내지
15조 등)에 더하여 개성공업지구 현지기업 사이의 민사분쟁은 우리 헌법이 규정하고 있는 자유시
장경제질서에 기초한 경제활동을 영위하다가 발생하는 것이라는 점 등까지 고려하면, 대한민국
법원은 우리 현지기업 사이의 민사분쟁에 대하여 당연히 **재판관할권을 가지고**, 이는 소송의 목
적물이 개성공업지구 내에 있는 건물 등이라고 하여 달리 볼 것이 아니라고 보았다.
    그리고 이행의 소는 원칙적으로 원고가 **이행청구권의 존재를 주장하는 것으로서 권리보호
의 이익이 인정**되고, 이행판결을 받아도 집행이 사실상 불가능하거나 현저히 곤란하다는 사정
만으로 곧바로 그 이익이 부정되는 것은 아니라는 점도 밝혔다.

 검 토

재판관할권은 일반적으로 섭외적 민사사건에 대한 국내 법원의 재판관할권을 의미하는데, 여
기서 북한의 특수한 지위가 문제되었다. 재판관할권을 결정함에 있어서 북한과 밀접하게 관련
된 준외국적 요소가 있다고 볼 수 없고, 당연히 남한법원이 재판관할권을 가진다고 할 것인데,
이 점을 명확히 하였다(윤정운, 대법원판례해설(2017. 6), 257면 이하 참조).

2-4

대법원 2010. 5. 13. 선고 2009다102254 판결[미간행]

제척사유로 정한 '사건의 당사자와 공동권리자·공동의무자의 관계'의 의미

> 종중의 종원 일부가 종중 규약을 개정한 종중 총회 결의에 대하여 소집권한 없는 자의 소집으로 개최된 위법 등이 존재한다는 이유로 무효확인을 구하는 소를 제기하였는데, 재판부를 구성한 판사 중 1인이 당해 종중의 구성원인 사안에서, 그 판사는 41조 1호에 정한 '당사자와 공동권리자·공동의무자의 관계에 있는 자'에 해당하는가?

 판 결

헌법 27조 1항은 "모든 국민은 헌법과 법률이 정한 법관에 의하여 법률에 의한 재판을 받을 권리를 가진다."라고 규정하여 모든 국민에게 적법하고 공정한 재판을 받을 권리를 보장하고 있고(헌법재판소 2009. 12. 29. 선고 2008헌바124 결정 참조), 민사소송법은 1조에서 "법원은 소송절차가 공정하고 신속하며 경제적으로 진행되도록 노력하여야 한다."라고 규정하는 한편 재판의 공정성에 대한 국민의 신뢰를 보장하기 위한 제도로서 법관이 불공정한 재판을 할 우려가 있는 일정한 경우에 당연히 그 직무를 집행할 수 없도록 하는 제척에 관한 규정을 두고 있는바, 이에 따라 41조 1호에서 "법관 또는 그 배우자나 배우자이었던 사람이 사건의 당사자가 되거나, 사건의 당사자와 공동권리자·공동의무자 또는 상환의무자의 관계에 있는 때"를 제척사유의 하나로 규정하고 있다. 여기서 말하는 사건의 당사자와 공동권리자·공동의무자의 관계라 함은 소송의 목적이 된 권리관계에 관하여 공통되는 법률상 이해관계가 있어 재판의 공정성을 의심할 만한 사정이 존재하는 지위에 있는 관계를 의미하는 것으로 해석할 것이다.

한편, 종중은 종중 소유 재산의 관리방법과 종중 대표자를 비롯한 임원의 선임, 기타 목적사업의 수행을 위하여 성문의 종중 규약을 제정할 수 있고, 종중에 종중 규약이 존재하는 경우에 종중원의 총유로 귀속되는 종중 소유 재산의 사용수익은 종중 규약에 따르고 그 관리·처분도 종중 규약 내지 종중 규약이 정하는 바에 따라 개최된 종중 총회의 결의에 의하며, 종중 임원의 선임권 등 신분상 권리의무 관계에 대하여도 종중 규약에서 정하는 바에 따르게 된다. 따라서 종중의 종중원들은 종중원의 재산상·신분상 권리의무 관계에 직접적인 영향을 미치는 종중 규약을 개정한 종중 총회 결의의 효력 유무에 관하여 공통되는 법률상 이해관계가 있다고 할 것이다.

피고 종중의 종중원인 심○○ 판사는 이 사건 당사자인 원고들과 마찬가지로 피고 종중 규약의 내용에 따라 피고 종중 소유 재산, 기타 권리의무 관계에 직접적인 영향을 받을 수 있는 지위에 있는데, 원고들은 이 사건 소를 통하여 피고 종중 규약을 개정한 이 사건 결의의 무효를 주장하였고, 원고들 주장의 무효사유 인정 여부에 따라 원고들뿐만 아니라 심○○ 판사의 종중에 대한 법률관계에 적용될 이 사건 결의에 따른 피고 종중 규약의 효력이 부인될 수 있다. 따라서 심△△ 판사는 이 사건 소의 목적이 된 이 사건 결의의 무효 여부에 관하여 원고들과 공통되는 법률상 이해관계를 가진다고 볼 수 있어 41조 1호 소정의 당사자와 공동권리자·공동의무자의 관계에 있는 자에 해당한다고 할 것이다.

그렇다면, 민사소송법이 정한 제척사유가 있는 판사가 재판에 관여한 원심판결은 424조 1항 2호가 정한 법률에 따라 판결에 관여할 수 없는 판사가 판결에 관여한 때에 해당하는 위법이 있다.

검토

41조 1호에서 "법관 또는 그 배우자나 배우자이었던 사람이 사건의 당사자가 되거나, 사건의 당사자와 공동권리자·공동의무자 또는 상환의무자의 관계에 있는 때"를 제척사유의 하나로 규정하고 있다. 그런데 종중 규약을 개정한 종중 총회 결의에 대한 무효확인을 구하는 소가 제기된 경우에 재판부를 구성한 판사 중 1인이 당해 종중의 구성원인 사안에서 위 제척사유가 문제된 것이다.

대상판결은 제척이유 중 '사건의 당사자와 공통권리자·공동의무자'에 관한 최초의 판결인데, 그 결론, 즉 위 법조에 의하여 제척된다는 취지에는 전적으로 찬성하나, 그 이유는 좀 아쉽다. 원고승소판결이 확정되면 그 판결의 효력이 원고가 되지 않은 종중원에게도 미치기 때문에 담당법관이 종중원인 경우에는 위 법조의 '공동권리자·공동의무자'이기 이전에 '당사자'에 준하여 제척된다고 했더라면 더 좋았을 것이다. 한편, 대상판결이 마치 종중이 당사자인 모든 사건에서 담당법관이 종중원이면 제척된다는 취지라고 보는 것은 옳지 않다. 대상판결의 취지는 종중이 당사자인 모든 사건에서 담당법관이 종중원이면 제척된다는 것이 아니라, **다른 종중원이 원고가 되어 종중총회결의무효확인을 구하는 사건**에서 담당법관이 원고와 마찬가지로 당해 종중원인 경우에는 그 법관은 '원고와' 공통되는 법률상의 이해관계를 가지므로 제척된다는 것이다 (오상현, 성균관법학(2014. 3), 247면 이하).

2-5

대법원 1997. 6. 13. 선고 96다56115 판결

제척원인이 되는 이전심급관여

항소심 재판장이 제1심 제5차 변론기일부터 제9차 변론기일까지 사이에 행하여진 변론·증거조사 및 기일지정 등에만 관여하였다. 제척원인이 되는가?

 판 결

법관의 제척원인이 되는 전심관여라 함은 최종변론과 판결의 합의에 관여하거나 종국판결과 더불어 상급심의 판단을 받는 중간적인 재판에 관여함을 말하는 것이고 최종변론 전의 변론이나 증거조사 또는 기일지정과 같은 소송지휘상의 재판 등에 관여한 경우는 포함되지 아니한다고 하여 항소심 재판장은 제1심 제5차 변론기일부터 제9차 변론기일까지 사이에 행하여진 변론·증거조사및 기일지정 등에만 관여하였을 뿐 그 최종변론기일이나 판결의 합의 또는 항소심의 판단 대상이 되는 중간재판에 관여하지 아니하였음이 명백하므로, 항소심 재판장이 제척원인이 되는 전심관여 판사로 볼 수 없다.

 검 토

41조 5호는 하급심의 재판에 관여한 법관을 상급심의 재판에 다시 관여시키면 예단을 가진 법관을 다시 재판에 관여시키는 것이 되어 새로운 법관으로 하여금 재심사시키고자 하는 심급제도를 둔 취지가 무의미할 뿐만 아니라 재판의 공정을 해칠 우려가 있으므로 이전심급관여를 제척원인으로 하고 있다. 이 경우에 단순히 변론의 일부에 관여하거나 또는 선고만에 관여하였다는 것으로 부족하고 재판의 내용결정인 합의, 판결서작성에 관여한 것이 필요하다.

 【대법원 1991. 12. 27.자 91마631 결정】 본안사건의 재판장에 대한 기피신청사건의 재판에 관여한 법관이 다시 위 본안사건에 관여한다 하더라도 이는 전심재판관여에는 해당하지 않는다.

 【대법원 2000. 8. 18. 선고 2000재다87 판결】 재심사건에 있어서 그 재심의 대상으로 삼고 있는 원재판은 41조 5호의 '전심재판'에 해당한다고 할 수 없고, 따라서 재심대상 재판에 관여한 법관이 당해 재심사건의 재판에 관여하였다 하더라도 이는 451조 1항 2호 '법률상 그 재판에 관여할 수 없는 법관이 관여한 때' 라는 소정의 재심사유에 해당된다고 할 수 없다.

 16-법원행정고시 (위 91마631 결정) / 16-법전협 모의시험(3) (위 2000재다87 판결)

2-6

대법원 2010. 2. 11. 선고 2009다78467, 78474 판결

기피신청을 각하하는 결정이 확정되었다는 사정만으로 48조의 규정을 위반하여 쌍방불출석의 효과를 발생시킨 절차 위반의 흠결이 치유되는지 여부(소극)

(항소심에서) 피고는 2008. 6. 9. 17:30경 법원에 재판부 구성원 전부에 대한 기피신청서를 접수하였다. 법원은 2008. 6. 19. 위 기피신청에 대하여 각하결정을 하였고, 위 결정은 2008. 6. 26. 피고에게 고지되었고, 위 결정에 대하여 피고가 2008. 7. 3. 즉시항고를 하였으나, 결국 2008. 9. 12. 피고의 즉시항고가 기각되었다. 그런데 제1차 변론기일은 위 기피신청에 대한 각하결정 이전인 2008. 6. 10.에 진행되었고, 제2차 변론기일은 위 각하결정이 피고에게 고지되기 전인 2008. 6. 24. 진행되었다. ① 제1차 변론기일에 피고는 출석하지 아니하였고, 원고는 출석하였으나 변론하지 아니하였다(1회 쌍방 불출석). ② 제2차 변론기일에 피고는 출석하지 아니하였고, 원고는 출석하였으나 변론하지 아니하였다(2회 쌍방 불출석). 제1, 2차 변론기일의 진행은 48조에 의하여 소송절차가 정지되어야 함에도 이를 위반하여 이루어진 절차상 흠결이 있다고 할 것인데, 기피신청이 이유 없는 것으로서 배척되고 그 결정이 확정된 때에는 쌍방불출석의 효과를 발생시킨 위 절차위반의 흠결이 치유되는가?

 판 결　　　　　　　　　　　　　　　　　　　　　　• 원심 ⊗ 파기환송

기피신청에 대한 각하결정 전에 이루어진 제1차 변론기일의 진행 및 위 각하결정이 피고에게 고지되기 전에 이루어진 제2차 변론기일의 진행은 모두 48조의 규정을 위반하여 쌍방불출석의 효과를 발생시킨 절차상 흠결이 있고, 특별한 사정이 없는 이상, 그 후 위 기피신청을 각하하는 결정이 확정되었다는 사정만으로 절차 위반의 흠결이 치유된다고 할 수는 없다.

그런데도 원심은, 만연히 48조의 규정을 위반하여 쌍방불출석의 효과를 발생시킨 절차 위반의 흠결이, 그 후 위 기피신청을 각하하는 결정이 확정되었다는 사정만으로 치유된다고 보아 피고의 항소는 2008. 8. 26. 항소취하 간주로 종료되었다고 판단하였는바, 이러한 원심의 판단에는 48조의 해석을 잘못하여 판결의 결론에 영향을 미친 위법이 있다.

 검 토

48조는 "법원은 제척 또는 기피신청이 있는 경우에는 그 재판이 확정될 때까지 소송절차를 정지하여야 한다. 다만, 제척 또는 기피신청이 각하된 경우 또는 종국판결을 선고하거나 긴급을

요하는 행위를 하는 경우에는 그러하지 아니하다."고 규정하고 있다. 이와 관련하여 위 규정을 위반한 절차상 흠결이 있은 뒤에 기피신청을 각하하는 결정이 확정되었다는 사정만으로 절차 위반의 흠결이 치유된다고 할 수 있는지 여부가 문제된다.

사안의 불출석 관련하여, 양쪽 당사자가 2회에 걸쳐 기일을 해태(출석하지 않거나 출석하여도 변론을 하지 않는 것을 의미한다)한 후 1월 내에 기일지정 신청을 하지 않거나 그 기일지정신청에 의하여 정한 변론기일에 다시 양쪽 당사자가 기일을 해태하면 항소를 취하한 것으로 보게 된다(268조 1항 내지 4항).

소송절차의 정지를 무시하고 심리를 진행(가령 긴급을 요하지 않는 행위)한 바, 그 뒤에 기피신청이 이유 없다고 하는 재판이 확정된 경우에 그 흠결(하자)이 치유되어 유효로 된다는 **적극설**(송/박, 81-82면), ② 이에 반대하는 **소극설**, ③ 그리고 기피신청한 사람은 정지 중에는 절차에 관여할 것을 강요당하지 않으며, 관여하지 않은 것에 대하여 불이익을 주는 것은 부당하므로 무조건으로 흠이 치유된다고 풀이할 것은 아니고, 기피신청한 사람의 소송상 이익을 해치지 않은 때(신청인이 충분한 소송행위를 한 때)에는 흠이 치유된다는 **절충설**(김/강, 146면; 김홍, 66면; 이, 91면; 정/유/김, 112면; 정영, 243면)로 견해가 나뉘고 있다. 대상판결과 달리, 종래 대법원 1978. 10. 31. 선고 78다1242 판결은 가정적 판단이었지만, 적극설의 입장이었다.

생각건대 소송절차를 정지하여야 함에도 절차를 진행하는 것은 대부분 기피신청을 당한 법관 자신이 기피신청이 이유 없다고 믿고 있는 경우일 것이므로 적극설과 같이 그 흠이 치유되어 유효하다고 한다면 당연한 결과로 기피신청이 있어도 그대로 소송절차를 진행할 것이고, 그렇다면 소송절차의 정지를 규정하고 있는 법의 취지에 어긋나는 결과가 된다. 따라서 그 흠이 치유되는 것은 아니라고 할 것이어서 소극설이 타당하다는 입장을 주장한 바 있는데, 위 대상판결이 사견과 같은 입장에서, 특별한 사정이 없는 이상, 절차 위반의 흠결이 치유된다고 할 수는 없다고 판시한 점은 정당하다고 생각한다.

대상판결은 그 판시에서 '특별한 사정이 없는 이상', 그 후 위 기피신청을 각하하는 결정이 확정되었다는 사정만으로 절차 위반의 흠결이 치유된다고 할 수 없다고 하여 만약 다른 사정이 있다면(가령, 기피신청인이 충분한 소송활동을 하여 불이익을 입지 않은 경우) 흠결이 치유되는 경우도 있을 수 있다는 취지로 볼 수 있어 다수설인 절충설에 따른 판결이라고 할 수 있다는 입장도 있으나(김홍), 위 경우에는 기피신청인이 변론기일에 출석하지 않았으니 충분한 소송활동을 하여 불이익을 입지 않은 경우를 상정할 수 없기 때문에 위법이 치유되는 일은 예상하기 어렵고, 오히려 대상판결은 앞선 78다1242 판결의 판시 취지를 실질적으로 변경한 것에 그 의의가 있다는 평석도 있다(오상현, 법조(2012. 7), 277-300면 참조).

2-7

대법원 2019. 4. 10.자 2017마6337 결정

항소사건은 **특허법원**의 전속관할에 속한다고 한 사례 / 특허법원으로 이송결정의 적법 여부(**적법**)

甲(국방과학연구소)은 乙과 구 민·군겸용기술사업촉진법(2004. 9. 23. 법률 제7217호로 개정되기 전의 것)에 정한 민·군겸용기술개발사업의 하나로 2003. 10. 24. 피고와 후·박막공정을 이용한 저 자가 방전 초소형 전지 개발을 위한 민·군겸용기술개발과제 협약(응용연구단계)을 체결하였다. 甲은 2014. 6. 16. 乙을 상대로 위 협약에 기한 특허권 지분의 귀속의무 불이행을 원인으로 하는 손해배상을 청구하는 소를 서울동부지방법원에 제기하였다. 2017. 7. 12. 원고일부승소의 제1심판결이 선고되었다. 원고, 피고 쌍방은 항소하였다. 항소심법원인 서울고등법원은 2017. 11. 23. 위 사건을 특허법원으로 이송하였다. 위 사건 소송이 24조 2항이 규정하는 '특허권 등의 지식재산권에 관한 소'에 해당되는지 여부, 즉 특허법원의 전속관할에 해당된다고 본 이송결정의 적법 여부는?

 판결

이 사건 협약 중에는 공법적 법률관계에 관한 규정들이 일부 포함되어 있으나, 이 사건 협약에 따른 특허권 지분의 귀속의무 불이행에 따른 손해배상청구권의 존부 및 그 범위는 **민사법률관계**에 해당하므로 이를 소송물로 다투는 소송은 민사소송에 해당하는 것으로 보아야 하고, 이 사건 소송은 그 심리·판단에 특허권 등의 지식재산권에 관한 전문적인 지식이나 기술에 대한 이해가 필요한 소송으로 24조 2항이 규정하는 **특허권 등의 지식재산권에 관한 소**로 보아야 한다는 전제에서 서울고등법원이 특허법원으로 이송결정한 원심의 판단을 수긍하였다.

 검토

특허권 등에 관한 지식재산권에 관한 소의 관할에 대하여 별도의 규정을 두고 있다. 통상적으로 그 심리·판단에 전문적인 지식이나 기술 등에 대한 이해가 필요하므로, 심리에 적합한 체계와 숙련된 경험을 갖춘 전문 재판부에 사건을 집중시킴으로써 충실한 심리와 신속한 재판뿐만 아니라 지식재산권의 적정한 보호에 이바지할 수 있도록 하기 위함이다. 한편 법원조직법에서 위 항소사건을 일반법원의 심판대상에서 제외하고, 특허법원의 전속관할로 하여 관할을 집중화하였다. 즉, 법원조직법 28조의4 2호는 특허법원이 특허권 등의 지식재산권에 관한 민사사건의 항소사건을 심판한다고 규정하고 있고, 28조 및 32조 2항은 이러한 특허법원의 권한에 속하는 사건을 고등법원 및 지방법원 합의부의 심판대상에서 제외한다고 규정하고 있다.

특허권, 상표권 등의 침해금지를 구하지 않고 단지 손해배상만 청구한 사건이라도(제1심을 지방법원 단독판사가 담당한 경우로 그 항소심은 지방법원 합의부 관할이 아닌) 특허법원의 전속관할에 속하게 된다(법원조직법 32조 2항 참조).

2-8

대법원 1980. 9. 26.자 80마403 결정

1개의 소로서 여러 피고에 대한 청구를 병합하는 경우와 관련재판적 / 피고의 불출석에 인한 답변서의 진술간주가 변론관할사유가 될 수 있는지 여부(소극)

원고 X가 관할법원이 아닌 부산지방법원에 피고 Y 및 Z를 상대로 약정금청구를 하였다. 수소법원이 피고 Y의 주소지인 대구지방법원으로 이송한 데 대하여 X는 첫째, 위 소송의 공동피고였던 Z의 주소지가 부산으로서 부산지방법원의 관할에 속하므로 25조에 의하여 피고 Y에 대한 위 사건도 부산지방법원에 관련재판적이 있고, 둘째, 피고 Y가 관할위반의 항변이 없는 본안에 대한 답변서를 제출하여 그 답변서가 제1차 변론기일에서 진술간주되었으므로 부산지방법원에 변론관할이 생겼으므로 이송결정은 부당하다는 항고를 제기하였다. 이에 대하여 법원은 첫째, 관련재판적이란 1인의 피고에 대한 수개의 청구가 병합된 경우에 적용될 뿐 수인의 피고에 대한 청구에는 적용될 수 없고, 둘째, 변론관할이 생기려면 실지로 법정에서 변론함을 필요로 하고 피고가 불출석하여 답변서가 진술간주되는 것으로는 부족하다고 해석되므로 항고를 기각한다는 결정을 하였다. 타당한가?

 판 결

[1] 관련재판적은 반드시 동일 피고에 대한 여러 개의 청구를 하는 이른바, 객관적 병합의 경우에 한하여 그 적용이 있는 것이지 1개의 소로써 여러 사람의 피고에 대한 청구를 병합하는 경우에는 …

[2] 변론관할이 생기려면 피고의 본안에 관한 변론이나 준비절차에서의 진술은 현실적인 것이어야 하므로 피고의 불출석에 의하여 답변서 등이 법률상 진술한 것으로 간주되는 경우는 이에 포함되지 아니한다.

 검 토

[1] 25조는 특별재판적의 일종으로서 관련재판적을 규정하고 있다. 그런데 그 적용범위에 있어서 「하나의 소로 여러 개의 청구를 하는 경우」의 의미가 문제되었다. 소의 **객관적 병합**에 있어서는 일단 하나의 청구에 관할권이 있는 이상, 피고도 어차피 그 법원에 응소하지 않으면 안 되며 병합할 것을 전제로 하는 이상, 다른 청구에 대하여 관할권을 인정하더라도 피고에게 곤란함을 주는 것은 아니고, 오히려 별소로 다른 법원에서 소를 제기당하는 것보다도 편할 수 있기 때

문에 관련재판적의 적용에 대하여 문제가 없다.

그러나 **공동소송**의 경우에는 적용범위에 대하여 다음과 같이 다툼이 있었다. 즉, 종전에는 ① **적극설**(그 근거로는 원고의 심리의 편의, 재판의 통일의 요청, 소송경제 등), ② **소극설**(그 근거로는 피고의 관할의 이익), ③ 청구 서로 사이에 관련성이 강한 경우에만 그 적용이 있다는 **절충설**의 대립이 있었는데, 1990년 민사소송법 개정에 의하여 명문으로 소송목적이 되는 권리나 의무가 여러 사람에게 공통되거나 사실상 또는 법률상 같은 원인으로 말미암아 그 여러 사람이 공동소송인으로서 당사자가 되는 경우에는 관련재판적의 규정을 준용한다고 하여, 즉 65조 전문의 공동소송의 경우에만 관련재판적의 적용을 인정하는 절충적 입장을 입법화하였다(현행 민사소송법 25조 2항). 이는 공동소송인 서로 사이에 관련성이 없는 65조 후문과 같은 경우마저 관련재판적의 적용이 있게 되면, 피고로서는 무관계한 법원에 응소가 강제되어서 현저히 피고의 관할의 이익을 해치게 되고, 반면 여러 개의 청구 상호간에 관련성이 강한 65조 전문의 경우에는 관련재판적의 적용을 인정하여 병합을 용이하게 하고자 하는 취지라고 생각한다. 위 대상판결은 위와 같은 입법적 해결(절충적 입장)이 있기 이전에 소극설을 취한 것으로, 이제는 타당하지 않게 되었다.

[2] 원고가 관할권 없는 법원에 소를 제기하였는데 피고가 관할위반이라고 항변하지 아니하고 본안에 대하여 변론하거나 변론준비기일에서 진술함으로써 생기는 관할을 변론관할이라고 한다(30조). 종전에는 응소관할이라는 표현을 사용하였다. 위 경우에 일부러 관할권 있는 법원에 이송할 필요까지는 없는 것이고, 차라리 합의관할에 준하여(말하자면 사후적·묵시적인 합의로 볼 수 있다) 그 법원에 관할을 인정하여도 무방하다. 당사자의 이익, 소송촉진에 도움이 되기 때문이다.

여기서 관할위반의 항변은 수소법원이 관할을 가지지 않는다는 취지의 주장인데, 관할위반에 따른 이송(34조 1항)과의 관계에서 관할위반의 항변은 실질적으로는 이송의 신청으로서의 의미를 가진다.

관할위반의 항변에 의하여 관할이 다투어진다면 본안에 대하여 변론하거나 변론준비기일에 진술하더라도 변론관할은 생기지 않는다. 그런데 그 요건 가운데 「본안에 대하여 변론」이라 함은 청구인 법률관계의 당부에 관하여 피고가 「말」로 진술한 것을 말한다. 따라서 준비서면의 제출만으로는 변론이라고 할 수 없고, 답변서 등을 제출한 당사자가 기일에 결석한 경우에 진술간주(148조)가 되어도 변론으로는 볼 수 없다(강, 180면; 김/강, 172면; 김홍, 97면; 이, 120면; 정/유/김, 157면). **대상판결**도 이렇게 본 것이다.

2-9

대법원 2009. 11. 13.자 2009마1482 결정

전속적 관할합의에 관한 **약관조항**의 **무효 여부**의 판단 방법

X는 대한주택보증 주식회사에 대하여 보증채무금의 반환을 구하는 내용의 소를 부산지방법원 동부지원에 제기하였다. X는 계약 당시부터 이 사건 소제기에 이르기까지 부산에서 거주하고 있고, 이 사건 분양계약목적물인 아파트의 소재지는 사천시이다. 상대방인 위 회사는 서울 영등포구 여의도동을 본점소재지로 하고, 서울, 부산, 대구, 광주, 대전 등에 지점, 관리센터 등을 두고 있다. 위 회사는 자신이 소외 회사가 신축하던 아파트의 분양을 보증하였고, 분양보증서에 첨부된 주택분양보증약관에 따르면 보증에 관한 소송은 위 회사의 관할영업점 소재지 법원을 관할법원으로 한다고 규정되어 있으므로, 위 회사로부터 아파트를 분양받은 X는 위 회사와 사이에 위 약관에 따른 관할합의를 한 것이며, 위 주택분양보증계약이 체결될 당시 이를 관할하던 영업점은 부산지점이었는데, 그 후 위 회사의 회생절차 개시신청에 의한 보증사고가 발생함에 따라 보증업무가 대구 수성구 범어동에 있는 위 회사의 영남관리센터로 이관되었으므로, 위 관리센터 소재지 지방법원인 대구지방법원에 이 사건 소송에 대한 관할이 있다고 주장하면서 부산지방법원 동부지원에서 진행 중 소송을 관할 영업점이 변경됨에 따라 변경된 관할 영업점 소재지 법원인 대구지방법원에 이송할 것을 신청하였다. 이송은 인정될 것인가?

 판 결   • 원심결정 파기 ⊗ 제1심결정 취소

원심은 위 약관조항 및 상대방의 내부적인 업무조정에 의해 대구지방법원이 전속적 합의관할법원이라고 판단하였다.

원심의 판단처럼 **상대방의 내부적인 업무조정에 따라 위 약관조항에 의한 전속적 합의관할이 변경된다고 볼 경우에는 당사자 중 일방이 지정하는 법원에 관할권을 인정한다는 관할합의조항과 다를 바 없는 결과를 초래**하게 되고, 사업자가 그 거래상의 지위를 남용하여 사업자의 영업소를 관할하는 지방법원을 전속적 관할로 하는 약관조항을 작성하여 고객과 계약을 체결함으로써 건전한 거래질서를 훼손하는 등 고객에게 부당하게 불이익을 주는 것으로서 **무효인 약관조항**이라고 볼 수밖에 없을 것이므로, 다른 특별한 사정이 없는 한 위 약관조항에서 말하는 '상대방의 관할 영업점 소재지 법원'은 위 주택분양보증계약이 체결될 당시 이를 관할하던 상대방의 영업점 소재지 법원을 의미하는 것으로 봄이 상당하다. 따라서 위 약관조항에 근거하여 대구지방법원을 이 사건 소송의 관할법원으로 볼 수는 없다.

그럼에도 불구하고 원심은 대구지방법원이 전속적 합의관할법원이라고 판단하여 이 사건 소송을 대구지방법원으로 이송한 제1심결정을 그대로 유지하고 말았으니, 이러한 원심결정에는 약관의 해석이나 전속적 관할합의 등에 관한 법리를 오해하여 재판에 영향을 미친 위법이 있다고 할 것이다. 그러므로 원심결정을 파기하되, 이 사건은 이 법원이 직접 재판하기에 충분하므

로 443조 2항, 437조에 따라 자판하기로 하는바, 원심결정이 유지한 제1심결정은 위에서 본 바와 같은 위법이 있으므로 이를 취소하기로 한다(당사자가 관할 위반을 이유로 하여 이송신청한 경우에도 이는 단지 법원의 직권발동을 촉구하는 의미밖에 없으므로, 법원은 피고의 이 사건 이송신청을 기각하는 재판을 따로 할 필요가 없다. 대법원 1993. 12. 6.자 93마524 전원합의체 결정 등 참조).

검 토

예를 들어 거래약관에 「이 약정에 기한 거래에 관하여 소송의 필요가 발생한 경우에는 귀행의 본점 또는 ○○지점의 소재지를 관할하는 법원을 관할법원으로 하는 것에 합의한다」와 같이 합의관할조항이 다른 조항과 함께 규정되어 있는 경우가 많다. 이러한 거래약관에서 규정되어 있는 합의관할조항에 대하여 가령 소비자가 이 약관에 서명, 날인을 하였더라도 무엇인가 그 구속력으로부터 해방될 방법이 강구되어야 하지 않는가가 문제되고 있다. 현행법상 기업과 소비자 사이의 거래약관상 합의관할조항은 유효하므로 소비자는 민사재판에서 불이익을 입을 가능성이 있다. 다만, 약관의 규제에 관한 법률 14조가 고객에 대하여 부당하게 불리한 재판관할의 합의조항은 이를 무효로 한다고 규정하고 있고, 할부거래에 관한 법률 44조, 방문판매 등에 관한 법률 53조는 관할의 합의를 할 수 없는 전속관할의 규정을 두고 있다.

대상판결은 위 약관조항 및 상대방의 내부적인 업무조정에 의해 대구지방법원이 전속적 합의관할법원이라는 원심은 잘못이고, 위 약관조항에 근거하여 대구지방법원을 이 사건 소송의 관할법원으로 볼 수는 없다고 판단하였다.

 【대법원 1977. 11. 9.자 77마284 결정】 당사자 중 일방이 지정하는 법원에 관할권을 인정한다는 관할합의 조항의 효력(무효)

 【대법원 1998. 6. 29.자 98마863 결정】 사업자에게는 유리할지언정 원거리에 사는 경제적 약자인 고객에게는 제소 및 응소에 큰 불편을 초래할 우려가 있으므로 약관의 규제에 관한 법률 14조 소정의 고객에게 부당하게 불리한 경우에 해당하여 무효이다.

 【대법원 2008. 12. 16.자 2007마1328 결정】 사업자와 고객 사이에서 사업자의 영업소를 관할하는 지방법원으로 전속적 관할합의를 하는 내용의 약관조항이 고객에 대하여 부당하게 불리하다는 이유로 무효라고 보기 위해서는 그 약관조항이 고객에게 다소 불이익하다는 점만으로는 부족하고, 사업자가 그 거래상의 지위를 남용하여 이러한 약관조항을 작성·사용함으로써 건전한 거래질서를 훼손하는 등 고객에게 부당하게 불이익을 주었다는 점이 인정되어야 한다. 그리고 전속적 관할합의 약관조항이 고객에게 부당한 불이익을 주는 행위인지 여부는, 그 약관조항에 의하여 고객에게 생길 수 있는 불이익의 내용과 불이익 발생의 개연성, 당사자들 사이의 거래과정에 미치는 영향, 관계 법령의 규정 등 제반 사정을 종합하여 판단하여야 한다.

2-10

대법원 2006. 3. 2.자 2005마902 결정

관할합의의 효력이 특정승계인에게 미치는지 여부(한정 적극)

○○은행이 Y에게 1990. 12. 29.부터 1997. 3. 21.까지 대출을 실행하였고 쌍방은 은행여신거래기본약관의 적용을 승인하였는데, 은행여신거래기본약관 21조가 "이 약관에 터잡은 여신거래에 관하여 은행과 채무자 또는 보증인 혹은 물상보증인과의 사이에 소송의 필요가 생긴 때에는 은행의 거래영업점 소재지 지방법원을 관할법원으로 하기로 한다."고 규정하고 있다. 이 사건 대출을 담당한 ○○은행의 거래영업점이 부천시 원미구 소재 부천지점인데, ○○은행이 1998. 9. 30. Z에게 ○○은행의 Y에 대한 이 사건 대출금 채권을 양도하고 그 양도의 통지를 하였다. 위 관할합의의 효력은 Z에게도 미치는가?

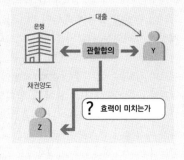

⚖ **판 결**

• 원심 ⊗ 파기환송

관할의 합의는 소송법상의 행위로서 합의 당사자 및 그 일반승계인을 제외한 **제3자에게 그 효력이 미치지 않는 것이 원칙**이지만, 관할에 관한 당사자의 합의로 관할이 변경된다는 것을 실체법적으로 보면, 권리행사의 조건으로

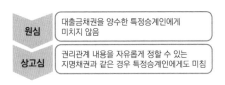

| 원심 | 대출금채권을 양수한 특정승계인에게 미치지 않음 |
| 상고심 | 권리관계 내용을 자유롭게 정할 수 있는 지명채권과 같은 경우 특정승계인에게도 미침 |

서 그 권리관계에 불가분적으로 부착된 실체적 이해의 변경이라 할 수 있으므로, **지명채권**과 같이 그 권리관계의 내용을 당사자가 자유롭게 정할 수 있는 경우에는, 당해 권리관계의 특정승계인은 그와 같이 변경된 권리관계를 승계한 것이라고 할 것이어서, 관할합의의 효력은 특정승계인에게도 미친다고 할 것이고, 이러한 법리에 비추어 보면, ○○은행과 Y가 이 사건 대출 당시에, 그 권리관계의 내용을 당사자가 자유롭게 정할 수 있는 **지명채권**에 속하는 이 사건 대출금채권에 관하여, 위 은행여신거래기본약관 21조의 적용을 승인함으로써 ○○은행 거래영업점 소재지 지방법원을 제1심 관할법원으로 하기로 합의한 이 사건에서, 위 관할합의에 의하여 권리행사의 조건으로서 이 사건 대출금채권에 불가분적으로 부착된 실체적 이해가 변경되었고, 이 사건 대출금채권의 특정승계인인 Z는 그와 같이 **변경된 권리관계를 승계**하였다고 할 것이므로, 위 관할합의의 효력은 Z에게도 미친다고 할 것이다.

검토

　관할의 합의(29조)의 효력은 합의 당사자 사이에서만 미치고, 그 밖의 제3자에게 그 효력이 미치지 않는 것이 원칙이다. 가령 채권자와 주채무자 사이의 관할의 합의는 보증인이나 다른 연대채무자에게 미치지 않고, 또 채권자와 보증인 사이의 관할의 합의는 주채무자에게 미치지 않는다(대법원 1988. 10. 25. 선고 87다카1728 판결). 한편, 위 당사자에는 상속인과 같은 일반승계인도 포함되어 관할의 합의의 효력이 미치나, 일반승계인 이외에 소송물을 이루는 권리관계의 **특정승계인**에 대하여는 관할의 합의는 소송법상의 것이기는 하나, 실체적으로는 그 권리관계에 부착하는 권리행사의 조건의 변경으로 볼 수 있으므로 그 권리관계가 당사자 사이에서 그 내용을 자유로이 정할 수 있는 것(가령 지명채권)이면 승계인(가령 대출금채권을 양수한 사람)은 변경된 내용의 권리관계를 승계한 것으로 보아 그 **합의의 효력이 미치더라도 무방**하다고 본다. **대상결정도** 그러한 입장이다. 한편, 물권이나 어음상의 권리와 같이 그 내용이 법률상 정형화되어 있어서 당사자가 자유로이 변경할 수 없는 성질의 권리관계인 경우에는 특정승계인은 그 합의에 구속되지 않는다고 본다(아래 94마536 결정 참조. 강, 179면; 김/강, 170면; 김홍, 96면; 이, 118면; 정영, 216면; 한, 77면).

【대법원 1994. 5. 26.자 94마536 결정】관할의 합의의 효력은 부동산에 관한 **물권의 특정승계인**에게는 미치지 않는다고 새겨야 할 것인바, 부동산 양수인이 근저당권 부담부의 소유권을 취득한 특정승계인에 불과하다면(근저당권 부담부의 부동산의 취득자가 그 근저당권의 채무자 또는 근저당권설정자의 지위를 당연히 승계한다고 볼 수는 없다), 근저당권설정자와 근저당권자 사이에 이루어진 관할합의의 효력은 부동산 양수인에게 미치지 않는다.

【대법원 2008. 3. 13. 선고 2006다68209 판결】
법정 관할법원 중 하나를 관할법원으로 하기로 약정한 경우에, 그와 같은 약정은 그 약정이 이루어진 국가 내에서 재판이 이루어질 경우를 예상하여 그 국가 내에서의 전속적 관할법원을 정하는 취지의 합의라고 해석될 수 있지만, 특별한 사정이 없는 한 다른 국가의 재판관할권을 완전히 배제하거나 다른 국가에서

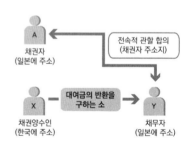

의 전속적인 관할법원까지 정하는 합의를 한 것으로 볼 수는 없다. 그 후 채권양도 등의 사유로 **외국적 요소가 있는 법률관계에 해당하게 된 경우**에는 위 약정의 **효력이 미치지 않는다.**

 12-변호사시험 / 17-사법시험 (위 94마536 결정) / 14-변리사시험 (위 2006다68209 판결)

2-11

대법원 2011. 7. 14.자 2011그65 결정[미간행]

　　지방법원 합의부가 지방법원 단독판사의 판결에 대한 항소사건을 제2심으로 심판하는 도중에 지방법원 합의부의 관할에 속하는 반소가 제기되었더라도 이미 정하여진 항소심 관할에는 영향이 없고, 35조는 전속관할인 심급관할에는 적용되지 않아 손해나 지연을 피하기 위한 이송의 여지도 없다는 이유로 원심결정을 파기한 사례

> 본소가 불법행위로 인한 손해배상과 관련한 채무부존재확인소송으로 의정부지방법원 단독판사의 사물관할이었다. 피고가 항소 후 원고를 상대로 지방법원 합의부의 사물관할에 속하는 금액의 위자료 등의 지급을 구하는 반소를 제기하면서 서울고등법원으로의 이송신청을 하자, 의정부지방법원(본원 항소부)은 위 사건이 자신의 관할에 속하지 않는다면서 34조, 35조를 들어 위 사건을 인천지방법원 민사항소부로 이송하는 내용의 이 사건 결정을 하였다. 적법한가?

 판 결　　　　　　　　• 원심 ⊗ 파기, 사건을 의정부지방법원 본원 합의부에 환송

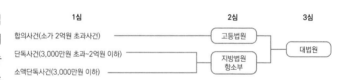

　　심급관할은 제1심법원의 존재에 따라 그에 대응하여 결정되는 전속관할이어서 이 사건 소송의 항소심은 제1심법원의 항소사건을 담당하는 원심법원(의정부지방법원)의 관할에 당연히 속하며, 지방법원 합의부가 지방법원 단독판사의 판결에 대한 항소사건을 제2심으로 심판하는 도중에 지방법원 합의부의 관할에 속하는 반소가 제기되었다고 하더라도 **이미 정하여진 항소심의 관할에는 영향이 없다.**

　　따라서 이 사건 소송의 **항소심은 원심법원의 관할에 속할 뿐만 아니라,** 원심이 이유에서 함께 들고 있는 35조는 **전속관할인 심급관할에는 적용되지 않아 손해나 지연을 피하기 위한 이송의 여지도 없으므로** 원심의 이 사건 결정은 어느 모로 보나 위법하다.

 검 토

　　심급관할은 제1심법원의 존재에 따라 그에 대응하여 결정되는 전속관할로, 추가되거나 변경된 청구에 대하여도 그대로 심판할 수 있는 것이고, 수소법원의 전속관할에 속하는 사건은 현저한 손해 또는 지연을 피하기 위한 이송을 할 수 없다(35조 단서).

13-변리사시험 / 17-사법시험

2-12

대법원 1993. 12. 6.자 93마524 전원합의체 결정

관할위반을 이유로 한 이송신청의 기각결정에 대한 즉시항고의 허용 여부(소극)

제주지방법원에 제기된 공탁금출급청구권이 원고에게 있음을 확인한다는 내용의 소에 대하여 피고는 제주지방법원에는 관할권을 인정할 아무런 특별재판적이 없다고 주장하며 자신의 주소지가 인천임을 이유로 위 사건을 그의 보통재판적 소재지 관할법원인 인천지방법원으로 이송하여 달라는 취지의 소송이송신청을 하였으나, 수소법원은 신청을 기각하였다. 피고(항고인)가 이에 대하여 즉시항고를 제기하였다. 항고심은 어떻게 처리하여야 하는가?

 판 결

　수소법원에 재판관할권이 있고 없음은 원래 법원의 직권조사사항으로서 법원은 그 관할에 속하지 아니함을 인정한 때에는 34조 1항에 의하여 직권으로 이송결정을 하는 것이고, 당사자에게 **이송신청권이 있는 것이 아니므로** 당사자가 관할위반을 이유로 한 이송신청을 한 경우에도 이는 단지 법원의 **직권발동을 촉구하는 의미밖에 없는 것**이고, 따라서 법원은 이송신청에 대하여는 재판을 할 필요가 없고, 설사 법원이 이 이송신청을 거부하는 재판을 하였다고 하여도 항고가 허용될 수 없다. 사안에서 법원이 이송신청을 거부하는 재판을 하였다고 하여도 항고가 허용될 수 없으므로 항고심에서는 이를 각하하여야 하고, 항고심에서 항고를 각하하지 아니하고 항고이유의 당부에 관한 판단을 하여 기각하는 결정을 하였다고 하여도 이 항고기각결정은 항고인에게 아무런 불이익을 주는 것이 아니므로 이 항고심결정에 대하여 재항고를 할 아무런 이익이 없는 것이어서 이에 대한 재항고는 부적법한 것이다.

　[반대의견] ① 34조 1항은 피고의 관할이익을 보호하는 법원의 책무를 규정한 것으로 볼 것이지, 이것이 피고의 이송신청권을 부정하는 취지라고 해석할 것이 아니다. ② 민사소송에서의 피고의 관할에 관한 이익은 법률상 인정되는 이익인 것이지, 법원의 재량에 의하여 좌우되는 이익이 아니다. 그러므로 피고에게 이러한 법률상의 이익을 보호하기 위하여 스스로 이송신청을 하고 그에 대한 법원의 응답을 구하는 권리를 인정하는 것은 오히려 당연한 사리에 속한다. ③ 소송요건의 흠결에 관한 피고의 주장에 대하여는 반드시 법원의 응답이 있어야 하는 것이고, 그 판단의 당부는 상소심의 심사대상이 되어야 하는 것인데, 만일 위와 같이 해석하지 아니한다면 전속관할이 아닌 이상, 411조에 따라 항소심에서는 제1심법원의 관할위반을 주장할 수 없는 것이어서 피고로서는 관할위반의 주장에 대한 판단에 불복을 주장할 길이 막히게 되고, 법원이 관할위반에 관한 주장을 묵살하여도 어찌할 방도가 없게 되어 사실상 피고의 관할에 관한 권익을 부정하는 결과에 이를 수 있어 부당하다. 또 전속관할의 경우는 상소심에서 관할위반으로 인정

될 경우 사건을 다시 관할법원으로 이송하여야 하는데 제1심에서 본안소송과 별도로 이 문제를 해결하게 하면 소송경제에도 도움이 될 수 있다. 그러므로 소송요건의 하나인 관할의 부존재에 대하여는 종국판결 이전에 피고에게 본안소송과는 별도로 주장할 지위를 인정할 필요가 있으며, 그 응답에 대한 불복도 본안의 상소와는 별도로 이를 허용할 필요가 있다. ④ 또 민사소송법은 관할위반이 없는 경우에도 다른 법원에 이송신청을 할 권리(34조 2항, 35조)와 관할이 없는 법원에서의 재판을 신청하는 권리도 인정하고(34조 3항), 이를 불허하는 결정에 대하여는 즉시항고의 길을 열어 놓고 있는데(39조), 관할이 있는 법원에서 재판받으려고 하는 피고의 보다 중대한 이익을 보호하기 위한 이송신청권과 즉시항고권을 인정하지 않는 것은 균형에도 어긋난다. ⑤ 당사자에게 법률상 관할위반을 이유로 하는 이송신청권이 있고 없고 떠나서 법원이 일단 이송신청을 기각하는 재판을 하였으면 적어도 그에 대한 불복은 허용되어야 한다는 반대의견이 있다.

 검 토

35조의 현저한 손해 또는 지연을 피하기 위한 이송에 있어서는 직권에 의한 경우 이외에 당사자에게 이송신청권이 인정되는 것이 규정으로부터 분명하다. 이것과 관련하여 39조는 이송결정과 이송신청의 기각결정의 양쪽에 대하여 당사자가 즉시항고로 불복을 신청하는 것을 허용하고 있다. 그런데 34조 1항의 관할위반에 따른 이송에 있어서는 당사자의 신청권이 명시되어 있지 않으므로 관할위반을 이유로 한 이송신청의 기각결정에 대하여 즉시항고권이 있는지 여부에 대하여 견해의 대립이 있다. 반면 이송결정의 경우에는 이 점이 문제되지 않는다.

학설은 ① 당사자가 이송신청을 하는 것은 법원의 직권발동을 촉구하는 것에 불과하므로 법원이 그에 대한 응답으로 행한 그 신청이 이유 없다는 기각결정에 대하여 **즉시항고권이 없다**는 견해와(강, 184면; 김홍, 106면; 한, 87면), ② 반대로 이 경우에도 관할권 있는 법원에서 재판을 받을 피고의 이익보호의 필요, 다른 원인에 따른 이송에는 이송신청권이 인정되는 것과의 균형 등을 고려하여 **즉시항고를 허용**할 것이라는 견해(김/강, 179면; 이, 126면; 정/유/김, 171면; 정영, 226면)의 대립이 있다.

위 **대상판결**은 ①의 입장이다. **생각건대** 판례는 법원의 편의에 따른 해석으로서 지양되고 변경되어야 한다. 관할위반이 있는 경우에는 피고의 이송신청권을 인정하는 명시적인 규정이 없다고 하여 이것만 가지고 이송신청권 그 자체를 부정하는 근거로 삼아서는 안 될 것이다. 또한 피고에게 관할위반의 항변을 할 수 있도록 맡긴 것은 바로 피고에게 이송신청권을 인정한 것과 다름이 없다고 볼 수 있다(호, 판례회고, 941면). 참고로 보면, 일본 1996년 신민사소송법 16조 1항에서는 위 경우에 당사자에게 이송신청권을 인정하고 있다.

참조 【대법원 2018. 1. 19.자 2017마1332 결정】소송당사자에게 관할위반을 이유로 하는 이송신청권이 있는지 여부(소극) 및 항고심에서 당초의 이송결정이 취소된 경우, 이에 대한 신청인의 재항고가 허용되는지 여부(소극)

17-법전협 모의시험(1) / 18-법전협 모의시험(3)

2-13

대법원 1995. 5. 15.자 94마1059, 1060 결정

전속관할에 위배한 이송결정의 **기속력**(적극) · 심급관할을 위배한 이송결정의 **기속력**(이송받은 **상급심 법원에는 미치지 않으나, 이송받은 하급심 법원에는 미침**)

> X는 채권압류 및 전부명령에 불복하여 항고를 하였는데, 원심법원인 집행법원은 항고장이 즉시항고기간
> 인 고지일로부터 1주일을 도과하여 접수되었음을 이유로 명령으로 항고장을 각하하였고, X는 이 각하에
> 불복하여 광주지방법원을 항고법원으로 표시한 즉시항고를 제기하자, 항고법원인 광주지방법원은 위 즉
> 시항고가 성질상 최초의 항고임에도(집행법원인 원심법원의 항고장 각하명령은 위 채권압류 및 전부명령
> 의 당부와는 무관하게 채무자가 이에 불복하여 제출한 즉시항고장에 필수적 기재사항이 기재되어 있는지
> 여부, 소정의 인지가 첨부되어 있는지 여부나 즉시항고 기간 내에 항고가 제기되었는지 여부 등에 관하여
> 자기 몫으로 판단하는 1차적인 처분으로서, 그에 대한 불복방법인 즉시항고는 성질상 최초의 항고) 이를
> 재항고로 보고 항고법원의 관할에 속하지 않는다는 이유로 사건을 대법원에 이송하였다. 이는 심급관할
> 을 위반한 이송이 되는데, 대법원은 이에 기속되어 항고법원에 재이송을 할 수 없는가?

 판 결

당사자에게 이송결정에 대한 불복방법으로 즉시항고가 마련되어 있는 점이나 이송의 반복에
의한 소송지연을 피하여야 할 공익적 요청은 전속관할을 위배하여 이송한 경우라고 하여도 예
외일 수 없는 점에 비추어 볼 때 당사자가 이송결정에 대하여 즉시항고를 하지 아니하여 확정된
이상, 원칙적으로 전속관할의 규정을 위배하여 이송한 경우에도 이송결정의 **기속력이 미친다.**

그러나 **심급관할을 위반하여 이송한 경우**에 이송결정의 기속력이 이송을 받은 상급심법원
에도 미친다고 한다면 당사자의 심급의 이익을 박탈하여 부당할 뿐만 아니라, 이송을 받은 법원
이 법률심인 대법원인 경우에는 직권조사사항을 제외하고는 새로운 소송자료의 수집과 사실확
정이 불가능한 관계로 당사자의 사실에 관한 주장 · 증명의 기회가 박탈되는 불합리가 생기므로,
이송을 받은 상급심법원에는 미치지 않는다고 보아야 하나, 한편 그 기속력이 이송받은 하급
심법원에도 미치지 않는다고 한다면 사건이 하급심과 상급심법원 사이에 반복하여 전전 이송되
는 불합리한 결과를 초래하게 될 가능성이 있을 뿐만 아니라 심급구조상 상급심의 이송결정은
특별한 사정이 없는 한, 하급심을 구속하게 되는 법리에도 반하게 되므로 기속력은 **이송을 받은
하급심법원에는 미친다**고 보아야 한다.

검토

이송재판이 확정되면 소송을 이송받은 법원은 그 결정에 따라야 하므로(38조 1항) 이송받은 법원은 이송법원의 이송사유와 관할권의 판단에 기속을 받아 이송받은 사건을 심리·판단하여야 하며, 이송한 법원과 다른 사실인정과 판단으로 사건을 다시 이송한 법원에 재이송(=返送)하거나 다른 법원에 전송(轉送)할 수 없다(동조 2항). 규정의 취지는 만약 이송받은 법원이 다시 이송사유와 관할권의 존부를 심사하게 된다면 법원이 소극적인 권한쟁의에 시간을 소비하여 본안심리의 전제일 뿐인 관할문제로 말미암아 본안의 심리가 지연됨으로써 당사자에게 적지 않은 손해를 줄 염려가 있기 때문에 이를 방지하기 위한 것이다.

그런데 **전속관할**에 관한 규정에 위반한 이송의 경우에도 위 이송결정의 기속력을 긍정할 것인지 여부가 문제이다. **학설**은 ① 38조가 전속관할의 경우를 제외하고 있지 않고, 또 이송의 반복에 따른 소송지연을 방지하기 위한 공익적 요청은 이 경우에도 마찬가지로 요구되므로 **기속력을 긍정**하여야 한다는 입장이 **통설**이고(강, 187면; 김/강, 180면; 김홍, 113면; 이, 130면; 정/유/김, 172면; 정영, 232면; 한, 87면), ② 이에 대하여 관할위반주장이 항소심에서는 금지되지만, 전속관할위반의 경우에는 그러하지 아니하고(411조), 전속관할의 위반은 절대적 상고이유가 되는 점(424조 1항 3호)에 비추어 전속관할을 위반한 이송결정은 이송받은 법원을 기속하지 못하고, 그 법원은 사건을 전속관할법원에 다시 이송하여야 한다는 **반대설**이 있다(송/박, 115면). **판례**는 ① 통설과 마찬가지 입장이다.

그런데 위에서 본 바와 같이 전속관할을 위반한 이송의 경우에도 기속력을 긍정하는 입장을 견지할 때에, 나아가 전속관할의 일종인 심급관할을 위반한 이송의 경우에도 기속력이 있다고 할 것인지 여부가 문제된다. 위 **대상결정**은 이송을 받은 **상급심법원에는 미치지 않는다**고 보나, 한편 이송을 받은 **하급심법원에는 미친다**고 보았다(강, 187면; 이, 130면은 이에 찬성).

이에 대하여 심급관할을 위반한 이송결정은 상급심과 하급심 모두에게 기속력이 발생하지 않는다는 쪽이 더 타당하다는 입장도 있다(김홍, 114면; 한, 88면; 조관행, 이시윤박사화갑기념, 86면; 박성철, 판례연구(제7집), 413면).

☞ [38면 마지막 부분에서] 위 대상결정의 사안은 원심법원에 상소장을 제출하려는 의사를 분명히 가지고 있었다는 점에서 원심법원에 제출하여야 하는 상소장을 원심법원 이외의 법원에 제출한 경우의 사안과 구별된다(조수정, 민사판례연구[XX], 485면 이하). 결국 심급관할위반에 있어서 관할위반에 따른 이송설(이송의 효과로 40조 1항은 처음부터 이송 받은 법원에 계속된 것으로 본다고 규정)을 취한 것으로 볼 수도 있는 재판례이다.

2-14

대법원 1996. 10. 25.자 96마1590 결정

상고인이 착오로 상고장을 고등법원과 동일 청사 내에 있는 지방법원에 잘못 접수시킨 경우, 상고제기기간 준수 여부의 기준일(상고장 제출한 날)

서울고등법원 선고의 판결정본을 1996. 7. 4. 송달받은 甲은 1996. 7. 18. 13:00경 불복대상판결을 '서울고등법원판결'로, 상고심 관할법원을 '대법원 귀중'이라고 기재한 상고장을 제출함에 있어 서울고등법원이 서울(중앙)지방법원과 동일한 청사 내에 위치하고 있는 관계로 서울(중앙)지방법원 종합접수과를 서울고등법원 종합접수실로 착각, 혼동하여 서울(중앙)지방법원 종합접수과에 상고장을 제출하였다. 접수담당공무원도 위 상고장을 그대로 접수하였다가 뒤늦게 잘못 접수된 것을 발견하고 서울고등법원에 위 상고장을 송부하여 그 다음날인 1996. 7. 19. 15:00경에 서울고등법원에 상고장이 접수되었다. 상고장은 각하될 것인가?

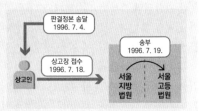

 판결   • 원심 ⊗ 파기

상고인이 상고장에 불복대상 판결을 서울고등법원 판결로 명시하여 서울고등법원에 상고장을 제출하려는 의사를 분명히 가지고 있었으나, 다만 이를 현실로 제출함에 있어서 사안과 같이 이른 경우, 접수담당 공무원이 접수 당일 착오 접수를 발견하고 지체 없이 상고장을 서울고등법원으로 송부하였는지 여부와 같은 우연한 사정에 의하여 상고인의 상고제기기간 도과 여부가 결정된다는 것은 불합리하므로 혼동, 착각하고 **상고장을 제출한 날을 기준으로 하여 상고제기기간 준수 여부를 가려 보는 것이 타당한 처리**이다(상고기간 도과로 상고장을 각하한 원심명령을 파기).

 검토

한편, 40조 1항은 이송결정이 확정된 때에는 소송계속이 처음부터 이송받은 법원에 계속된 것으로 본다고 규정하고 있는데, 위 경우에 이송에 관한 규정을 적용(또는 유추적용)할 수 있는가의 문제로도 접근할 수 있다. ☞ [37면 마지막 부분으로]

PART

03

당사자

3-1

대법원 1964. 3. 31. 선고 63다656 판결

성명모용소송에 있어서 법원이 그 성명모용사실을 간과하여 선고한 판결을 받은 피고인 피모용자와 재심사유

피고 부지 중에 피고의 동생이 가옥인도청구사건에서 자기가 피고인 양 참칭(僭稱)하여 소송을 진행하고 판결이 선고되었다. 원고가 그 판결에 기하여 강제집행을 기도하자, 피고는 그 내용을 탐지하고서 재심의 소를 제기하였다. 즉, 피고가 재심원고, 원고가 재심피고이다. 이를 검토하시오.

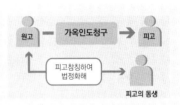

 판 결　　　　　　　　　　　　　　　　　　　　　• 원심 ⊗ 파기환송

　민사소송에 있어서 피고의 지위는 피고의 의사와는 아무런 관계없이 원고의 소에 의하여 특정되는 것이다. 설령 제3자가 특정된 피고를 참칭하였다고 하더라도 그 소송의 피고가 모용자로 변경되는 것이 아니다. 제3자가 피고를 참칭하여 소송을 진행하여 판결이 선고되었다고 하면 피고는 그 소송에 있어서 **적법히 대리되지 않는** 다른 사람에 의하여 소송절차가 진행됨으로 말미암아 결국 소송관여의 기회를 얻지 못하였다고 할 것이며, 이는 피고 아닌 사람이 피고를 참칭하여 소송행위를 하였거나 소송대리권이 없는 사람이 피고의 소송대리인으로서 소송행위를 하였거나 그간에 아무런 차이가 없는 것이다. 이러한 경우에 법원이 피고 아닌 사람이 피고를 모용하여 소송을 진행한 사실을 알지 못하고 판결을 선고하였다고 하면 피모용자는 **상소 또는 재심**의 소를 제기하여 그 판결의 취소를 구할 수 있다.

검 토

　당사자확정의 기준에 관한 **표시설**의 입장(소장에 객관적으로 표시된 것으로부터 누가 당사자인가를 정하여야 한다는 입장)을 취한 **판례**이다. 피모용자에게 판결의 효력이 미친다. 한편, **행동설**(소송상 당사자처럼 행동한 사람을 당사자라고 보는 입장)에 의하면 모용자를 당사자로 여기는 이상, 피모용자에 대한 판결의 효력은 부정된다.

 09-변리사시험

3-2

대법원 2006. 7. 4.자 2005마425 결정

원고가 사망자의 사망 사실을 모르고 그를 피고로 표시하여 소를 제기한 경우, 사망자의 상속인으로의 당사자표시정정이 허용되는지 여부(적극)

> 원고는 2004. 4. 1. Y 외 2인을 피고로 표시하여 구상금 청구의 소장을 제출하였는데, Y는 그 전인 2000. 1. 25. 이미 사망하였다. 소제기 후 이를 비로소 안 원고는 2004. 7. 29. 피고를 Y에서 그의 처 Y - 1, 자 Y - 2, Y - 3, Y - 4로 정정하는 1차 당사자표시정정신청을 하였고, 제1심법원은 위 신청을 받아들여 이들에게 소장 등을 송달하였다. 그러나 Y - 1, Y - 2, Y - 3, Y - 4는 이미 상속포기신고를 하였는바, 2004. 8. 13. 이와 같은 사정을 들어 채무가 없다는 취지의 답변서를 제출하였다. 이에 원고는 다시 2004. 9. 15. 피고를 Y - 1, Y - 2, Y - 3, Y - 4에서 그 다음 순위 상속인들인 Z - 1(Y - 3의 자), Z - 2(Y - 3의 자), Z - 3(Y - 2의 자)으로 정정하는 2차 당사자표시정정신청을 하였다. 이러한 2차 당사자표시정정신청을 기각한 법원의 결정은 적법한가?

 판결   • ⊗ 원심결정 파기, 제1심결정 취소

원고가 피고의 사망 사실을 모르고 사망자를 피고로 표시하여 소를 제기한 경우에, 실질적인 피고는 당사자능력이 없어 소송당사자가 될 수 없는 사망자가 아니라 처음부터 사망자의 상속자이고 다만 그 표시에 잘못이 있는 것에 지나지 않는다고 인정된다면, 사망자의 상속인으로 피고의 표시를 정정할 수 있다(대법원 1960. 10. 13. 선고 4292민상950 판결, 1969. 12. 9. 선고 69다1230 판결, 1983.

제1심	당사자표시정정 신청 기각
항고심	- 항고기각 - 제1심결정 유지
상고심	- 원심결정 파기 - 자판하여 제1심결정 취소

12. 27. 선고 82다146 판결, 1994. 12. 2. 선고 93누12206 판결 등 참조). 또한, 여기서 실질적인 피고로 해석되는 사망자의 상속인이라 함은 실제로 상속을 하는 사람을 가리킨다 할 것이고, 상속을 포기한 자는 상속 개시시부터 상속인이 아니었던 것과 같은 지위에 놓이게 되므로(대법원 1995. 9. 26. 선고 95다27769 판결 등 참조) 제1순위 상속인이라도 상속을 포기한 경우에는 이에 해당하지 아니하며, 후순위 상속인이라도 선순위 상속인의 상속포기 등으로 실제로 상속인이 되는 경우에는 이에 해당한다. 따라서 진정한 상속인들인 위 Z - 1, Z - 2, Z - 3을 피고로 정정한 취지의 2차 당사자표시정정신청이 적법한 것으로 보고 그들을 이 사건 소송의 실질적인 피고들로 인정하여 소송을 진행하였어야 할 것이므로 이와 달리 2차 당사자표시정정신청을 기각한 제1심결정과 제1심

결정이 적법하다고 인정하여 이를 유지한 원심결정에는 당사자표시정정에 관한 법리를 오해하여 재판에 영향을 미친 위법이 있다.

검토

판례는 피고의 경정(260조)이 아닌, 당사자표시정정으로 사자명의소송을 처리하고 있다. **생각건대** 원래 당사자표시정정은 당사자의 동일성을 해치지 않는 범위에서 허용되는 것이므로, 표시정정에 의하여 당사자로 새로운 사람을 끌어들이는 결과가 된다면 당사자의 표시정정이 아니라 당사자의 변경이 된다는 점에서 대상결정에 대하여 의문이 들고, 대상결정의 원심이 판단한 바대로 앞으로 피고의 경정(260조)을 활용하는 방향으로 나아가야 할 것이다. 다만, 원고 측이 사자인 경우 또는 항소심의 경우에는 위 260조 규정상으로는 피고의 경정이 허용되지 않으므로 취급에 있어서 아직도 문제가 없는 것은 아니다.

【대법원 2009. 10. 15. 선고 2009다49964 판결】 채권자가 채무자의 사망 이후 그 1순위 상속인의 상속포기 사실을 알지 못하고 1순위 상속인을 상대로 소를 제기하였다가 실제 상속인을 피고로 하는 피고경정신청을 한 경우, **피고표시정정으로 인정**할 수 있는지 여부(한정 적극)

【대법원 2011. 3. 10. 선고 2010다99040 판결】 채무자의 **사망사실을 알면서도** 그를 피고로 기재하여 소를 제기한 사안에서, 채무자의 상속인으로 피고의 표시를 정정할 수 있고, 따라서 **당초 소장을 제출한 때에 소멸시효중단의 효력**이 생긴다고 본 원심판단을 수긍한 사례

08-사법시험 / 14-법전협 모의시험(2) / 16-변호사시험 / 17-사법시험 / 18-법전협 모의시험(1) (위 2009다49964 판결) / 15-법무사시험 (위 2010다99040 판결)

3-3

대법원 2015. 1. 29. 선고 2014다34041 판결

사망자를 피고로 하는 소제기 상태에서 선고된 제1심판결의 효력(당연무효) 및 이 경우 상속인들에 의한 항소나 소송수계신청이 적법한지 여부(소극) / 이러한 법리는 소제기 후 소장부본이 송달되기 전에 피고가 사망한 경우에도 마찬가지로 적용되는지 여부(적극)

> 甲은 2012. 1. 19. 乙을 상대로 하여 대여금 청구의 소를 제기하였는데, 소장부본은 2012. 2. 3. 주소불명을 이유로 송달되지 못하였다. 그 뒤 2012. 2. 24. 주소를 보정하였고 보정된 주소로 소장부본을 송달하였으나, 폐문부재를 이유로 역시 송달되지 못하였다. 그 뒤, 乙에 대한 이 사건 소장부본, 변론기일 통지서 등을 공시송달의 방법으로 송달하여 변론을 진행한 끝에 2012. 8. 10. 甲 승소의 판결을 선고하였고, 제1심판결 정본 역시 공시송달의 방법으로 乙에게 송달되었다. 한편, 乙은 2012. 2. 9. 사망하였고, 그 배우자가 상속을 포기함에 따라 乙의 자녀인 丙이 상속인이 되었다. 丙은 2012. 10. 31. 제1심판결에 대하여 추후보완 항소를 제기하였고, 2013. 1. 15. 항소심 법원에 소송수계신청을 하였다. 甲은 2013. 8. 29. 항소심 법원에 피고의 표시를 乙에서 망 乙의 소송수계신청인 丙으로 정정하여 달라는 당사자표시정정신청과 함께 망 乙의 소송수계신청인 丙을 상대로 소송수계신청을 하였다. 丙이 제기한 추후보완 항소나 소송수계신청은 적법한가? 甲의 당사자표시정정신청은 허용되는가? 항소심이 본안에 들어가 판단한 것에 대하여 위법 여부를 검토하시오.

 판결   • 원심 ⊗ 파기자판 → 항소각하

사망자를 피고로 하는 소제기는 원고와 피고의 대립당사자 구조를 요구하는 민사소송법상의 기본원칙이 무시된 부적법한 것으로서 실질적 소송관계가 이루어질 수 없으므로, 그와 같은 상태에서 제1심판결이 선고되었다 할지라도 판결은 당연무효이며, 판결에 대한 사망자인 피고의 상속인들에 의한 항소나 소송수계신청은 부적법하며 그에 대한 당사자표시정정도 허용되지 않는다. 그리고 이러한 법리는 **소제기 후 소장부본이 송달되기 전에 피고가 사망한 경우에도 마찬가지로 적용**된다고 보았다.

원심으로서는 망 乙의 소송수계신청인 丙의 항소를 각하하였어야 함에도, 이를 간과한 채 본안에 들어가 판단하여 망 乙이 패소한 제1심판결을 취소하고 甲의 청구를 기각하는 판결을 선고하였으니, 이 부분 원심 판결은 위법하여 파기하되, 직접 재판하기에 충분하므로 437조에 따라 자판하기로 하여 망 乙의 소송수계신청인 丙의 항소를 각하한다.

검토

   소제기 전에 당사자가 사망하였음에도 불구하고, 그대로 사망자를 당사자로 삼아 소송이 진행된 이른바 사자명의소송에서의 판결의 효력의 당연무효와 관련하여 위 대상판결은 소제기 뒤, 소장부본이 송달되기 전에 피고가 사망한 경우까지도 마찬가지 취급을 한 판례인 점에서 그 의의를 찾을 수 있다.

   그리고 소송계속의 발생시기에 관하여 기존 판례·통설과 같이 소장송달시설을 따른다고 하더라도, 당사자가 소제기 당시를 기준으로 이미 사망한 경우와 생존해 있던 경우는 구별해야 하고, 후자의 경우는 '소송 도중' 사망했다고 할 수 있으므로 대법원 1995. 5. 23. 선고 94다28444 전원합의체 판결의 취지에 따라 그 판결은 위법하지만 당연무효는 아니고 상소, 재심에 의하여 취소될 수 있을 뿐이며 이에 대한 상소나 수계는 적법하다고 보아야 하고, 나아가 법적으로는 당연무효인 판결이지만 외관상으로는 유효한 판결과 구별할 수 없어 오용의 가능성이 있으므로, 불안한 상속인들이 상소를 하여 취소를 구한다면 상소를 각하하지 말고 당연무효임을 확실히 하기 위하여 제1심판결을 취소하고 소를 각하하여야 한다는 비판적 평석이 있고(오상현, 법조 (2016. 2), 308면 이하 참조),

   또는 소장제출 이후 소장부본송달 이전 단계에 대하여는 수계절차에 관한 규정을 유추적용하는 것이 타당하다는 입장도 있다(박재완, 법학논총(2017. 12), 452면).

   한편, (대상판결은 피고 사망의 경우인데) 원고 사망의 경우는 피고 사망의 경우와 구별하여 원고가 소제기 뒤, 소송계속이 발생 전 사망한 경우를 소송계속 뒤 사망한 경우와 마찬가지로 233조 1항을 유추하여 상속인이 소송을 수계하여야 한다는 입장도 있다(김홍, 135면; 정/유/김, 190면. 한편 한, 118면은 합리적 이유 없이 구별하는 것에 의문을 제기한다).

 【대법원 2018. 6. 15. 선고 2017다289828 판결】 파산선고 전에 채무자가 채권자를 상대로 채무 부존재 확인의 소를 제기하였으나 소장 부본이 송달되기 전에 채무자에 대하여 파산선고가 이루어진 경우, 소가 적법한지 여부(소극) 및 이 경우 파산관재인의 소송수계신청이 허용되는지 여부(소극)

 16-변리사시험

3-4

대법원 2016. 4. 29. 선고 2014다210449 판결

당사자가 소송대리인에게 소송위임을 한 다음 소제기 전 사망하였는데, 소송대리인이 이를 모르고 사망한 당사자를 원고로 표시하여 소를 제기한 경우, 소제기가 적법한지 여부(적극) 및 이때 상속인들이 소송절차를 수계하여야 하는지 여부(적극)

> 甲은 2012. 6. 11. 사망하였다. 법무법인 K는 2012. 6. 21. 甲을 원고 중 한 명으로 기재한 소장을 법원에 제출하였고, 그 소장 부본은 그 무렵 피고에게 송달되었다. 위 소제기 시에 제출된 소송위임장의 위임인 목록에는 甲의 성명이, 수임인란에는 '법무법인 K'가 각 기재되어 있고, 甲의 성명 뒤에는 목도장에 의한 인영이 날인되어 있으며, 소송위임장의 작성일자는 '2012. 6.'로 되어 있다. 제1심법원은 일부승소판결을 하였고, 그 뒤 甲의 상속인인 A, B가 甲, A, B 패소 부분에 대하여 법무법인 J을 항소심 소송대리인으로 선임하여 항소를 제기하였고, 항소심 계속 중 A, B는 甲의 소송수계신청을 하였다. 소장이 제1심법원에 접수되기 전에 원고 甲은 사망하였으므로 그 명의의 제소는 부적법한가? 관련하여 사망으로 인한 소송수계에 관한 법리를 오해한 잘못이 없는가?

 판 결

• 원심 ⊗ 파기환송

당사자가 사망하더라도 소송대리인의 소송대리권은 소멸하지 아니하므로 소송대리인에게 소송위임을 한 다음 소제기 전 사망한 경우에 소송대리인이 당사자가 사망한 것을 모르고 그 당사자를 원고로 표시하여 소를 제기하였다면, 이러한 소의 제기는 적법하고, 소제기의 효력은 상속인에게 귀속되고, 233조 1항이 유추적용되어 사망한 사람의 상속인은 그 소송절차를 수계할 수 있다(원심으로서는 소송위임장의 작성일과 작성 주체, 소송에 필요한 서류의 발급일과 발급 주체, 소송대리인에 대한 수임료 지급관계 등을 조사하여 과연 甲이 사망 전에 법무법인 K에 이 사건 소송을 위임한 사실이 있는지 심리·판단하였어야 하고, 만약 원고가 사망 전에 소송위임을 한 것으로 인정된다면, A, B의 소송수계신청을 받아들여 A, B가 상속한 망 甲의 청구의 유무에 관하여 본안으로 나아가 판단했어야 마땅하다).

 검 토

대상판결에 대하여, 원고가 소제기 전에 사망한 상태에서 제기된 소는 당사자능력의 흠결로 부적법할 뿐 아니라 그 흠결이 보정될 수 없는 경우에 해당하므로 각하를 면할 수 없다는 것이 대법원의 지속적인 입장이었고, 아울러 실재하지 않은 사망자 명의로 제기된 소는 처음부터 부적법한 것이어서 그 재산상속인들의 소송수계신청도 허용되지 않았는데, 대상판결이 소송위임을 하고 소가 제기되기도 전에 사망한 사람의 소송대리인의 소송대리권이 줄곧 유효하게 지속된다고 보는 것은 납득하기 어렵다는 **비판적 입장**이 있다(한충수, 법조(2016. 10), 564면 이하 참조). 즉, 95조 1호를 적용하는 것은 타당하지 않고, 소송대리권이 소멸한다고 보아야 한다고 한다(한, 117면). 또한 대립당사자구조의 성립 여부를 기준으로 당사자 사망의 경우를 해결하던 기존의 대법원 입장에 모순되지는 않는지 의문을 제기하면서, 당사자표시정정의 문제로 사안을 해결하지 않고 소송중단 및 수계의 관점에서 해결한 것이 타당한지 등의 관점에서 재검토하면서, 상속인들이 망인의 사망사실을 고지하지 않은 채 공동 원고로서 대상 소송을 함께 수행하고 망인의 소송 부분도 실질적으로 관여·수행하였다는 점에 비추어 볼 때, 기존의 대법원 입장과 같이 1심에서 상속인으로의 당사자표시정정을 허용하고, 그러한 당사자표시정정이 없이 망인 명의로 이루어진 판결의 효력을 부인하는 것이 기존의 확고한 대법원의 입장에 부합하는 것으로 보이고, 이러한 해석이 대립당사자구조를 근간으로 하는 민사소송의 본질에 충실한 해석이라는 **지적**도 있다(임소연, 법학연구(2017. 8), 73면 이하 참조).

　한편, 원칙적으로 사망한 원고의 소장은 각하되어야 하고, 원천적으로 소송계속이 발생될 수 없게 되었는데도 소송대리인이 '당사자가 사망한 것을 모르고 사망자를 원고로 표시하여 소를 제기하였다면'을 조건으로 하여 소의 제기가 적법하다고 본 것은 소송계속 이전 당사자 사망과 그 소송대리인의 소송대리권 유무를, 피고 사망의 경우와 원고 사망의 경우를 구별하여 민사소송법상 대원칙인 신의칙의 원칙을 적용하여 원고의 소송대리인이 원고 사망사실을 모르는 경우에 한해서 원고의 소송대리권을 인정한 판례라고 **의미를 부여**하는 분석도 있다(강현중, 법률신문 2016. 11. 10.자).

　하여튼 소송대리인이 선임되었거나 당사자가 소제기 뒤 소송계속 전에 사망한 경우 등에는 소송계속을 전제로 하는 소송절차의 중단규정을 유추하는 경우도 생각할 수 있다는 점에서, 사자명의소송에서의 당사자의 확정과 관련된 국면과 소송계속 중 당사자의 사망에 따른 절차의 중단이라는 국면, 그리고 그 사이의 한계를 둘러싼 논의를 다시 검토하는 계기가 될 수 있는 판례라고 생각된다.

3-5

대법원 2006. 6. 2.자 2004마1148, 1149 결정

당사자능력의 인정 여부-도롱뇽(소극), 자연부락(적극), 학교(원칙적 소극), 성균관(적극), 노인요양원(소극)

① 서울~부산 경부고속철도의 구간 중 13공구 안에 시행될 원효터널 공사(13.5km) 및 기타 이에 부수된 공작물의 설치 등 일체의 공사를 착공하여서는 아니 된다는 공사착공금지가처분 사건에 있어서 도롱뇽의 당사자능력을 인정할 수 있는가?
② 자연부락에 거주하는 사람들을 구성원으로 하는 단체에 당사자능력이 인정되는가?
③ 학교가 민사소송에서 당사자능력이 인정되는가?
④ "공자가 죽어야 나라가 산다."는 서적의 출판, 판매와 관련한 손해배상청구사건에 있어서 고려시대에 설립된 유교경전의 교육 및 유교의식의 행사 기관이 수백 년 동안 이어져 내려와 오늘날에 이른 성균관은 당사자능력이 인정되는가?
⑤ 노인요양원이나 노인요양센터는 당사자능력을 가지는가?

 판결

① [대법원 2006. 6. 2.자 2004마1148, 1149 결정]-외국의 사례와 환경보호를 위한 현실적 필요를 주된 근거로 하여 신청인 도롱뇽의 당사자능력을 주장하였는데, 이에 대하여 법원은 51조는 당사자능력에 관하여 민사소송법에 특별한 규정이 없으면 민법과 그 밖의 법률에 따르도록 정하고 있고, 52조는 대표자나 관리인이 있는 경우 법인 아닌 사단이나 재단에 대하여도 소송상의 당사자능력을 인정하는 특별규정을 두고 있으나, 자연물인 도롱뇽 또는 그를 포함한 자연 그 자체에 대하여 당사자능력을 인정하고 있는 현행 법률이 없고, 이를 인정하는 관습법도 존재하지 아니하므로 신청인 도롱뇽이 당사자능력이 있다는 주장은 이유 없다.

② [대법원 1999. 1. 29. 선고 98다33512 판결]-자연부락인 '수하리'에 거주하는 주민을 구성원으로 하여 고유목적을 가지고 의사결정기관과 집행기관인 대표자를 두어 독자적인 활동을 하는 사회조직체라면, 비법인사단으로서의 권리능력 내지 당사자능력을 가진다. 한편 자연부락에 거주하는 계원들을 구성원으로 하는 단체의 경우, 그 규약을 정하고는 있으나, 고유재산도 없고, 회의를 열고서도 회의록도 만들지 않고 있으며, 대표자 선임이나 교체과정에서도 이렇다 할 절차를 갖추지 못하였을 뿐 아니라 그 사업내용도 회원의 직계존속의 장례에 있어서 금품의 증여, 용구의 이용 등에 불과하였다면, 이는 단순한 친목모임에 불과할 뿐 비법인 사단이라 할 수 없다.

③ [대법원 2017. 3. 15. 선고 2014다208255 판결] ─ 학교는 교육시설의 명칭으로서 일반적으로 법인도 아니고 대표자 있는 법인격 없는 사단 또는 재단도 아니기 때문에, 원칙적으로 민사소송에서 당사자능력이 인정되지 않는다.

④ [대법원 2004. 11. 12. 선고 2002다46423 판결] ─ 원고 성균관은 고려시대에 설립된 유교 경전의 교육 및 유교의식의 행사 기관이 수백 년 동안 이어져 내려와 오늘날에 이른 것으로서 설립 연혁과 경위, 대표기관 등의 조직, 존립목적과 활동 등 여러 사정에 비추어 볼 때 원고 성균관은 재단법인 성균관의 설립 이전부터 이미 독자적인 존립목적과 대표기관을 갖고 활동을 하는 등 법인 아닌 사단으로서의 실체를 가지고 존립하여 왔으므로 그 후 설립된 재단법인 성균관의 정관 일부 조항을 가지고 원고 성균관의 단체성을 부정하여 위 법인의 기관에 불과하다고 볼 수는 없다고 할 것이다.

⑤ [대법원 2018. 8. 1. 선고 2018다227865 판결] ─ 노인요양원이나 노인요양센터는 일반적으로 노인성질환 등으로 도움을 필요로 하는 노인을 위하여 급식·요양과 그 밖에 일상생활에 필요한 편의를 제공함을 목적으로 하는 시설, 즉 노인의료복지시설로, 이는 법인이 아님이 분명하고 대표자 있는 비법인 사단 또는 재단도 아니므로, 원칙적으로 당사자능력이 인정되지 않는다.

 검 토

51조는 당사자능력은 민사소송법에 특별한 규정이 없으면 민법 그 밖의 법률에 따른다고 규정하고 있는 바, 실체법상 권리능력을 가진다면 소송법상 당사자능력을 가진다(이를 실질적 당사자능력자라고도 한다). 그리고 52조는 법인이 아닌 사단이나 재단은 대표자 또는 관리인이 있는 경우에는 그 사단이나 재단의 이름으로 당사자가 될 수 있다고 규정하고 있다(이를 형식적 당사자능력자라고도 한다).

☞ [50면 마지막 부분에서] 대상판결은 법인 아닌 사단이 총유재산의 보존행위를 위한 제소를 할 때, 당사자적격에 관하여 종래 혼란스러운 판례를 전원합의체로서 정리한 것으로 소송실무 처리상 중요한 의미를 가진다(민유숙, 대법원판례해설(2005년 하반기), 132면).

3-6

대법원 2005. 9. 15. 선고 2004다44971 전원합의체 판결

법인 아닌 사단의 구성원 개인이 총유재산의 보존을 위한 소를 제기할 수 있는지 여부(소극)

A 종중의 전 대표자가 총회의 결의 없이 종중재산을 처분하자, A 종중은 종중총회를 개최하여 원고를 새 대표자로 선임하고, 전 대표자가 처분한 종중재산을 환수하기로 결의하였다. 이에 따라 원고가 종중의 종 원으로서 종중결의를 받아 보존행위로서 피고 명의의 소유권이전등기의 말소를 구하였다. 종중의 구성원 에 불과한 원고 개인에게 당사자적격이 있어서 위 소는 적법한가?

 판결

민법 276조 1항은 "총유물의 관리 및 처분은 사원총회의 결의에 의한다.", 같은 조 2항은 "각 사원은 정관 기타의 규약에 좇아 총유물을 사용·수익할 수 있다."라고 규정하고 있을 뿐 공유나 합유의 경우처럼 보존행위는 그 구성원 각자가 할 수 있다는 민법 265조 단서 또는 272조 단서 와 같은 규정을 두고 있지 아니한바, 이는 법원 아닌 사단의 소유형태인 총유가 공유나 합유에 비하여 단체성이 강하고 구성원 개인들의 총유재산에 대한 지분권이 인정되지 아니하는 데에서 나온 당연한 귀결이라고 할 것이므로 총유재산에 관한 소송은 법인 아닌 사단이 그 명의로 사원 총회의 결의를 거쳐 하거나 또는 그 구성원 전원이 당사자가 되어 필수적 공동소송의 형태로 할 수 있을 뿐 그 사단의 구성원은 설령 그가 사단의 대표자라거나 사원총회의 결의를 거쳤다 하더 라도 그 소송의 당사자가 될 수 없고, 이러한 법리는 총유재산의 보존행위로서 소를 제기하는 경우에도 마찬가지라 할 것이다(제1심과 원심은 보존행위를 할 수 있다고 판단하여 청구를 인용).

검토

종중의 구성원에 불과한(설령 그가 종중의 대표자라고 하더라도) 원고 개인이 총유재산의 보존행위 로서 제기한 소가 적법한지 여부가 문제된 사안이다. 이 쟁점이 원심까지 다투어지지 않고, 상고 이유에서도 다투어지지 않았으나, 이는 당사자적격의 문제로 대법원이 직권으로 판단하여, 법인 아닌 사단의 대표자 개인 또는 구성원 일부가 총유재산의 보존을 위한 소를 제기할 수 있다고 본 종전의 판결 등을 대상판결의 견해와 저촉되는 범위에서 변경하였다. ☞ [49면 마지막 부분으로]

 19-법전협 모의시험(2)

3-7

대법원 1991. 6. 25. 선고 88다카6358 판결

민법상 조합의 당사자능력 유무(소극)

X는 Z에게 원목을 판매하여 원목 잔대금채권을 가지고 있었는데, Z는 X에 대한 위 잔대금채무의 변제를 위하여 그 당시까지 Y(원호대상자광주목공조합)에게 외상납품함으로써 취득한 목재대금채권을 X에게 양도하고, 그 무렵 내용증명으로 이를 Y에게 통지하였다. 그 뒤 X는 Y에 대하여 양수금청구의 소를 제기하게 되었다. 그런데 Y는 한국보훈복지공단법에 근거하여 구성원의 직업재활과 자립정착의 달성 등을 목적으로 하여 설립된 조합으로 대표자가 있고, 그 조합원은 10인이다. Y에 가입하려면 전 구성원의 동의를 얻어야 하며, 탈퇴하려면 구성원 3분의 2 이상의 동의를 얻어야 하고, Y의 자산은 원칙적으로 균일지분에 의하여 구성원에게 합유적으로 귀속되어 구성원이 단독으로 그 분할청구를 하지 못하도록 되어 있다. Y(원호대상자광주목공조합)의 당사자능력과 관련하여 위 양수금청구소송은 적법한가?

 판 결

구성원의 직업재활과 자립정착의 달성 등을 목적으로 하여 설립된 「원호대상자광주목공조합」은 조합에 가입하려면 전 조합원의 동의를 얻어야 하고, 탈퇴하려면 조합원 3분의 2 이상의 동의를 얻어야 하며, 조합자산은 원칙적으로 균일지분에 의하여 조합원에게 합유적으로 귀속되어 조합원이 단독으로 그 분할청구를 하지 못하도록 되어 있는 사실 등에 비추어 보면 민법상 조합의 실체를 가지고 있으므로 소송상 당사자능력이 없으며 따라서 X의 Y(원호대상자광주목공조합)를 상대로 한 이 사건 소는 부적법하다.

검 토

52조가 민법상 법인 아닌 사단이라도 대표자 또는 관리인이 있는 경우에는 그 사단의 이름으로 당사자가 될 수 있다고 규정하고 있는데, 이와 관련하여 민법상 조합이 당사자능력이 있는지 여부가 문제된다.

학설은 다음과 같이 견해가 나뉜다. ① **부정설** – 사단과 민법상 조합을 구별할 수 있다는 전제에서 법인격 없는 사단에는 당사자능력을 긍정하고, 민법상의 조합에는 당사자능력을 부정한다(김홍, 150면; 이, 152면; 송/박, 130면; 정/유/김, 198면; 정영, 270면; 한, 128면; 호, 228면). ② **긍정설** – 첫째, 이론상 사단과 민법상 조합의 한계는 반드시 명확하지 않고, 사회적 실재로서 양자를 항상 구별할 수 있는가 어떤가는 상당히 의문이다. 둘째, 소를 제기하는 때에 문제의 단체가 사단인가, 조합인가를 일일이 확인하여야 하고, 조합의 경우에 52조를 이용할 수 없다고 하는 것은 위 규정의 실익을 실질적으로 말살하는 결과가 된다. 셋째, 적은 금액의 조합재산 분쟁에 있어서는 민법상 조합의 당사자능력을 긍정하는 것이 간단명료한 해결방식이라고 할 수 있다는 등을 근거로 민법상 조합의 당사자능력을 긍정한다(강, 211면; 김용, 764면; 김/강, 202면).

대상판결은 **부정설**이다.

생각건대 민법이 예정하는 전형적인 민법상 조합에 대하여는 당사자능력을 부정하여야 하지만, 민법상 조합이라는 성격의 결정으로부터 즉시 52조의 적용을 부정하는 것은 적절하지 않다. 민법상 조합이더라도 조합재산의 독립성이 어느 정도 확보되는 사단적 조직을 가지며, 대표자의 정함이 있는 경우라면 당사자능력을 긍정하여야 한다고 본다.

 【대법원 1999. 4. 23. 선고 99다4504 판결】 부도난 회사의 채권자들이 조직한 **채권단**은 당사자능력 문제의 어려움을 해결할 의도에서 급조된 것으로 채권자들 전원에게 개별적인 통지를 하지 아니한 채, 일간신문에 소외 회사 채권단 소집공고를 1회 게재하는 방식만으로 총회를 소집하였을 뿐만 아니라 채권단의 조직행위가 구성원의 개인성과 별개로 권리·의무의 주체가 될 수 있는 독자적 존재를 성립시키기 위한 것이라고 볼 수 없으므로 비법인사단으로서의 실체를 갖추지 못하였고, **당사자능력을 인정할 수 없다.**

 【대법원 1992. 11. 27. 선고 92다30405 판결】 조합의 채무는 조합원의 채무로서 특별한 사정이 없는 한 조합채권자는 각 조합원에 대하여 지분의 비율에 따라 또는 균일적으로 변제의 청구를 할 수 있을 뿐이다.

 【대법원 2015. 10. 29. 선고 2012다21560 판결】 민법상 조합에서 조합의 채권자가 조합재산에 대하여 강제집행을 하려면 **조합원 전원에 대한 집행권원**을 필요로 하고, 조합재산에 대한 강제집행의 보전을 위한 가압류의 경우에도 마찬가지로 조합원 전원에 대한 가압류명령이 있어야 하므로, 조합원 중 1인만을 가압류채무자로 한 가압류명령으로써 조합재산에 가압류집행을 할 수는 없다.

3-8

대법원 1994. 6. 14. 선고 94다14797 판결

급부의 소에 있어서는 원고의 청구 자체로서 당사자적격이 판가름되고 그 판단은 청구의 당부의 판단에 흡수되는 것이니, 자기의 급부청구권을 주장하는 자가 정당한 원고이고, 의무자라고 주장된 자가 정당한 피고

원고가 피고에게 매매계약을 해제하고 그 매매대금의 반환을 구하는 소를 제기하였다. 본안에 들어가 심리판단하지 않고, 소송을 제기할 적격이 없는 자에 의하여 제기된 것으로서 부적법하다 하여 이를 각하한 조치에 잘못이 없는가?

 판 결   • 원심 ⊗ 파기환송

급부의 소에 있어서는 원고의 청구자체로서 당사자적격이 판가름되고 그 판단은 청구의 당부의 판단에 흡수되는 것이니, 자기의 급부청구권을 주장하는 자가 **정당한 원고**이고, 의무자라고 주장된 자가 정당한 피고라 할 것인바, 이 사건 청구는 원고가 피고에게 매매계약을 해제하고 그 매매대금의 반환을 구하는 급부의 소임이 명백하므로, 원심으로서는 본안에 들어가 심리판단했어야 할 것이다. 원심이 이에 이르지 아니하고 이 사건 소는 소송을 제기할 적격이 없는 자에 의하여 제기된 것으로서 부적법하다 하여 이를 각하한 조치는 **당사자적격**에 관한 법리를 오해한 위법이 있다.

 검 토

이행의 소에 있어서 당사자적격은 주장만으로 판단한다. 청구권 내지는 의무의 존재 여부는 법원이 실체관계를 심리한 뒤 결정하므로 정당한 원고가 반드시 실체법상의 권리자이고 정당한 피고가 반드시 실체법상의 의무자는 아니다.

 참조 【대법원 1994. 2. 25. 선고 93다39225 판결】 등기의무자, 즉 등기부상의 형식상 그 등기에 의하여 권리를 상실하거나 기타 불이익을 받을 자(등기명의인이거나 그 포괄승계인)가 아닌 자를 상대로 한 등기의 말소절차이행을 구하는 소는 당사자적격이 없는 자를 상대로 한 **부적법한 소**이다. − 이행의무가 인정되는지 여부는 본안의 문제로, 위 경우는 본안적격을 그르친 경우로 청구기각을 할 것이라는 의문을 제기한다(이, 155면).

 14-변호사시험 / 16-변호사시험

3-9

대법원 1994. 10. 21. 선고 94다17109 판결

가등기이전의 부기등기가 경료된 경우 가등기의 말소를 청구할 수 있는 상대방

이 사건 임야에 관하여 1983. 11. 7. 선정자 A 명의의 소유권이전청구권 가등기가 경료되고, 1985. 4. 25. 원고 명의의 소유권일부이전등기가 경료된 다음, 1991. 5. 8. 선정자 B 등과 피고의 피상속인 공동 명의로 선정자 A 명의의 위 가등기이전의 부기등기가 경료되었다. 원고는 공유자의 1인으로서 위 가등기의 피담보채권이 발생하지 않을 것이 확정되었음을 이유로 위 가등기와 가등기이전의 부기등기의 말소를 구하였다. 선정자 A에 대하여 가등기의 말소를 구하는 것은 적법한가? 부기등기만의 말소를 구하는 것은 권리보호의 이익이 있는가?

 판결

가등기의 이전에 의한 부기등기는 기존의 가등기에 의한 권리의 승계관계를 등기부상에 명시하는 것뿐으로 그 등기에 의하여 새로운 권리가 생기는 것이 아닌 만큼 가등기의 말소등기청구는 **양수인만을 상대로 하면 족하고**, 양도인은 그 말소등기청구에 있어서의 피고적격이 없다 할 것이고(따라서 선정자 A에 대하여 가등기의 말소를 구하는 것은 당사자적격이 없는 자를 상대로 한 것이어서 부적법), 가등기이전의 부기등기는 기존의 주등기인 가등기에 종속되어 주등기와 일체를 이루는 것이어서 피담보채무가 소멸된 경우에는 주등기인 가등기의 말소만 구하면 되고 위 부기등기는 별도로 말소를 구하지 않더라도 주등기의 말소에 따라 직권으로 말소된다 할 것이므로 **부기등기의 말소를 구하는 것은 권리보호의 이익이 없어 부적법**하다.

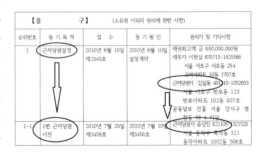

【을 구】		(소유권 이외의 권리에 관한 사항)	
순위번호	등 기 목 적	접 수	등 기 원 인	권리자 및 기타사항
1	근저당권설정	2010년 6월 10일 제2345호	2010년 6월 10일 설정계약	채권최고액 금 650,000,000원 채무자 이헌상 670715-1925566 서울 서초구 서초동 254 규래아파트 10동 1707호 근저당권자 김일동 491010-1052653 서울 서초구 반포동 123 반포아파트 102동 807호 공동담보 건물 서울 강서구 염창동 86-4 가상
1-1	1번 근저당권 이전	2010년 7월 20일 제3456호	2010년 7월 20일 제3456호	근저당권자 윤상진 621108-1321528 서울 동작구 흑석동 321 동작아파트 1002동 506호

 검토

저당권의 말소 사안도 **부기등기는 별도로 말소를 구하지 않더라도 주등기의 말소에 따라 직권으로 말소되는 것**으로 위 가등기말소 사안과 마찬가지 법리이다(대법원 1995. 5. 26. 선고 95다7550 판결).

 15-변호사시험 / 13-변호사시험 (위 95다7550 판결) / 13-법무사시험 (위 95다7550 판결)

3-10

대법원 2009. 1. 15. 선고 2008다72394 판결

사해행위의 취소와 함께 책임재산의 회복을 구하는 사해행위취소의 소에서 채무자에게 피고 적격이 있는지 여부(소극)

> X는 2005. 5. 25. Z와 Y-1의 연대보증 아래 신용보증약정을 체결하였고, Z는 X로부터 발급받은 신용보 증서를 2005. 5. 25. 주식회사 국민은행에 제출하고 5,000만원을 대출받았다. 그 후 Z가 2006. 3. 1. 이자를 연체하고, 2006. 4. 3. 당좌부도를 내는 등으로 인하여 위 대출에 관한 기한의 이익을 상실하자 X 는 위 신용보증약정에 따라 2006. 5. 22. 위 국민은행에 43,175,994원을 대위변제하였다. 한편, Z의 이사였던 Y-1는 2005. 10. 18. Y-2와 이 사건 부동산에 관하여 매매계약('이 사건 매매계약'이라 한 다.)을 체결하고, 2005. 12. 5. Y-2 앞으로 소유권이전등기를 하였다. 이 사건 매매계약 당시 Y-1은 시 가 5억 1,000만원 상당인 이 사건 부동산 외에 별다른 적극재산이 없었던 반면 소극재산은 신용보증기금 에 대한 구상금채무만 해도 6억원을 초과한 상태였다. X는 Y-1, Y-2에게 대위변제에 따른 구상금의 지 급을 구함과 동시에, ① Y-1, Y-2 사이에 이 사건 각 부동산에 관하여 2005. 10. 18. 체결된 매매계약 을 취소한다. ② Y-2는 Y-1에게 이 사건 부동산에 관한 소유권이전등기의 말소등기절차를 이행하라는 소를 제기하였다. 제1심은 원고 승소판결을 선고하였고, 이에 대하여 피고들의 항소가 있었는데, Y-1은 제1심판결 중 Y-1에 대하여 구상금의 지급을 명한 부분에 대하여는 불복하지 아니하고, 이 사건 매매계 약의 취소 및 그 매매에 따라 마쳐진 Y-2 명의의 소유권이전등기의 말소를 명한 부분에 대하여만 불복하 여 항소를 제기하였다. 그렇다면 Y-1은 항소를 제기할 당사자적격이 있는가?

 판 결

• 원심 ⊗ 파기자판(항소각하)

채권자가 사해행위의 취소와 함께 책임재산의 회복을 구하는 사해행위취소의 소에 있어서는 **수익자 또는 전득자에게만 피고적격이** 있고 **채무자에게는 피고적격이 없는 것**이므로, 이 사 건의 경우 위 매매계약의 취소 및 소유권이전등기의 말소 청구 부분에 대한 피고(상대방)는 피고 Y-2뿐이고 Y-1은 피고로 된 것이 아니어서 Y-1에게는 위 매매계약의 취소 및 소유권이전 등기의 말소를 명한 제1심판결에 대하여 불복하여 항소를 제기할 수 있는 당사자적격이 없다 할 것이고, 그렇다면 원심으로서는 마땅히 Y-1의 항소를 각하하였어야 함에도 이를 간과한 채 본 안에 들어가 판단하여 항소기각의 판결을 선고하였으니 위법하다. 결국, 원심의 판단은 위법하 므로 파기하되, 대법원이 직접 재판하기에 충분하므로 자판하기로 하여 항소를 각하한다.

 11-법전협 모의시험 / 12-법전협 모의시험(1) / 13-법전협 모의시험(1) / 13-법전협 모의시험(3) / 15-사법시험

3-11

대법원 1982. 9. 14. 선고 80다2425 전원합의체 판결

주주총회 결의취소 및 결의무효확인의 소에 있어서 피고적격(회사로 한정)

> 예를 들어 甲사가 주주총회를 개최하여 丙 등을 이사로 선임한 바, 甲사의 주주 乙이 甲사를 상대방으로 소집절차의 흠을 이유로 주주총회결의취소를 구하는 소를 제기하였다고 하자. 누구를 피고로 하여야 하는가?

 판 결

주주총회결의취소(또는 결의무효확인) 판결은 **대세적 효력**이 있으므로 피고가 될 수 있는 사람은 그 성질상 **회사로 한정**되고, 또한 주식회사의 이사회결의는 회사의 의사결정이고 회사는 그 결의의 효력에 관한 분쟁의 실질적인 주체라 할 것이므로 그 효력을 다투는 사람이 회사를 상대로 하여 그 결의의 무효확인을 소구할 이익은 있다 할 것이나 그 이사회결의에 참여한 이사들은 그 이사회의 구성원에 불과하므로 특별한 사정이 없는 한 **이들 이사 개인들을 상대로 하여 그 결의의 무효확인을 소구할 이익은 없다.**

 검 토

어떤 단체(예, 주식회사)와 제3자 사이에서 분쟁이 일어난 경우에는 그 단체가 당사자가 되어 상대방인 제3자와 소송을 함으로써 분쟁을 해결하면 되므로 이 경우에는 특별한 문제는 없다. 반면 이에 대하여 단체의 내부분쟁(통상의 법인뿐만 아니라 종교법인, 학교법인, 종중 등 여러 종류의 단체의 내부분쟁)은 단체 내부에서 획일적으로 처리되어야 한다는 요청 때문에 누구를 당사자로 하여 소송을 진행할 것인가가 문제된다. **판례**는 분쟁의 발본적 해결을 위하여 판결이 대세효를 가져야 하므로 회사 자체를 피고로 할 필요가 있고 또 그것으로 충분하다는 입장이다(마찬가지 입장으로는 김홍, 160면; 정영, 292면).

그러나 직접적 이해관계인이고 실질적 분쟁당사자인 丙 등에게도 甲사와 함께 피고로서의 지위를 부여하는 것이 충실한 소송수행을 기대할 수 있을 뿐만 아니라 판결의 대세효에 의한 직접적 영향을 받아 이사로 될 수 있는지 여부가 결정되는 丙 등의 입장과도 균형이 맞게 되는 것이다. 따라서 판례의 입장은 타당하지 않다고 생각한다.

학설로는, 일반적으로 회사를 피고로 하여야 한다는 입장이 정당하다고 하면서, 다만 이사선임결의무효확인소송에서 해당 이사와 같이 단체 구성원 일반으로서의 이해를 초월하는 중대한 이해관계를 갖는 자가 있을 경우에 분쟁당사자에게 방어의 기회를 주지 않는 것은 당사자의 변론권을 부당하게 박탈하는 것이므로 찬성할 수 없고, 그러므로 이 경우에는 회사와 당해 이사를 모두 피고(**공동피고**)로 함으로써 분쟁의 획일적 처리와 분쟁의 실질 주체에 대한 변론권을 보장하는 것이 합당하다는 견해와(강, 219면), 한편 단체 자체는 필수적인 피고이고, 반대이익을 가지는 자를 반드시 공동피고로 하는 것(고유필수적 공동소송)까지 요구할 필요는 없고, **유사필수적 공동소송**으로 보면 된다는, 즉 반대이익을 가지는 자는 소송참가를 할 수 있다고 풀이하는 것이 좋을 것이라는 견해가(정/유/김, 225면) 있다.

참조 **【대법원 1982. 2. 9. 선고 80다2424 판결】** 위와 같이 이사선임결의의 효력을 다투는 본안소송의 피고적격자는 회사가 되지만, 한편 이사에 대한 **직무집행정지가처분신청**은 회사에게는 피신청인 적격이 없고, **해당 이사가 피신청인 적격**을 갖는다.

참조 **【대법원 1998. 11. 27. 선고 97다4104 판결】** 종중(권리능력 없는 사단) 대표자라고 주장하는 자가 종중을 상대로 하지 않고 종중원 개인을 상대로 하여 대표자 지위의 적극적 확인을 구하는 소송은, 만일 그 청구를 인용하는 판결이 선고되더라도 그 판결의 효력은 당해 종중에는 미친다고 할 수 없기 때문에 대표자의 지위를 둘러싼 당사자들 사이의 분쟁을 근본적으로 해결하는 가장 유효·적절한 방법이 될 수 없고 따라서 확인의 이익이 없어 부적법하다.

참조 **【대법원 2011. 6. 24. 선고 2011다1323 판결】** 집합건물의 구분소유자들이 집합건물의 소유 및 관리에 관한 법률 24조 3항에서 정한 관리인 해임의 소는 관리단과 관리인 사이의 법률관계 해소를 목적으로 하는 형성의 소이므로 법률관계의 당사자인 관리단과 관리인 모두를 공동피고로 하여야 하는 **고유필수적 공동소송**에 해당한다(☞ 9-5 부분 참조).

3-12

대법원 1994. 6. 24. 선고 94다14339 판결

채권자대위소송의 법적 성질(법정소송담당)

원고는 이 사건 부동산을 국가로부터 양여받아 그에 따른 소유권이전등기를 경료하지 않은 채, 다만 임야대장상 소유자 명의를 소외 A로 신탁등재하여 두었는데, 위 A의 사망 뒤에 그의 재산상속인이 당시 시행 중이던 임야소유권이전등기 등에 관한 특별조치법에 의하여 허위보증서를 발급받아 자신 명의로 소유권보존등기를 경료하고, 이에 터잡아 피고 명의의 소유권이전등기가 다시 경료된 것이

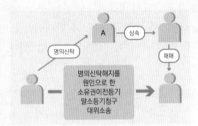

라는 사실관계를 주장하면서 이 사건 부동산에 관하여 명의신탁관계를 해지하고, 위 재산상속인을 대위하여 원인무효인 피고에게의 소유권이전등기의 말소등기청구를 하였다. 그런데 원고 주장 자체에 의하더라도 위 A 명의로 임야대장상의 소유자 명의를 신탁등재하여 두었을 뿐이고, 위 A에게 명의신탁에 따른 소유권에 관한 등기를 경료한 바 없다는 것인 바, 원고는 위 A 내지 그의 재산상속인에 대한 관계에서 위 부동산에 관하여 명의신탁관계의 해지를 원인으로 한 소유권이전등기절차의 이행을 청구할 권리를 전혀 가지지 못한다 할 것이다. 이 경우에 법원은 어떠한 판결을 하여야 하는가?

 판결

원고는 위 A 내지 재산상속인에 대한 관계에서 이 사건 부동산에 관하여 명의신탁관계의 해지를 원인으로 한 소유권에 관한 등기절차의 이행을 청구할 권리를 전혀 가지지 못한다고 할 것이므로, 원고가 위 재산상속인에 대한 소유권에 관한 등기청구권을 보전하기 위하여 위 재산상속인의 피고에 대한 소유권이전등기의 말소등기청구권을 대위행사하는 이 사건 소는 결국 **부적법 각하**하여야 마땅하다(대법원 1988. 6. 14. 선고 87다카2753 판결 등도 마찬가지).

 검토

채권자대위소송은 제3자의 소송담당이고, 민법상 규정에 의하여 채권자에게 소송수행권이 인정되므로 특히 법정소송담당이라고 보는 것이 **통설**이다(가령 김홍, 163면; 이, 158면; 정/유/김, 222면). 나아가 **판례**도 채권자대위소송에 있어서 대위에 의하여 보전될 채권자의 채무자에 대한 권리가 인정되지 아니할 경우에는 채권자가 스스로 원고가 되어 채무자의 제3채무자에 대한 권리를 행사할 당사자적격이 없게 되므로 그 대위소송은 부적법하여 각하할 수밖에 없다고 본다(대

법원 1994. 11. 8. 선고 94다31549 판결).

그러나 이에 대하여 채권자대위소송을 채권자의 제3채무자에 대한 고유한 권리를 기초로 하는 **독자의 소송**이라고 해석하는 유력설이 주장되고 있다(호, 248면). 이 입장에서는 스스로 채권자라고 주장하면 그가 정당한 당사자이고, 과연 피보전채권이 존재하는가는 본안심판에서 밝혀 존재하지 않은 것으로 인정되면 당사자적격이 없다 하여 그 소를 각하할 것이 아니라, 청구를 이유 없다 하여 기각하여야 한다고 한다.

통설·판례에 찬성한다. 법원은 만약 피보전채권의 존재에 의심을 가진다면, 피고의 항변을 기다릴 필요도 없이 그 존부를 조사할 수 있고, 만약 부존재가 명확하게 되면 소각하의 소송판결을 하게 된다(아래 2009다3234 판결 참조).

 【대법원 2002. 5. 10. 선고 2000다55171 판결】 채권자가 채권자대위권의 법리에 의하여 채무자에 대한 채권을 보전하기 위하여 채무자의 제3자에 대한 권리를 대위행사하기 위하여는 채무자에 대한 채권을 **보전할 필요**가 있어야 할 것이고, 그러한 보전의 필요가 인정되지 아니하는 경우에는 소가 부적법하므로 법원으로서는 이를 각하하여야 할 것인바, 만일 채권자가 채무자를 상대로 소를 제기하였으나 **패소의 확정판결**을 받은 종전 소유권이전등기절차 이행소송의 청구원인이 채권자대위소송에 있어 피보전권리의 권원과 동일하다면 채권자로서는 위 종전 확정판결의 기판력으로 말미암아 더 이상 채무자에 대하여 위 확정판결과 동일한 청구원인으로는 소유권이전등기청구를 할 수 없게 되었고, 가사 채권자가 채권자대위소송에서 승소하여 제3자 명의의 소유권이전등기가 말소된다 하여도 채권자가 채무자에 대하여 동일한 청구원인으로 다시 소유권이전등기절차의 이행을 구할 수 있는 것도 아니므로, 채권자로서는 채무자의 제3자에 대한 권리를 대위행사함으로써 위 소유권이전등기청구권을 **보전할 필요가 없게 되었다**고 할 것이어서 채권자의 채권자대위소송은 **부적법**한 것으로서 각하되어야 한다.

 【대법원 2009. 4. 23. 선고 2009다3234 판결】 채권자대위소송에서 대위에 의하여 보전될 채권자의 채무자에 대한 권리(피보전채권)가 존재하는지 여부는 **소송요건**으로서 법원의 **직권조사사항**이므로, 법원으로서는 그 판단의 기초자료인 사실과 증거를 **직권으로 탐지할 의무까지는 없다 하더라도**, 법원에 현출된 모든 소송자료를 통하여 살펴보아 피보전채권의 존부에 관하여 의심할 만한 사정이 발견되면 **직권으로 추가적인 심리·조사**를 통하여 그 존재 여부를 확인하여야 할 의무가 있다.

 【대법원 2015. 9. 10. 선고 2013다55300 판결】 채권자대위소송에서 제3채무자가 채권자의 채무자에 대한 권리의 발생원인이 된 법률행위가 무효라거나 변제 등으로 소멸하였다는 등의 사실을 주장하여 채권자의 채무자에 대한 권리가 인정되는지를 다툴 수 있는지 여부(적극) 및 이 경우 법원은 채권자의 채무자에 대한 권리가 인정되는지에 관하여 직권으로 심리·판단하여야 하는지 여부(적극)

　09-법원행정고시 / 17-사법시험 / 19-법전협 모의시험(1) / 15-변호사시험 (위 2000다55171 판결)

3-13

대법원 2000. 4. 11. 선고 99다23888 판결

채권에 대한 압류 및 추심명령이 있는 경우, 제3채무자에 대하여 피압류채권에 대한 이행의 소를 제기할 당사자적격이 있는 자(=추심채권자)

> (대법원 2008. 9. 25. 선고 2007다60417 판결[미간행]의 사안) 甲은 이 사건 매매계약의 해제로 인한 계약금반환채권 및 손해배상채권(이하 통칭하여 '이 사건 채권'이라고 한다)에 기하여 乙을 상대로 이 사건 청구를 하였다. 소송계속 중이던 2006. 4. 25. 甲이 이 사건 채권을 丙에게 양도하고 같은 날 위 채권 양도 사실을 乙에게 통지하였다. 丙은 이 사건 청구에 승계참가하였다. 그런데 위 채권양도가 이루어지기 전인 2006. 3. 8. 甲의 채권자인 소외인이 甲의 乙에 대한 이 사건 채권에 관하여 채권압류 및 추심명령을 받았고 위 채권압류 및 추심명령이 2006. 3. 15. 제3채무자인 乙에게 송달되었다. 승계참가인인 丙에게 당사자적격이 있는가. 이 사건 채권에 관한 위 채권압류 및 추심명령의 존재에 관한 주장 및 그 자료가 상고심에 이르러서야 비로소 법원에 제출된 경우라면 丙의 당사자적격을 달리 볼 것인가?

판 결   · 원심 ⊗ 파기환송

채권에 대한 압류 및 추심명령이 있으면 제3채무자에 대한 이행의 소는 **추심채권자만이 제기할 수 있고 채무자**는 피압류채권에 대한 이행소송을 제기할 **당사자적격을 상실**한다.

검 토

채권에 대한 압류 및 추심명령이 있으면 제3채무자에 대한 이행의 소는 추심채권자만이 제기할 수 있고 채무자는 피압류채권에 대한 이행소송을 제기할 당사자적격을 상실한다고 하여야할 것이다(대법원 2000. 4. 11. 선고 99다23888 판결 등 참조). 그리고 위와 같은 당사자적격에 관한 사항은 소송요건에 관한 것으로서 **사실심의 변론종결시**를 기준으로 법원이 이를 직권으로 조사하여 판단하여야 하고(대법원 1994. 9. 30. 선고 93다27703 판결 등 참조), 비록 당사자가 사실심 변론종결시까지 이에 관하여 주장하지 아니하였다고 하더라도 **상고심에서 새로이 이를 주장·입증할수 있다**(대법원 1989. 10. 10. 선고 89누1308 판결 등 참조).

추심명령이 있은 뒤, 제3채무자가 추심절차에 대하여 의무를 이행하지 아니한 때에는 채권자가 자기의 이름으로 제3채무자를 상대로 추심의 소로써 그 이행을 하게 할 수 있다(민사집행법

249조). 추심의 소의 성질을 추심권자에게 고유한 실체법상의 권리가 발생함에 따라 그 자신의 권리를 행사하는 것이라고 보는 입장도 있지만(고유적격설), **통설**은 **대상판결**과 마찬가지로 제3자에 의한 **법정소송담당**으로 본다(김홍, 166면; 이, 158면; 정/유/김, 221면. 갈음형으로 배타적으로 소송수행권을 가진다고 본다).

    추심의 소의 판결은 민사소송법 218조 3항의 다른 사람을 위하여 원고나 피고가 된 사람에 대한 확정판결로서 집행채무자에게 그 효력이 미친다고 본다. 그리고 **여럿**의 압류채권자에 의한 추심의 소는 **유사필수적 공동소송**이라고 본다.

 【대법원 2008. 9. 25. 선고 2007다60417 판결[미간행]】 위 법리에 기초하여 살펴보면, 2006. 3. 15. 이 사건 채권에 관한 위 채권압류 및 추심명령이 제3채무자인 피고에게 송달됨으로써 이 사건 채권에 기한 이행의 소는 추심채권자만이 제기할 수 있게 되고, 원고는 이 사건 채권에 기한 이행소송을 제기할 당사자적격을 상실하였다고 할 것이며, 그 후인 2006. 4. 25. 위 채권양도에 의하여 이 사건 채권은 그 동일성을 잃지 않고 원고로부터 원고 승계참가인에게 이전되었다고 할 것이므로, 결국 원고 승계참가인 역시 이 사건 채권에 기하여 피고에 대한 이행소송을 제기할 **당사자적격이 없다**고 보아야 할 것이다. 그리고 이러한 원고 승계참가인의 당사자적격에 관한 판단은 이 사건 채권에 관한 위 채권압류 및 추심명령의 존재에 관한 주장 및 그 자료가 당심에 이르러서야 비로소 법원에 제출되었다고 하여 달리 볼 것은 아니다(원고 승계참가인이 피고에 대한 이행소송을 제기할 당사자적격이 있음을 전제로 하여 이루어진 원심판결은 결과적으로 잘못된 전제에 기한 것).

 【대법원 2010. 11. 25. 선고 2010다64877 판결】 채권에 대한 압류 및 추심명령이 있으면 제3채무자에 대한 이행의 소는 추심채권자만이 제기할 수 있고 채무자는 피압류채권에 대한 이행소송을 제기할 당사자적격을 상실하나, 채무자의 이행소송계속 중에 추심채권자가 압류 및 추심명령 **신청의 취하** 등에 따라 추심권능을 상실하게 되면 채무자는 **당사자적격을 회복**한다. 이러한 사정은 직권조사사항으로서 당사자가 주장하지 않더라도 법원이 직권으로 조사하여 판단하여야 하고, 사실심 변론종결 이후에 당사자적격 등 소송요건이 흠결되거나 그 흠결이 치유된 경우 상고심에서도 이를 참작하여야 한다.

 【대법원 2013. 12. 18. 선고 2013다202120 전원합의체 판결】 채무자가 제3채무자를 상대로 제기한 이행의 소가 법원에 계속되어 있는 경우에도 압류채권자는 제3채무자를 상대로 압류된 채권의 이행을 청구하는 추심의 소를 제기할 수 있고, 제3채무자를 상대로 압류채권자가 제기한 추심의 소는 채무자가 제기한 이행의 소에 대한 관계에서 259조가 금지하는 **중복된 소제기에 해당하지 않는다**.

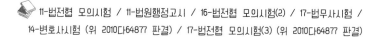

11-법전협 모의시험 / 11-법원행정고시 / 16-법전협 모의시험(2) / 17-법무사시험 / 14-변호사시험 (위 2010다64877 판결) / 17-법전협 모의시험(3) (위 2010다64877 판결)

3-14

대법원 2010. 10. 28. 선고 2009다20840 판결

유언집행자가 있는 경우, 유증 목적물 관련 소송에서 상속인의 원고적격이 인정되는지 여부(소극)

망 A는 이 사건 임야를 소외 B에게 유증하는 한편 그 유언의 집행을 위하여 소외 C를 유언집행자로 지정하였다. 이 사건 임야에 관하여 乙 앞으로 아무런 원인 없이 소유권이전등기가 마쳐졌음을 이유로 乙을 상대로 그 소유권이전등기의 말소를 구하는 소송의 원고적격은 누구에게 있는가? 소송 중에 유언집행자인 소외 C가 해임되었다면 상속인의 원고적격이 인정되는가?

 판결

• 원심 ⊗ 파기환송

유언집행자는 유증의 목적인 재산의 관리 기타 유언의 집행에 필요한 모든 행위를 할 권리의무가 있으므로, 유증 목적물에 관하여 경료된, 유언의 집행에 방해가 되는 다른 등기의 말소를 구하는 소송에 있어서는 이른바 **법정소송담당**으로서 **원고적격**을 가진다고 할 것이고, 유언집행자가 있는 경우 그의 유언집행에 필요한 한도에서 상속인의 상속재산에 대한 처분권은 제한되며 그 제한 범위 내에서 **상속인은 원고적격이 없다.** 한편, 민법 1095조는 유언자가 유언집행자의 지정 또는 지정위탁을 하지 아니하거나 지정을 위탁받은 자가 위탁을 사퇴한 때에 한하여 적용되는 것이므로, 유언자가 지정 또는 지정위탁에 의하여 유언집행자의 지정을 한 이상 그 유언집행자가 사망·결격 기타 사유로 자격을 상실하였다고 하더라도 상속인은 유언집행자가 될 수는 없다. 또한 유언집행자가 사망·결격 기타 사유로 자격을 상실한 때에는 상속인이 있더라도 유언집행자를 선임하여야 하는 것이므로, 유언집행자가 해임된 이후 법원에 의하여 새로운 유언집행자가 선임되지 아니하였다고 하더라도 유언집행에 필요한 한도에서 상속인의 상속재산에 대한 처분권은 여전히 제한되며 그 범위 내에서 상속인의 원고적격 역시 인정될 수 없다.

 검토

학설도 유증 목적물 관련 소송에서 유언집행자를 **법정소송담당**으로 본다(가령, 김홍, 167면; 이, 159면; 정/유/김, 221면). 한편, 상속인 존재 불명의 경우의 상속재산관리인에 대하여도 **판례**는 소송담당자로 보는데(대법원 2007. 6. 28. 선고 2005다55879 판결[미간행]), **학설**은 상속재산관리인에 관한 민법 1053조가 민법 25조를 준용하는 것을 근거로 법정대리인으로 풀이하기도 한다(이, 174면).

3-15

대법원 1984. 2. 14. 선고 83다카1815 판결

업무집행조합원에 대한 임의적 소송신탁의 적부(적법)

소외 K 등 64명이 공유수면을 매립하여 농지를 조성할 목적으로 동백흥농계를 조직하여(계 설립 당시의 규약에 의하면 계원의 탈퇴와 신규가입은 이사회의 제청으로 총회의 승인을 얻어야 하고, 계원의 자격은 상속할 수 있고, 또한 계장은 계의 모든 업무를 총괄하고 계를 대표하며 계장은 이사회의 결의를 거쳐 소를 제기할 수 있다고 되어 있다. 그리고 계의 임시총회에서 계의 효율적인 운영을 위하여 乙을 계의 업무집행자 계장 겸 계업무특별수권집행자로 선출하였다) 매립면허를 받은 뒤 공사를 완료하여 준공인가를 받았다. 위 토지를 甲이 매수하고 일부는 이전등기를 경료하였으나, 나머지는 아직 이전등기를 경료하지 않았는데, 동백흥농계는 이미 등기를 경료한 토지에 관하여는 甲의 소유권을 다투고, 아직 그 이전등기를 경료하지 않은 토지에 관하여는 그 이전등기절차의 이행을 거부하고 있다. 甲은 乙을 상대로 위 이전등기를 경료하지 않은 토지에 대하여는 매매를 원인으로 하는 소유권이전등기를, 소유권을 다투는 나머지 토지에 대하여는 소유권확인의 소를 제기하였다. 이 소는 적법한가?

 판 결　　　　　　　　　　　　　　　　　　　　　• 원심 ⊗ 파기환송

　　임의적 소송신탁은 그 허용이 극히 제한적이라고 밖에 할 수 없을 것이나, 탈법적 방법에 의한 것이 아니고(소송대리를 변호사에게 한하게 하고 소송신탁을 금지하는 것을 피하는 따위), 이를 인정하는 합리적 필요가 있다고 인정되는 경우가 있을 것이므로 따라서 민법상의 조합에 있어서 조합규약이나 조합결의에 의하여 자기의 이름으로 조합재산을 관리하고 대외적 업무를 집행할 권한을 수여받은 업무집행조합원은 조합재산에 관한 소송에 관하여 조합원으로부터 임의적 소송신탁을 받아 자기의 이름으로 소송을 수행하는 것은 허용된다고 하여 원심을 파기하여 환송하였다(이후 대법원 1997. 11. 28. 선고 95다35302 판결; 대법원 2001. 2. 23. 선고 2000다68924 판결도 마찬가지이다).

 검 토

　　임의적 소송담당은 본래의 권리관계의 귀속주체가 제3자에게 권한을 수여하여(=授權) 소송을 수행시키는 경우를 말한다. 명문의 규정으로 선정당사자(53조 이하) 등이 있는데, 위와 같이 규정이 있는 경우 이외에 어디까지 임의적 소송담당이 인정되는가가 종전부터 논의되어 왔다. 즉, 소송대리인을 변호사로 한정하는 취지(엉터리 브로커가 일반인을 유혹하여 제물로 삼는 폐해를 방지하

고, 사법운영을 명확화하려는 점)의 변호사대리의 원칙(87조)과 소송행위를 행하게 하기 위하여 재산의 관리처분권을 이전하는 소위 소송신탁의 금지(신탁법 7조)와의 관계에서 일반적으로 허용될 것인지 여부가 문제된다.

이러한 소송수행방식은 변호사대리의 원칙을 잠탈하고, 소송신탁금지를 회피하기 위한 탈법행위로서 이용될 우려가 있으므로 원칙적으로 허용되지 않지만, 그러나 이러한 잠탈·회피의 우려가 없고 또 합리적인 이유가 있는 경우에는 임의적 소송담당을 예외적으로 허용함이 옳다는 견해가 **통설**이다(강, 224면; 김홍, 172면; 이, 160면; 정영, 295면; 한, 207면. 다만, 정/유/김, 223면은 피담당자의 실질적 절차보장의 충족까지 허용요건으로 고려하고 있다).

위 업무집행조합원의 경우 이외에도 **판례**는 그 허용하는 범위를 점점 넓히고 있다(아래 2014다87885, 87892 판결; 2015다3570 판결 등).

생각건대 임의적 소송담당을 허용하는 구체적 기준으로는 첫째, 소송담당자가 다른 사람의 권리관계에 관한 소송에 있어서 자기의 고유한 이익(ein eigenes rechtliches Interesse)을 가지고 있는 경우, 둘째, 소송을 수행할 권한을 포함한 포괄적인 관리권을 수여받고, 권리주체와 동등한 또는 그 이상으로 해당 권리관계에 대한 지식을 가지고 있을 정도까지 관여하고 있는 경우를 들 수 있으며, 이러한 경우에 임의적 소송담당을 허용할 합리적 필요성이 있다고 할 것이다.

참조 **【대법원 2012. 5. 10. 선고 2010다87474 판결】** 한국음악저작권협회가 저작재산권자로부터 국내에서 공연을 허락할 권리를 부여받았을 뿐 공연권까지 신탁받지는 않았고, 권리주체가 아닌 협회에 위 음악저작물에 대한 소송에 관하여 임의적 소송신탁을 받아 자기의 이름으로 소송을 수행할 합리적 필요가 있다고 볼 만한 특별한 사정이 없으므로, 한국음악저작권협회는 음악저작물에 대하여 침해금지청구의 소를 제기할 **당사자적격이 없다**고 한 사례

참조 **【대법원 2016. 12. 15. 선고 2014다87885, 87892 판결】** 집합건물의 관리단으로부터 관리업무를 위임받은 **위탁관리회사**가 구분소유자 등을 상대로 자기 이름으로 소를 제기하여 관리비를 청구할 당사자적격이 있는지 여부(**원칙적 적극**)

참조 **【대법원 2017. 3. 16. 선고 2015다3570 판결】** 집합건물의 관리단으로부터 공용부분 변경에 관한 업무를 위임받은 **입주자대표회의**가 구분소유자들을 상대로 자기 이름으로 소를 제기하여 공용부분 변경에 따른 비용을 청구할 수 있는지 여부(**원칙적 적극**)

 09-사법시험 / 11-법무부 모의시험 / 12-법전협 모의시험(1)

3-16

대법원 1998. 2. 19. 선고 95다52710 전원합의체 판결

   법인 등 대표자의 대표권 상실 후 그 사실을 상대방에게 통지하기 전에 구 대표자가 한 소취하의 효력(유효)

원고 종중의 제1심 승소판결이 있었다. 원고 종중의 회장이었던 소외 A는 1993. 7. 31.경 그 회장직을 사임함으로써 그 대표권을 상실하였다. 같은 해 11. 9. 항소심에서 원고 종중 측이 위 소를 취하할 때까지 상대방인 피고에게 위 A의 대표권소멸사실을 통지하지 않았다. 소취하의 효력은?

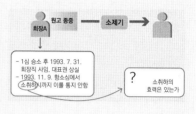

 판결

   64조, 63조 1항은 법인(법인 아닌 사단도 포함, 이하 같다) 대표자의 대표권이 소멸한 경우에도 이를 상대방에게 통지하지 아니하면 그 효력이 없다고 규정하고 있는바, 그 취지는 법인 대표자의 대표권이 소멸하였다고 하더라도 당사자가 그 대표권의 소멸 사실을 알았는지의 여부, 모른 데에 과실이 있었는지의 여부를 불문하고 그 **사실의 통지 유무에 의하여 대표권의 소멸 여부를 획일적으로 처리함으로써 소송절차의 안정과 명확을 기하기 위함**에 있다고 할 것이다. 따라서 법인 대표자의 대표권이 소멸된 경우에도 그 통지가 있을 때까지는 다른 특별한 사정이 없는 한 소송절차상으로는 그 대표권이 소멸되지 아니한 것으로 보아야 하므로, 대표권 소멸 사실의 통지가 없는 상태에서 구 대표자가 한 소취하는 유효하고, 상대방이 그 대표권 소멸 사실을 알고 있었다고 하여 이를 달리 볼 것은 아니라고 할 것이다. 위 견해와 달리 위 규정은 상대방이 한 소송행위에 대하여만 적용되고, 이미 대표권이 상실된 사람의 법원에 대한 단독행위인 소취하에 대하여는 적용되지 아니하므로, 소취하서를 법원에 제출하기 전에 소취하서를 작성한 사람이 그 대표권을 상실한 이상, 그 소취하는 효력이 없다고 판시한 바가 있는 대법원 1967. 7. 4. 선고 67다791 판결 견해를 폐기하기로 한다.

검 토

　다종 다양한 법인 등의 단체의 존재가 필수불가결하게 된 현대사회에서는 민사분쟁도 자연인 대 자연인의 소송에 머무르지 않고 법인 등의 단체가 당사자가 되는 경우가 적지 않다(51조 참조). 법인의 본질을 어떻게 보든지, 법인은 자연인의 구체적인 행동 없이는 존립할 수 없다. 자연인인 대표자가 없이는 법인 등의 소송수행을 생각할 수 없다. 이는 마치 당사자능력은 있으나, 소송능력은 없는 미성년자 등이 법정대리인에 의하여 소송수행을 하는 것과 흡사하다. 따라서 법인 등의 대표자에게 법정대리 및 법정대리인에 관한 규정을 준용하고 있다(64조). 가령 대표권의 소멸은 상대방에게 소멸된 사실을 통지하지 않으면 소멸의 효력이 생기지 않는다(63조 1항 본문).

　위와 같이 본다면, 예를 들어 대표권의 상실사실이 상대방에게 통지되지 아니한 틈을 이용하여 구대표자가 상대방과 공모하여 본인에게 손해를 입힐 의도로 소를 취하하는 등의 소송행위를 한 경우에도 이를 유효한 것으로 볼 수밖에 없게 되는데, 이는 본인에게 지나치게 가혹한 면이 있다. 따라서 2002년 개정 민사소송법 63조 1항에서 **법원에 대리권의 소멸사실이 알려진 뒤**에는 상대방에게 통지하지 않은 상태라고 하더라도 그 법정대리인(대표자)은 소의 취하나 청구의 포기·인낙 등 소송의 목적을 처분하는 소송행위를 하지 못한다는 단서 규정을 새로 마련하였다.

 【대법원 2006. 11. 23. 선고 2006재다171 판결】 소송절차의 진행 중 법인 대표자의 대표권이 소멸된 경우에도 이를 상대방에게 통지하지 아니하면 소송절차상으로는 그 대표권이 소멸되지 아니한 것으로 보아야 하므로(64조, 63조 1항 참조) 위 제1심판결이 A를 원고의 대표자로 표시한 것은 적법하고, 원고는 항소심에서 대표자 표시변경신청을 하였고 이는 소송수계신청의 취지로 보아야 할 것이므로 원고의 대표자를 B로 표시한 것도 적법하다.

 【대법원 2007. 5. 10. 선고 2007다7256 판결】 법인 대표자의 대표권 소멸사실이 상대방에게 통지되지 않은 상태에서 구 대표자가 한 항소취하의 효력(유효)

3-17

대법원 2008. 8. 21. 선고 2007다79480 판결

무권대리인이 행한 소송행위의 일부 추인이 허용되는지 여부(원칙적 소극)

X는 피고 Y주식회사를 상대로 "피고의 2005. 12. 15.자 원고를 대표이사에서 해임하고 소외 1을 대표이사로 선임한 이사회 결의는 무효임을 확인한다."는 소를 제기하였다. 패소한 X가 항소하였다. 항소심에서 2007. 10. 19. 제1심판결이 취소되고, 원고의 항소가 이유 있어 원고승소판결이 선고되었다. 이에 대하여 피고 Y주식회사가 상고를 제기하였다. 그런데 피고 Y주식회사의 대표이사이던 소외 1은 위 사건 제1심이 진행중이던 2006. 2. 16. 전주지방법원 군산지원 동일자 2005카합480결정으로 대표이사의 직무집행이 정지되었음에도 항소심에 이르러 피고 Y주식회사를 대표하여 변호사 유○○를 피고 소송대리인으로 선임하면서 그에게 상고제기 권한까지 위임하였다. 이에 위 변호사는 피고 Y주식회사를 대리하여 모든 소송행위를 하였을 뿐 아니라 피고 패소의 항소심판결이 선고된 후에는 피고 Y주식회사의 소송대리인 자격으로 상고를 제기하였다. 한편, 피고 Y주식회사의 직무대행자에 의하여 적법히 선임된 상고심에서의 피고 소송대리인은 상고이유서와 석명사항에 대한 의견서(2008. 5. 13.자)를 통하여 항소심에서 소외 1에 의하여 선임된 소송대리인이 한 소송행위 중 상고제기 행위만을 추인하고 그 밖의 소송행위는 추인하지 아니한다는 의사를 개진하였고, 이후 상고이유 철회서(2008. 7. 22.자)에 의해 무권대리인인 변호사 유○○가 항소심에서 한 소송행위를 모두 추인하고 소송대리권의 수여에 흠이 있다는 요지의 상고이유 제1점을 철회한다는 의사를 개진하였다. 무권대리인이 행한 소송행위의 추인은 소송행위의 전체를 대상으로 하여야 하는가, 아니면 그 중 일부의 소송행위만을 추인하는 것이 허용되는가?

 판결

직무집행이 정지된 대표이사 소외 1에 의하여 선임된 위 변호사 유○○에게는 항소심에서 피고를 적법하게 대리할 권한이 있었다고 할 수 없으므로, 이 사건 상고는 피고를 대리할 권한이 없는 자에 의하여 제기된 것으로서 부적법하다. 그리고 무권대리인이 행한 소송행위의 추인은, 특별한 사정이 없는 한, 소송행위의 전체를 대상으로 하여야 하는 것이고 그 중 일부의 소송행위만을 추인하는 것은 허용되지 아니한다고 할 것인데(대법원 1973. 7. 24. 선고 69다60 판결 참조), 이 사건에서 위 상고행위만의 추인을 허용할 만한 특별한 사정이 있

	본안전 항변
항소심	- 피고는 원고가 피고 회사의 2005. 12. 15.자 이사회 결의(이하 이 사건 이사회 결의라 한다)의 무효확인을 구할 이익이 없다는 취지로 주장한다. - 살피건대, 이사회 결의에 무효 사유가 있는 경우에 상법은 아무런 규정을 두고 있지 아니하므로 이해관계인은 언제든지 또는 어떤 방법으로 그 무효를 주장할 수 있다 할 것인바, 원고가 피고 회사의 대표이사 또는 이사로서 적법하게 선임된 자인지의 여부에 관하여는 별론으로 하더라도, 원고가 피고 회사의 주인 점에 관하여는 당사자 사이에 다툼이 없으므로, 원고로서는 피고회사의 대표이사의 해임 및 선임을 내용으로 하는 이 사건 이사회 결의에 관하여 중대한 이해관계를 갖고 있다고 할 것이다. 따라서 원고는 이 사건 이사회결의의 무효확인을 구할 이익이 있다 할 것이고, 피고의 위 주장은 이유 없다.
	본안에 관한 판단
	- 이 사건 이사회 결의는 그 소집절차 및 결의방법에 중대한 하자가 있어 무효라 할 것이므로 그 무효확인을 구하는 원고의 주장은 이유 있다.
상고심	- 무권대리에 의한 상고 → 상고부적법각하 - 소송비용 → 피고에 대한 대표권이 없는 소외 1이 부담

다고 보기 어려우므로 상고심에서 적법히 선임된 피고 소송대리인의 위 일부 추인으로 인하여
이 사건 상고제기가 유효하게 되었다고 볼 수 없다. 그리고 일단 추인거절의 의사표시가 있은
이상 그 무권대리행위는 확정적으로 무효로 귀착되므로 그 후에 다시 이를 추인할 수는 없다 할
것이다. 따라서 상고를 각하하였다. 그리고 상고비용의 부담에 관하여는 108조, 107조 2항을 적
용하여 피고에 대한 대표권이 없는 소외 1이 부담한다.

검 토

　대리인에 의한 소송행위에 있어서 대리권의 존재는 그 소송행위의 유효요건이다. 따라서 무
권대리인에 의한 또는 그에 대한 소송행위는 일률적으로 무효이다. 그러나 절대적으로 무효인
것이 아니라, 나중에 당사자 본인이나 정당한 대리인이 추인한 경우에는 소급하여 유효가 된다
(60조, 97조). 이 추인의 시기에는 제한이 없으며 제1심에서의 무권대리행위를 상소심에서 추인하
여도 무방하다.
　그런데 무권대리인이 행한 소송행위의 추인은 소송행위의 전체를 대상으로 하여야 하는지,
아니면 그 중 일부의 소송행위만을 추인하는 것이 허용되는지 여부가 문제된다.
　이에 대하여 추인은 **특별한 사정이 없는 한**(예외적으로 일련의 소송행위 중에서 소취하 행위만을 제외
한 추인은 유효하다는 아래 69다60 판결 참조) 소송행위 전체에 대하여 하여야 하고, 원칙적으로 **일부
추인은 허용되지 않는다**는 입장을 확인한 판례이다. 소송행위의 연속성, 불가분성, 소송절차의
안정 등에 비추어 원칙적으로 일부추인에 소극적인 판례의 입장은 타당하다고 생각한다. **학설**
도 마찬가지이다(가령 김홍, 231면; 이, 194면; 정/유/김, 254면).

【**대법원 1973. 7. 24. 선고 69다60 판결**】 추인은 소송행위의 전체를 일괄하여 하여야 하는
　　　것이나 무권대리인이 변호사에게 위임하여 소를 제기하여서 승소하고 상대방의 항소로
　　　소송이 2심에 계속 중 그 소를 취하한 일련의 소송행위 중 **소취하 행위만을 제외하고
　　　나머지 소송행위를 추인함은 소송의 혼란을 일으킬 우려 없고 소송경제상으로도 적
　　　절하여 그 추인은 유효**하다.

【**대법원 2019. 9. 10. 선고 2019다208953 판결**】 적법한 대표자 자격이 없는 비법인 사단
　　　의 대표자가 한 소송행위를 후에 적법한 대표자가 추인한 경우, 행위 시에 소급하여 효
　　　력을 가지게 되는지 여부(적극) 및 이러한 추인은 상고심에서도 할 수 있는지 여부(적극)

 13-사법시험

3-18

대법원 2012. 10. 25. 선고 2010다108104 판결

변리사에게 허용되는 소송대리의 범위(=특허심판원의 심결에 대한 심결취소소송) 및 특허 등 침해를 청구원인으로 하는 침해금지청구 또는 손해배상청구 등과 같은 민사사건에서 변리사의 소송대리가 허용되는지 여부(소극)

상표권과 같은 특허 등의 침해를 청구원인으로 하는 침해금지청구 또는 손해배상청구 등과 같은 민사사건에서 변리사가 원고의 소송대리인 자격으로 상고장을 작성ㆍ제출하였는데, 이는 민사소송법 87조와 관련하여 적법한가?

 판 결

변리사법 2조는 "변리사는 특허청 또는 법원에 대하여 특허, 실용신안, 디자인 또는 상표에 관한 사항을 대리하고 그 사항에 관한 감정과 그 밖의 사무를 수행하는 것을 업으로 한다."고 정하는데, 여기서의 '특허, 실용신안, 디자인 또는 상표에 관한 사항'이란 특허ㆍ실용신안ㆍ디자인 또는 상표의 출원ㆍ등록, 특허 등에 관한 특허심판원의 각종 심판 및 특허심판원의 심결에 대한 심결취소소송을 의미한다. 따라서 "변리사는 특허, 실용신안, 디자인 또는 상표에 관한 사항의 소송대리인이 될 수 있다."고 정하는 변리사법 8조에 의하여 변리사에게 허용되는 소송대리의 범위 역시 특허심판원의 심결에 대한 심결취소소송으로 한정되고, 현행법상 특허 등의 침해를 청구원인으로 하는 침해금지청구 또는 손해배상청구 등과 같은 민사사건에서 변리사의 소송대리는 허용되지 아니한다. 이 사건 상고장은 변리사가 원고의 소송대리인 자격으로 작성ㆍ제출한 것으로서, 결국 이 사건 상고는 변호사가 아니면서 법률에 따라 재판상 행위를 대리할 수 없는 사람이 대리인으로 제기한 것으로 민사소송법 87조에 위배되어 부적법하다.

 검 토

민사소송법 87조는 "법률에 따라 재판상 행위를 할 수 있는 대리인 외에는 변호사가 아니면 소송대리인이 될 수 없다."라고 정하여 이른바 변호사 소송대리의 원칙을 선언하고 있는데, 변리사의 소송대리가 허용되는지 여부가 문제이다.

 【헌법재판소 2012. 8. 23. 선고 2010헌마740 결정】 특허권 등의 침해로 인한 민사소송에서 변리사의 소송대리권의 제한은 직업의 자유 및 평등권을 침해하지 않아 헌법에 위반되지 않는다.

3-19

대법원 1983. 2. 8. 선고 81다카621 판결

소송행위인 강제집행수락 의사표시에 민법상의 표현대리 규정의 적용 또는 유추적용의 가부 (소극)

X는 소외 A에게 다른 사람으로부터 금원을 차용하여 줄 것을 의뢰하면서 그 담보로 채권자에게 약속어음의 발행을 승낙하였던바, A는 X의 인장을 사용하여 자신의 Y에 대한 채무담보로 X 및 A를 발행인으로 하고 Y를 수취인으로 한 약속어음을 발행하는 한편, X 명의의 위임장을 위조하여 마치 X가 Y의 대리인 소외 B에게 위 약속어음에 대한 공정증서의 작성을 위임한 양, 위 위임장을 B에게 교부하여 B가 합동법률사무소에 가서 위 약속어음에 관하여 공정증서를 작성하였다. 그 뒤 A가 그의 채무를 변제하지 못하여 Y가 위 약속어음의 공정증서에 기하여 X의 재산에 강제집행을 하자, X는 A 및 B가 적법한 대리권 없이 위 약속어음 및 공정증서를 작성하였음을 들어 청구이의의 소를 제기하고, 이에 대하여 Y는 A 및 B의 행위는 표현대리가 된다고 주장하였다. 이를 검토하시오.

 판 결

강제집행 수락의사표시는 **소송행위**라 할 것이고 이러한 소송행위에는 민법상의 표현대리규정을 적용 또는 유추적용될 수가 없는 것이다.

 검 토

일반적으로 위와 같은 문제는, 법인 등의 경우에 그 진실한 대표자가 소송행위를 하여야 하는 사안에 있어서, 등기부상 대표자로 되어 있는 사람과 실제의 대표자가 다른 것이 소송 도중에 판명된 경우에 실체법상에서 **표현법리**를 적용하여 권리자인 것과 같은 외관을 가진 사람을 권리자로 취급하여 처리하고 있는 것을 소송법에서도 (유추)적용할 수 없는가 하는 문제로 논의되고 있다. **부정설**(김홍, 238면; 송/박, 154면; 호, 291면), **절충설**(김/강, 223면; 이, 199면; 정/유/김, 255면; 정영, 331면), **긍정설**(강, 246면)로 나뉘고 있다. **생각건대** 법인의 실제의 대표자에 의하여 재판을 받을 권리와 등기부를 신뢰한 상대방의 보호 및 절차안정의 비교형량의 문제라고 할 수 있다.

대상판결은 강제집행 수락의사표시는 소송행위라 할 것이고, 민법상의 표현대리규정을 적용 또는 유추적용될 수가 없는 것이라고 판시하여 **부정설**(소극설)의 입장을 취한 것이다. 이후 판례도 마찬가지이다(대법원 1994. 2. 22. 선고 93다42047 판결 등).

PART
04

소송의 개시

4-1

대법원 2018. 10. 18. 선고 2015다232316 전원합의체 판결

소멸시효 중단을 위한 후소로서 기존의 '이행소송'외에 '재판상의 청구'가 있다는 점에 대하여만 확인을 구하는 형태의 이른바 '새로운 방식의 확인소송'을 허용할 것인지 여부(적극)

> 원고는 수원지방법원 2003가합15269호로 피고를 상대로 대여금 1억 6,000만원 및 이에 대한 지연손해금 청구를 하여, 원고 전부승소 판결을 선고받고 2004. 12. 7. 그 판결이 확정되었다. 원고는 2014. 11. 4. 위 대여금 채권의 시효중단을 위한 후소로서 피고를 상대로 1억 6,000만원 및 그 지연손해금의 지급을 구하는 이 사건 이행의 소를 제기하였다. 제1심은 무변론으로 원고 승소판결을 선고하였다. 항소심은 제1심과 같이 청구원인에 관한 요건사실로 청구권의 내용에 관하여는 특정하지 아니한 채 '원고가 피고를 상대로 수원지방법원 2003가합15269호로 대여금 청구의 소를 제기하여 1억 6,000만원 및 그에 대한 지연손해금을 지급하라는 내용의 판결을 선고받아 확정되었고, 원고가 위 판결금 채권의 소멸시효 연장을 위하여 이 사건 소를 제기한 사실'을 인정하고, 그런 다음 이 사건 판결금 채권에 대하여 파산절차에서 면책되었다는 취지의 항변에 대하여, 그 채택증거를 종합하여 이 사건 판결금 채권은 '채무자가 악의로 채권자목록에 기재하지 아니한 청구권'에 해당하므로, 피고에 대한 면책허가결정에 불구하고 피고는 원고에 대한 이 사건 판결금 채무에 관하여 책임이 면제되지 않는다고 판단하였다. 원심이 이 사건 청구원인에 대한 판단을 하면서 판결 효력의 전제가 되는 청구의 특정 없이 단지 전소 판결의 확정사실과 소멸시효 연장을 위해 이 사건 소를 제기한 사실을 요건사실로 기재하였는데, 이는 적절한가? 한편, 시효중단을 위한 후소로서 이행소송 외에 전소 판결로 확정된 채권의 시효를 중단시키기 위한 조치, 즉 '재판상의 청구'가 있다는 점에 대하여만 확인을 구하는 형태의 '새로운 방식의 확인소송'이 허용되는가?

 판 결

민법 168조 1호는 소멸시효의 중단사유로서 '청구'를 규정하고 있고, 민법 170조는 '재판상의 청구'의 시효중단 효력에 관하여 규정하고 있다. 시효제도의 존재 이유는 영속된 사실상태를 존중하고 권리 위에 잠자는 자를 보호하지 않는다는 데에 있고 특히 소멸시효에 있어서는 후자의 의미가 강하므로, 권리자가 재판상 그 권리를 주장하여 권리 위에 잠자는 것이 아님을 표명한 때에는 시효중단사유가 되는 것이다(대법원 1992. 3. 31. 선고 91다32053 전원합의체 판결 참조).

대법원은 시효중단사유로서 재판상의 청구에 관하여 반드시 권리 자체의 이행청구나 확인청구로 제한하지 않을 뿐만 아니라, 권리자가 재판상 그 권리를 주장하여 권리 위에 잠자는 것이 아님을 표명한 것으로 볼 수 있는 때에는 널리 시효중단사유로서 재판상의 청구에 해당하는 것으로 해석하여 왔다. 이와 같은 법리는 이미 승소 확정판결을 받은 채권자가 그 판결상 채권의 시효중단을 위해 후소를 제기하는 경우에도 동일하게 적용되므로, 채권자가 전소로 이행청구를 하여 승소 확정판결을 받은 후 그 채권의 시효중단을 위한 후소를 제기하는 경우, 그 후소의 형태로서 항상 전소와 동일한 이행청구만이 시효중단사유인 '재판상의 청구'에 해당한다고 볼 수는 없다. 오히려 시효중단을 위한 후소로 전소와 동일한 이행소송을 제기하는 것은 많은 법리적 문제점을 내포하고 있을 뿐만 아니라 현실적으로도 여러 문제를 야기한다.

따라서 '새로운 방식의 확인소송' 역시 판결이 확정된 채권의 채권자가 그 채권을 재판상 주장하여 권리 위에 잠자는 것이 아님을 표명하는 것으로서, 재판상의 청구인 시효중단을 위한 후소의 한 형태로 허용되고, 채권자는 자신의 상황과 필요에 따라 시효중단을 위한 후소로서 전소와 동일한 이행소송 또는 **새로운 방식의 확인소송을 선택하여 제기할 수 있다**고 봄이 타당하다.

[반대의견] 이에 대하여 다수의견이 지적하는 것처럼 이행소송을 허용하는 현재 실무의 폐해가 크다고 보기 어렵고, 또한 새로운 방식의 확인소송에는 법리적으로 적지 않은 문제점이 있고, 이행소송 외에 굳이 이를 허용할 실익이나 필요도 크지 않아 보이므로 시효중단을 위한 재소로서 이행소송 외에 '새로운 방식의 확인소송'도 허용되어야 한다는 입장은 받아들일 수 없다.

 검토

대상판결은 **직권**으로 시효중단을 위한 후소로서 이행소송 외에 전소 판결로 확정된 채권의 시효를 중단시키기 위한 조치, 즉 '재판상의 청구'가 있다는 점에 대하여만 확인을 구하는 형태의 '**새로운 방식의 확인소송**'이 허용되고, 채권자는 두 가지 형태의 소송 중 자신의 상황과 필요에 보다 적합한 것을 선택하여 제기할 수 있다고 본 것인데, 이에 대하여 찬성하는 입장도 있으나(가령 재판상청구가 있으면 소멸시효가 중단된다는 점은 민법 168조 1호와 민법 170조 1항의 사유이므로 재판상 청구가 있었다는 점에 대하여만 확인을 구하는 것은 위 민법규정의 확인을 구하는 것에 다름이 없으므로 원칙적으로는 확인의 이익이 없다고 할 것이나 소멸시효의 완성이 임박하고, 소제기보다 간편한 민사집행의 방법이 없는 경우에는 시효중단을 위한 확인소송을 허용하여야 하며, 그 경우의 확인소송은 확인의 이익이 부존재하는 부적법한 확인소송도 허용하여야 할 것이라는 강현중, 법률신문 2019. 2. 18.자 판례평석), **비판적 의견도** 상당하다(가령 원고가 소를 제기하였음의 확인을 구하는 것은 그 내용이 실체법상의 권리행사와는 아무런 관계가 없고 어디까지나 사실 확인에 지나지 않아 부적법하다. '시효중단을 위하여'라는 목적이 있다고 해서 사실의 확인청구가 권리나 법률관계 확인청구로 둔갑하여 시효중단이라는 소제기의 효과가 생기는 것이 아니라는 호문혁, 법률신문 2019. 3. 20.자 판례평석 등).

4-2

대법원 1993. 11. 23. 선고 93다41792, 41808(병합) 판결

토지경계확정의 소에 있어서 법원이 경계를 확정하는 방법(쌍방이 주장하는 경계선에 기속되지 않음)

X의 소유인 이 사건 제1토지와 Y의 소유인 이 사건 제2토지는 서로 인접하여 있으나 담장 등 경계를 나타내 주는 시설물이 없이 통행로로만 사용되고 있어 그 경계가 불분명하다. 그래서 그 인접지의 소유자인 X와 Y는 각자 측량설계사무소 또는 대한지적공사에 경계측량을 의뢰하여 보기도 하였으나, 그 결과가 상이하게 나타나는 등 그 경계확정문제로 여러 차례 분쟁이 있었다. 결국 X는 Y를 상대로 그 토지경계의 확정을 구하는 소를 제기하였는데, 법원은 당사자가 쌍방이 주장하는 경계선에 기속되어 경계를 확정하여야 하는가?

 판 결

우선 토지경계확정의 소는 인접한 토지의 경계가 사실상 불분명하여 다툼이 있는 경우에 재판에 의하여 그 경계를 확정하여 줄 것을 구하는 소송으로서, 토지소유권의 범위의 **확인을 목적으로 하는 소와는 달리**, 인접한 토지의 경계가 불분명하여 그 소유자들 사이에 다툼이 있다는 것만으로 권리보호의 필요가 인정된다고 할 것이라고 하고, 그리고 법원은 당사자가 **쌍방이 주장하는 경계선에 기속되지 아니하고 스스로 진실하다고 인정하는 바에 따라 경계를 확정**하여야 하는 것이다.

 검 토

경계확정소송은 비송사건이지만, 소송절차를 거쳐 판결에 의하여 경계를 형성하여야 하는 쟁송적 비송사건으로 **형식적 형성소송**이라는 것이 현재의 통설·판례이다. 대상판결도 토지경계확정의 소를 확인소송으로 보지 않고 또한 처분권주의의 대상이 아님을 확실히 하였다.

① **비송사건성** － 토지를 구획하는 경계가 불분명한 경우에 이 경계를 분명하게 확정하는 것은 공익적 요청이 강한 것인데, 이 의미에서 법원도 객관적인 경계를 발견할 수 없는 때에는 어느 정도 재량에 의하여 경계를 확정할 수밖에 없다. 재량에 맡겨져 있다는 점으로부터 비송사건의 성격을 가진다고 할 수 있다.

② **절차로서의 쟁송성** – 경계가 불분명하므로 소가 제기된 것이기 때문에 대립 당사자 사이의 쟁송적 성격이 강하고, 그 때문에 법원은 소송사건으로 취급하고 있다.

③ **형성의 소의 성격** – 판결에 의하여 경계선을 창설하는 점에서 형성판결로 볼 수 있고, 형성의 소의 성격이 인정된다.

④ **처분권주의 · 불이익변경금지의 원칙의 부적용** – "몇 번지의 토지와 몇 번지의 토지의 경계확정을 구한다."라는 것으로 충분하다. 당사자가 특정한 경계선을 구하여 신청하여도 법원은 이에 구속되지 않는다. 즉, 처분권주의의 적용이 없다. 그리고 제1심판결이 일정한 선을 경계로 정한 것에 대하여 불복항소한 경우, 항소법원은 정당하다고 생각하는 선을 경계로 정할 수 있으므로, 그 결과 항소인에게 불리하고 부대항소를 하지 않은 피항소인에게 유리하게 되어도 어쩔 수 없다. 즉, 불이익변경금지원칙의 적용이 없다.

【대법원 1996. 4. 23. 선고 95다54761 판결】 소송 도중에 당사자 쌍방이 경계에 관하여 합의를 도출해냈다고 하더라도 원고가 그 소를 취하하지 않고 법원의 판결에 의하여 경계를 확정할 의사를 유지하고 있는 한, 법원은 그 **합의에 구속되지 아니하고** 진실한 경계를 확정하여야 하는 것이므로, 소송 도중에 진실한 경계에 관하여 당사자의 주장이 일치하게 되었다는 사실만으로 경계확정의 소가 권리보호의 이익이 없어 부적법하다고 할 수 없다.

4-3

대법원 2004. 10. 14. 선고 2004다30583 판결

공유물분할의 소에 있어서 공유물분할의 방법

법원은 공유물분할을 청구하는 자가 구하는 방법에 구애받지 아니하고 자유로운 재량에 따라 공유관계나 그 객체인 물건의 제반 상황에 따라 공유자의 지분 비율에 따른 합리적인 분할을 할 수 있는가?

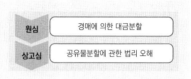

| 원심 | 경매에 의한 대금분할 |
| 상고심 | 공유물분할에 관한 법리 오해 |

 판 결   · 원심 ⊗ 파기환송

공유물분할의 소는 **형성의 소**로서 공유의 객체를 단독 소유권의 대상으로 하여 그 객체에 대한 공유관계를 해소하는 것으로, 법원은 공유물분할을 청구하는 자가 구하는 방법에 **구애받지 아니하고 자유로운 재량**에 따라 공유관계나 그 객체인 물건의 제반 상황에 따라 공유자의 지분 비율에 따른 **합리적인 분할**을 하면 된다.

 검 토

공유물분할의 소(민법 269조)는 본질적으로 비송사건의 성격을 가지는 점과 판결에 의하여 공유자 사이의 권리관계의 창설을 구하는 점에서 **형식적 형성소송**으로 불린다. 대상판결도 이러한 입장이다. 권리관계를 확정하는 것이 목적이 아니며, 구체적 사정에 따라 타당한 방법으로 분할하는 것으로 법규에 기한 판단이라기보다는 오히려 합목적적 재량처분의 성질을 지니고 있다. 다만, 비송사건절차법은 아무런 규정도 두고 있지 않으므로 소송절차에 따르게 된다. 또한 형성요건이 법정되어 있지 않지만, 공유자 사이의 기존의 권리관계를 폐기하고, 장래의 권리관계를 창설(형성)하는 판결을 구하는 점에서 형성의 소라는 성격도 있다.

 참조 【대법원 2003. 12. 12. 선고 2003다44615, 44622 판결】 공유물분할청구의 소는 분할을 청구하는 공유자가 원고가 되어 다른 공유자 전부를 공동피고로 하여야 하는 **고유필수적 공동소송**이다.

 14-사법시험

4-4

대법원 2007. 6. 15. 선고 2004다37904, 37911 판결

고속도로로부터 발생하는 소음이 피해 주민들 주택을 기준으로 일정 한도를 초과하여 유입되지 않도록 하라는 취지의 유지청구가 적법한지 여부(적극)

> X 등(인근 주민들)은 경인고속도로에서 발생하는 소음 등으로 인하여 사회 통념상 일반적으로 수인할 정도를 넘는 피해를 입었으므로 소유권 또는 점유권에 기하여 그 방해의 제거나 예방을 위하여 한국도로공사에게 "부평~신월간 경인고속도로로부터 발생하는 소음이 X 등 주택을 기준으로 65dB(A)를 넘지 않도록 하라"는 소를 제기하였다. 이러한 소는 청구가 특정되었다고 할 수 있는가?

판 결

부평~신월간 경인고속도로로부터 발생하는 소음이 주민들 주택을 기준으로 일정 한도를 초과하여 유입되지 않도록 하라는 취지의 유지청구는, 소음발생원을 특정하여 일정한 종류의 생활방해를 일정 한도 이상 미치게 하는 것을 금지하는 것으로 청구가 특정되지 않은 것이라고 할 수 없고, 이러한 내용의 판결이 확정될 경우 민사집행법 261조 1항에 따라 간접강제의 방법으로 집행을 할 수 있으므로, 이러한 청구가 내용이 특정되지 않거나 강제집행이 불가능하여 **부적법하다고 볼 수는 없다.**

검 토

추상적 유지청구의 적법성이 문제된다. 처음으로 소음 피해 추상적 유지청구의 적법성을 인정한 판례이다.

생각건대 소음피해와 같은 생활방해에 있어서 구체적 구제방법으로 방음벽의 설치, 속도, 차선이나 운행시간의 제한 등 여러 가지가 존재하는데, 어떠한 구제방법이 가장 적절한지는 사실관계에 따라 유동적이다. 그리고 판결 단계에서 검토된 구체적 구제방법이 실제 집행 단계에서 피해구제에 적절하지 않을 수 있고, 집행 처음 단계에서는 적절하였던 구체적 구제방법이 나중에 사정에 의해 적절하지 못하게 될 수 있다. 결국 판결절차에서 추상적 유지만으로 청구를 하는 것은 적법하다고 할 것이므로 판례의 입장에 찬성한다.

4-5

대법원 2016. 9. 30. 선고 2016다200552 판결

의사의 진술로 법적 효과가 발생하지 아니할 경우, 의사의 진술을 명하는 소의 법률상 이익이 있는지 여부(소극)

원고 조합과 피고 공사가 2009. 9. 30. 단체협약을 체결하면서 '피고 공사는 원고 조합원의 복지증진을 위하여 구 사내근로복지기금법에 따라 매년 세전이익의 5%를 사내근로복지기금으로 적치한다'고 약정한 것과 관련하여, 피고 공사의 위 복지기금 출연의무는 피고 공사 사내근로복지기금의 복지기금협의회의 출연비율 협의·결정이 있는 경우에 비로소 발생하고 위 약정에 따라 바로 기금을 출연할 의무는 없다고 하더라도 적어도 위 협의회의 협의과정에서 위 약정에서 정한 대로 출연비율이 세전이익의 5%로 결정될 수 있도록 협력할 의무가 있다는 전제 아래, 원고 조합이 피고 공사를 상대로 '피고 공사가 위 협의회에서 피고를 대표하는 위원으로 하여금 위 협의회의 의장에게 2010년도 복지기금 추가 출연을 의안으로 하는 회의 소집을 요구하도록 하고, 소집된 회의에서 피고 공사가 그 사내근로복지기금에게 2010년도 복지기금 추가 출연분을 출연하는 의안에 찬성하는 의사를 표시하게 하라'는 소를 제기하였다. 피고 공사가 위 협의회 위원들에게 회의 소집 및 의안 찬성을 요구하거나 지시한다고 하여 그 위원들이 피고 공사의 요구나 지시에 따를 법적 의무가 있다거나 거기에 기속된다고 볼 만한 자료가 없다. 위 청구와 같은 내용으로 의사의 진술을 구하여 협력의무의 이행을 구하는 소는 소의 이익이 있는가?

 판결

판결절차는 분쟁의 관념적 해결절차로서 강제집행절차와는 별도로 독자적인 존재 의의를 갖는 것이므로 집행이 가능한지는 이행의 소의 이익을 부정하는 절대적인 사유가 될 수 없더라도, 이행을 구하는 아무런 실익이 없어 법률상 이익이 부정되는 경우까지 소의 이익이 인정된다고 볼 수는 없다. 특히 의사의 진술을 명하는 판결은 확정과 동시에 그러한 의사를 진술한 것으로 간주되므로(민사집행법 263조 1항), 의사의 진술이 간주됨으로써 어떤 법적 효과를 가지는 경우에는 소로써 구할 이익이 있지만 그러한 의사의 진술이 있더라도 아무런 법적 효과가 발생하지 아니할 경우에는 소로써 청구할 법률상 이익이 있다고 할 수 없다.

 검토

이에 대하여 그 청구권의 법적 효과가 없다는 점에서, 청구기각판결이 아닌 소의 이익이 없다고 하여 부적법각하판결을 한 것은 타당하지 않다는 견해도 있다(김상수, 민사소송(2017. 5), 157면 이하 참조).

4-6

대법원 1987. 9. 22. 선고 86다카2151 판결

장래의 이행을 명하는 판결을 하기 위한 요건

서울시가 토지소유자 甲으로부터 기부채납 또는 사용승낙을 얻지 못한 채 위 소유자 토지에 대하여 도로
포장공사를 시행하여 주민과 노선버스를 포함한 차량의 통행에 제공하였으므로 甲(원고)이 서울시(피고)
를 상대로 변론종결 당시까지의 부당이득은 물론 변론종결시 이후인 1990. 6. 10.까지의 부당이득반환
청구를 하였다. 법원은 장래의 이행을 명하는 판결을 할 수 있는가?

판결

　　장래의 이행을 명하는 판결을 하기 위하여는 채무의 이행기가 장래에 도달하는 것뿐만 아니
라 **의무불이행사유가 그때까지 존속한다는 것을 변론종결 당시에 확정적으로 예정할 수 있
는 것**이어야 하며 이러한 책임기간이 불확실하여 변론종결 당시에 확정적으로 예정할 수 없는
경우에는 장래의 이행을 명하는 판결을 할 수 없다 할 것이다. 1990년 이전에 서울시가 이 사건
토지를 수용하거나 도로폐쇄조치를 하여 점유사용을 그칠 수도 있고, 甲이 위 토지를 계속하여
소유하지 못할 수도 있기 때문에 1990년까지라는 장래의 기간한정은 의무불이행의 사유가 그
때까지 계속하여 존속한다는 보장이 성립되지 않는 **불확실한 시점**임을 부인할 수 없고(그 시기
이전에 피고가 이 사건 토지를 수용하거나 도로 폐쇄조치를 하여 점유사용을 그칠 수도 있고 원고가 위 토지를 계
속하여 소유하지 못할 수도 있기 때문), 이는 가옥명도의 판결을 하면서 그 명도할 때까지 임료 상당의
손해배상을 아울러 명하는 경우에 판결의 시점에서 볼 때 명도시기가 불확정하기는 하나 장차
명도라는 사실의 실현을 예정할 수 있어 장래의 이행을 명할 수 있는 것과 그 이치가 다른 것이
라고 하면서 변론종결시 이후의 부당이득반환을 구할 수 없다.

검토

　　251조는 "장래에 이행할 것을 청구하는 소는 미리 청구할 필요가 있어야 제기할 수 있다."라
고 규정하고 있다. 이는 변론종결시 기준으로 이행을 구할 수 있는 상태에 이르지 않은 이행청
구권을 주장하는 것으로, 반드시 현재 판결에 의한 분쟁해결의 필요성이 있다고는 할 수 없으므
로 미리 청구를 하여 이행판결을 얻어 둘 필요가 있는 경우에만 허용된다는 취지이다. 이는 소

의 이익에 관한 요건인데, 필요성의 요건이라고도 한다. 장래이행의 소가 허용되려면 현재 「청구의 기초관계가 성립하고 있고, 변론종결 당시에 청구권 발생의 가능성이 존재하고 내용이 명확한 경우」이어야 한다는 것이 일반적 견해이다.

　장래이행의 소라는 것은 예외적으로 인정되는 것으로서 현재와 같은 상태가 계속될 것이 거의 확실하며 이미 청구권이 발생한 것이나 다름이 없는데 새로운 청구를 제기하여 똑같은 증명을 반복하게 하는 부담을 줄 필요가 없다 하여 허용하는 것이므로 그와 같은 확실성이 없는 경우에는 허용할 것이 아니다. 불확정요소가 상당히 있는데도 불구하고 일단 판결을 하고 사정이 달라지면 피고에게 구제방법을 강구하라고 요구하는 것은 장래이행의 소의 취지에 어긋나는데, 위 사안에서 1990년까지를 종기로 삼아 부당이득반환을 명하기에는 그때까지 청구권발생의 기초가 되는 사실에 변동을 줄 수 있는 불확정요소가 너무 많으므로 허용할 것이 아니라고 본 것이다(이영애, 대법원판례해설(제8호), 249면 이하).

 참조 【대법원 2019. 2. 14. 선고 2015다244432 판결】 판결의 주문에서 가령 "2014. 1. 2.부터 원고의 이 사건 부동산에 대한 소유권 상실일 또는 피고의 점유 상실일 중 먼저 도래하는 날까지 각 월 50,000원의 비율에 의한 금원을 지급하라."와 같이 장래의 부당이득금의 계속적·반복적 지급을 명하는 판결의 주문에 광범위하게 사용되고 있는 '원고의 소유권 상실일까지'라는 표시가 이행판결의 주문 표시로서 바람직한지 여부(소극) ― 그 이유는 다음과 같다. ① '원고의 소유권 상실일까지'라는 기재는 집행문 부여기관, 집행문 부여 명령권자, 집행기관의 조사·판단에 맡길 수 없고, 수소법원이 판단해야 할 사항인 소유권 변동 여부를 수소법원이 아닌 다른 기관의 판단에 맡기는 형태의 주문이다. ② '원고의 소유권 상실일까지'라는 기재는 확정된 이행판결의 집행력에 영향을 미칠 수 없는 무의미한 기재이다. ③ '원고의 소유권 상실일'은 장래의 부당이득반환의무의 '임의 이행' 여부와는 직접적인 관련이 없으므로, 이를 기재하지 않더라도 장래의 이행을 명하는 판결에 관한 법리에 어긋나지 않는다.

 17-변리사시험

4-7

대법원 2006. 3. 9. 선고 2005다60239 판결

이행의 소를 제기할 수 있는데도 확인의 소를 제기한 경우, '확인의 이익'이 있는지 여부(소극) / 확인의 이익이 있는지는 법원이 직권으로 판단할 사항인지 여부(적극)

> 원고가 이 사건 자동차들이 아파트 단지 내로 출입·통행 및 주차할 수 있음의 확인을 청구하면서 위 확인청구와 별도로 위 자동차들의 위 아파트 단지 내로 출입·통행 및 주차에 대한 방해금지를 청구하고 있는 경우에 앞의 확인을 청구하는 부분은 확인의 이익이 있는가?

 판 결

확인의 소는 원고의 법적 지위가 불안·위험할 때에 그 불안·위험을 제거함에 확인판결로 판단하는 것이 가장 유효·적절한 수단인 경우에 인정된다. 따라서 이행을 청구하는 소를 제기할 수 있는데도 불구하고, 확인의 소를 제기하는 것은 분쟁의 종국적인 해결 방법이 아니어서 확인의 이익이 없다. 한편, 위 확인청구 부분은 확인의 이익이 없어 부적법하다는 항변을 명시적으로 하였을 뿐 아니라, 확인의 이익의 유무는 직권조사사항이므로 주장 여부에 관계없이 법원이 직권으로 판단하여야 하는 것이다.

위 이행청구로써(출입·통행 및 주차에 대한 방해금지청구) 위 확인청구의 목적을 직접 달성할 수 있는 이상 확인의 이익이 없어 부적법하다고 판단하여 이를 각하한 것은 정당하다. 또한, 위 확인청구부분이 확인의 이익이 없어 부적법하다고 하여 법원이 석명권을 행사하여 원고에게 청구취지의 변경을 촉구할 의무가 있다고 할 수 없다.

 【**대법원 2013. 5. 9. 선고 2012다108863 판결**】 강제집행승낙문구가 기재된 공정증서를 작성하여 준 채무자가 공정증서의 작성원인이 된 채무에 관하여 채무부존재확인의 소를 제기한 경우, 위 소송이 확인의 이익이 없어 부적법한지 여부(원칙적 소극)

4-8

대법원 2016. 5. 24. 선고 2012다87898 판결

토지의 일부에 대한 소유권의 귀속에 관하여 다툼이 있는 경우, 상대방 소유권의 부존재 확인을 구하는 것이 확인의 이익이 있는지 여부(**원칙적 소극**)

> 원고는 A토지를 매수하여 소유권이전등기를 마쳤다. 지적도에는 A토지에 인접하여 B도로가 있는데, 이는 임야에서 등록 전환되었고 그 후 지목이 전에서 도로로 변경되었으며, 이후 대한민국이 소유권보존등기를 마쳤다. 그리고 이 도로에 관한 지적도의 경계에 인접한 C토지를 Y가 소유하고 있다. 원고는 피고 대한민국을 상대로 하여, B토지 중 일부가 대한민국의 소유가 아니고, 또한 도로가 아님을 확인한다는 판결을 구한다. 또한 피고 Y를 상대로 하여, B토지에 관한 지적공부의 표시를 (ㄱ) 부분에서 (ㄴ) 부분으로 정정함을 승낙하라는 판결을 구한다. 소의 이익과 관련하여 검토하시오.

 판결

설령 원고의 주장대로 지적공부에 이 사건 토지의 위치 및 경계가 잘못 등록되어 있다 하더라도, 원고가 원고 소유 토지에 관한 소유자의 지위에서 인접 토지 소유자의 승낙을 얻어 원고 소유 토지의 위치, 경계, 면적 등에 관하여 지적소관청에 그 정정을 신청할 수 있음은 별론으로 하고, 원고가 **피고 대한민국**을 상대로 하여 위 토지 일부가 피고의 소유가 아니고 도로가 아님을 확인하는 판결을 얻더라도 이로써 원고 소유 토지에 관한 지적공부의 위치나 경계, 면적 등을 정정할 수는 없으므로, **권리보호의 이익이 없어 부적법**하다.

또한 원고가 이 사건 토지의 소유자가 아닌 이상, 위 **피고 Y**를 상대로 이 사건 실제 토지에 관한 지적공부의 위치 및 경계를 정정함에 관한 승낙을 얻더라도 이를 가지고 이 사건 실제 토지에 관한 지적공부의 위치나 경계 등을 원고에게 유리하게 정정할 수 없으므로, 위 소 역시 **권리보호의 이익이 없어 부적법**하다.

 참조 【대법원 1984. 3. 27. 선고 83다카2337 판결】 소유권의 귀속에 관하여 다툼이 있는 경우에 소극적으로 상대방 소유권의 부존재확인을 구하는 것은 그 소유권의 귀속에 관한 분쟁을 근본적으로 해결하는 즉시확정의 방법이 되지 못하므로 **확인의 이익이 없는 것**이나, 다만 원고에게 내세울 소유권이 없고 피고의 소유권이 부인되면 그로써 원고의 법적 지위의 불안이 제거되어 분쟁이 해결될 수 있는 경우에는 피고의 소유권의 소극적 확인을 구할 이익이 있다고 할 것이다.

4-9

대법원 2016. 3. 10. 선고 2013다99409 판결

근저당권자가 유치권 신고를 한 사람을 상대로 경매절차에서 유치권을 내세워 대항할 수 있는 범위를 초과하는 유치권의 부존재 확인을 구할 법률상 이익이 있는지 여부(적극) 및 유치권 신고를 한 사람이 피담보채권으로 주장하는 금액 중 일부만 경매절차에서 유치권으로 대항할 수 있는 경우, 법원이 취할 조치(=유치권 부분에 대한 **일부패소** 판결)

> 채권자 A는 채무자 소외 1 소유의 부동산에 관하여 강제경매신청을 하였다. 소외 1 소유의 부동산을 점유하고 있는 피고(피고와 소외 1은 사돈지간)는 위 강제경매절차에서 위 부동산에 관하여 3,636,348,300원의 공사대금채권을 피담보채권으로 하는 유치권이 있다고 주장하며 유치권신고를 하였다. 그 뒤 소외 1 소유의 부동산에 관한 근저당권자인 원고의 신청으로 위 부동산에 관하여 임의경매개시결정이 있었고, 그 기입등기가 있은 뒤, 위 채권자 A의 강제경매신청은 취하되었다. 이러한 상황에서는 원고는 피고를 상대로 피고가 위 공사대금채권을 가지고 있지 않고, 위 부동산을 점유한 사실도 없음에도 유치권신고를 하였다고 하면서 피고의 유치권이 없다는 확인을 구하는 소를 제기하였다. 피고는 유치권이 있다고 주장하고, 원고는 피고가 이 사건 공사대금채권을 가진다고 하더라도 피고의 유치권은 233,503,375원을 초과하여서는 존재하지 아니한다고 주장한다. 근저당권자가 유치권 신고를 한 사람을 상대로 경매절차에서 유치권을 내세워 대항할 수 있는 범위를 초과하는 유치권의 부존재 확인을 구할 법률상 이익이 있는가? 유치권 신고를 한 사람이 피담보채권으로 주장하는 금액 중 일부만 경매절차에서 유치권으로 대항할 수 있는 경우, 법원이 취할 조치는?

 판 결 • 원심 ⊗ 파기환송

확인의 소는 원고의 **법적 지위가 불안 · 위험할 때에 그 불안 · 위험을 제거함에 확인판결로 판단하는 것이 가장 유효 · 적절한 수단인 경우에 인정**되는데, 유치권자는 경락인에 대하여 피담보채권의 변제를 청구할 수는 없지만 자신의 피담보채권이 변제될 때까지 유치목적물인 부동산의 인도를 거절할 수 있어 경매절차의 입찰인들은 낙찰 후 유치권자로부터 경매목적물을 쉽게 인도받을 수 없다는 점을 고려하여 입찰하게 되고 그에 따라 경매목적 부동산이 그만큼 낮은 가격에 낙찰될 우려가 있다. 이와 같이 저가낙찰로 인해 경매를 신청한 근저당권자의 배당액이 줄어들거나 경매목적물 가액과 비교하여 거액의 유치권 신고로 매각 자체가 불가능하게 될 위험은 경매절차에서 근저당권자의 법률상 지위를 불안정하게 하는 것이므로 위 불안을 제거하는 근저당권자의 이익을 단순한 사실상 · 경제상의 이익이라고 볼 수는 없다. 따라서 근저당권자는 유치권 신고를 한 사람을 상대로 유치권 전부의 부존재뿐만 아니라 경매절차에서 유치권을 내세워 대항할 수 있는 범위를 초과하는 유치권의 부존재 확인을 구할 **법률상 이익이 있고**, 심리 결과 피고가 유치권의 피담보채권으로 주장하는 금액의 일부만이 이 사건 경매절차에서 유치권으로 대항할 수 있는 것으로 인정되는 경우에는 법원은 특별한 사정이 없는 한 그 유치권 부분에 대하여 **일부패소의 판결을 하여야 함**에도, 원심이 유치권의 피담보채권의 범위를 심리·판단하지 않고, 원고의 청구를 모두 배척한 것에는 잘못이 있다.

그리고 소극적 확인소송에서는 원고가 먼저 청구를 특정하여 채무발생원인 사실을 부정하는 주장을 하면 채권자인 피고는 권리관계의 요건사실에 관하여 주장·증명책임을 부담하므로, 유치권 부존재 확인소송에서 유치권의 요건사실인 유치권의 목적물과 견련관계 있는 채권의 존재에 대해서는 피고가 주장·증명하여야 한다(원심으로서는 피고에게 주장하는 공사대금채권의 존재에 대해 입증을 촉구하는 등으로 그 채무의 수액을 심리한 다음 이 사건 청구의 일부 인용 여부에 관하여 판단하여야 함에도 막연히 공사대금채권이 존재한다고 판단한 잘못이 있다).

 검 토

근저당권자가 유치권 신고를 한 사람을 상대로 경매절차에서 유치권을 내세워 대항할 수 있는 범위를 초과하는 유치권의 부존재 확인을 구할 법률상 이익이 있는지 여부, 그리고 심리 결과 유치권의 피담보채권으로 주장하는 금액의 일부만이 경매절차에서 유치권으로 대항할 수 있는 것으로 인정되는 경우에는 법원은 그 유치권 부분에 대하여 일부패소의 판결을 하여야 하는지 여부가 쟁점이 되었다. 나아가 유치권 부존재 확인소송에서 유치권의 목적물과 견련관계 있는 채권의 존재에 관한 주장·증명책임의 소재도 문제되었다.

참조 **【대법원 1994. 1. 25. 선고 93다9422 판결】** 일정액을 초과하는 채무의 부존재의 확인을 청구하는 사건에서 일정액을 초과하는 채무의 존재가 인정되는 경우에는, 특단의 사정이 없는 한, 법원은 그 청구의 전부를 기각할 것이 아니라 존재하는 채무 부분에 대하여 **일부패소의 판결**을 하여야 할 것이다.

4-10

대법원 2007. 8. 24. 선고 2006다40980 판결

공동소송인 사이에 어떤 재산이 상속재산임의 확인을 구하는 소가 확인의 이익이 있는지 여부(적극)

공동상속인 사이에 어떤 재산이 피상속인의 상속재산에 속하는지 여부에 관하여 다툼이 있어 일부 공동
상속인이 다른 공동상속인을 상대로 그 재산이 상속재산임의 확인을 구하는 소를 제기하였다. 위 동산의
인도청구를 하면서 그 전제로서 상속재산에 해당한다는 것을 주장하면 되므로 인도청구와 별도로 상속재
산임의 확인을 구할 이익이 있는가? 나아가 원고는 공동피고 A에 대한 소를 취하하였는데, 법원이 A를
제외한 나머지 피고들만에 대해서 판결을 선고한 것은 위법한가?

 판 결   • 원심 ⊗ 파기환송

　이는 그 재산이 현재 공동상속인들의 상속
재산분할 전 공유관계에 있음의 확인을 구하는
소송으로서, 그 승소확정판결에 의하여 그 재
산이 상속재산분할의 대상이라는 점이 확정되
어 상속재산분할심판 절차 또는 분할심판이 확

원심	확인만을 별도의 독립한 소로써 구할 이익은 없다.
상고심	공동상속인 간의 상속재산분할의 대상인지 여부에 관한 분쟁을 종국적으로 해결할 수 있으므로 확인의 이익이 있다.

정된 후에 다시 그 재산이 상속재산분할의 대상이라는 점에 대하여 다툴 수 없게 되고, 그 결과
공동상속인 간의 상속재산분할의 대상인지 여부에 관한 분쟁을 종국적으로 해결할 수 있으므로
확인의 이익이 있다(이와 달리 확인의 이익이 없어 부적법하다고 본 원심판결에는 **위법**이 있다).

　한편, 공동상속인이 다른 공동상속인을 상대로 어떤 재산이 상속재산임의 확인을 구하는
소는 이른바 **고유필수적 공동소송**이라고 할 것이고, 고유필수적 공동소송에서는 원고들 일
부의 소 취하 또는 피고들 일부에 대한 소 취하는 특별한 사정이 없는 한 그 **효력이 생기지
않는다**.

 검 토

　공동상속인이 다른 공동상속인을 상대로 어떤 재산이 상속재산임의 확인을 구하는 소가 확
인의 이익이 있는지 여부가 쟁점이 되었고, 한편, 이러한 소가 필수적 공동소송에 해당하는지
여부, 나아가 그렇다면 원고들 일부의 소 취하 또는 피고들 일부에 대한 소 취하의 효력은 어떻
게 되는가가 문제된다(☞ 공동소송 9-4 부분 참조).

4-11

대법원 2007. 6. 14. 선고 2005다29290, 29306 판결

증서의 진정 여부를 확인하는 소

원고는 피고 1을 상대로 임대차계약서, 영수증, 이행각서 및 지불각서에 대해서, 피고 2 주식회사를 상대로 임대차계약서 및 영수증에 대해서 각기 그 서면이 진정하지 아니하다는 확인을 구하고 있다. 그런데 원고가 위와 같이 확인을 구하는 서면 중 영수증을 보면, "원고가 피고 1로부터 일금 2억원을 ○○병원의 주차장 임대계약금으로 정히 영수한다."거나, "원고가 피고 2 주식회사로부터 일금 4억원을 ○○병원의 영안실 임대계약금으로 정히 영수한다."는 것이다. 한편, 피고 1은 원고가 이 사건 증서의 진정 여부를 확인하는 소를 제기하기 전에 이미 원고를 상대로 임대차계약서, 영수증, 이행각서 및 지불각서를 증거로 하여 임대차계약의 체결, 임대계약금의 지급 및 위약시 계약금의 배액 지급 약정 등이 있었음을 주장하면서 그에 기한 금원지급을 구하는 소를 제기하였다. 한편, 피고 2 주식회사도 원고를 상대로 임대차보증금 등의 반환을 구하는 소를 제기하였다. 이러한 사안에서 피고는 ① (원심은 이를 살피지 않은 채 본안에 나아가 판단하였는데) 영수증은 증서의 진정 여부를 확인하는 소에 있어서의 대상적격이 없다. ② 이 사건 증서의 진정 여부를 확인하는 소는 유효적절한 수단이 아니어서 확인의 이익이 없다. ③ (원심은 확인의 이익이 있음을 전제로 본안에 나아가 판단하였는데) 서면에 의하여 증명되어야 하는 법률관계에 관해 이미 별소가 제기되어 있으므로 확인의 이익이 없다고 상고하였다. 이를 검토하시오.

 판결

①에 대하여, 위 각 영수증은 그 기재대로 임대차계약금으로 일정한 금원을 받았음을 증명하기 위하여 작성되는 서면에 지나지 아니하여 특별한 사정이 없는 한 그로부터 원고와 피고들 사이의 임대차 등 법률관계의 성립 내지 존부가 직접 증명되는 것은 아니므로, 증서의 진정 여부를 확인하는 소의 대상이 될 수 없다. 그렇다면 위 각 영수증에 대하여도 진정한지 아닌지의 확인을 구하는 부분의 소는 부적법하다고 할 것임에도 원심은 이를 살피지 아니한 채 본안에 나아가 판단하였으니(위조로 판단), 원심판결에는 증서의 진정 여부를 확인하는 소에 있어서의 대상적격에 관한 법리오해의 위법이 있다.

②에 대하여, 피고들이 원고 명의의 임대차계약서가 원고에 의해 진정하게 작성되었다고 주장하고 있는 이상, 원고로서는 임대차계약서가 진정하지 않다는 확인을 받음으로써 법적 지위의 불안에서 어느 정도 벗어날 수 있을 뿐만 아니라 그와 같은 확인으로 원고와 피고들 사이의 분쟁 해결에도 도움이 될 수 있다고 볼 것이므로, 원고가 임대차계약서의 진정 여부를 확인할 이익이 없다고는 볼 수 없다.

③에 대하여, 어느 서면에 의하여 증명되어야 할 법률관계를 둘러싸고 이미 소가 제기되어
있는 경우에는 그 소송에서 분쟁을 해결하면 되므로 그와 별도로 그 서면에 대한 진정 여부를
확인하는 소를 제기하는 것은 특별한 사정이 없는 한 확인의 이익이 있다고 볼 수 없다. 피고 1
이 위 원고의 이 사건 증서의 진정 여부를 확인하는 소를 제기하기 전에 이미 원고를 상대로 임
대차계약서, 영수증을 증거로 하여 임대차계약의 체결, 임대계약금의 지급 및 위약시 계약금의
배액 지급 약정 등이 있었음을 주장하면서 그에 기한 금원지급을 구하는 소를 제기한 경우에,
피고 1이 소송에서 증거로 제출한 문서의 진정 여부에 대해서 원고가 다시 별소로 그 **확인을 구
할 이익은 없다**. 한편, 피고 2 주식회사도 원고를 상대로 임대차보증금 등의 반환을 구하는 소
를 제기하기는 하였으나, 원고의 이 사건 증서의 진정 여부를 확인하는 소가 제기된 후이므로,
그로 인하여 원고의 이 사건 소가 **부적법하게 되는 것은 아니다**.

 검토

확인의 소는 법률관계를 증명하는 서면이 진정한지 아닌지를 확인하기 위하여도 제기할 수
있다(250조). 법률관계를 증명하는 서면에 대하여 해당 서면의 진부라고 하는 사실의 확정을 구
하는 소가 허용되는 것은 법률관계를 증명하는 서면의 진부가 확정되면 당사자가 그 서면의 진
부에 관하여 더 이상 다툴 수 없게 되는 결과 법률관계에 관한 분쟁 그 자체가 해결되거나 적어
도 분쟁 자체의 해결에 크게 도움이 된다는 이유에서이다. 따라서 증서의 진정 여부를 확인하는
소가 인정되기 위해서는 ① 진정 여부의 대상이 되는 서면이 법률관계를 증명하는 서면이어야
하고, ② 일반의 확인의 소와 마찬가지로 해당 사안에서 확인의 이익이 있을 필요가 있어야 한
다는 점을 밝힌 것으로 새로운 내용을 담은 판례는 아니다.

참조 **【대법원 2014. 11. 13. 선고 2009다3494, 3500 판결】** 이 사건 토지사용승낙서가 변조되었
음을 원인으로 하여 제기한 건물의 철거 및 손해배상청구 소송 내에서 이 사건 토지사용
승낙서에 대한 분쟁을 해결할 수 있거나, 이 사건 토지사용승낙서 중 면적 기재부분이
'45㎡'에서 '70㎡'로 변조되었다는 내용의 확인을 받는다고 하더라도 원고의 이 사건 계
쟁부분에 관한 사용권에 관한 법적 불안이 제거되는 것은 아니라고 할 것이다. 이 사건
토지사용승낙서 진부확인의 소 부분을 각하한 것은 정당하다.

11-5급(행정)공채시험

4-12

대법원 1997. 4. 25. 선고 96다32133 판결

대물변제예약에 기한 소유권이전등기청구권과 매매계약에 기한 소유권이전등기청구권의 소송물의 동일성 여부(소극)

법원이 동일한 계약관계에 대하여 그 계약의 법적 성질을 대물변제의 예약이라고 하면서도 새로운 매매계약이 성립되었음을 인정하여 매매를 원인으로 한 소유권이전등기 절차를 이행할 의무가 있다고 한 것에 잘못이 없는가?

 판 결

대물변제예약에 기한 소유권이전등기청구권과 매매계약에 기한 소유권이전능기청구권은 그 **소송물이 서로 다르므로** 동일한 계약관계에 대하여 그 계약의 법적 성질을 대물변제의 예약이라고 하면서도 새로운 매매계약이 성립되었음을 인정하여 매매를 원인으로 한 소유권이전등기 절차를 이행할 의무가 있다고 하는 것은 위법하다.

 검 토

소유권이전등기청구사건에 있어서는 가령 매매와 시효취득 등과 같이 등기원인을 달리하는 경우에 그것은 단순히 공격방어방법의 차이에 불과한 것이 아니고 등기원인별로 별개의 소송물로 인정된다. 그리하여 등기청구권의 발생원인을 처음에는 매매로 하였다가 뒤에 취득시효의 완성을 선택적으로 추가하는 것은 단순한 공격방법의 차이가 아니라 별개의 소송물을 추가시킨 것이므로 소의 추가적 변경에 해당한다(대법원 1997. 4. 11. 선고 96다50520 판결 등).

 【대법원 1992. 3. 27. 선고 91다40696 판결】 매매를 원인으로 한 소유권이전등기를 청구한 데 대하여 양도담보약정을 원인으로 한 소유권이전등기를 명한 경우 처분권주의를 위반한 위법이 있다.

 19-법전협 모의시험(2)

4-13

대법원 1976. 10. 12. 선고 76다1313 판결

불법행위로 인하여 신체에 상해를 입었을 경우 손해배상 청구에서의 소송물(=손해 3분설)

원고는 피고를 상대로 하여 갱내 사고로 다친 손해 가운데 전소에서 이미 소극적 재산상 손해로서 일실노임과 일실상여금을 청구하고 있고(사실심 변론종결시는 1975. 12. 10), 한편 이와 별도로 본건 사고로 인한 일실퇴직금(1974. 8. 23. 퇴직)에 대하여 별소를 제기하였는 바, 허용되는가?

 판 결

소송물인 손해는 통상의 치료비 따위와 같은 적극적 재산상 손해와 일실수익 상실에 따르는 소극적 재산상 손해 및 정신적 고통에 따르는 정신적 손해(위자료)의 **3가지로** 나누어진다고 볼 수 있고, 일실수익 상실로 인한 소극적 재산상 손해로서는 예를 들면 일실노임, 일실상여금 또는 후급적 노임의 성질을 띤 일실퇴직금 따위가 모두 여기에 포함되어 위의 전소와 이 사건 소송의 청구는 소극적 재산상 손해라는 동일 소송물이기 때문에 별도로 이 사건 소송에서 소극적 재산상 손해의 한가닥인 일실퇴직금을 청구하지는 못한다.

나아가 일실퇴직금은 일실임금과는 달리 사고발생과 동시에 그 손해가 발생하는 것이 아니라 퇴직함으로써 비로소 그 손해가 발생하기 때문에 일실임금을 청구할 때 함께 청구하지 못하는 것이요 이러한 사건을 수임받은 대리인은 수임당시를 기준으로 하여 손해를 청구하기 때문에 동시청구가 불가능한 것이라고 주장하나 이 사건에서 전소의 사실심변론종결 당시(1975. 12. 10)까지는 이미 원고가 퇴직하여서(1974. 8. 23) 능히 전소에서 퇴직금청구를 확장할 수 있었던 사실이 엿보이므로 그 주장도 이유 없다.

 검 토

신체침해로 말미암은 손해배상청구소송의 소송물을 손해항목과 관련하여 어떻게 포착할 것인가에 대하여 **학설은** 다음과 같이 나뉜다.

① **전손해 1개설** – 손해배상청구에 있어서 적극적 재산상 손해, 소극적 재산상 손해, 위자료(정신적 손해) 등의 항목분류는 생명, 신체침해로 말미암아 생긴 하나의 인적 손해를 금전적으로 평가하기 위한 자료에 지나지 않는 것이다. 손해의 종류·성질에 따라서 소송물을 구별·특정하

여야 할 의미는 없다. 또한 손해 총액이 피해자의 주된 관심사이자 분쟁의 핵심이고, 그것이 손해배상사건의 비송적 성격이나 위자료의 보충적 작용에 어울린다. 따라서 전손해 1개설이 옳다고 본다(강, 577면). 이렇게 보면, 원고가 손해항목마다 별건으로 만들어 제소함으로써 피고가 여러 차례 응소강제를 당하는 폐단을 막을 수 있다(김/강, 367면; 이, 257면). 대체적으로 신소송물이론의 입장인데, 다만 소송물이론과 논리적인 필연성은 없다고도 본다(정/유/김, 290면; 정영, 412면).

② 재산적 손해 · 비재산적 **손해 2분설** – 재산상의 손해배상청구권과 비재산상의 손해배상청구권은 별개의 소송물이라고 본다. 2가지 손해는 배상방법이 비록 금전지급으로 같지만, 침해된 권리 내용이 다르고, 양쪽 배상청구권의 근거법조(민법 750조, 751조, 752조 참조)가 다르다(호, 377면).

③ 적극손해 · 소극손해 · 비재산적 **손해 3분설** – 재산상의 손해를 다시 적극손해와 소극손해로 나누고, 양 손해도 별개의 소송물이라고 본다. 적극손해와 소극손해는 그 금액의 산정과정에 있어서 차이가 있다. 즉, 전자는 증거에 의한 엄밀한 인정이 요구되고, 후자는 예측에 의한 평가의 요소가 강하다. 결국 소송물을 적극적 재산상 손해, 소극적 재산상 손해, 정신적 손해로 3분한다(김홍, 326면).

판례는 손해3분설의 입장이다.

 【대법원 2002. 9. 10. 선고 2002다34581 판결】소송촉진 등에 관한 특례법 3조(법정이율)와 관련하여 생명 또는 신체에 대한 불법행위로 인한 손해배상청구소송에서 그 손해배상의무의 존부나 범위에 관하여 항쟁함이 상당한지 여부는 적극적 · 소극적 · 정신적 손해 등 소송물별로 따로 판단하여야 하는지 여부(적극)

17-5급(행정)공채시험

4-14

대법원 1980. 11. 25. 선고 80다1671 판결

적극적 손해의 배상을 명한 소송의 변론종결 후에 발생한 새로운 적극적 손해와 기판력(**별개의 소송물**로 기판력에 저촉되지 않음)

불법행위로 인한 손해배상청구의 소송에 있어서 치료비 등 적극적 손해배상청구에 대하여 그 판결이 확정되었다. 그런데 변론종결 후에 발생한 치료비를 청구하는 새로운 소를 제기하였다. 법원은 이에 대하여 종전 소송에서 그 청구가 유보되어 있지 아니하는 한, 이를 청구하는 원고의 새로운 소송은 그 기판력에 저촉되어 소의 이익이 없는 부적법한 것이라고 판단하였다. 판결에 잘못은 없는가?

 판 결   • 원심 ⊗ 파기자판

새로운 소송은 그 기판력에 저촉되어 소의 이익이 없는 부적법한 것이라고 판시한 원심에 대하여, 대상판결은 불법행위로 인한 손해배상청구의 소송에 있어서 치료비 등 적극적 손해배상의 청구는 특단의 사정이 없는 한, 1개의 소송물이라 할 것이나, 그 적극적 손해의 배상을 청구한 전소의 변론종결 뒤에 새로 어떤 적극적 손해가 발생한 경우에 그 전소의 변론종결 당시 그 손해의 발생이 예견할 수 없었고 또 그 부분 청구를 포기하였다고는 볼 수 없는 등 특단의 사정이 있다면, 비록 그 전소에서 그에 관한 청구의 유보가 되어 있지 아니하였다 하더라도 그 부분에 대한 손해배상의 청구는 위 전소의 소송물과 동일성이 없는 **별개의 소송물**로서 그 소의 이익이 없다고 할 수 없어 전소의 기판력에 저촉되어 부적법한 것이라고는 할 수 없다.

 검 토

인신사고에 있어서 손해배상을 둘러싼 다툼에 대하여 재판(또는 화해)의 방법으로 일단 해결된 뒤, 당초 예견할 수 없었던 (후유증의 발생에 따른, 여명기간이 지나서도 계속 생존함에 따른) 손해가 증대한 경우에 확대손해에 대하여 다시 배상청구를 할 수 있는지 여부에 대하여 이를 긍정하는 데에는 견해가 일치하고 있지만, 다만 어떠한 근거에 의하여 확대손해를 청구할 수 있는가에 대하여는 다툼이 있다.

① **일부청구의 문제**로 보는 입장 - 전소의 표준시 뒤에 생긴 치료비의 추가청구는 명시의 일부청구 뒤의 잔부청구로 보고 그 적법성을 인정하는 입장이다. 즉, 전소의 변론종결시까지 지출

한 치료비를 손해로 주장하였다면 이는 1개의 채권의 일부에 관하여서만 판결을 바란다는 것을 명시하여 소를 제기한 것과 마찬가지로 보아 그 판결확정 뒤에 후유증의 악화로 수술비를 청구하는 것은 잔부청구로 전소의 기판력으로 차단되지 않는다는 것이다.

　② 기판력의 **시적 한계**로 보는 입장 – 전소 당시 예견할 수 없었던 확대손해는 표준시까지 배상을 청구할 수 있었던 손해가 아니고, 오히려 표준시 뒤의 새로운 사유에 해당되므로 기판력의 시적 한계의 면에서 논하여야 한다는 입장이다. 본래 일부청구론은 변론종결 전에 존재하고 주장할 수 있는 채권에 대하여 수량적 분할을 허용할 것인지 여부의 문제이며, 위와 같이 표준시 뒤에 발생하거나 주장할 수 있게 된 새로운 손해의 배상을 구할 수 있는지 여부의 경우와는 그 적용 장면이 다르다는 것이다. 이 입장은 전소와 동일한 소송이라는 전제에 서는 점에서 이를 별개의 소송물로 보는 다음 ③의 입장과 구별된다.

　③ **별개의 소송물**로 보는 입장 – 확대손해는 표준시 뒤에 발생한 새로운 사유로 인한 손해로서 그 소송물은 전소와는 별개의 소송물이므로 전소판결의 기판력이 미치지 않는다는 입장으로 통설이다(강, 583면; 김홍, 332면; 이, 257면; 정/유/김, 291면; 한, 220면).

　대상판결은 **별개의 소송물설**의 입장이다.

【대법원 2007. 4. 13. 선고 2006다78640 판결】 식물인간 피해자의 여명이 종전의 예측에 비하여 수년 연장되어 그에 상응한 향후치료, 보조구 및 개호 등이 추가적으로 필요하게 된 것은 전소의 변론종결 당시에는 예견할 수 없었던 새로운 중한 손해로서 전소와는 **별개의 소송물**로서 전소의 기판력에 저촉되지 않는다고 한 사례

【대법원 2009. 11. 12. 선고 2009다56665 판결】 판결이 확정된 후 피해자가 그 판결에서 손해배상액 산정의 기초로 인정된 기대여명보다 **일찍 사망한 경우**라도 그 판결이 재심의 소 등으로 취소되지 않는 한 그 판결에 기하여 지급받은 손해배상금 중 일부를 법률상 원인 없는 이득이라 하여 반환을 구하는 것은 그 판결의 **기판력에 저촉되어 허용될 수 없다.**

4-15

대법원 2017. 4. 26. 선고 2017다201033 판결

무변론판결은 원고의 청구를 인용할 경우에만 가능한지 여부(적극)

> 甲이 乙의 언니인 丙에게 돈을 대여하면서 그중 일부를 乙 명의의 계좌로 송금하였는데, 乙이 위 금원을 송금받아 소지·사용하였을 가능성이 있으므로 乙은 丙과 연대하여 위 대여금 일부를 지급할 의무가 있다고 주장하는 소를 제기하였는데, 乙이 소장부본을 송달받고도 답변서를 제출하지 아니하자, 제1심은 변론 없이 甲의 주장은 그 자체로 이유 없다고 보아 (통장 명의를 빌려준 사람은 금전소비대차계약의 당사자가 아니므로) 乙에 대해서는 甲의 청구를 기각하는 판결을 선고하였고, 한편 丙에 대해서는 원고승소판결을 선고하였다. 乙에 대한 판결을 검토하시오.

 판 결

비록 피고가 제1심부터 원심에 이르기까지 답변서 기타 준비서면과 증거를 제출하지 아니하였고, 원심의 변론기일에도 출석하지 아니하기는 하였으나, 피고는 제1심에서 원고의 주장 자체로 이유 없다는 취지의 승소판결을 선고받았고, 항소는 원고가 한 것이며, 원고가 제출한 증거는 원고가 피고 명의의 통장으로 송금한 금융거래내역이 유일하다. 거기에다가 **무변론판결은 원고의 청구를 인용할 경우에만 가능하고, 원고의 청구가 이유 없음이 명백하더라도 변론 없이 하는 청구기각 판결은 인정되지 아니함에도** 제1심이 무변론으로 원고의 청구를 기각함으로써 피고가 변론에 참여하여 의견을 제시할 기회가 차단되었음을 부인할 수 없다.

 검 토

무변론판결(257조 1항)이 곧 원고 승소판결을 의미하는 것은 아니고, 가령 주장 자체로 원고의 청구가 이유 없는 경우 등에는 원고 승소판결을 할 수 없다. 그렇다고 변론 없이 원고 **청구를 기각하는 판결도 원칙적으로 인정되지 않는다**고 본 것인데(강, 473면; 김홍, 355면; 한, 245면), 다만 경우에 따라 보정의 여지가 없으면 부득이 소 각하나 청구기각판결도 할 수 있다고 이에 반대하는 입장도 있다(이, 279면).

 14-법전협 모의시험(3) / 15-사법시험 / 17-법무사시험

4-16

대법원 2001. 7. 24. 선고 2001다22246 판결

채권자가 채무인수자를 상대로 제기한 채무이행청구소송(전소)과 채무인수자가 채권자를 상대로 제기한 원래 채무자의 채권자에 대한 채무부존재확인소송(후소)의 동일성 여부(소극)

> 원고의 소유이던 부동산에 관하여 근저당권설정계약을 원인으로 하여 채무자 원고, 근저당권자 B로 된 근저당권설정등기가 마쳐졌고, 이어 채권양도를 원인으로 하여 근저당권자를 피고로 하는 근저당권이전의 부기등기가 마쳐졌다. 위 근저당권의 피담보채무는 A의 B에 대한 채무이다. 피고는 원고를 상대로 "원고가 A의 B에 대한 1억원의 채무를 병존적으로 인수하는 한편 이를 피담보채무로 하여 이 사건 근저당권설정등기를 경료하였다."고 주장하면서 1억원 및 그 지연손해금의 지급을 구하는 채권확정의 소를 제기하였으며, 그 소장부본이 원고에게 송달되었다. 한편 원고는 A의 피고에 대한 1억원의 채무는 존재하지 아니함을 확인한다는 소를 제기하였다. 중복된 소제기에 해당하여 부적법한가?

 판 결   • 중복제소로 본 것은 잘못이나, 소를 각하한 원심의 결론은 타당

근저당권설정등기와 관련하여 원고가 A의 채무를 병존적으로 인수하였다고 하여 원고를 상대로 1억원의 지급을 구하는 피고의 채권확정의 소가 이미 계속되어 있고, 원고는 그 소송에서 청구기각의 판결을 구함으로써 피고가 원고나 A에 대하여 1억원의 채권을 가지고 있지 아니함을 다툴 수 있으므로, 이와는 별도로 피고를 상대로 A의 원고에 대한 1억원의 채무가 존재하지 아니한다는 확인을 구할 이익이 없다. 따라서 원고의 이 사건 채무부존재확인의 소는 확인의 이익이 없어 부적법하다.

 검 토

생각건대 청구의 취지가 다르더라도 심리의 중복과 판결의 모순저촉을 방지하고자 하는 중복된 소제기 금지의 취지에 비추어 그 기초를 이루는 권리관계가 동일한 이행청구권에 관하여 이행청구권에 기한 이행소송과 그 청구권의 부존재확인소송은 사건으로서 동일성을 인정할 수 있어 중복된 소제기에 해당된다고 볼 것이다. 다만, 사안에서는 원래 채무자인 A가 매개되어 있으므로 특수성이 있다.

4-17

대법원 1995. 4. 14. 선고 94다29256 판결

채권자대위소송과 중복제소

원고가 피고를 상대로 소유권이전등기말소소송을 제기한 바, 이 소제기 전에 이미 원고의 채권자 소외 X
가 같은 피고를 상대로 채권자대위권에 의하여 원고를 대위하여 소유권이전등기말소청구소송과 청구취
지 및 청구원인을 같이하는 내용의 소를 제기하여 소송계속 중에 있다. 원고의 피고에 대한 소유권이전등
기말소소송은 적법한가?

 판 결

비록 그 당사자는 다르다 할지라도 실질상으로는 동일 소송이라고 할 것이므로, 중복제소에
해당된다.

검 토

채권자대위소송을 법정소송담당이라고 해석하는 **통설**에서는 사안에서 원고의 소유권이전등
기말소소송은 중복제소에 해당되어 금지되며 부적법 각하된다(강, 352면; 김홍, 363면; 정/유/김, 304
면; 한, 249면). **판례**도 마찬가지 입장이다. 그런데 채권자대위소송의 기판력이 채무자에게 일률적
으로 미치지 아니하고 채무자가 대위소송의 제기 여부를 알았을 경우에 한하여 기판력이 미친
다고 한 대법원 1975. 5. 13. 선고 74다1664 전원합의체 판결과 논리의 모순이 있다는 지적을 하
고, 그리하여 위 전원합의체 판결과의 일관성을 고려하여 무조건 중복제소로 부적법 각하할 것
이 아니라 채무자에게 채권자대위소송이 계속 중임을 알려 참가의 기회를 제공한 다음 부적법
각하함이 타당하다는 견해도 있다(이, 288면; 김/강, 304면도 이 입장에 찬성한다).

그리고 후소가 채권자대위소송인 반대의 경우(대법원 1981. 7. 7. 선고 80다2751 판결), 채권자대위
소송이 경합하는 경우(대법원 1994. 2. 8. 선고 93다53092 판결)에도 판례는 중복제소라고 본다. 이 경
우에 전소, 후소의 판별기준은 소송계속의 발생시기의 선후에 의할 것이다(대법원 1992. 5. 22. 선고
91다41187 판결). 한편, 채권자대위소송 사이에서의 중복된 소제기의 금지는 전소가 적법한 경우
에만 적용되는 것은 아니다(대법원 1998. 2. 27. 선고 97다45532 판결).

 12-변호사시험 / 12-법전협 모의시험(1) / 12-사법시험

4-18

대법원 2013. 12. 18. 선고 2013다202120 전원합의체 판결

채무자가 제3채무자를 상대로 제기한 이행의 소가 법원에 계속되어 있는 상태에서 압류채권자가 제3채무자를 상대로 추심의 소를 제기하는 것이 민사소송법 259조에서 금지하는 중복된 소제기에 해당하는지 여부(소극)

> A가 2010. 11. 10. 乙을 상대로 주택분양보증계약에 따른 환급이행금 청구의 소를 제기하였고, 2011. 5. 24. A의 청구를 전부 인용하는 제1심판결이 선고되었으나, 乙의 항소로 항소심에 계속 중이다. 한편, 甲은 A에 대한 구상금 사건의 확정판결에 기초하여 A를 채무자, 피고를 제3채무자로 하는 채권압류 및 추심명령을 신청하여 2011. 7. 6. A가 위 환급이행금 청구의 소에서 乙을 상대로 지급을 구하고 있는 채권의 일부인 '피고의 주택분양보증계약에 따라 A가 乙에 대하여 가지는 계약금 및 중도금 반환채권 중 1억원에 달할 때까지의 금액'에 대하여 가압류를 본압류로 이전하는 채권압류 및 추심명령을 받고, 2011. 7. 8. 추심명령이 乙에게 송달되었고, 甲은 추심명령을 근거로 2011. 11. 25. 제3채무자인 乙을 상대로 제1심법원에 추심의 소를 제기하였다. 甲이 제기한 후소는 중복된 소제기의 금지에 위배되어 부적법한가?

 판 결 • 원심 ⊗ 파기, 제2심의 입장에서 제1심판결 취소, 제1심법원에 환송

채무자의 제3채무자에 대한 금전채권 등에 대하여 압류 및 추심명령이 있으면 민사집행법 238조, 249조 1항에 따라 압류 및 추심명령을 받은 압류채권자만이 제3채무자를 상대로 압류된 채권의 이행을 청구하는 소를 제기할 수 있고, 채무자는 압류 및 추심명령이 있는 채권에 대하여 제3채무자를 상대로 이행의 소를 제기할 당사자적격을 상실하므로, 압류 및 추심명령이 있는 채권에 대하여 채무자가 제기한 이행의 소는 부적법한 소로서 본안에 관하여 심리·판단할 필요 없이 각하하여야 하고(대법원 2000. 4. 11. 선고 99다23888 판결, 대법원 2008. 9. 25. 선고 2007다60417 판결 등 참조), 이러한 사정은 직권조사사항으로서 당사자의 주장이 없더라도 법원이 이를 직권으로 조사하여 판단하여야 한다(대법원 2004. 3. 26. 선고 2001다51510 판결, 대법원 2010. 2. 25. 선고 2009다85717 판결 등 참조).

따라서 채무자가 제3채무자를 상대로 제기한 이행의 소가 이미 법원에 계속되어 있는 상태에서 압류채권자가 제3채무자를 상대로 제기한 추심의 소의 본안에 관하여 심리·판단한다고 하여, 제3채무자에게 불리하게 과도한 이중 응소의 부담을 지우고 본안 심리가 중복되어 당사자와 법원의 소송경제에 반한다거나 판결의 모순·저촉의 위험이 크다고 볼 수 없다.

오히려 압류채권자가 제3채무자를 상대로 제기한 추심의 소를 중복된 소제기에 해당한다는 이유로 각하한 다음 당사자적격이 없는 채무자의 이행의 소가 각하 확정되기를 기다려 다시 압류채권자로 하여금 추심의 소를 제기하도록 하는 것이 소송경제에 반할 뿐 아니라, 이는 압류

및 추심명령이 있는 때에 민사집행법 238조, 249조 1항과 앞서 본 대법원판례에 의하여 압류채권자에게 보장되는 추심의 소를 제기할 수 있는 권리의 행사와 그에 관한 실체 판단을 바로 그 압류 및 추심명령에 의하여 금지되는 채무자의 이행의 소를 이유로 거부하는 셈이어서 부당하다고 하지 않을 수 없다.

한편 압류채권자는 채무자가 제3채무자를 상대로 제기한 이행의 소에 민사소송법 81조, 79조에 따라 참가할 수도 있으나, 채무자의 이행의 소가 상고심에 계속 중인 경우에는 승계인의 소송참가가 허용되지 아니하므로 압류채권자의 소송참가가 언제나 가능하지는 않으며, 압류채권자가 채무자가 제기한 이행의 소에 참가할 의무가 있는 것도 아니다.

그러므로 채무자가 제3채무자를 상대로 제기한 이행의 소가 법원에 계속되어 있는 경우에도 압류채권자는 제3채무자를 상대로 압류된 채권의 이행을 청구하는 추심의 소를 제기할 수 있고, 제3채무자를 상대로 압류채권자가 제기한 추심의 소는 채무자가 제기한 이행의 소에 대한 관계에서 민사소송법 259조가 금지하는 중복된 소제기에 해당하지 않는다고 봄이 타당하다(이와 달리 판단한 원심판결에는 잘못이 있다).

[반대의견] 이에 대하여 채권에 대한 압류 및 추심명령이 발령되면 압류채권자가 제3채무자를 상대로 압류된 채권의 이행을 청구하는 소를 제기할 수 있고 채무자는 그 채권에 대하여 제3채무자를 상대로 이행의 소를 제기할 당사자적격을 상실하지만, 압류 및 추심명령은 어디까지나 압류채권자에게 채무자의 제3채무자에 대한 채권을 추심할 권능만을 부여하는 것일 뿐 채무자가 제3채무자에 대하여 가지는 채권이 압류채권자에게 이전되거나 귀속되는 것은 아니다(대법원 2010. 12. 23. 선고 2010다56067 판결 참조). 따라서 채무자가 제3채무자를 상대로 먼저 제기한 이행의 소와 압류채권자가 제3채무자를 상대로 나중에 제기한 추심의 소는 비록 당사자는 다를지라도 실질적으로 동일한 사건으로서 후소는 중복된 소에 해당한다는 반대의견이 있다.

검토

상세한 법리 전개하에 민사소송법 259조에서 금지하는 **중복된 소제기에 해당하지 않는다**고 본 대법원 전원합의체 판결이다.

단지 민사소송법 259조의 해석이나 적용범위에 관한 문제로만 볼 것이 아니라, 민사집행법 238조, 249조 1항에 따라 추심명령을 받은 채권자에게 보장되는 권리와 민사소송법 259조가 정하는 중복소제기금지의 원칙이 충돌하는 문제로 파악했다는 데 대상판결의 의의가 있다고 한다(황진구, 민사재판의 제문제(제23권), 625면 이하). 채무자의 소송수행권이 추심명령에 의하여 상실됨을 전제로 할 경우에는 다수의견이 현실적으로 타당한 선택으로 보이나, 추심소송 관계자들의 이익조화를 위한 보다 근본적인 해결책은 추심명령이 내려지더라도 채무자의 이행소송에 관한 소송수행권이 상실되지 않는다고 보아 해결하는 것이라는 입장도 있다(김세진, 법조(2014. 9), 201면 이하).

 14-사법시험 / 16-법전협 모의시험(2) / 19-법무사시험

4-19

대법원 2005. 11. 25. 선고 2005다51457 판결

채권자취소권의 요건을 갖춘 여러 명의 채권자가 동시에 또는 시기를 달리하여 사해행위취소 및 원상회복청구의 소를 제기한 경우, 이들 소가 중복제소에 해당하는지 여부(소극) 및 어느한 채권자의 청구가 승소판결을 받아 확정되면 그 후에 제기된 다른 채권자의 청구가 권리보호의 이익이 없게 되는지 여부(한정 소극)

> 여러 명의 채권자가 동시에 또는 시기를 달리하여 사해행위취소 및 원상회복청구의 소를 제기하여 여러 개의 소송이 계속 중인 경우에 이들 소가 중복된 소제기에 해당하는가? 어느 한 채권자가 승소판결을 받아 그 판결이 확정되었다는 것만으로는 그 후에 제기된 다른 채권자의 동일한 청구가 권리보호의 이익이 없게 되는가?

판 결

이들 소가 **중복제소에 해당하지 아니할 뿐만 아니라,** 어느 한 채권자가 승소판결을 받아 그 판결이 확정되었다는 것만으로는 그 후에 제기된 다른 채권자의 동일한 청구가 **권리보호의 이익이 없게 되는 것은 아니고,** 그에 기하여 재산이나 가액의 회복을 마친 경우에 비로소 다른 채권자의 사해행위취소 및 원상회복청구는 그와 중첩되는 범위 내에서 **권리보호의 이익이 없게 된다**고 보아야 할 것이다.

검 토

따라서 사안의 경우에는 각 소송에서 채권자의 청구에 따라 사해행위의 취소 및 원상회복을 명하는 판결을 선고하여야 하고, 수익자(전득자를 포함한다)가 가액배상을 하여야 할 경우에도 채권액에 비례하여 반환을 명할 것이 아니라, 수익자가 반환하여야 할 가액 범위 내에서 각 채권자의 피보전채권액 전액의 반환을 명하여야 한다.

4-20

대법원 1975. 6. 24. 선고 75다103 판결

별도로 소송계속 중인 손해배상채권에 기하여 상계를 주장할 수 있는지 여부(적극)

乙(郡어업협동조합)은 甲에 대하여 사업계장으로 있는 동안 위탁수수료와 업무추진비 도합 1,500만원을 횡령한 것을 원인으로 甲에 대하여 동액 상당의 손해배상청구의 소를 제기하여 계속 중이다. 그 뒤 甲이 乙에 대하여 대여금 1,000만원의 지급을 구하는 소를 제기하였다. 이 소송에 있어서 乙은 위 1,500만원의 손해배상채권을 가지고 상계한다는 취지의 항변을 제출할 수 있는가?

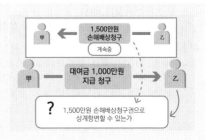

 판 결

손해배상채권에 관하여 별도로 소송계속 중에 있다고 하더라도 그 손해배상채권에 기하여 **상계의 항변을 할 수 있다**(사안에서 乙의 상계의 항변을 받아들여 甲의 乙에 대한 위 1,000만원의 채권은 그 대등액에 있어서 상계되었다고 하여 甲의 청구를 기각).

 검 토

현재 계속된 소송에서 상계항변으로 주장된 채권(자동채권)을 별소로 청구하거나(소위 항변선행형), 반대로 이미 별소로 청구하고 있는 채권을 후소에서 자동채권으로 하여 상계항변을 한(소위 별소선행형) 경우에 중복된 소제기의 금지(259조)와 관련된다.

대상판결은 본래 피고가 상계항변을 위하여 자동채권으로 주장하는 손해배상채권에 관하여 '별도의 소송이 법원에 계속 중'이라고만 설시할 뿐이어서 그 내용만으로는 사안이 항변선행형인지 별소선행형인지 분명치 않았지만, 위 사안에서는 필자가 별소선행형으로 구성하였다. **학설**은 다음과 같이 나뉜다.

① **적극설** — 소송계속을 이유로 피고에게 반대채권을 주장할 수 없게 하는 것은 피고의 권리실현에 정면으로 어긋나므로 반대채권에까지 소송계속의 효과를 적용시킬 수 없고, 또한 상계의 항변 자체는 소송물이 아니라 공격방어방법에 지나지 않기 때문에 논리적으로는 중복된 소

제기에 해당되지 않는다고 한다(김/강, 308면; 김홍, 369면; 송/박, 284면; 한, 252면).

② **소극설** – 반대채권의 존재에 대한 심리가 중복되어 기판력이 모순·저촉될 염려가 있으므로 중복제소금지를 유추적용하여 상계의 주장이 허용될 수 없다고 한다(강, 356면).

③ **절충설** – 허용된다는 적극설에 원칙적으로 찬성하면서, 다만 항변선행형에 있어서 적극적으로 볼 경우에 생길 수 있는 심리의 중복과 기판력의 모순·저촉을 방지하기 위하여 자동채권에 관하여 별소제기를 금하고 기왕의 소송에서 석명권에 의하여 (예비적) 반소를 제기하도록 유도하는 것이 타당하고(**반소권유설**. 정/유/김, 309면; 정영, 462면), 구태여 별도의 소를 제기하였을 때에는 소송의 이부(移部), 이송 또는 변론의 병합에 의해 기왕의 소송절차가 있는 쪽으로 몰아서 그 절차의 반소로서 병합되도록 노력할 것이라는 견해가 있다(**반소병합설**. 이, 290면). 이에 대하여 반소의 제기는 당사자의 임의의 의사에 속하는 권한이고, 결코 강제될 것은 아니므로 처분권주의와 관련하여 타당하지 않다는 비판이 있다.

④ **변론의 중지** – 이부, 이송 등으로 병합하여 심리하도록 하되, 그것이 불가능하면 병행해서 심리하되, 실제 소송지휘를 통하여 독일법(어느 한쪽의 변론을 중지하여 자동채권에 대한 이중의 심판을 방지)과 같은 효과를 가져 오도록 할 수 있을 것이고, 어느 한쪽 소송에서 판결이 먼저 확정되면 다른 소송에서 이를 기판력 문제로 다루면 될 것이고, 이를 중복소제기가 되느니 마느니 서둘러 미리 판단할 일이 아니라는 입장도 있다(호, 155-156면).

생각건대 상계의 항변은 소가 아니라 공격방어방법의 하나에 지나지 않고, 소와 달리 판결에서 반드시 응답되는 것은 아니다. 특히 예비적 상계항변은 실체적 요건에 들어가 심리가 행하여질 것인지 여부, 그 판단이 판결이 유중에서 행하여질 것인지 여부는 불확실하고 미필적이라는 것을 부정할 수는 없다. 따라서 중복된 소제기에 해당되지 않는다는 입장도 수긍하지 못할 바는 아니다. 그러나 별소가 계속 중 상계의 항변이 병행하게 되면, ① 상계의 항변이 현실로 심판의 대상이 되어 별도로 자동채권의 심리가 필요하고, 실질적으로 심리가 중복되며, ② 소송경제상 헛수고가 발생하고, ③ 나아가 상계의 항변에 대한 판결이유중의 판단에 기판력이 인정되어(216조 2항) 판결의 효력이 모순·저촉될 우려가 있다는 점도 부정할 수 없다. 이러한 의미에서 ④ 상계의 항변은 「감축(減縮)된 반소」 내지는 「중간확인의 반소」라고 할 수도 있다. 따라서 사견으로는 대상판결과 달리 중복된 소제기의 금지를 유추적용하여야 할 것이다.

 참조 【대법원 2001. 4. 27. 선고 2000다4050 판결】 담당재판부로서는 전소와 후소를 같은 기회에 심리·판단하기 위하여 **이부, 이송 또는 변론병합 등을 시도함으로써 기판력의 저촉·모순을 방지함과 아울러 소송경제를 도모함이 바람직**하였다고 할 것이나, 그렇다고 하여 특별한 사정이 없는 한, 별소로 계속 중인 채권을 자동채권으로 하는 소송상 상계의 주장이 **허용되지 않는다고 볼 수는 없다.**

4-21

대법원 1985. 4. 9. 선고 84다552 판결

일부청구임을 명시한 소송의 계속 중 유보한 나머지 청구를 별도의 소송으로 제기한 경우 중복제소 해당 여부(소극 – 명시적 일부청구긍정설의 입장)

X는 Y에 대하여 교통사고로 인한 치료비 가운데 사고일로부터 1982. 11. 13.까지의 치료비만을 특정하여 금 3,000만원을 청구하고, 그 다음날 이후부터의 치료비는 별도 소송으로 청구하겠다는 취지를 명시적으로 유보한 손해배상청구의 소를 제기하여 상고심에 계속 중이다. 이와 별도로 X는 Y에 대하여 위 소송에서 유보되었던 1982. 11. 14. 이후의 치료비와 성형수술비 2,000만원을 청구하였는데, 적법한가?

판결

전 소송에서 불법행위를 원인으로 치료비청구를 하면서 일부만을 특정하여 청구하고 그 이외의 부분은 별도소송으로 청구하겠다는 취지를 **명시적으로 유보**한 때에는 그 전 소송의 소송물은 그 **청구한 일부의 치료비에 한정**되는 것이고 전 소송에서 한 판결의 기판력은 유보한 나머지 부분의 치료비에까지는 미치지 아니한다 할 것이므로 전 소송의 계속 중에 동일한 불법행위를 원인으로 유보한 나머지 치료비청구를 별도소송으로 제기하였다 하더라도 **중복제소에 해당하지 않는다.**

검토

가분적인 동일채권의 수량적 일부를 전소에서 청구하고 그 잔부를 후소로 별도 청구하는 경우에 중복된 소제기(259조)에 해당되는지 여부가 문제이다(☞ 기판력의 경우는 7-21 부분 참조). **학설**상 일부청구의 소송물을 어떻게 구성할 것인가에 따라 그 판단이 나뉜다.

① **일부청구긍정설** – 확정판결 뒤의 잔부청구를 긍정하는 입장에서는 일부청구의 경우에 소송물은 그 일부에 지나지 않고, 그 한도 내에서 소송계속의 효과가 발생한다고 보므로 따라서 소송계속 중 잔부청구의 별소는 중복된 소제기에 해당되지 않는다고 본다.

② **일부청구부정설** – 판결확정 뒤의 잔부청구를 부정하는 입장에서는 일부청구의 경우에도 채권 전부가 소송물이 되므로 소송계속 중 잔부청구의 별소는 중복된 소제기에 해당되어 허용되지 않는다고 본다. 잔부를 청구하고자 한다면 동일소송절차 내에서 청구취지를 확장하면 되

고(소의 추가적 변경), 별소로 청구하는 등의 낭비는 불필요하다고 본다(송/박, 286면). 그런데 청구취지의 확장 내지는 소의 변경은 서로 소송물이 다르다는 것을 전제로 하는 것인데, 한편 중복제소가 된다고 하는 것은 소송물이 동일하다는 것이므로 이는 앞뒤 모순이라는 지적이 있다(호, 152면).

③ **명시적 일부청구긍정설** – 일부청구임을 명시하였을 때에는 그 청구한 부분만이 독립한 소송물이 되고, 따라서 잔부청구의 별소는 중복된 소제기에 해당되지 않는다고 본다(강, 355면; 정영, 461면; 한, 250면). 다만, 별소로 잔부청구를 하기보다는 청구의 확장에 의하는 것이 바람직하다는 지적이 있다(정/유/김, 308면).

④ **단일절차병합설** – 일부청구가 계속 중일 때에 청구취지의 확장에 의하여 잔부를 청구하는 것은 상고심에서 허용될 수 없음에 비추어 문제이고, 한편 1회적 절차로 해결하는 것이 어려울 이유가 없는데도 일부청구임을 명시하였다는 이유로 잔부를 별소로 청구하여도 무방하고 두 개의 절차를 벌일 수 있다는 것은 분쟁의 1회적 해결에 반하고, 아무래도 설득력이 약하다. 결국 일부청구가 명시적이든 묵시적이든 불문하고 사실심에 계속 중이어서 잔부마저 청구취지의 확장에 의하여 쉽게 흡수 청구할 수 있는 경우인데, 별소로 잔부를 청구하는 것은 남소이므로 이 때에 우선 동일법원의 별개 재판부에 각 계속 중일 때에는 이부로, 동일심급의 별개 법원에 계속중일 때에는 이송으로, 동일재판부에 계속 중일 때에는 변론의 병합으로 절차의 단일화를 시도하여 보고, 그것이 잘 안 될 때에는 후소를 각하할 것이라고 한다(이, 293면. 또한 호, 152면도 기본적으로 이러한 입장).

판례는 명시적 일부청구긍정설의 입장이라고 할 수 있다. 한편, 명시하는 방법으로는 반드시 전체 액수를 특정하여 그 가운데 일부만을 청구하고 나머지에 대한 청구를 유보하는 취지임을 밝혀야 할 필요는 없고, 전체 액수의 일부로서 우선 청구하고 있는 것임을 밝히는 것으로 충분하다(대법원 1986. 12. 23. 선고 86다카536 판결 등).

생각건대 일부청구(분할청구) 그 자체의 적부는 처분권주의 문제와 관련하여 원칙적으로 긍정될 것이다. 그러나 별도의 후소로 나머지 부분을 청구할 수 있는지 여부, 즉 중복된 소제기 해당 여부는 피고의 동일 사건에 대한 중복된 응소의 부담, 법원에 의한 심리의 중복 등을 고려하여 이러한 폐해, 불이익을 넘어서는 원고의 이익이 인정되는가에 따라 판단하여야 할 것이다. 한편, 판례 가운데 방론으로, 가사 종전 소송에서의 청구가 (명시적)일부청구라 하여도 이 사건 소송이 종전 소송의 사실심 계속 중에 제기된 이상, 원고는 종전 소송에서 청구취지의 확장으로 용이하게 이 사건 소송의 (잔부)청구를 할 수 있었는데도 별소로 이 사건 청구를 하는 것은 소권의 남용에 해당될 수 있다고 밝힌 것이 있다(대법원 1996. 3. 8. 선고 95다46319 판결[미간행]. 이에 대하여 함부로 그 남용이 있다고 인정하는 데에는 극히 신중하여야 한다는 입장으로 문일봉, 인권과 정의(1996. 10), 117면 참조).

18-법전협 모의시험(1)

4-22

대법원 2017. 11. 14. 선고 2017다23066 판결

동일한 소송이 시간을 달리하여 제기되었으나, 전소가 후소의 변론종결시까지 취하·각하 등에 의하여 소송계속이 소멸되지 않은 경우, 후소가 적법한지 여부(소극) 및 승소 확정판결을 받은 당사자가 전소의 상대방을 상대로 다시 동일한 청구의 소를 제기하는 경우, 후소에 권리보호의 이익이 있는지 여부(원칙적 소극)

甲 보증보험회사가 乙과 체결한 대출보증보험계약에 따라 보험금을 지급한 후 乙을 상대로 구상금을 지급을 구하는 소에서 甲 회사의 청구인용판결이 선고되었다. 항소심에서 2017. 2. 20. 丙 회사가 甲 회사로부터 채권을 양수하였다고 주장하며 승계참가신청을 하여 2017. 8. 11. 甲 회사의 청구를 기각하고, 丙 회사의 청구를 전부 인용하는 판결이 선고되었고, 2017. 9. 2. 그대로 확정되었다. 그런데 丙 회사가 乙을 상대로 甲 회사로부터 양수받은 채권의 지급을 구하는 소를 제기하였고, 항소심은 2017. 5. 24. 변론을 종결하였다. 항소심은 丙 회사의 乙을 상대로 한 청구를 어떻게 취급하여야 하는가? 2017. 7. 7. 상고가 있었는데, 2017. 11. 14. 상고심 판결 단계에서 후소는 어떻게 취급되는가?

 판 결   • 원심 ⊗ 파기자판(제1심판결을 취소하고, 소를 각하)

당사자와 소송물이 동일한 소송이 시간을 달리하여 제기된 경우 전소가 후소의 변론종결시까지 취하·각하 등에 의하여 소송계속이 소멸되지 않으면 후소는 중복제소금지에 위반하여 제기된 소송으로서 부적법하다. 사실관계에 따르면, 이 부분 소는 결과적으로 아직 미확정된 선행사건이 법원에 계속되어 있는 중임에도 다시 당사자와 소송물이 동일한 소를 제기한 셈이 되고 원심 변론종결일인 2017. 5. 24.에 선행사건이 아직 법원에 계속 중이었던 사실을 알 수 있으므로 중복소송에 해당한다. 나아가 선행사건의 항소심 판결이 2017. 9. 2. 그대로 확정되었으므로 권리보호의 이익도 없어 부적법하다. 그런데도 원심이 이 부분 소를 각하하지 않고 본안에 나아가 판단하였으니, 이 부분 소에 관한 원심판결에는 중복제소에 관한 법리를 오해하여 판결에 영향을 미친 잘못이 있다.

 검 토

만약 동일한 소송의 전소가 후소의 변론종결시까지 취하·각하 등에 의하여 소송계속이 소멸되면 후소는 중복된 소제기의 금지에 위반되지 않는다.

4-23

대법원 2020. 2. 6. 선고 2019다223713 판결

　소장에서 일부만을 청구하면서 소송의 진행경과에 따라 장차 청구금액을 확장할 뜻을 표시하였으나 소송이 종료될 때까지 실제로 청구금액을 확장하지 않은 경우 나머지 부분에 대하여 재판상 청구로 인한 시효중단의 효력이 발생하는지 여부(소극) / 이와 같은 경우 채권자가 당해 소송이 종료된 때부터 6월내에 민법 174조에서 정한 조치를 취함으로써 나머지 부분에 대한 소멸시효를 중단시킬 수 있는지 여부(적극)

> 소장에 '일부청구'라는 제목하에 소송의 진행경과에 따라 장차 청구금액을 확장할 뜻을 표시하면서 우선 2,000,000원 및 이에 대한 지연손해금만을 청구하였으나, 당해 소송이 종료될 때까지 실제로 청구금액을 확장하지 않았다. 나머지 부분에 대하여 시효중단의 효력이 발생하는가? 당해 소송이 종료된 때부터 6월 내에 민법 174조에서 정한 조치를 취함으로써 나머지 부분에 대한 소멸시효를 중단시킬 수 있는가?

 판결

　소장에서 청구의 대상으로 삼은 채권 중 일부만을 청구하면서 소송의 진행경과에 따라 장차 청구금액을 확장할 뜻을 표시하고 당해 소송이 종료될 때까지 실제로 청구금액을 확장한 경우에는 소제기 당시부터 채권 전부에 관하여 판결을 구한 것으로 해석되므로, 이러한 경우에는 소제기 당시부터 채권 전부에 관하여 재판상 청구로 인한 시효중단의 효력이 발생한다(대법원 1992. 4. 10. 선고 91다43695 판결 등 참조).

　소장에서 청구의 대상으로 삼은 채권 중 일부만을 청구하면서 소송의 진행경과에 따라 장차 청구금액을 확장할 뜻을 표시하였으나 당해 소송이 종료될 때까지 실제로 청구금액을 확장하지 않은 경우에는 소송의 경과에 비추어 볼 때 채권 전부에 관하여 판결을 구한 것으로 볼 수 없으므로, 나머지 부분에 대하여는 재판상 청구로 인한 시효중단의 효력이 발생하지 아니한다.

　그러나 이와 같은 경우에도 소를 제기하면서 장차 청구금액을 확장할 뜻을 표시한 채권자로서는 장래에 나머지 부분을 청구할 의사를 가지고 있는 것이 일반적이라고 할 것이므로, 다른 특별한 사정이 없는 한 당해 소송이 계속 중인 동안에는 나머지 부분에 대하여 권리를 행사하겠다는 의사가 표명되어 **최고에 의해 권리를 행사하고 있는 상태가 지속되고 있는 것**으로 보아야 하고, 채권자는 당해 소송이 종료된 때부터 6월내에 민법 174조에서 정한 조치를 취함으로써 나머지 부분에 대한 소멸시효를 중단시킬 수 있다.

　그런데 선행소송이 종료된 때로부터 6월이 지난 이후에야 나머지 부분의 지급을 구하는 이 사건 소송을 제기한 이상 나머지 부분에 대하여는 소멸시효가 완성되었다.

 검토

재판상 청구에 의하여 소멸시효는 중단된다(민법 168조). 그 근거에 대하여는 권리자가 권리 위에 잠자지 않고 단호하게 권리를 행사하는 점에 근거를 찾는 **권리행사설**과 재판에 의하여 권리관계의 존부가 확정되는 것에 의하여 계속된 사실상태가 법적으로 부정되는 점에 있다는 **권리확정설**이 있는데 일반적 입장은 권리행사설이나, **생각건대** 양 측면이 모두 존재한다. 그리고 시효의 중단에 필요한 재판상의 청구는 소를 제기한 때 또는 청구취지확장신청서를 법원에 제출한 때에 효력이 생긴다(265조). 그리하여 일부청구의 경우에 그 청구된 채권 부분에 대하여 소를 제기한 때에 소멸시효중단의 효력이 미치는 것은 물론이지만, 잔부에 대하여도 시효중단의 효력이 미치는가에 대하여, 즉 일부청구와 소멸시효중단의 효력범위가 문제된다.

학설은 ① **일부중단설**(김용, 148면. 일부청구가 명시적인지 여부와 관계없이 시효중단의 효력은 실제로 청구한 그 일부에만 미치고, 청구하지 않은 부분에는 그 중단의 효력이 생기지 않는다는 견해), ② **전부중단설**(송/박, 290면; 정/유/김, 315면; 정영, 468면. 일부청구를 한 경우에 실질적으로 권리 위에 잠자고 있지 않다는 점이 나타나고 있으므로 명시적인지 여부와 관계없이 그 권리관계 전부에 대하여 시효중단의 효력이 생긴다고 보는 견해. 명시적 일부청구에 한하여 이를 독립한 소송물로 보는 명시적 일부청구긍정설을 취하는 한, 이론적으로는 다음의 절충설이 수미일관하나, 시효제도의 취지에 비추어 보면 전부중단설이 실제적으로 가장 타당), ③ **절충설**(김홍, 392면; 이, 299면; 한, 256면. 명시적 일부청구인 한, 그 일부만이 소송물이 되고, 시효중단의 대상이 되는 것도 그 일부분이며 잔부에 대하여는 청구취지확장신청서를 법원에 제출한 때에 또는 별소를 제기한 때에 시효중단의 효력이 생기고, 반면 일부청구임을 명시하지 않은 경우에는 채권의 동일성의 범위 내에서는 그 전부에 대하여 시효중단의 효력이 미친다고 보는 견해) 등이 있다.

판례는 한 개의 채권 중 일부에 관하여만 판결을 구한다는 취지를 명백히 하여 소송을 제기한 경우에는 소제기에 의한 소멸시효중단의 효력이 그 일부에 관하여만 발생하고, **나머지 부분에는 발생하지 아니하지만**(대법원 1975. 2. 25. 선고 74다1557 판결 등 참조), 비록 그중 일부만을 청구한 경우에도 **그 취지로 보아 채권 전부에 관하여 판결을 구하는 것**으로 해석된다면 그 청구액을 소송물인 채권의 전부로 보아야 하고, 이러한 경우에는 그 채권의 동일성의 범위 내에서 **그 전부에 관하여 시효중단의 효력이 발생**한다고 해석함이 상당하다고 본다(아래 91다43695 판결 등 참조).

가령 명시적으로 일부를 청구한 뒤 소멸시효기간이 경과한 뒤 청구취지를 확장하였는데, 소멸시효의 항변이 있는 사안에서 **절충설**에 따르면, 확장 부분은 소멸시효가 완성된 것으로 본다. 한편, **전부중단설**에 따르면, 청구취지를 확장한 부분이 형식적으로는 소멸시효기간이 도과하였지만, 명시적인 여부와 관계없이 전부에 대하여 시효중단의 효력이 생긴다고 보므로 법원은 소멸시효의 항변을 배척하게 된다. **판례**와 같은 융통성 있는 판단에 따른다면 전부에 대하여 시효중단의 효력이 미치므로 역시 소멸시효의 항변을 배척하게 된다.

그런데 대상판결의 사안과 같이 해당 소송이 종료될 때까지 실제로 청구금액을 **확장하지 않은 경우**에는 대상판결은 소송의 경과에 비추어 볼 때 채권 전부에 관하여 판결을 구한 것으로 볼 수 없으므로 나머지 부분에 대하여는 재판상 청구로 인한 **시효중단의 효력이 발생하지 않고**, 다만 나머지 부분에 대하여 권리를 행사하겠다는 의사가 표명되어 **최고에 의해 권리를 행사**하고 있는 상태가 지속되고 있는 것으로 보아 해당 **소송이 종료**된 때부터 6월 내에 민법 174조에서 정한 조치를 취함으로써 나머지 부분에 대한 소멸시효를 중단시킬 수 있다고 본 것이다.

대상판결은 최고에 의해 권리를 행사하고 있는 상태가 지속되고 있는 것으로 보아 당해 소송의 종료 후 6월 내에 본래적인 시효중단사유가 생기게 하면 시효는 중단된다고 보았는데(아래 소송고지에서의 대법원 2009. 7. 9. 선고 2009다14340 판결도 참조), 그러나 민사법상 '최고'는 일정한 행위를 할 것을 상대방에게 요구하는 일방적 의사의 통지행위이고, 그 상태가 소송계속 중 계속한다고 보는 것은 최고라는 행위의 성격에 어울리지 않는 법적 효과를 주는 것이 아닌가 생각한다.

 【대법원 1992. 4. 10. 선고 91다43695 판결】 신체의 훼손으로 인한 손해의 배상을 청구하는 사건에 있어서는 그 손해액을 확정하기 위하여 통상 법원의 신체감정을 필요로 하기 때문에, 뒤에 법원이 선정한 감정인의 감정결과를 보면서 그 결과에 따라 청구금액을 확장하겠다는 뜻을 소장에 객관적으로 명백히 표시한 경우에는 그 소제기에 따른 시효중단의 효력은 소장에 기재된 일부청구액뿐만 아니라 그 손해배상청구권 **전부에 대하여 미친다**(이후 대법원 2001. 9. 28. 선고 99다72521 판결도 마찬가지).

 【대법원 2009. 7. 9. 선고 2009다14340 판결】 보통의 최고와는 달리 법원의 행위를 통해 이루어지는 소송고지로 인한 최고에 대하여는 당해 소송이 계속 중인 동안 최고에 의해 권리를 행사하고 있는 상태가 지속되는 것으로 보아 당해 **소송이 종료된 때**부터 6월내에 민법 174조에 정한 조치를 취함으로써 소멸시효를 중단시킬 수 있다.

 【대법원 2011. 10. 13. 선고 2010다80930 판결】 채권자대위소송의 제기로 인한 소멸시효 중단의 효력이 채무자에게 미치는지 여부(적극) ― 채권자 甲의 채권자대위소송에서 피보전권리가 인정되지 않는다는 이유로 소 각하 판결이 선고됨에 따라 시효중단 효과는 소멸하였는데, 甲이 아닌 또 다른 채권자 戊가 채권자대위소송을 한 경우에 甲이 최초 재판상 청구를 한 시점에 시효가 중단된 것으로 본다고 판단한 사례이다.

 【대법원 2019. 7. 25. 선고 2019다212945 판결】 채무자의 재판상 청구로 인한 시효중단의 효력이 추심채권자에게 미치는지 여부(적극) ― 채무자가 제3채무자를 상대로 제기한 금전채권의 이행소송이 압류 및 추심명령에 따른 당사자적격의 상실로 각하되었으나 이행소송계속 중 피압류채권에 대하여 당사자적격을 취득한 추심채권자가 각하판결이 확정된 날로부터 6개월 내에 제3채무자를 상대로 추심의 소를 제기한 경우, 채무자의 재판상 청구에 따른 시효중단의 효력이 추심채권자의 추심소송에서 그대로 유지된다.

PART

05

변 론

4-14

대법원 1980. 11. 25. 선고 80다1671 판결

판결

검토

5-1

대법원 1976. 6. 22. 선고 75다819 판결

손해배상의 일부청구의 경우 과실상계의 방법(외측설)

원고가 피고에 대하여 4,000만원의 손해배상을 청구하였다. 법원은 손해액을 6,000만원, 원고의 과실비율을 5할이라고 인정하면서 피고는 원고에게 2,000만원을 배상함이 타당하다고 판결하였다. 일부청구의 경우 과실상계의 방법과 관련하여 적법한가?

 판 결

　　사안과 같은 방법은 이른바 안분설에 의하여 인정손해액과 일부청구액과의 비율에 따라 감액되는 부분을 안분하고 청구액 이상의 손해액은 이미 소송의 대상이 되지 아니하므로 일부청구액에서 거기에 안분된 감액부분을 공제한 금액만을 인용하는 방법인데, 그러나 일개의 손해배상청구권 중 일부가 소송상 청구되어 있는 경우에 과실상계를 함에 있어서는 **손해의 전액**에서 과실비율에 의한 감액을 하고 그 잔액이 청구액을 초과하지 않을 경우에는 그 잔액을 인용할 것이고 잔액이 청구액을 초과할 경우에는 청구의 전액을 인용하는 것으로 해석하여야 할 것이며 이와 같이 풀이하는 것이 일부청구를 하는 당사자의 통상적 의사라고 할 것이다. 이는 소위 **외측설**에 따른 이론인 바, 외측설에 따라 원고의 청구를 인용한다고 하여도 이것이 당사자 **처분권주의에 위배되는 것이라고 할 수는 없다**(대법원 1975. 2. 25. 선고 74다1298 판결 참조). 그렇다면 청구액을 기초로 하여 거기서 과실비율에 의한 감액을 한 잔액만을 인용한 판결은 위법하다.

검 토

　　원고가 청구한 금 4,000만원을 초과하여 법원이 손해액을 금 6,000만원으로 인정한 것이 처분권주의에 어긋나지 않은가가 쟁점이 된다. 이는 일부인용의 한계의 문제이기도 하다. 이와 관련하여 일부청구에 대하여 과실상계를 하는 방법이 문제된다. **학설**은 외측설이 타당하다는 입장이 다수이나(김/강, 367면; 김홍, 418면; 한, 294면), 한편 명시적 일부청구로서 잔부를 유보하여 둔다는 표시를 한 경우까지 외측설을 관철하는 것은 무리이고, 오히려 안분설에 따르는 것이 당사자의 의사에 더 합당하다고 보는 입장도 있다(이, 322면; 호, 378면).

① **안분설** – 인정된 손해액에서 비청구 부분과 일부청구 부분에 각각 금액의 비율에 따라 감액되는 부분을 안분(按分)한다. 과실상계(5할) 금액인 3,000만원을 양쪽에 1 : 2의 비율로 안분하여 외측(外測)으로부터 1,000만원, 내측(內測)으로부터 2,000만원을 삭감하는 것이고, 결론은 2,000만원의 일부인용이 된다.

② **내측설** – 일부청구한 4,000만원에서 3,000만원을 삭감하여 결론은 1,000만원의 일부인용이 된다.

③ **외측설** – 실제 손해액인 6,000만원에서 3,000만원을 과실상계하는 것이고, 결론은 3,000만원의 일부인용이 된다.

일부청구부정설에 의하면, 전체가 소송물이 되므로 외측설을 채택하는 데 이론상 지장이 없게 된다. 반면 명시적 일부청구긍정설에 의하면, 청구된 일부가 소송물이 되므로 심판의 대상은 그 부분에 한정되고 그것을 넘는 실제 손해액 전체에 대하여 과실상계를 한다는 것은 생각할 여지가 없기 때문에 안분설이 논리적이다. 그런고로 명시적 일부청구긍정설을 취하면서 외측설을 취하는 경우는 이론적 정합성에는 배치되는 결과가 될 것이다.

생각건대 원고로서는 청구한 만큼 인정되면 좋겠다는 것이 일반적 의사이고, 원고가 자신의 과실을 자인하여(과실상계 고려) 일부청구를 하는 경우가 있음에 비추어 안분설은 이중으로 과실상계를 당하는 결과가 되므로 외측설에 따른 처리가 원고의 의사에 합치된다고 할 것이다.

한편, 마찬가지 문제가 **상계항변**에 있어서도 생기는데, 판례(아래 83다323, 83다카1037 판결)는 역시 안분설을 배척하고 **외측설**을 취한다.

[대법원 1994. 10. 11. 선고 94다17710 판결] 원고의 청구금액을 초과하여 청구의 기초가 되는 손해액을 인정하더라도 과실상계 뒤 지급을 명한 잔액이 청구금액을 초과하지 않았다면 처분권주의에 위배되었다고 할 수 없다.

[대법원 1984. 3. 27. 선고 83다323, 83다카1037 판결] 원고가 피고에게 합계 500만원의 채권 가운데 그 일부인 350만원을 소송상 청구하고 있는 경우에 이를 피고의 반대채권으로서 **상계**함에 있어서는 위 채권 전액에서 상계를 하고 그 잔액이 청구액을 초과하지 아니할 경우에는 그 잔액을 인용할 것이고, 그 잔액이 청구액을 초과할 경우에는 청구의 전액을 인용하는 것으로 해석을 하여야 할 것이며, 이와 같이 풀이하는 것이 일부청구를 하는 당사자의 통상적인 의사라고 할 것이므로, 일부청구액을 기초로 하여 반대채권으로 상계하고 그 잔액만을 인용한 것은 위법하다.

5-2

대법원 1969. 11. 25. 선고 69다1592 판결

단순이행청구에 대한 상환이행판결의 허부(적극)

말 2필이 원고의 피상속인 亡 A의 소유이었는데 피고가 이를 습득하여, 그 습득신고를 하고 약 1년 3개월 동안 점유·사육하면서 사육비로서 500만원을 지출하였다. 원고는 피고에 대하여 위 말들의 인도를 구하였다. 이에 대하여 피고는 위 말들에 관하여 생긴 비용을 피고에게 지급하지 않고는 그 말들의 인도만을 구하는 것은 부당하다고 항변하였다. 법원은 항변이 이유 있다고 하여 원고의 청구를 기각하였는데, 이유 있더라도 기각판결에 잘못은 없는가?

 판 결
• 원심 ⊗ 파기

물건의 인도를 청구하는 소송에 있어서 피고의 유치권의 항변이 인용되는 경우라도 원고의 청구를 전적으로 배척할 것이 아니라, 그 물건에 관하여 생긴 채권의 변제와 **상환**으로 그 물건의 인도를 명하여야 한다(원심은 위 말들을 내줄 의무가 있다 하더라도, 사육비를 지출하였으므로 그 비용을 지급하지 않고는 그 말의 인도만을 구하는 것은 부당하다고 청구를 기각).

 검 토

원고가 무조건의 물건의 인도를 구하는 소를 제기한 경우에 피고의 유치권의 항변 또는 동시이행의 항변을 인정할 수 있는 때에 그 물건에 관하여 발생한 채권의 변제와 상환하여(원고의 반대급부의 이행을 조건으로 하여) 물건의 인도를 명하는 상환이행판결을 선고하는 것이 처분권주의에 어긋나는지 여부가 문제된다. **통설**은(가령, 김홍, 420면; 이, 323면; 정/유/김, 349면; 한, 296면), 이는 원고의 신청범위 내에 있어서 법원이 질적인 의미의 일부인용판결을 하는 것으로, 원고가 반대의 의사표시를 하지 않는 한 적법하다고 본다. **대상판결**도 통설과 **마찬가지** 입장이다.

생각건대 처분권주의가 사적 자치의 원칙에 기한 것인 이상, 당사자의 합리적 의사의 존중이라는 것을 하나의 기준으로, 신청사항과 판결사항이 다소 다르더라도 예상 밖의 재판이 되지 않는 한, 판결의 허용범위에 속하게 된다고 볼 것이다.

5-3

대법원 1995. 7. 28. 선고 95다19829 판결

피담보채무의 전부 소멸을 이유로 한 근저당권설정등기말소청구소송의 심리 과정에서 잔존채무가 있는 것으로 밝혀진 경우, 법원이 취하여야 할 조치

> 피담보채무 전액을 변제하였다고 주장하면서 근저당권설정등기에 대한 말소등기절차의 이행을 청구하였으나 피담보채무의 범위나 그 시효소멸 여부 등에 관한 다툼으로 그 변제한 금액이 채무 전액을 소멸시키는 데 미치지 못하고 잔존채무가 있는 것으로 밝혀진 경우에 피담보채무가 소멸되지 않았다는 이유로 원고의 청구를 전부 배척한 판결에 아무런 잘못이 없는가?

 판 결   • 원심 ⊗ 파기환송

위 경우에 **원고의 청구 중에는 확정된 잔존채무를 변제하고 그 다음에 위 등기의 말소를 구한다는 취지까지 포함되어 있는 것으로 해석함이 상당**할 것이며, 이는 장래이행의 소로서 **미리 청구할 이익도 있다** 할 것이므로, 원고가 변제한 금액이 피담보채무의 일부에 지나지 아니하여 피담보채무가 소멸되지 아니하였다는 이유로 원고의 청구를 전부 배척한 원심의 판단은, 잔존채무액의 변제 후 그 등기의 말소를 구하는 원고의 청구에 대하여는 아무런 판단을 하지 아니한 셈이 되며, 한편 원고의 청구를 어느 범위 내에서 받아들일 것인지를 정하였어야 옳았다 할 것인데도 이에 이르지 아니한 채 원고의 청구를 **전부 배척하고 만 것은 위법**하다.

검 토

생각건대 처분권주의와 관련하여 위 사안을 신청사항을 달리하는 이질적인 것으로 볼 것은 아니고, 일부인용판결로 동일시하면 될 것이다. 따라서 판례에 찬성한다. 한편, 원고의 청구가 **피담보채무가 발생하지 아니한 것을 전제**로 근저당권설정등기의 말소등기절차의 이행을 청구하는 경우에는 원고의 청구 중에 피담보채무의 변제를 조건으로 장래의 이행을 청구하는 취지가 포함된 것으로는 볼 수는 없다는 판례(대법원 1994. 10. 11. 선고 94다17710 판결)에 주의하라.

 13-변호사시험 / 13-법무사시험 / 14-법전협 모의시험(1) / 17-법무사시험

5-4

대법원 2017. 3. 22. 선고 2016다258124 판결

소멸시효 항변은 당사자의 주장이 있어야만 법원의 판단대상이 되는지 여부(적극) 및 이때 어떤 시효기간이 적용되는지에 관한 주장에 변론주의가 적용되는지 여부(소극) / 당사자가 민법에 따른 소멸시효기간을 주장한 경우, 법원이 직권으로 상법에 따른 소멸시효기간을 적용할 수 있는지 여부(적극)

> 원고의 피고에 대한 매매대금 채권은 상법 64조에서 정한 상행위로 인한 채권에 해당한다. 피고가 민법에 따른 10년의 소멸시효기간을 주장한 경우에 법원은 직권으로 상법에 따른 5년의 소멸시효기간을 적용하는 것은 변론주의 위반인가?

 판 결

민사소송절차에서 변론주의 원칙은 권리의 발생·변경·소멸이라는 법률효과 판단의 요건이 되는 주요사실에 관한 주장·증명에 적용된다. 따라서 권리를 소멸시키는 소멸시효 항변은 변론주의 원칙에 따라 당사자의 주장이 있어야만 법원의 판단대상이 된다. 그러나 이 경우 **어떤 시효기간이 적용**되는지에 관한 주장은 권리의 소멸이라는 법률효과를 발생시키는 요건을 구성하는 사실에 관한 주장이 아니라 단순히 법률의 해석이나 적용에 관한 의견을 표명한 것이다. 이러한 주장에는 **변론주의가 적용되지 않으므로** 법원이 당사자의 주장에 구속되지 않고 직권으로 판단할 수 있다. 당사자가 민법에 따른 소멸시효기간을 주장한 경우에도 법원은 직권으로 상법에 따른 소멸시효기간을 적용할 수 있다.

검 토

사실에 관한 재판자료의 제출은 당사자의 책임에 맡겨져 있지만, 법령의 해석적용에 대해서는 법원이 책임을 진다. 따라서 소멸시효 항변은 당사자의 주장이 있어야 하지만, 어떤 시효기간이 적용되는가에 관한 주장에 변론주의의 적용이 없고, 법원이 직권으로 적용한다는 것이다.

18-변호사시험 / 18-변리사시험 / 18-법원행정고시

5-5

대법원 1995. 8. 25. 선고 94다35886 판결

소멸시효기산일과 변론주의의 적용(적극)

계속적인 물품외상거래에 있어서 그 거래가 종료될 때에 최종적인 물품대금채무는 4억원이고, 그 이행기는 늦어도 1991. 3. 30.에 전부 도래하였다. 연대보증채무의 이행을 구하였다. 피고는 거래종료시점인 1990. 9. 30.을 기산점으로 하여 소멸시효완성의 항변을 하였는데, 법원은 1991. 3. 30.을 기산점으로 하여 시효기간을 산정하고, 이때부터 기산하여 3년이 경과한 1994. 3. 30. 이전에 그 시효가 완성하였다고 판단하였다. 잘못이 없는가?

 판결   • 원심 ⊗ 파기환송

　소멸시효기산일은 채무의 소멸이라고 하는 법률효과 발생의 요건에 해당하는 소멸시효기간 계산의 시발점으로서 소멸시효항변의 법률요건을 구성하는 구체적인 사실에 해당하므로 이는 **변론주의의 적용대상**이라 할 것이다. 따라서 변론주의의 원칙상 법원은 당사자가 주장하는 기산일을 기준으로 소멸시효를 계산하여야 하는데, 이는 당사자가 본래의 기산일보다 뒤의 날짜를 기산일로 하여 주장하는 경우는 물론이고, 특별한 사정이 없는 한 그 반대의 경우에 있어서도 마찬가지이다. 왜냐하면 당사자가 주장하는 기산일을 기준으로 심리판단하여야만 상대방으로서도 법원이 임의의 날을 기산일로 인정하는 것에 의하여 예측하지 못한 불이익을 받음이 없이 이에 맞추어 권리를 행사할 수 있는 때에 해당하는지의 여부 및 소멸시효의 중단사유가 있었는지의 여부 등에 관한 공격방어방법을 집중시킬 수 있을 것이기 때문이다. 따라서 사안에서 위 양 기간 사이에 동일성이 있다고는 볼 수 없으므로 이는 당사자가 주장하지 아니한 사실을 인정한 것이어서 변론주의에 위배된다.

 검토

　판례가 소멸시효의 기산일과 달리 취득시효의 기산일은 간접사실이라고 본다(아래 94다37868 판결).

 【**대법원 1994. 11. 4. 선고 94다37868 판결**】 부동산의 **시효취득**에 있어서 점유기간의 산정기준이 되는 **점유개시의 시기**에 대하여는 취득시효의 요건사실인 점유기간을 판단하는 데 간접적이고 수단적인 구실을 하는 **간접사실**에 불과하므로 이에 대한 자백은 법원이나 당사자를 구속하지 않고, 소송자료에 의하여 진정한 점유의 시기를 인정하여야 한다.

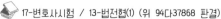 17-변호사시험 / 13-법전협(1) (위 94다37868 판결)

5-6

대법원 2017. 9. 12. 선고 2017다865 판결

청구원인에 관한 주장이 불분명한 경우에 그 주장이 무엇인지에 관하여 석명을 구하면서 이에 대하여 가정적으로 항변한 경우, 주요사실에 대한 주장이 있다고 볼 수 있는지 여부(적극) 및 항변이 있다고 볼 수 있는지 판단할 때 고려하여야 할 사항

> 피고는 제4차 변론기일에 진술한 준비서면에서 '만약 원고의 주장대로 피고가 원고를 기망하여 돈을 편취하였다면, 원고는 피고에게 불법행위를 원인으로 손해배상을 청구해야 하는데, 그런데도 부당이득을 청구하고 있는 것은 아마도 원고가 피고에게 불법행위를 원인으로 손해배상을 청구할 경우, 원고가 피고의 불법행위를 안 시점인 2006년경부터 3년이 지난 시점인 2009년경에 이미 소멸시효 기간이 완료한 점을 고려한 것으로 보인다.'고 주장하면서 원고의 청구원인이 무엇인지 재판부에 석명을 요청하였다. 재판장은 피고 대리인의 요청에 따라 원고에게 이 사건 청구가 불법행위에 따른 손해배상청구인지, 차용금반환 청구인지, 부당이득반환 청구인지 다음 기일까지 답변하도록 하였다. 원고는 제5차 변론기일에 진술한 준비서면에서 피고에 대한 청구가 불법행위에 따른 손해배상청구, 차용금반환 청구, 부당이득반환 청구의 성격을 모두 가진다고 하면서 '이 중 피고의 소멸시효 완성의 항변에 관해서는 망 소외 1에 대한 원고의 서울중앙지방법원 대여금 판결을 제시함으로써 피고의 주장이 타당하지 않음을 밝힌다.'고 주장하였다. 피고는 소멸시효 항변을 한 것으로 볼 수 있는가?

 판 결   • 원심 ⊗ 파기환송

주요사실에 대한 주장은 당사자가 이를 직접적으로 명백히 한 경우뿐만 아니라 당사자의 **변론을 전체적으로 관찰**하여 그 주장을 한 것으로 볼 수 있는 경우에도 주요사실의 주장이 있다고 보아야 한다. 또한 청구원인에 관한 주장이 불분명한 경우에 그 주장이 무엇인지에 관하여 **석명을 구하면서 이에 대하여 가정적으로 항변한 경우**에도 주요사실에 대한 주장이 있다고 볼 수 있다. 이러한 경우 항변이 있다고 볼 수 있는지는 당사자들이 진술한 내용이나 취지뿐만 아니라 상대방이 당사자의 진술을 어떻게 이해하였는지도 함께 고려해서 합리적으로 판단하여야 한다. 피고는 소멸시효 항변을 한 것으로 볼 수 있다(원심으로서는 이에 관해서 판단하였어야 할 것).

 검 토

당사자가 사실을 주장하지 않은 경우에 법원이 그것을 재판의 자료로 인정할 수 없지만, 한편 당사자가 사실을 주장하고 있지만, 그 주장사실과 법원이 인정하고자 하는 사실에 차이가 있는 경우에 법원은 소송행위의 해석을 통하여 당사자가 명시적으로 주장한 사실에 대신하여 별개의 사실을 주장한다고 풀이하거나, 또는 당사자가 명시적으로 주장한 사실과 함께 별개의 사실을 묵시적으로 주장한 것이라고 풀이하는 경우가 있을 수 있다.

5-7

대법원 1987. 9. 8. 선고 87다카982 판결

증인신청으로서 대리행위에 관한 간접적인 진술이 있다고 본 사례

소장에서 甲은 다툼이 있는 토지에 대하여 甲과 乙 사이에 계약이 체결되었다고 주장하면서 乙에 대하여 소유권이전등기를 구하는 소를 제기하였다. 그런데 甲은 위 매매 당시 불과 10세에 불과한 미성년이었고, 甲은 소송에서 증인신문을 신청하여 甲의 조부(祖父)인 소외 A가 甲을 대리하여 위 토지를 매수한 사실을 증명하였다. 결국 법원은 甲의 대리인 A와 乙 사이에 계약이 체결되었다고 인정하였다. 법원의 인정은 적법한가?

 판결

甲이 그 변론에서 위 대리행위에 관한 명백한 진술을 한 흔적은 없다 하더라도 위 증인신청으로서 위 대리행위에 관한 간접적인 진술은 있었다고 보아야 할 것이므로 위 토지를 甲의 대리인이 매수한 것으로 인정하였다고 하여 이를 **변론주의에 반하는 것이라고는 할 수 없다.**

 검토

당사자의 변론으로부터 얻은 재판의 자료를 소송자료(사실자료)라고 하고, 증거조사로부터 얻은 재판의 자료를 증거자료라고 한다(다만, 넓은 의미에서 소송자료는 증거자료를 포함하는 의미로도 사용한다). 그런데 변론주의 제1명제의 파생원칙으로서 「소송자료와 증거자료의 준별」이 등장한다. 즉, 증인의 증언 그 밖의 증거에 의하여 법원이 주요사실을 알았다 하더라도 당사자가 변론에서 그 사실을 주장한 바 없으면 그것을 기초로 재판을 할 수 없다. 이는 주요사실이 변론에서의 당사자의 주장에 의하여 소송자료가 되지 않는 한, 증거자료 중에서 법원이 그 사실의 심증을 얻었더라도 그 사실을 인정할 수 없다는 것을 표현하는 것으로, 증거자료를 가지고 소송자료로 대체할 수 없다고도 표현된다(다음의 81다262, 263 판결 참조. 반면, 소송자료는 변론 전체 취지로서 법원의 심증형성의 원인이 되므로(202조) 소송자료를 가지고 증거자료로 대체할 수 있다). 그런데 재판실무상 소송자료와 증거자료의 준별은 완화되고 있다.

생각건대 주요사실과 간접사실의 구별을 전제로 한다면, 대리인에 의하여 의사표시가 행하여진 것 및 그 대리인이 대리권을 가질 것은 계약의 효과가 본인에게 귀속하기 위한 법률요건을 이루므로 주요사실이고, 甲이 진술하지 않는 대리행위를 법원이 인정한 것은 원칙적으로 변론주의에 반하게 된다. 그러나 계약이 대리인에 의하여 성립하였다는 사실은 주요사실이지만, 양

쪽 당사자가 이를 문제 삼지 아니하여 계약이 대리인에 의하여 성립하였는지, 본인에 의하여 성립하였는지가 소송의 승패에 중요한 쟁점이 되지 않는 경우에는 증거자료만에 의하여 대리인에 의하여 계약이 성립하였다고 인정하더라도 예상외의 재판이 되지 않으므로 변론주의에 반하지 않는다고 할 수 있다. 즉, 대리인에 의한 계약체결의 사실은 법률효과를 발생시키는 실체법상의 구성요건 해당사실에 속하므로 법원은 변론에서 당사자의 주장이 없으면 그 사실을 인정할 수가 없는 것이나, 그 주장은 반드시 명시적인 것이어야 하는 것은 아닐 뿐더러 반드시 주장책임을 지는 당사자가 진술하여야 하는 것도 아니고 소송에서 쌍방 당사자 간에 제출된 소송자료를 통하여 심리가 됨으로써 그 주장의 존재를 인정하더라도 상대방에게 불의의 타격을 줄 우려가 없는 경우에는 그 대리행위의 주장은 있는 것으로 보아 이를 재판의 기초로 삼을 수도 있다 할 것이다(아래 89다카15359 판결 참조).

이에 대하여 상대방 당사자의 방어권의 침해의 우려 등이 문제되므로 소송운영기술상 **석명권**을 발동하여 주장을 촉구하고 변론에서 그와 같은 주장이 나왔을 때 비로소 판결의 기초로 삼는 것이 순리라는 입장이 있다(송/박, 355면; 이, 329면; 호, 399면).

판례 가운데에도 비록 원고가 명백한 주장을 한 바가 없다 하더라도 증인신청으로써 이에 대한 간접적인 주장이 있었다고 볼 여지가 없지 아니할 뿐 아니라, 그렇지 않다 하더라도 법원으로서는 적어도 원고가 이를 주장하는 취지인지 석명을 구하여 당사자의 진의를 밝힘으로써 소송관계를 명확히 하였어야 옳을 것이라고 판시한 것이 있다(대법원 1993. 3. 9. 선고 92다54517 판결).

한편, 판례는 가령 A가 피고를 **대리**하여 토지를 매도하였다는 주장에는 A가 피고를 이른바 **대행적**으로 대리하여 자신의 명의로 토지를 매도하였다는 주장도 포함되어 있다고 볼 것이므로 피고의 명시적 또는 묵시적 승낙하에 자신의 명의로 매도한 것을 이유로 피고는 소유권이전등기를 마쳐줄 의무가 있다고 인정판단한 것이 변론주의를 위배한 것이라고 볼 수 없다고 본다(대법원 1995. 2. 28. 선고 94다19341 판결).

 【**대법원 1981. 8. 11. 선고 81다262, 263 판결**】 증거자료에 나타난 사실을 소송상 주장사실과 같이 볼 수는 없으므로 당사자 본인신문에 있어서의 당사자의 진술도 증거자료에 불과하여 이를 소송상 당사자의 주장과 같이 취급할 수 없고, 따라서 "피고의 재단기는 원고 집에 있다. 잘못된 것을 해결해 주고 가지고 가라고 했었다."는 원고 본인신문결과를 가지고 원고가 유치권 항변을 한 것이라고 볼 수 없다.

【**대법원 1990. 6. 26. 선고 89다카15359 판결**】 대리인에 의한 계약체결의 사실은 법률효과를 발생시키는 실체법상의 구성요건 해당사실에 속하므로 법원은 변론에서 당사자의 주장이 없으면 그 사실을 인정할 수가 없는 것이나, 그 주장은 반드시 명시적인 것이어야 하는 것은 아닐 뿐더러 반드시 주장책임을 지는 당사자가 진술하여야 하는 것도 아니고 소송에서 쌍방 당사자 간에 제출된 소송자료를 통하여 심리가 됨으로써 그 주장의 존재를 인정하더라도 상대방에게 불의의 타격을 줄 우려가 없는 경우에는 그 대리행위의 주장은 있는 것으로 보아 이를 재판의 기초로 삼을 수 있다.

5-8

대법원 1983. 12. 13. 선고 83다카1489 전원합의체 판결

유권대리에 관한 주장 가운데 무권대리에 속하는 표현대리의 주장이 포함되는지 여부(소극)

원고는 피고의 대리인인 소위 A로부터 이 사건 건물을 매수하
고 동인에게 그 대금을 완급하였는데 그 후 위 매매계약을 해
제하였으므로 피고는 위 매매대금을 원고에게 반환할 의무가
있다는 것이고 위 A의 매도행위가 표현대리에 해당한다는 주
장은 한바 없다. 그런데 법원은 원고가 이 사건 건물을 매수하
기 전에 이미 피고는 위 A에 대하여 이 사건 건물의 매매에 관
한 대리권 위임을 해지하였으므로 위 A의 매도행위는 대리권
소멸 후의 무권대리행위라고 판단하고, 나아가 원고가 소외 A
에게 대리권이 있는 것으로 믿은 것이 무과실이라고 볼 증거도
없다고 판단하여 원고의 청구를 배척하였다. 소외 A가 피고의
대리인이라는 원고 주장 가운데에는 표현대리에 관한 주장도 포함되어 있다는 전제 아래 법원이 심리판
단한 것에는 잘못이 없는가?

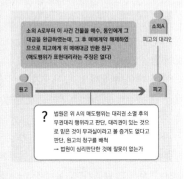

판 결

변론에서 당사자가 주장한 주요사실만이 심판의 대상이 되는 것으로서 여기에서 주요사실이
라 함은 법률효과를 발생시키는 실체법상의 구성요건 해당사실을 말하는 것인바, 대리권에 기
한 대리의 경우나 표현대리의 경우나 모두 제3자가 행한 대리행위의 효과가 본인에게 귀속된다
는 점에서는 차이가 없으나 유권대리에 있어서는 본인이 대리인에게 수여한 대리권의 효력에
의하여 위와 같은 법률효과가 발생하는 반면 표현대리에 있어서는 대리권이 없음에도 불구하고
법률이 특히 거래상대방 보호와 거래안전 유지를 위하여 본래 무효인 무권대리행위의 효과를
본인에게 미치게 한 것으로서 표현대리가 성립된다고 하여 무권대리의 성질이 유권대리로 전환
되는 것은 아니므로, 양자의 구성요건 해당사실 즉 주요사실은 서로 다르다고 볼 수 밖에 없으
므로 **유권대리에 관한 주장 가운데 무권대리에 속하는 표현대리의 주장이 포함되어 있다고
볼 수 없으며**, 따로이 표현대리에 관한 주장이 없는 한 법원은 나아가 표현대리의 성립여부를
심리판단할 필요가 없다고 할 것이라고 하고, 그렇다면 원고가 변론종결시까지 표현대리에 관
한 주장을 한바 없는 위 사안에서 법원으로서는 소외 A가 무권대리인이라고 판단한 이상 더 나
아가 표현대리의 성립 여부까지 판단할 필요가 없었던 것인데, 필경 표현대리에 관한 판단 부분

은 불필요한 부분이다.

 검 토

　　법원은 당사자가 주장한 사실과 법원이 인정하고자 하는 사실에 차이가 있는 경우에 해석을 통하여 당사자가 명시적으로 주장한 사실에 대신하여 별개의 사실을 주장한다고 풀이하거나, 또는 명시적으로 주장한 사실과 함께 별개의 사실을 묵시적으로 주장한 것이라고 풀이하여 구체적 사건의 타당한 해결을 도모하게 되나, 한편 이러한 해석에 의한 조작은 결코 바람직한 것이 아니고, 사안의 성질, 소송의 경과 등을 고려하여 한계가 있어야 한다. 표현대리에 관한 주장이 없는 한 법원은 나아가 표현대리의 성립 여부를 심리판단할 필요가 없다는 대상판결도 그러한 점에서 이해할 수 있다.

　　위 경우에 원고는 유권대리만을 주장하였으나, 피고의 방어에 의하여 소의 A의 행위가 대리권 소멸 후의 대리행위로 판명된 이상, 민법 129조의 표현대리의 주장이 있다고 봄이 상당하다는 입장이 있다. 다만, 이 경우 피고로서는 원고가 표현대리의 주장을 명백히 하지 아니하여 원고의 악의·과실에 관하여 방어할 기회를 갖지 못하여 피고가 부당하게 패소할 위험이 있지 않나 하는 우려가 있을 수 있다. 그러나 이 경우 법원은 피고로 하여금 그 부분에 대한 방어를 행하도록 석명함으로써 양쪽 당사자의 보호를 다 할 수 있을 것이다. 피고의 입장만을 생각한 나머지 표현대리의 주장이 없는 한, 그 점을 판단할 의무가 없다고 한다면, 또한 표현대리의 주장이 있었으며 승소할 수 있었던 사안이라면, 원고로서는 표현대리의 주장을 아니 하였다는 사유만으로 패소하고 다시 제소하여 구제받을 수 있는 길이 완전히 막혀 버리게 되어 원고로서는 치명타를 입게 될 것이다. 이러한 사태를 막기 위하여 법원이 보다 적극적이고 능동적인 자세를 가지고 당사자의 주장을 실질적으로 평가·판단함이 후견적 기능이 강조되는 현대 민사소송제도 하의 법원의 역할을 다하는 것이라는 비판이 있다(김황식, 민사판례연구(제7집), 16면).

 【대법원 2001. 3. 23. 선고 2001다1126 판결[미간행]】 법원은 표현대리의 성립 여부를 심리판단할 필요가 없음은 물론 **나아가 당사자에게 표현대리에 관한 요건사실의 주장이나 입증을 촉구할 의무가 없다.**

5-9

대법원 1995. 7. 11. 선고 94다34265 전원합의체 판결

토지임대차 종료시 임대인의 건물철거 및 부지인도 청구에는 건물매수대금 지급과 동시에 건물명도를 구하는 청구가 포함된 것인지 여부(소극) 및 위 경우에 임대인이 종전 청구를 유지할 것인지 아니면 대금지급과 상환으로 건물명도를 청구할 의사가 있는지에 관한 법원의 석명의무의 존부(적극)

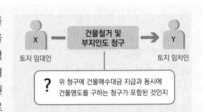

법원은 X는 1983.10.13. 이 사건 대지에 대한 소유권을 취득하였는데 그 이전부터 위 지상에 이 사건 각 건물을 소유하고 있던 Y가 X에게 위 각 건물의 대지에 관하여 평당 연간 돈 3,000원 내지 5,000원씩의 임료를 지급하여 오다가, 1990년부터는 위 임료를 평당 연간 돈 10,000원으로 인상하여 이 사건 소제기 전까지 지급하여 왔으므로 X와 Y 사이에는 이 사건 대지에 대하여 묵시적으로 위 각 건물의 소유를 목적으로 하여 기간의 정함이 없는 임대차계약이 체결되었다고 봄이 상당하다고 판단한 뒤, X가 위 각 건물의 철거 및 이 사건 대지의 인도를 구하는 소장 부분이 피고에게 송달된 날인 1992. 11. 23.경부터 6월이 경과한 1993. 5. 23.경 위 각 임대차계약은 적법히 해지되어 종료되었으며, Y가 이 사건 변론에서 위 각 건물의 매수를 청구하고 있으므로, X와 Y 사이에는 위 각 건물에 대하여 시가 상당액을 대금으로 하는 매매가 이루어졌다고 판단하였다. 법원은 X의 청구를 기각하였다. X의 이 사건 청구에는 위 각 건물매수대금 지급과 동시에 건물명도를 구하는 청구가 포함되어 있다고 할 수 없으므로 X의 이 사건 청구는 배척될 수밖에 없다고 보았다. 이러한 법원의 조치에 아무런 잘못이 없는가?

 판결

• 원심 ⊗ 파기 환송

토지임대인이 그 임차인에 대하여 지상물철거 및 그 부지의 인도를 청구한 데 대하여 임차인이 적법한 지상물매수청구권을 행사하게 되면 임대인과 임차인 사이에는 그 지상물에 관한 매매가 성립하게 되므로 임대인의 청구는 이를 그대로 받아들일 수 없게 된다. 이 경우에 건물철거 및 토지인도청구에는 건물매수대금지급과 동시에 건물명도를 구하는 청구가 **포함되어 있다고 할 수 없으므로** 법원으로서는 임대인이 종전의 청구를 계속 유지할 것인지, 아니면 대금지급과 상환으로 지상물의 명도를 청구할 의사가 있는지(예비적으로라도)를 **석명**하고 임대인이 그 석명에 응하여 **소를 변경**한 때에는 지상물명도의 판결을 함으로써 분쟁의 1회적 해결을 꾀하여야 한다고 봄이 상당하다(이와는 달리 법원에게 위와 같은 점을 석명하여 심리하지 아니한 것이 위법이 아니라는 취지의 대법원 1972. 5. 23. 선고 72다341 판결을 변경).

　왜냐하면 이처럼 제소 당시에는 임대인의 청구가 이유 있는 것이었으나, 제소 뒤에 임차인의 매수청구권행사라는 사정변화가 생겨 임대인의 청구가 받아들여질 수 없게 된 경우에는 임대인으로서는 통상 지상물철거 등의 청구에서 전부 패소하는 것보다는 대금지급과 상환으로 지상물명도를 명하는 판결이라도 받겠다는 의사를 가질 수도 있다고 봄이 합리적이다. 또 임차인의 처지에서도 이러한 법원의 석명은 임차인의 항변에 기초한 것으로서 그에 의하여 논리상 예기되는 범위 내에 있는 것이므로 그러한 법원의 석명에 의하여 임차인이 특별히 불리하게 되는 것도 아니고, 오히려 법원의 석명에 의하여 지상물명도와 상환으로 대금지급의 판결을 받게 되는 것이 매수청구권을 행사한 임차인의 진의에도 부합한다고 할 수 있다. 위와 같은 경우에 법원이 이러한 점을 석명하지 아니한 채 토지임대인의 청구를 기각하고 만다면, 또 다시 지상물명도청구의 소를 제기하여야 하므로 양쪽 당사자에게 다 같이 불리한 결과를 안겨 줄 수밖에 없어 소송경제상으로도 매우 불합리하기 때문이다.

 검토

　임차인(＝차지인)이 적법한 건물매수청구권을 행사하면 임대인의 승인을 기다리지 않고, 임대인과 임차인 사이에는 그 건물에 대한 매매계약의 성립이라는 형성적 효력이 생기게 된다(민법 643조, 283조). 즉, 건물매수청구권이 행사되면 매매목적물인도청구(매수인이 매도인에게) 또는 매매대금지급청구(매도인이 매수인에게)의 상황이 전개된다. 그런데 임차인이 건물매수청구권 행사로 말미암은 건물매매대금채권에 기하여 동시이행의 항변권 또는 유치권의 주장을 한 경우에 법원은 이를 어떻게 취급할 것인가. 임대인의 건물철거 및 토지인도청구에는 건물매매대금지급과 동시에 건물인도를 구하는 청구가 포함되어 있다고 할 것인지 여부와 관련하여 임대인이 소의 변경을 하지 않아도 법원은 건물인도와 건물매매대금지급의 상환이행판결을 할 수 있는지 여부가 처분권주의와 관련하여 문제된다.

　학설 가운데 소송경제와 분쟁의 1회적 해결을 위하여 임대인의 건물철거 및 토지인도청구에는 건물매매대금지급과 동시에 건물명도를 구하는 청구가 **포함되어 있다**고 긍정하는 입장에서는 법원은 임대인인 원고가 소를 변경하지 않아도 청구취지의 범위를 벗어난다고 볼 수 없어 건물매매대금지급과 상환으로 건물명도를 명하는 상환이행판결을 할 수 있다고 본다(김/강, 365면). 즉, 원고인 임대인에게는 매매대금을 치르고 건물을 명도받는 권리밖에 남을 것이 없으며, 다른 권리행사에 대한 선택 가능성이 없는 것에 비추어 원고인 임대인에게 석명할 것도 없이 상환이행판결을 하는 것이 옳다는 것이다(**상환이행판결설**).

　생각건대 당사자의 의사해석으로서는 피고의 건물매수청구권의 행사에 의하여 건물의 소유권이 원고에게 이전한 경우에는 특별한 반대의 의사표시가 인정될 때를 별도로 하고 일반적으로 원고의 건물철거 및 토지인도에는 그 건물의 인도를 구하는 취지를 포함하는 청구를 하고 있다고 풀이할 수 있으나, 한편 건물철거청구와 건물인도청구의 청구취지 자체가 상이할 뿐만 아니라, 그 강제집행의 방법도 차이가 있고, 건물철거 및 토지인도청구의 권원은 소유권에 기한 물권적 청구권 내지 임대차계약상의 반환청구권인 데 반하여, 건물인도청구권은 건물매수인의 지위에서 나오는 매매계약상의 인도청구권이므로 그 청구원인 자체가 서로 다르고, 청구권의 성질도 다르다. 따라서 이론상 건물철거청구에 건물인도청구가 포함되어 있다고 보기는 어렵다 (정영, 492면). 결국 **처분권주의**와 관련하여 소의 변경이 없다면, 상환이행판결을 할 수는 없고, 법원으로서는 건물철거 및 토지인도청구를 기각할 수밖에 없게 된다.

판례와 같이 소의 변경에 대한 **적극적 석명이 필요**하고, 원고가 그 석명에 따라서 소를 변경한 때에는 법원은 상환이행판결을 함으로써 분쟁의 1회적 해결을 꾀하여야 한다고 본다. 이 경우에 판결의 주문은 「피고는 원고로부터 금 ○○○원을 지급받음과 상환으로 원고에게 건물을 인도하라」와 같이 된다.

위 대상판결에 대하여 청구의 기초의 동일성이 인정되는 범위 내에서 청구취지변경에 관한 석명의무를 인정함으로써 분쟁의 적극적 해결에 기여할 수 있는 발판을 마련하였을 뿐만 아니라 석명의무의 존부에 관하여 구체적으로 판단기준을 적시함으로써 법적 안정성 확보에 기여할 수 있는 획기적인 것이라든지(정규상, 고시계(1995. 12), 43면 참조), 법원으로서는 그와 같은 석명을 하는 것이 어느 일방에게 편파적인 재판을 하는 것이라고는 할 수 없고, 곧바로 건물명도를 명하지 않고 석명이라는 절차를 거쳐 건물명도를 명하는 것은 당사자 쌍방의 현실적인 의사를 확인하는 길이며 당사자에 대한 기습적인 판결을 방지하는 수단이라고도 할 수 있다는 긍정적 평석이 있다(윤진수, 인권과 정의(1996. 4), 138-139면).

5-10

대법원 2009. 11. 12. 선고 2009다42765 판결

법률상 사항에 관한 법원의 석명 또는 지적의무(손해배상청구의 법률적 근거가 계약책임인지 불법행위책임인지 불명확함에도 **석명권**을 **행사**하지 않고 불법행위책임을 묻는 것으로 단정한 뒤 증명이 부족하다는 이유로 청구를 받아들이지 않은 원심판결을 파기한 사례)

> X가 Y 주식회사와 일반전화가입계약을 체결하고 A 전화 및 B 전화를 각 사용하여 왔다. Y 주식회사는 위 B 전화의 2001. 5.분부터 2001. 8.분까지의 전화요금 출금일인 매달 25일에 X의 국민은행 자동납부 계좌의 잔고가 요금액에 미달하였다는 이유로 2001. 8. 13. 시내전화이용약관에 따라 위 전화를 직권해지하였다. 또한 Y 주식회사는 위 A 전화의 2003. 6.분부터 2003. 11.분까지의 전화요금도 같은 경우로 연체되었다는 이유로 2003. 12. 12. 위 전화를 직권해지하였다. Y 주식회사는 위 A 전화의 직권해지로 인하여 X에게 반환하여야 할 설비비 250,000원을 B 전화의 미납사용료와 대등액에서 상계처리하였다. X는 전화요금을 연체한 바 없는데도 Y가 아무런 독촉이나 통보절차 없이 위 전화들을 직권으로 해지한 뒤 요금을 상계처리하였으므로, Y는 X에게 그 손해를 배상할 의무가 있다고 주장하며 손해배상청구를 하였다. 법원은 Y가 위 전화를 부당하게 직권해지하는 등 불법행위를 저질렀다는 점에 대한 X의 입증이 부족하다는 이유로 X의 청구를 기각하였다. 그런데 X는 이 사건 손해배상청구가 계약책임을 묻는 것인지 아니면 불법행위책임을 묻는 것인지 명시한 바 없다. 증명책임과 관련하여 이러한 판단에 아무런 잘못은 없는가?

 판 결

위 사건에서 피고 Y 주식회사의 손해배상책임이 인정될 것인지 여부의 관건이 되는 핵심적인 법률요건은 원고 X가 전화요금을 연체하였는지의 여부 및 피고 Y 주식회사가 해지에 앞서 이행최고절차를 거쳤는지의 여부인데, 위 요건들에 대한 입증책임은 손해배상청구의 법률적 근거를 계약책임으로 구성하느냐 아니면 불법행위책임으로 구성하느냐에 따라 정반대로 달라지게 된다. 즉 계약책임으로 구성할 경우 위 요건들에 대한 입증책임(원고 X가 전화요금을 연체하였다는 것과 피고 Y 주식회사가 이행최고를 하였다는 것에 대한 입증책임)은 피고 Y 주식회사가 부담하게 되는 반면, 불법행위책임으로 구성할 경우 그 입증책임(원고 X가 전화요금을 연체하지 않았다는 것과 피고 Y 주식회사가 이행최고를 하지 아니하였다는 것에 대한 입증책임)은 일반원칙에 따라 원고 X가 부담하게 되는 것이다. 따라서 이 사건 손해배상청구의 법률적 성질을 어떻게 파악하느냐는 그에 따라 소송의 승패가 달라질 수도 있는 중대한 법률적 사항에 해당한다고 할 것이다.

　　원고 X는 제1심과 원심에서 이 사건 손해배상청구가 계약책임을 묻는 것인지 아니면 불법행위책임을 묻는 것인지 명시한 바 없음을 알 수 있는바, 이는 원고 X가 부주의나 법률적인 지식의 부족으로 입증책임의 법률적 효과에 관하여 명백히 이해하지 못하고 있거나 그 주장이 법률상의 관점에서 보아 불명료 또는 불완전한 경우라고 하지 않을 수 없으므로 원심으로서는 마땅히 위와 같은 점을 지적하고 원고 X에게 의견을 진술할 기회를 부여함으로써 원고 X로 하여금 그 주장을 법률적으로 명쾌하게 정리할 기회를 주었어야 한다.

　　그럼에도 불구하고 원심은 이러한 조치를 취하지 아니하고 원고 X의 이 사건 손해배상청구의 법률적 근거를 불법행위책임을 묻는 것으로 단정한 뒤(이 경우 입증책임은 원고가 부담하게 된다는 점에서 이는 원고에게 심히 불리한 것이다) 원고 X의 입증이 부족하다는 이유로 원고의 청구를 받아들이지 아니하였는바, 이는 석명권을 적절하게 행사하지 아니하고 당사자에게 법률사항에 관한 의견 진술의 기회를 주지 아니하여 잘못이라고 할 것이고, 이는 판결 결과에 영향을 미쳤음이 분명하다고 판시하였다(이 부분 파기환송).

 검토

　　법원은 당사자가 간과하였음이 분명하다고 인정되는 법률상 사항에 관하여 당사자에게 의견을 진술할 기회를 주어야 한다(136조 4항. 아울러 민사소송규칙 28조 2항은 법원은 변론에서 당사자가 간과한 것은 아니나 당사자에게 중요한 사실상 또는 법률상 쟁점에 관하여 의견을 진술할 기회를 주어야 한다고 규정하고 있다). 이러한 지적의무(시사의무 또는 표명의무가 용어상 더 적당하다는 입장도 있다)의 취지는 당사자의 심문청구권을 법률상 사항에까지 확장하여 법률적 관점에 있어서 당사자의 절차적 기본권을 보장한 것으로, 석명권이 권한임과 아울러 의무임을 분명히 한 것이라고 볼 수 있다(김홍, 463면; 이, 346면; 정/유/김, 375면은 종래의 석명의무를 법적 측면에서 확대한 것이라고 평가하나, 한편 호, 416면은 석명권 내지 석명의무와는 비록 그 행사방법이 시사라는 점에서 공통되지만 그 뿌리를 달리하는 것이므로 종래의 석명의무에 새로운 내용을 추가하였다거나 그 의무를 법적 측면에서 확대하였다고 보는 것은 타당하지 않다고 한다). 판례도 당사자가 부주의 또는 오해로 인하여 명백히 간과한 법률상의 사항이 있거나 당사자의 주장이 법률상의 관점에서 보아 모순이나 불명료한 점이 있는 경우 법원은 적극적으로 석명권을 행사하여 당사자에게 의견 진술의 기회를 주어야 하고, 만일 이를 게을리한 경우에는 석명 또는 지적의무를 다하지 아니한 것으로서 위법하다고 본다.

　　대상판결은 단순히 당사자가 간과한 법률상의 주장만이 아니라 관련 법률상의 주장의 기초가 되는 사실상의 쟁점까지를 살펴 당사자의 주장과는 다르더라도 법원이 적정하다고 보는 **법률적 관점을 지적할 석명의무**를 강조한 판례이다.

5-11

대법원 1996. 10. 25. 선고 96다30113 판결

과실상계와 법원의 직권참작 여부(적극)

> X(화재해상보험주식회사)는 Y(화재로 건물 임차 부분을 훼손)에게 이 사건 화재에 대한 구상금청구소송을 하였다. 심리한 결과 화재가 발생한 부분을 포함하여 이 사건 건물의 화재발생시 이를 자동으로 포착하여 경보를 발하는 화재경보기가 설치되어 있었는데, 건물에 대한 소독작업시 오작동되는 등 부작용이 있다 하여 경비원이 지하층에 있던 스위치를 내려 놓아 작동이 되지 않게 해 두었고, 이와 같은 화재경보기 미작동으로 말미암아 이 사건 화재를 조기에 발견하지 못해 진압이 늦어짐으로 말미암아 손해가 확대되었다. 이와 같이 화재경보기를 작동하지 않도록 해 둔 것은 결국 임대인인 Z의 과실로 귀착된다 할 것이므로 임차인 Y가 배상할 손해액의 산정에 있어 이를 참작하기로 하되, 위 인정 사실에 비추어 그 비율을 20% 정도로 보았다. X가 과실상계를 하여야 한다는 주장을 하지 않은 경우에 법원은 과실상계에 의한 재판을 할 수 있는가?

 판 결

민법상의 과실상계제도는 채권자가 신의칙상 요구되는 주의를 다하지 아니한 경우 공평의 원칙에 따라 손해의 발생에 관한 채권자의 그와 같은 부주의를 참작하게 하려는 것이므로 단순한 부주의라도 그로 말미암아 손해가 발생하거나 확대된 원인을 이루었다면 피해자에게 과실이 있는 것으로 보아 과실상계를 할 수 있고, 피해자에게 과실이 인정되면 법원은 손해배상의 책임 및 그 금액을 정함에 있어서 이를 참작하여야 하며, 배상의무자가 피해자의 과실에 관하여 **주장을 하지 아니한 경우**에도 소송자료에 의하여 과실이 인정되는 경우에는 이를 법원이 **직권으로 심리·판단**하여야 하나, 과실상계사유에 관한 사실인정이나 과실상계의 비율을 정하는 것은 그것이 현저히 형평의 원칙에 비추어 불합리하다고 인정되지 아니하는 한 사실심의 전권사항에 속하는 사항이다.

📖 검토

직권에 의한 과실상계가 변론주의 제1명제(주장책임의 원칙)에 어긋나지 않는가. 즉, 채무자가 채권자의 과실에 대하여 주장하지 않고 또 과실상계의 항변을 주장하지 않은 경우에도 법원은 직권으로 과실상계를 할 수 있는가.

학설은 다음과 같이 나뉜다. ① 당사자가 채권자의 과실을 주장하고, 과실상계를 항변으로 제출할 것이 필요하다(과실상계의 주장을 소멸시효, 동시이행항변 등과 마찬가지로 취급하여 변론주의의 적용 범위로 본다). ② 채권자의 과실의 주장도 과실상계의 주장도 필요하지 않다(그렇지 않으면 공평 내지 신의칙의 입장에서 인정되는 과실상계의 취지가 몰각된다). ③ 과실의 주장은 필요하지만, 과실상계의 주장은 필요하지 않다(강, 422면. 과실상계의 주장은 소멸시효, 동시이행항변 등과 달리 직권으로 참작할 사항이다. 그리고 손해배상청구권의 발생을 가져오는 사실인 가해자의 과실에 대하여는 변론주의가 적용됨에 대하여 청구권의 축소를 가져오는 요소인 피해자의 과실에 대하여 변론주의의 지배를 배제하는 것은 소송에서 당사자의 평등공평을 해치는 것이다).

판례는 채권자의 과실의 주장도 과실상계의 주장도 필요하지 않다고 보는 입장으로 이해된다(이후 아래 2013다31137 판결도 마찬가지 취지).

생각건대 손해배상청구권의 발생을 가져오는 사실인 가해자의 과실에 대하여는 변론주의가 적용됨에 대하여 청구권의 축소를 가져오는 요소인 피해자의 과실에 대하여 변론주의의 적용을 배제하는 것은 소송에서 당사자의 평등·공평을 해치는 것이므로 채무자가 과실상계의 주장을 하는 것은 필요하지 않지만, 적어도 채권자의 과실을 기초 짓는 구체적 사실에 대한 주장은 할 필요가 있다고 본다(강, 432면도 마찬가지 입장).

📝 **참조** 【대법원 2016. 4. 12. 선고 2013다31137 판결】 불법행위로 인한 손해의 발생 또는 확대에 관하여 피해자에게도 과실이 있는 때에는 가해자의 손해배상의 범위를 정할 때 **당연히** 이를 참작하여야 하고, 배상의무자가 피해자의 과실에 관하여 주장을 하지 아니한 경우에도 소송자료에 따라 과실이 인정되는 경우에는 이를 법원이 직권으로 심리·판단하여야 한다.

5-12

대법원 2011. 7. 28. 선고 2010다97044 판결

비법인사단의 대표자 甲에게 적법한 대표권이 있는지가 문제된 사안에서, 이를 밝혀 보지 않고 甲을 비법인사단의 대표자로 인정한 다음 더 나아가 본안에 대한 판단까지 한 원심판결에는 비법인사단의 대표권 및 직권조사사항에 관한 법리 오해가 있다고 한 사례

피고가 원고의 대표자라 하여 당사자표시정정신청을 한 소외인에게 원고를 대표할 권한이 없다는 취지의 주장을 하자, 원고는 '소외인이 이사회에서 지회장으로 선출되었다'는 취지의 주장을 하였는데, 원고가 스스로 내세우는 자신의 정관에 의하면 '본회의 회장은 총회에서 선임한다. 총회는 회원으로 구성하며 자격은 본회에 회원가입신청서를 제출한 자로 연회비가 2년 이상 미납되지 아니한 자로 한다. 총회는 본 정관에 따로 정한 바를 제외하고는 구성원 과반수의 출석과 출석인원 과반수의 찬성으로 의결한다'라고 규정하고 있다. 한편 원고가 자신의 회원현황임을 주장하며 증거로 제출한 전북지회 회원현황에는 2004년까지 회원으로 가입한 회원수가 331명으로 기재되어 있음에도 불구하고 소외인을 지회장으로 선출하였다는 임시총회 회의록에는 실제로 위 회의에 참석하거나 권한을 위임함으로써 의결권을 행사한 사람이 모두 17명으로 기재되어 있다. 법원이 소외인이 원고의 적법한 대표자였는지 여부를 밝혀 보지 않은 채 소외인을 원고의 대표자로 인정한 다음 본안에 대한 판단까지 한 것에 잘못은 없는가? 또한 피고는 이 사건 소가 총회의 결의 없이 제기된 것이어서 부적법하다는 주장을 하였음에도 불구하고, 원고는 이에 대하여 아무런 주장도 하지 않았을 뿐만 아니라 총회 결의 등에 관한 자료를 전혀 제출하지 않았다. 법원은 이 사건 소가 적법한 것인지 여부를 밝혀 보았어야 하는 것이 아닌가?

 판 결   • 원심 ⊗ 파기 환송

원고가 주장하는 바와 같이 지회장을 이사회에서 선출하는 것이 적법한지, 만약 적법하다면 그 구체적인 근거는 무엇인지, 소외인을 지회장으로 선출한 것이 적법한지 등에 관하여 나아가 심리·조사함으로써 소외인이 원고의 적법한 대표자였는지 여부를 밝혀 보았어야 할 것임에도 불구하고 소외인을 원고의 대표자로 인정한 다음 더 나아가 본안에 대한 판단까지 하였으니, 이는 비법인사단의 대표권 및 직권조사사항에 관한 법리를 오해함으로써 판결에 영향을 미친 위법이 있다.

직권으로 이 사건 소제기에 관하여 총회의 결의를 거친 것인지 등에 대하여 심리·조사함으로써 이 사건 소가 적법한 것인지 여부를 밝혀 보았어야 할 것임에도 불구하고 이에 관하여 아무런 심리도 하지 아니한 채 본안에 대하여 나아가 판단하였으니, 이는 소송요건에 관한 법리를 오해함으로써 판결에 영향을 미친 위법이 있다.

검토

비법인사단이 당사자인 사건에 있어서 대표자에게 적법한 대표권이 있는지 여부, 소제기에 관하여 총회의 결의를 거친 것인지 여부는 **소송요건**에 관한 것으로서 법원의 **직권조사사항인데**, 직권조사사항에 있어서 직권조사라는 것은 법원이 직권으로 소송요건의 구비 여부에 의심이 있을 때에 피고의 지적이 없더라도 스스로 직권으로라도 고려(berücksichtigung), 즉 그 사항의 구비에 대한 조사(prüfung)를 개시하여야 한다는 것뿐이고, 그에 관한 판단자료의 수집을 어떻게 할 것인가는 별개 영역의 문제가 되는 것이다. **판례**는 법원으로서는 그 판단의 기초자료인 사실과 증거를 **직권으로 탐지할 의무까지는 없다 하더라도** 이미 제출된 자료에 의하여 그 여부에 **의심이 갈 만한 사정이 엿보인다면** 그에 관하여 **심리·조사할 의무**가 있다는 것이다.

 【대법원 2007. 3. 29. 선고 2006다74273 판결[미간행]】 종중의 대표자에게 적법한 대표권이 있는지 여부는 소송요건에 관한 것으로서 법원의 직권조사사항이므로, 법원으로서는 그 판단의 기초자료인 사실과 증거를 직권으로 탐지할 의무까지는 없다 하더라도, 이미 제출된 자료들에 의하여 그 대표권의 적법성에 의심이 갈 만한 사정이 엿보인다면 상대방이 이를 구체적으로 지적하여 다투지 않거나 본안전 항변으로 다투다가 철회한 경우에도 이에 관하여 심리·조사할 의무가 있다 할 것이다. 한편, 종중 총회는 특별한 사정이 없는 한 족보에 의하여 소집통지 대상이 되는 종중원의 범위를 확정한 후 국내에 거주하고 소재가 분명하여 통지가 가능한 모든 종중원에게 개별적으로 소집통지를 함으로써 각자가 회의와 토의 및 의결에 참가할 수 있는 기회를 주어야 하고, 일부 종중원에게 소집통지를 결여한 채 개최된 종중 총회의 결의는 효력이 없다.

 【대법원 2002. 5. 14. 선고 2000다42908 판결】 종중이 당사자인 사건에 있어서 그 종중의 대표자에게 적법한 대표권이 있는지의 여부는 소송요건에 관한 것으로서 법원의 직권조사사항이고, 이러한 직권조사사항이 **자백의 대상이 될 수가 없다.**

5-13

대법원 2014. 6. 12. 선고 2013다95964 판결

소송상 상계항변에 대하여 상대방이 소송상 상계의 재항변을 하는 것이 허용되는지 여부(원칙적 소극)

원고는 서울 강남구 소재 오피스텔(이하 '이 사건 오피스텔'이라고 한다) 263세대의 관리를 위하여 구분소유자들에 의해 구성된 관리단이고, 피고는 2005. 8. 11. 원고의 회장 겸 이사로 선임된 자인데, 2007. 8. 10. 2년의 임기가 종료하였음에도 관리단집회를 소집하지 않고 계속하여 직무를 수행하였고, 2008. 5. 26. 일부 구분소유자들에 의해 개최된 임시총회에서 해임되었다. ① 피고가 원고의 회장직에서 해임되어 원고의 대표로서의 자격을 상실하였음에도 그 뒤, 2008. 8.경부터 2008. 10.경까지 사이에 원고의 예금을 권한 없이 임의로 인출하였음을 이유로 원고는 피고를 상대로 불법행위로 인한 손해배상청구로서 3억 8천만원의 지급을 구하였다. ② 피고는 이사회의 결의에 따라 위 자금을 인출하였으니 적법하다는 등의 주장을 하였으나, 받아들여지지 않았다. 다만, 피고가 원고가 지출하여야 할 관리비 및 관리 외 지출 명목 등으로 원고를 위하여 4천만원을 지출하였는데, 이는 피고가 해임된 상태에서 사무관리 등으로 적법하게 지출한 것으로 보아야 하므로 위 금원은 공제되어야 한다는 주장은 인정되었다. ③ 이에 대하여 원고는, 2008. 8.경 이전에 피고가 이미 원고 명의 통장에서 피고 명의 통장으로 이체하는 등의 방법으로 임의로 5억 3천만원을 가져갔으므로 위 금액 상당의 불법행위에 의한 손해배상채권을 앞서 ②에서 본 피고의 사무관리 등 비용 채권과 대등액에서 상계하면 위 ② 공제할 금원은 존재하지 않는다고 주장하였다. 피고의 소송상 상계항변(위 ②)에 대하여 원고가 다시 피고의 자동채권을 소멸시키기 위하여 소송상 상계의 재항변(위 ③)을 하는 것이 허용되는가?

 판 결

소송상 방어방법으로서의 상계항변은 통상 그 수동채권의 존재가 확정되는 것을 전제로 하여 행하여지는 일종의 예비적 항변으로서 소송상 상계의 의사표시에 의해 확정적으로 그 효과가 발생하는 것이 아니라 당해 소송에서 수동채권의 존재 등 상계에 관한 법원의 실질적 판단이 이루어지는 경우에 비로소 실체법상 상계의 효과가 발생한다(대법원 2013. 3. 28. 선고 2011다3329 판결 참조).

이러한 피고의 소송상 상계항변에 대하여 원고가 다시 피고의 자동채권을 소멸시키기 위하여 소송상 상계의 재항변을 하는 경우, 법원이 원고의 소송상 상계의 재항변과 무관한 사유로 피고의 소송상 상계항변을 배척하는 경우에는 소송상 상계의 재항변을 판단할 필요가 없고, 피고의 소송상 상계항변이 이유 있다고 판단하는 경우에는 원고의 청구채권인 수동채권과 피고의 자동채권이 상계적상 당시에 대등액에서 소멸한 것으로 보게 될 것이므로 원고가 소송상 상계의 재항변으로써 상계할 대상인 피고의 자동채권이 그 범위에서 존재하지 아니하는 것이 되어 이때에도 역시 원고의 소송상 상계의 재항변에 관하여 판단할 필요가 없게 된다. 또한, 원고가 소송물인 청구채권 외에 피고에 대하여 다른 채권을 가지고 있다면 소의 추가적 변경에 의하여 그 채권을 당해 소송에서 청구하거나 별소를 제기할 수 있는 것이다. 그렇다면 원고의 소송상 상계의 재항변은 일반적으로 이를 허용할 이익이 없다고 할 것이다.

따라서 피고의 소송상 상계항변에 대하여 원고가 소송상 상계의 재항변을 하는 것은 다른 특별한 사정이 없는 한 허용되지 않는다고 보는 것이 타당하다. 위 법리에 의하면, 원고의 위와 같은 소송상 상계의 재항변은 주장 자체로 받아들일 수 없는 것으로, 원심이 원고가 주장한 채권의 존부에 대하여 나아가 판단한 것은 잘못이나, 원고의 소송상 상계의 재항변을 배척한 결과에 있어서는 정당하다.

 검 토

쟁점은 피고의 소송상 상계항변(앞 ② 부분)에 대하여 원고가 다시 피고의 자동채권을 소멸시키기 위하여 소송상 상계의 재항변(앞 ③ 부분)을 하는 것이 허용되는지 여부이다. 종래 소송상 상계에 관하여는 주로 피고의 방어방법인 상계의 항변이 논의되었지만, 사안은 피고의 상계항변이 아니라, 원고가 상계를 주장하여 상대방의 공제 주장에 대하여 재반박한 사안으로 지금까지 선례가 없었던 위 쟁점을 다룬 첫 **판결**이다. 상계의 재항변은 이를 제출하여도 소송상 부적법하여 주장 자체가 고려될 수 없다고 본 것이다. 그리고 이러한 법리는 원고가 2개의 채권을 청구하고, 피고가 그중 1개의 채권을 수동채권으로 삼아 소송상 상계항변을 하자, 상대방이 다시 청구채권 중 다른 1개의 채권을 자동채권으로 소송상 상계의 재항변을 하는 경우에도 마찬가지로 적용된다는 따름 판례가 있었다(대법원 2015. 3. 20. 선고 2012다107662 판결 참조).

아래와 같은 이론적 설명은 다소 복잡할 수 있는데(전병서, 대한변협신문 2015. 5. 11.자 평석), 이론을 떠나 실무적으로 소송운영의 관점에서 소송상 상계의 재항변을 허용하지 않는 것이 타당할 것이다.

우선, 예비적 상계의 항변에 즉시 실체법적 효과를 어디까지 그리고 종국적으로 인정할 것인가가 문제될 것인데, 이는 소송상 상계의 항변의 법적 성질을 어떻게 볼 것인가 하는 논의와도 연결된다. 가령, 사법행위설(병존설)에서는 소송상 상계의 항변에 의하여 즉시 대립채권의 대등액에 있어서 소멸이라는 사법상 효과가 생기므로 이를 수동채권으로 하는 재항변으로 소송상 상계(소송상 상계 항변에 대한 역상계)는 그 자체로 부적법한 것으로 볼 여지가 크다. 반면, 소송행위설에 의하면 소송상 상계항변에 대한 역상계(소송상 상계의 재항변)도 가능하게 된다.

한편, 상계의 의사표시를 정지조건으로 보면, 법원의 판단이라는 조건이 성취되지 않은 단계에서 자동채권의 소멸사유가 발생한 경우에는 그 사유를 상계의 항변에 대한 재항변으로 주장할 수 있게 된다. 반면, 해제조건으로 보면, 상계의 의사표시의 시점에서 그 효과가 발생하므로 그 뒤에 발생한 사유를 재항변으로 주장할 수 없게 된다.

대상판결은 위 쟁점에 관한 결론을 소송상 상계에 관한 법적 성질 내지는 이론으로부터 연역적으로 이끌어 내지 않고, 오히려 소송정책적 내지는 소송절차적 이유를 강조하여 상계의 항변을 하는 것이 허용되지 않는다는 판단을 내린 느낌이다.

하여튼 피고가 먼저 상계의 항변에 의해 심판의 대상을 확대시킨 것이고, 원고는 다시 피고의 방어방법에 대한 자기의 방어로 상계권의 행사에 의해 재항변에 이른 경우라면 원고의 상계의 재항변을 비난할 수 없다 할 것이다. 보통 상계의 항변은 상대방이 소구하는 채권과 간이·신속하면서 확실한 결제를 도모하는 기능을 가지는데, 원고의 상계의 재항변의 경우라도 상계의 항변의 위와 같은 기능은 의미가 있다 할 것이다. 이론적으로 어떠한 근거를 내세워 어떠한 결론을 내리는 것이 타당한가 하는 판단이 쉽지 않지만, 직관적으로 보면, 소송상 상계의 재항변을 허용하지 않는 대상판결은 그다지 수긍되지 않는다. 다만, 이론에 따른 연역적 결론의 도출을 떠나, 실무적으로 소송운영의 관점에서 대상판결의 정당성을 찾을 수는 있다. 대상판결은 특히 상계의 재항변을 인정하지 않아도 원고에게 실질적 불합리가 없는 경우에는 신속하고 공정한 심리절차를 지향하는 관점에서, 허용될 수 있는 범위 내에 있지 않다고 보이는 상계의 재항변에 대하여 심리의 대상으로부터 배척할 수 있는 여지를 인정한 것에서 그 의의를 찾아볼 수 있다.

5-14

대법원 2017. 5. 17. 선고 2017다1097 판결

민사소송법 149조에 정한 실기한 공격 · 방어방법의 의미 및 실기한 공격 · 방어방법에 해당하는지 판단하는 기준

원고는 2015. 7. 17. 이 사건 매매계약에 따른 잔금을 공탁하고, 2015. 7. 23. 피고(전주최씨참의공파 갑산종중)를 상대로 이 사건 매매계약에 기한 소유권이전등기절차의 이행과 이 사건 매매계약에서 정한 특약사항 위반에 따른 금전지급을 구하는 이 사건 소를 제기하였다. 이에 대하여 피고는 이 사건 매매계약이 불공정한 법률행위로서 무효라고 주장하였다. 제1심은 2015. 9. 16. 제1차 변론기일, 2015. 10. 21. 제2차 변론기일, 2015. 11. 18. 제3차 변론기일을 진행한 다음 변론을 종결하고, 한 차례 조정기일을 진행한 다음 2016. 1. 20. 판결을 선고하면서 피고가 제출한 증거들만으로는 이 사건 매매계약이 급부와 반대급부 사이에 현저한 불균형이 존재하고 원고가 피고의 궁박, 경솔 또는 무경험을 이용하여 이루어졌다는 점을 인정하기 부족하고 달리 이를 인정할 증거가 없다는 이유로 피고의 주장을 배척하고, 원고의 청구를 모두 인용하였다. 그 후 피고는 제1심판결에 대해 항소하면서 2016. 3. 7.자 항소이유서에 새로이 이 사건 매매계약은 종중의 재산처분에 관하여 종중총회 등 적법한 절차를 거치지 않은 것으로서 무효라는 주장(이하 '이 사건 주장')을 추가하였다. 항소심은 이 사건을 바로 조정에 회부하였는데, 2016. 9. 20. 조정기일에서 조정이 성립하지 않았고 2016. 11. 24. 제1차 변론기일을 열어 피고가 항소장과 2016. 3. 7.자 항소이유서를 진술하자 피고의 이 사건 주장은 실기한 공격방어방법으로서 각하한다는 결정을 고지하고 변론을 종결한 다음 2016. 12. 15. 판결을 선고하였다. 피고는 본인소송으로 이 사건 소송을 진행하였다. 이 사건 주장은 실기한 공격방어방법에 해당하는가?

 판 결   • 원심 ⊗ 파기환송

149조에 정한 실기한 공격 · 방어방법이란 당사자가 고의 또는 중대한 과실로 소송의 정도에 따른 적절한 시기를 넘겨 뒤늦게 제출하여 소송의 완결을 지연시키는 공격 또는 방어의 방법을 말한다. 여기에서 적절한 시기를 넘겨 뒤늦게 제출하였는지 여부를 판단함에는 새로운 공격 · 방어방법이 구체적인 소송의 진행정도에 비추어 당사자가 과거에 제출을 기대할 수 있었던 객관적 사정이 있었는데도 이를 하지 않은 것인지, 상대방과 법원에 새로운 공격 · 방어방법을 제출하지 않을 것이라는 신뢰를 부여하였는지 여부 등을 고려해야 한다.

항소심에서 새로운 공격 · 방어방법이 제출된 경우에는 특별한 사정이 없는 한 항소심뿐만 아니라 제1심까지 통틀어 시기에 늦었는지 여부를 판단해야 한다.

나아가 당사자의 고의 또는 중대한 과실이 있는지 여부를 판단함에는 당사자의 법률지식과

함께 새로운 공격·방어방법의 종류, 내용과 법률구성의 난이도, 기존의 공격·방어방법과의 관계, 소송의 진행경과 등을 종합적으로 고려해야 한다.

사안에서 피고의 이 사건 주장이 실기한 공격·방어방법에 해당한다거나 이 사건 주장을 적절한 시기에 제출하지 않은 데 고의 또는 중대한 과실이 있다고 단정하기 어렵다. 피고는 본인소송으로 이 사건 소송을 진행하였는데, 제1심판결이 선고되자 항소하면서 바로 항소이유서에서 이 사건 주장을 하였다. 이 사건 주장은 사실로 인정될 경우 이 사건 매매계약이 무효로 될 수도 있는 공격·방어방법에 해당한다. 약 6개월 정도에 걸쳐 진행된 제1심에서 피고가 이 사건 주장을 하지는 않았지만 원심 제1차 변론기일 이전에 이미 이 사건 주장을 한 것이기 때문에 원심이 이를 심리하기 위하여 추가로 오랜 심리기간이 필요할 것이라고 단정할 수 없다.

그런데도 원심은 피고의 이 사건 주장을 실기한 공격·방어방법에 해당한다고 보아 이를 각하하였다. 원심의 이러한 조치에는 실기한 공격·방어방법에 관한 법리를 오해하여 판결 결과에 영향을 미친 위법이 있다.

 검 토

당사자가 적시제출주의의 규정(146조)을 어기어 고의 또는 중대한 과실로 공격방어방법을 뒤늦게 제출함으로써 소송의 완결을 지연시키게 하는 것으로 인정할 때에는 법원은 직권으로 또는 상대방의 신청에 따라 이를 각하하는 결정을 할 수 있다(149조 1항). 각하의 요건의 판단을 적극적으로 하면, 그 적용이 촉진되어, 소송지연의 해소를 충분히 기대할 수 있지만, 그러나 반면 이는 중요한 사실이나 증거를 제외하는 것도 될 수 있으므로 소송의 적정성의 관점에서는 위험성이 도사리는 것이 된다.

대상판결은 종래 단편적으로 나타낸 실기한 공격 방어방법의 판단에 관하여 처음으로 그 요건을 구체적으로 자세히 설시한 것으로, 그 요건을 종합하여 실무의 입장을 밝혔다는 점에 의의가 있다.

 참조 【대법원 2006. 3. 10. 선고 2005다46363, 46370, 46387, 46394 판결】 항소심에 이르러 동일한 쟁점에 관한 대법원판결이 선고되자 그 판결의 취지를 토대로 한 새로운 주장을 제출한 것이 실기한 공격·방어방법에 해당하지 아니한다고 한 사례

5-15

대법원 1982. 5. 11. 선고 80다916 판결

매매계약해제를 원인으로 한 계약금반환청구의 소의 취하와 계약해제권 행사의 효력(**영향없음** – **사법행위설 = 병존설**의 입장).

> 원고는 피고를 상대로 하여 피고가 잔금수령을 거절하고 계약을 위약하였다 하여 이 사건 매매계약금의 배액인 금 300만원 중 금 150만원의 반환청구소송을 제기하였다. 그 후에 원고가 소를 취하하였다. 위 해제권행사의 효력은?

 판 결

원고의 위 소제기로 이 사건 매매계약 해제의 의사표시를 명시적으로 하지는 않았다 하더라도 원고가 피고에게 이 사건 매매계약의 존속과는 양립할 수 없는 위약금의 지급청구를 하고, 그 소장이 피고에게 송달됨으로써 해제권을 행사하였다 할 것이고, 해제권은 형성권이므로 비록 그 뒤에 원고가 그 소를 취하하였다 하여 위 해제권행사의 효력에 아무런 영향도 미치지 않는다.

검 토

해제권, 해지권, 취소권, 상계권 등 사법상의 형성권에 기한 항변에는 소송 전이나 소송 외에서 이를 행사한 뒤, 그 사법상의 효과를 소송상 공격방어방법의 하나로 진술하는 경우도 있으나, 소송에서 비로소 직접 형성권을 공격방어방법으로 행사하는 경우도 있다. 전자는 통상의 공격방어방법과 마찬가지로 생각하면 되므로 그다지 문제는 없다. 그러나 후자의 경우에 예를 들어 소송에 있어서 행사된 형성권이 그 후 소의 취하가 있은 경우에 소송상 공격방어방법으로서의 의의를 잃게 되는가 하는 문제가 등장한다. 소송상 형성권의 행사가 공격방어방법의 하나이므로 소송법상의 규제를 받는데, 이 경우에도 소송 전이나 소송 밖에서 형성권을 행사한 경우와 마찬가지로 사법상의 효과가 발생하는가. 아니면 단순히 소송법상의 효과밖에 생기지 않는가가 문제이다.

학설은 다음과 같다.

① **사법행위설**(병존설) – 소송상의 형성권의 행사는 외형적으로는 1개의 행위인 것처럼 보이

지만, 실제는 상대방에 대하여 형성권을 행사하는 사법상의 의사표시(사법행위)와 그 행사에 따라 생긴 사법상 효과의 법원에 대한 소송법상의 진술(소송행위)이라는 2가지의 행위가 병존한다고 본다. 따라서 병존설이라고도 부른다. 한 번 형성권에 기한 항변이 소송상 제출되면 그 뒤에 소의 취하 등에 따라 소송이 종료되어 그것이 본래의 목적을 달하지 못한 경우에도 소송상의 형성권의 행사에 따라 생긴 사법상의 효과는 실체법의 평면에서 잔존하는 것이 된다. 이에 대하여 소송상 형성권의 행사가 소송에 있어서 방어수단만으로 이루어진 것을 간과하였다는 비판이 있을 수 있다.

② **소송행위설** – 소송상의 형성권의 행사는 오로지 소송상의 공격방어방법으로서 소송 전이나 소송 외의 행사와는 전혀 성질을 달리하는 소송법 고유의 순수한 소송행위라고 한다. 그 요건·효과는 오로지 소송법의 규율을 받는다고 한다. 소송상의 형성권에 기한 항변을 제출한 뒤에 소의 취하나 소의 부적법 각하 등이 행하여져도 그 자체가 순수한 소송행위로 사법상의 의사표시를 포함하지 않으므로 그 뒤에 사법상 효과가 잔존하는 것은 아니라고 본다.

③ **절충설**(＝양성설) – 소송상의 형성권의 행사에 사법행위적 요소와 소송행위적 요소의 혼재를 인정하여, 1개의 소송상의 형성권의 행사에 의하여 소송상 효과도 발생하지만, 사법상 효과도 발생한다고 한다. 그러나 소송상 효과가 생기지 않는 때에는 사법상 효과도 생기지 않는다고 하여 사법행위설의 결점을 회피하기 위한 설명을 시도한다.

대상판결은 사법행위설(병존설)의 입장이다.

생각건대 사법행위설에 대한 소송행위설로부터의 비판의 핵심은 결국 사법행위설이 과연 해당 형성권을 소송상 행사한 당사자의 의사 내지 의도와 정합성이 있는가 하는 점이다. 그리하여 기본적으로 사법행위설을 취하면서 특히 상계의 항변의 경우에 상계의 항변이 소송행위로서의 의미를 상실한 경우에는 사법행위로서의 그 사법상의 효과도 소멸된다는 **신병존설**이 나타났다 (**통설**. 가령 김/강, 451면; 이, 393면; 정/유/김, 487면; 정영, 593면). 그 내용은 소송상 형성권의 행사에 (법원의 판단을 받는다는) 조건을 붙이는 것을 인정하여 그 행사가 부적법 내지는 의의가 없는 것으로 귀착된 경우에 형성권의 행사의 실체적 효과의 잔존을 부정한다(이러한 신병존설의 이론구성을 특히 조건설이라고 한다). 당사자의 의사 내지 의도와의 정합성에 비추어 신병존설에 찬성한다.

5-16

대법원 2013. 3. 28. 선고 2011다3329 판결

소송상 방어방법으로서 상계항변이 있었으나 소송절차 진행 중 조정이 성립됨으로써 수동채
권의 존재에 관한 법원의 실질적인 판단이 이루어지지 않은 경우, 상계항변의 사법상 효과가 발
생하는지 여부(소극)

乙이 甲과 사이에 이 사건 공사와 관련하여 乙이 입은 손해 중 1/2 상당을 甲이 부담하기로 하는 손해부
담약정이 있었다고 주장하면서 甲을 상대로 709,050,000원의 손해배상금을 구하는 소송을 제기하였다.
그러자 甲은 손해부담약정의 효력 및 손해의 범위를 다투는 한편, 예비적으로 152,091,039원의 대금 채
권(미지급대금 채권)을 자동채권으로 하여 乙의 청구채권과 대등액에서 상계한다고 주장하였다. 그 후 위
소송에서 2009. 6. 16. 甲과 乙 사이에 '甲이 乙에게 2009. 8. 31.까지 330,000,000원을 지급하되, 지
급을 지체할 경우 연 15%의 비율에 의한 지연손해금을 가산하여 지급하며, 乙은 나머지 청구를 포기한
다'는 내용의 조정이 성립되었다. 그 후 甲은 乙을 상대로 위 미지급대금 채권의 지급을 구하는 소를 제기
하였다. 위 상계항변으로 인하여 대등액에서 위 미지급대금 채권은 소멸하였는가?

 판결   • 원심 ⊗ 파기환송

소송상 방어방법으로서의 상계항변은 그 수동채권의 존재가 확정되는 것을 전제로 하여 행
하여지는 일종의 예비적 항변으로서 당사자가 소송상 상계항변으로 달성하려는 목적, 상호양해
에 의한 자주적 분쟁해결수단인 조정의 성격 등에 비추어 볼 때 당해 소송절차 진행 중 당사자
사이에 조정이 성립됨으로써 **수동채권의 존재에 관한 법원의 실질적인 판단이 이루어지지 아
니한 경우**에는 그 소송절차에서 행하여진 소송상 상계항변의 사법상 효과도 발생하지 않는다고
봄이 상당하다. 한편 조정조서에 인정되는 확정판결과 동일한 효력은 소송물인 권리관계의 존
부에 관한 판단에만 미친다고 할 것이므로, 소송절차 진행 중에 사건이 조정에 회부되어 조정이
성립한 경우 소송물 이외의 권리관계에도 조정의 효력이 미치려면 특별한 사정이 없는 한 그 권
리관계가 조정조항에 특정되거나 조정조서 중 청구의 표시 다음에 부가적으로 기재됨으로써 조
정조서의 기재내용에 의하여 소송물인 권리관계가 되었다고 인정할 수 있어야 한다(대법원 2007.
4. 26. 선고 2006다78732 판결 등 참조).

원고가 관련소송에서 피고의 원고에 대한 손해배상청구가 인용될 것에 대비하여 이 사건 미
지급대금 채권을 자동채권으로 하는 예비적 상계항변을 하였다고는 하나 그 소송절차 진행 중
에 원고와 피고 사이에 조정이 성립됨으로써 수동채권인 피고의 청구채권에 대한 법원의 **실질**

적인 판단이 이루어지지 아니한 이상 원고의 위 상계항변은 그 사법상 효과도 발생하지 않는다고 보아야 한다. 또한 이 사건 미지급대금 채권은 관련소송의 소송물이 아니었을 뿐만 아니라 그 조정조서의 조정조항에 특정되거나 청구의 표시 다음에 부가적으로 기재되지 아니하였으므로 특별한 사정이 없는 한 위 조정조서의 효력이 이 사건 미지급대금 채권에 미친다고 보기 어렵다.

그럼에도 원심은 상계의 의사표시가 소송 외에서 이루어진 경우나 소송 중에 이루어진 경우나 구별 없이 쌍방의 채권이 상계적상에 있는 한 그 의사표시가 상대방에게 도달함으로써 바로 효력이 생긴다는 전제 아래 이 사건 미지급대금 채권이 상계로 소멸하였고, 원고와 피고 사이에 상계항변까지 고려한 조정이 이루어졌다고 잘못 판단하고 말았으니, 이러한 원심판결에는 소송절차 진행 중 조정이 성립된 경우 당해 소송절차에서 제출된 상계항변의 사법상 효과 및 소송물 이외의 권리관계에 관한 조정의 효력에 관한 법리를 오해함으로써 판결 결과에 영향을 미친 위법이 있다.

 검 토

소송에서 상계권이 행사된 뒤, 해당 소송절차에서 조정이 성립됨으로써 수동채권의 존재에 관한 법원의 실질적인 판단이 이루어지지 아니한 경우에 그 소송절차에서 행하여진 소송상 상계항변의 사법상 효과도 발생하는지 여부, 그리고 조정조서의 효력범위가 쟁점이다. 위와 같이 조정이 성립된 경우에 있어서 상계권 행사의 사법상 효과와 관련하여 대상판결이 **신병존설을 취한 것이라고 보는 입장도 있을 수 있으나**(강, 598면; 이, 393면; 정/유/김, 488면; 한, 361면), **사견으로는 반드시 신병존설을 취한 것이라고 말하기는 어렵다**고 생각한다. 소송상 상계항변의 (그 수동채권의 존재가 확정되는 것을 전제로 한) 예비적 항변의 특수성, 실체법적 성격 등도 관련된 논의의 전개가 필요하다. 소송상 상계권의 행사와 본안판결 외 소송종료시 그 사법상 효과에 관하여 판례의 태도를 확인할 수 없었던 문제점을 한꺼번에 해결할 수 있었는데, 대상판결에서 이에 이르지 못한 점을 아쉽게 생각한다는 지적이 있다(김홍엽, 대한변협신문, 460호). 또한 관련하여 상계항변까지 고려하여 조정이 성립된 경우에는 조정조항 등에 명확히 기재하여 조정의 효력범위를 둘러싼 분쟁이 발생하지 않도록 하는 실무운영이 필요하다는 지적이 있다(홍지영, 대법원판례해설 (2013. 12), 140-141면 참조).

5-17

대법원 2005. 6. 10. 선고 2005다14861 판결

재판상 화해에 있어서 법원에 계속 중인 다른 소송을 취하하기로 하는 내용의 화해조서가 작성된 경우, 그 화해조서의 효력(**항변권발생설**)

> 법원에 계속 중인 또 다른 A 소송을 취하하기로 하는 내용의 재판상 화해가 있었고 화해조서가 작성되었다. 그런데 소 취하서를 또 다른 A 소송이 계속 중인 법원에 제출하지 않았다. 또 다른 A 소송은 어떻게 처리되어야 하는가?

판 결

위와 같은 내용의 화해조서가 작성되었다면 당사자 사이에는 법원에 계속 중인 다른 소송을 취하하기로 하는 합의가 이루어졌다 할 것이므로, 다른 소송이 계속 중인 법원에 취하서를 제출하지 않는 이상 그 소송이 취하로 종결되지는 않지만, 위 재판상 화해가 재심의 소에 의하여 취소 또는 변경되는 등의 특별한 사정이 없는 한, 그 소송의 원고에게는 권리보호의 이익이 없게 되어 그 소는 각하되어야 한다.

검 토

소취하의 합의는 독립하여 약정되는 경우도 있으나, 보통 당사자가 다툼이 있는 권리·법률관계에 관하여 소송 밖에서 화해를 하고 그 화해조항으로 당사자가 소의 취하에 대하여 합의하는 경우가 일반적이다. 소취하의 합의(부제소의 합의 등도 마찬가지)와 같은 소송상의 합의를 소송법상 어떻게 취급할 것인가가 그 법적 성질을 둘러싸고 다툼이 있다.

① **사법계약설**(간접효과설) – 소송행위의 개념을 효과뿐만 아니라 그 행위의 요건 모두가 소송법에 의하여 규율되는 행위로 보는 요건 및 효과설에 의하면, 소송상 합의는 요건 등이 소송법에 의하여 규율되고 있지 않으므로 사법상 계약에 지나지 않는다고 본다. 따라서 그것이 소송상 사항에 관한 것이라고 하더라도 그 효과로는 사법상 효과 이외의 것은 생기지 않는다고 한다. 예를 들어 소취하의 합의가 있다고 하여도 이는 어디까지나 원고가 소를 취하할 것을 피고에 대하여 약속하는 사법상의 의무가 생기는 데 지나지 않고, 이 합의로부터 직접적으로 소취하의 효과(즉 소송계속의 소급적 소멸이라는 소송상 효과)가 생기는 것은 아니라고 한다. 따라서 만약 합의에

반하여 원고가 소취하를 하지 않는 경우에 피고로서는 사법상 의무위반으로서 별소로 원고가 소취하의 의사표시를 하도록 청구하여 그 승소판결로 간접강제 또는 의사표시의 의제의 수단에 따라 집행하게 된다. 또는 계약위반을 근거로 손해배상을 청구하게 된다.

② **항변권발생설**(발전적 사법계약설) – 위 사법계약설의 수단 내지는 방법은 우회적이므로 사법계약설의 발전형태로 원고가 합의를 이행하지 않는 경우에 피고가 사법상 계약의 존재를 항변으로 주장하고, 만약 합의의 존재가 증거에 따라 인정된다면 법원은 원고에게는 권리보호의 이익이 없는 것으로 소각하의 소송판결을 하여야 한다는 입장이 주장되었고, 이 입장이 **통설**의 지위를 차지하게 되었다(강, 142면; 김홍, 513면; 이, 397면; 한, 363면).

③ **소송계약설** – 사법계약설이든, 그 발전적 형태인 항변권발생설이든, 소취하의 합의로부터 직접적으로 소송계속의 소급적 소멸이라는 소송법상 효과를 이끌어 내는 것이 아니고, 소송법상 효과를 간접적으로밖에 인정하지 않는다. 이는 성립한 합의를 의미 없게 만든다. 그래서 이러한 합의를 기능면에서 파악하여 그 합의에 소송법상 소송계속의 소급적 소멸이라는 직접적인 효과를 부여하려는 입장이다(김/강, 424면).

④ **발전적 소송계약설** – 소송상 계약으로 본다고 하더라도 그 합의의 위반에 대하여 손해배상에 의한 구제가 곤란하고 당사자의 이익보호의 측면에서 충분하지 않다. 따라서 소송계약에 처분적 효과(예를 들어 소취하의 합의에 있어서 소송계속의 소급적 소멸이라는 소송법상 효과)만을 인정할 것이 아니라 의무부과적 효과(예를 들어 작위·부작위 의무)도 인정하여야 한다는 발전적 소송계약설도 주장되고 있다(정/유/김, 469면; 정영, 601면).

대상판결은 항변권발생설의 입장과 마찬가지 취지로 보인다. 대법원 1982. 3. 9. 선고 81다1312 판결에서도 재판 외에서의 소취하 합의는 소송상의 계약으로서 민사소송법에 이에 관한 규정이 없으므로 그 효력이 없는 것임에도 소취하의 재판 외의 약정의 효력을 인정하여 소를 각하한 것은 잘못이라는 주장에 대하여 소송 외에서 그 소송을 취하하기로 합의한 경우에는 그 합의는 유효하여 그에 따라 원고에게 권리보호의 이익이 없다고 해석하여 소를 각하한 것은 정당한 조치라고 보았다.

그러나 **생각건대** 사법계약설과 소송계약설 어느 한쪽으로 보지 않고, 사법상 계약과 소송상 계약이 병존한다고 본다. 따라서 발전적 소송계약설에 찬성한다. 대상판결의 입장과 달리, 발전적 소송계약설을 따르면, 사법상 계약으로서는 원고가 피고에 대하여 소의 취하라는 소송행위를 할 의무를 부담함과 동시에 소송상 계약으로서는 소송계속의 소멸이라는 효력이 발생한다. 따라서 원고가 소취하의 의무를 이행하지 않더라도 피고가 합의의 사실을 주장·증명한다면, 법원은 소송계속이 소멸된 것으로 소송종료선언을 하면 된다.

5-18

대법원 1993. 5. 14. 선고 92다21760 판결

부제소합의에 위반하여 제기된 소에 권리보호의 이익이 있는지 여부(소극)

원고 甲은 소유권 귀속이 불분명한 상태를 악용하여 이 사건 토지에 관하여 소송을 제기하였다. 이와 관련하여 원고 甲은 피고 乙, 丙과 협상을 하면서, 피고 乙 명의의 소유권보존등기나 이에 기한 피고 丙 등 그 이후의 소유권이전등기의 말소를 구하는 등 일체의 소송을 제기하지 아니하기로 합의하였다. 그렇다면 원고 甲의 피고 乙, 丙에 대한 이 사건 소는 적법한가?

  판결

특정한 권리나 법률관계에 관하여 분쟁이 있어도 제소하지 아니하기로 합의한 경우 이에 위반하여 제기한 소는 **권리보호의 이익**이 없고, 또한 권리의 행사와 의무의 이행은 신의에 좇아 성실히 하여야 한다는 **신의성실의 원칙**은 계약법뿐 아니라 모든 법률관계를 규제, 지배하는 법의 일반원칙으로서 민사소송에서도 당연히 요청되는 것인바(민사소송법 1조는 이를 명백히 규정하고 있다), 위 인정사실에 따르면, 원고는 이 사건 토지의 소유권 귀속이 불분명한 상태를 악용하여 소외6와 함께, 또는 소외7외 2인을 부추켜 이 사건 토지에 관하여 소송을 제기한 후, 이와 관련하여 피고 乙, 丙과 앞에서 본 협상을 하면서, 이 사건 토지의 소유권이 망 소외1, 4의 상속인들에게 귀속되었음을 내세워 더이상 피고 乙명의의 소유권보존등기나 이에 기한 피고 丙 등 그 이후의 소유권이전등기의 말소를 구하는 등 일체의 소송을 제기하지 아니하기로 합의한 것으로 보이고, 그렇다면 원고의 피고 乙, 丙에 대한 이 사건 소는 위 **부제소 특약에 위반한 것으로서 부적법**하다.

  검토

부제소의 합의와 같은 소송상의 합의를 소송법상 어떻게 취급할 것인가가 그 법적 성질을 둘러싸고 다툼이 있다. 앞의 **학설**을 참조하시오.

대상판결은 부제소특약에 위반하여 제기한 소는 **권리보호의 이익이 없다**고 보았는데, **항변권발생설**의 입장이라고 할 수 있다. 또한 신의성실의 원칙에 비추어서도 부적법하다고 보았다. 소의 이익으로 해결할 수 있는 문제도 **선택적**으로 **신의칙의 적용**범위로 보았다는 점에서 위 대상판결을 이해할 수도 있다.

 한편, 아래 2011다80449 판결은 부제소 합의에 위배되어 소가 제기된 경우에 법원은 **직권으로 소의 적법 여부를 판단할 수 있다**고 하여 이례적이나(이, 215면; 김홍, 514면. 다만 한, 363면은 직권조사사항의 대상이 된다고 한다), 나아가 부득이 직권으로 다루어야 할 경우에는 항변사항인 성질에 맞추어 당사자 한쪽에 불의의 타격이 되지 않도록 당사자에게 의견진술의 기회를 주어야 한다고 하여 결과적으로 항변사항과 같이 취급하였다고 볼 수 있다고 한다(강, 61면 및 102면).

【대법원 2002. 2. 22. 선고 2000다65086 판결】신분보장대책기금관리규정에 기한 위로금의 지급을 둘러싼 피고 조합과 조합원 간의 분쟁에 관하여 피고 조합을 상대로 일절 소송을 제기할 수 없도록 정한 피고 조합의 신분보장대책기금관리규정 11조는 조합원의 재산권에 속하는 위로금의 지급을 둘러싸고 생기게 될 조합원과 피고 조합 간의 법률상의 쟁송에 관하여 헌법상 보장된 조합원의 **재판을 받을 권리를 구체적 분쟁이 생기기 전에 미리 일률적으로 박탈한 것**으로서 국민의 재판을 받을 권리를 보장한 위의 헌법 및 법원조직법의 규정과 부제소합의 제도의 취지에 위반되어 **무효**라고 할 것이다.

【대법원 2013. 11. 28. 선고 2011다80449 판결】소가 부제소 합의에 위배되어 제기된 경우 법원은 **직권으로 소의 적법 여부를 판단할 수 있다.** 부제소 합의의 효력이나 그 범위에 관하여 쟁점으로 삼아 소의 적법 여부를 다투지 아니하는데도 법원이 직권으로 부제소 합의에 위배되었다는 이유로 소가 부적법하다고 판단하기 위해서는 그와 같은 법률적 관점에 대하여 당사자에게 의견을 진술할 기회를 주어야 하고, 부제소 합의를 하게 된 동기 및 경위, 그 합의에 의하여 달성하려는 목적, 당사자의 진정한 의사 등에 관하여도 충분히 심리할 필요가 있다. 법원이 그와 같이 하지 않고 직권으로 부제소 합의를 인정하여 소를 각하하는 것은 예상 외의 재판으로 당사자 일방에게 불의의 타격을 가하는 것으로서 석명의무를 위반하여 필요한 심리를 제대로 하지 아니하는 것이다.

【대법원 2019. 8. 14. 선고 2017다217151 판결】부제소합의는 소송당사자에게 헌법상 보장된 재판청구권의 포기와 같은 중대한 소송법상의 효과를 발생시키는 것이다. 이와 같이 그 합의의 존부 판단에 따라 당사자들 사이에 이해관계가 극명하게 갈리게 되는 소송행위에 관한 당사자의 의사를 해석할 때는 표시된 문언의 내용이 불분명하여 당사자의 의사해석에 관한 주장이 대립할 소지가 있고 나아가 당사자의 의사를 참작한 객관적·합리적 의사해석과 외부로 표시된 행위에 의하여 추단되는 당사자의 의사조차도 불분명하다면, 가급적 소극적 입장에서 그러한 합의의 존재를 부정할 수밖에 없다. 그리고 권리의무의 주체인 당사자 간에서의 부제소합의라도 그 **당사자가 처분할 수 있는 특정된 법률관계에 관한 것으로서 그 합의 당시 각 당사자가 예상할 수 있는 상황에 관한 것이어야 유효**하게 된다.

14-변리사시험 (위 2011다80449 판결)

5-19

대법원 2008. 5. 8. 선고 2008다2890 판결

한쪽 당사자가 변론기일에 불출석한 상태에서 법원이 변론을 진행하기 위하여는 반드시 불출석한 당사자가 그때까지 제출한 소장·답변서 그 밖의 준비서면에 기재된 사항을 진술간주하여야 하는지 여부(적극)

> 항소심에 이르러서 피항소인인 피고 회사(대표이사 A)는 변론준비기일이나 변론기일에 한 번도 출석하지 않았고, 다만 2007. 3. 13. 원고의 항소이유의 주장을 다투는 취지의 준비서면을 제출하였다가, 2007. 4. 25. "원고의 피고 회사에 대한 청구원인이 사실인 바, 이를 인정하고, 항소이유도 사실이므로 승복하고, 달리 항변사유가 없다."는 내용을 기재한 답변서를 제출하였고, 2007. 6. 22. "원고의 청구원인 사실 및 항소이유가 사실임으로 인정하고, 2007. 3. 13. 제출한 항변의 준비서면을 취하한다."는 내용을 기재한 준비서면취하서를 제출하였다. 항소심은 피고 회사가 불출석한 상태에서 변론준비기일이나 변론기일을 진행함에 있어 위 각 답변서에 기재된 사항을 진술한 것으로 보지 아니한 채 변론을 진행하고 제1차 변론기일에서 변론을 종결하였다. 그리고 항소심은 그 채용 증거들을 종합하여 이 사건 부동산에 관한 피고 회사 명의의 소유권보존등기는 실체적 법률관계에 부합하는 유효한 등기이므로 원고의 피고 회사에 대한 위 소유권보존등기의 말소청구는 받아들일 수 없다는 판결을 선고하였다. 민사소송법 148조 1항과 관련하여 아무런 잘못이 없는가?

 판결   • 원심 ⊗ 파기환송

변론기일에 한쪽 당사자가 불출석한 경우에 변론을 진행하느냐 기일을 연기하느냐는 법원의 재량에 속한다고 할 것이나, 출석한 당사자만으로 변론을 진행할 때에는 반드시 불출석한 당사자가 그때까지 제출한 소장·답변서, 그 밖

원심	출석자만으로 변론 진행하면서 진술간주 규정 적용 안 함
상고심	원심은 진술간주 규정 위반 원심 파기환송

의 준비서면에 적혀 있는 사항을 진술한 것으로 보아야 한다. 원심이 피고 회사가 불출석한 상태에서 변론준비기일이나 변론기일을 진행함에 있어 위 4. 25. 또는 6. 22.에 제출된 답변서에 기재된 사항을 진술한 것으로 보지 아니한 채 그 진행을 하고 변론을 종결한 후 판결을 선고한 데에는 민사소송법 148조 1항 진술간주 규정을 위반하여 변론을 진행함으로써 판결 결과에 영향을 미친 위법이 있다.

검 토

148조 1항은 원고 또는 피고가 변론기일에 출석하지 아니하거나, 출석하고서도 본안에 관하여 변론하지 아니한 때에는 그가 제출한 소장·답변서, 그 밖의 준비서면에 적혀 있는 사항을 진술한 것으로 보고 출석한 상대방에게 변론을 명할 수 있다고 규정하고 있다(이를 진술간주 또는 진술의제라고 한다). 그 취지는 변론을 개시하는 것에 따라 최소한 소송지연을 피하고 시간을 낭비하는 것을 막기 위한 것이다. 왜냐하면 원고가 결석하면, 청구에 대한 진술이 없는 것이 되어 변론의 시작이 없게 되고 또한 피고는 변론을 하려고 하여도 그 주제가 없게 되므로 최소한 원고의 진술이 있는 것으로 볼 필요가 있고(다만, 원고 불출석의 경우에는 출석한 피고가 변론하지 않고 쌍방불출석을 유도하는 경우가 많다), 반면 원고가 소장 등을 진술하는 것으로 보는 것과 공평상 피고가 결석한 경우에도 그 전에 제출한 답변서 등의 내용을 진술한 것으로 볼 필요가 있기 때문이다.

위 148조 1항의 해석과 관련하여, 법원이 원고 또는 피고가 변론기일에 출석하지 아니하거나, 출석하고서도 본안에 관하여 변론하지 아니한 상황에서 진술간주를 적용하여야 하는지 여부가(기속되는가, 재량인가) 문제된 사안이다.

항상 그가 제출한 준비서면 등에 대하여 진술간주를 적용하여야 하는 것은 아니나(출석한 사람의 실제 변론에 맞추어 진술간주에 따라 변론을 진행할 것인가, 아니면 기일을 연기할 것인가는 법원의 재량), 출석자만으로 변론을 진행할 때에는 반드시 결석자가 그 때까지 제출한 준비서면 등에 적혀 있는 사항을 진술한 것으로 보아야 한다는 점을 밝힌 **판례**로 **학설**도 마찬가지 입장이다.

한편, 결석한 피고가 제출한 준비서면 등에 원고의 주장사실을 인정한다고 적혀 있는 경우에 148조 1항의 진술간주의 문언을 중요시하여 그 적혀 있는 사항에 대하여 실제 말로 진술한 것과 같은 효과를 인정하여 재판상 자백이 성립하는가가 문제된다. **다수설**은 **재판상 자백설**이다(김홍, 545면; 이, 417면; 정/유/김, 504면). 그렇게 적혀 있는 준비서면 등을 제출한 결석자는 상대방의 소장이나 준비서면을 정확히 인식하고 명확한 의사표시를 하고 있는 것이므로 재판상 자백을 인정하여도 무방하다고 보는 것이다. 그러나 **생각건대** 재판상 자백보다는 자백간주로 취급하는 것이 타당하다(**자백간주설**. 한, 388면도 마찬가지 입장이다). 148조 1항의 진술간주는 결석자에게 유리한 취급을 하자는 취지도 있는데, 진술간주에 의해 재판상 자백을 인정하는 것은 그 제도의 취지를 벗어난다. 자백간주설의 입장에서는 변론의 일체성으로부터 변론종결시점을 기준으로 변론 전체의 취지에 의하여 다투는 것이 명백하게 판명되면 자백으로 보지 않는데(150조 3항, 1항 단서), 이 점이 재판상 자백설과 다르게 된다.

5-20

대법원 2006. 10. 27. 선고 2004다69581 판결

변론준비기일에서 양쪽 당사자 불출석의 효과가 변론기일에 승계되는지 여부(소극)

사건을 변론준비절차에 부치고 변론준비기일을 열기로 함에 따라, 2회의 변론준비기일을 거쳐서 변론준비절차가 종결되었고, 그 후 변론재개결정을 전후하여 총 6회의 변론기일이 진행되어 최종적으로 변론종결되었는바, 원고 본인및 그 소송대리인은 법원이 행한 기일통지서의 송달 혹은 직접 고지 등 적법한 소환을 받고서도 아래와 같이 변론준비기일에 1회, 변론기일에 2회, 총 3회에 걸쳐서 기일을 해태하였다.

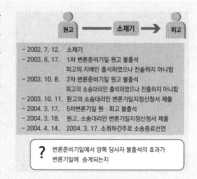

① 원고 본인과 소송대리인은 제1차 변론준비기일에 출석하지 아니하였고, 피고 표○○ 및 그들의 소송대리인 역시 출석하지 아니하였으며, 피고 주식회사 ○○은행의 지배인은 출석하였으나 진술하지 아니하였다. ② 원고 본인과 소송대리인은 제2차 변론기일에 출석하지 아니하였고, 피고 표○○의 소송대리인은 출석하였으나 변론하지 아니하였으며, 피고 주식회사 ○○의 대표이사 및 지배인은 출석하지 아니하였는데, 그 후 원고 소송대리인은 법원이 변론종결도 하지않고 신기일의 지정도 없이 위 기일을 종료시켜 사실상 휴지(休止)상태에 들어가자, 법원에 변론기일지정신청서를 제출하였다. ③ 이에 법원은 새로 기일을 지정하여 변론기일을 진행하였으나, 원고 본인과 소송대리인은 다시 2004. 3. 17. 14:00로 지정된 제5차 변론기일에 출석하지 아니하였고, 피고 표○○ 및 그들의 소송대리인 역시 출석하지 아니하였으며, 피고 주식회사 ○○은행의 소송대리인은 출석하였지만 변론하지 아니하였다. ④ 그 후 원고 소송대리인은 다시 2004. 3. 18. 위 제5차 변론기일에 피고 표○○의 소송대리인과 사전 연락에 의하여 다소 늦게 법정에 출석하였음에도 법원이 일방적으로 해당 기일에 원고 본인 및 소송대리인이 불출석한 것으로 처리한 것은 부당하다면서 다시 법원에 변론기일지정신청서를 제출하였으나, 법원은 2004. 3. 31. 14:00에 위 기일지정신청의 적법 여부로 변론을 제한하여 심리를 마치고 변론종결을 한 다음, 2004. 4. 14. 이 사건 소송이 2004. 3. 17. 소취하간주로 종료되었음을 선언하는 내용의 판결을 하였다. 당사자의 불출석에 대하여 검토하시오.

 판결

① 변론준비절차는 수소법원 재판장의 회부에 의하여 그 절차가 개시되어 재판장 또는 합의부원인 수명법관이나 재판장으로부터 촉탁받은 다른 판사(280조 2항 내지 4항, 아래에서는 '재판장 등'이라고만 한다)에 의하여 진행되며, 재판장 등은 서면에 의한 변론준비절차를 진행하는 동안에 주

장 및 증거를 정리하기 위하여 필요하다고 인정하는 때 및 사건이 변론준비절차에 부쳐진 뒤 4월이 지난 때에는 변론준비기일을 열어(282조 1항, 2항) 이후 변론기일에서의 변론과 증거조사가 집중적으로 이루어질 수 있도록 필요한 범위에서 주장과 증거를 정리·제출받은 다음(282조 4항) 변론준비기일을 마치는바, 변론준비기일에서 제출된 주장과 증거는 그 뒤의 변론기일에서 당사자의 진술에 의하여 변론에 상정됨으로써(287조 2항) 심리와 판단의 자료가 된다. 따라서 변론준비절차는 원칙적으로 변론기일에 앞서 주장과 증거를 정리하기 위하여 진행되는 변론 전 절차에 불과할 뿐이어서 변론준비기일을 변론기일의 일부라고 볼 수 없고, 변론준비기일과 그 이후에 진행되는 변론기일이 일체성을 갖는다고 볼 수도 없다. ② 현행 민사소송법이 합의사건과 단독사건을 막론하고 원고의 청구원인사실에 대하여 다투는 피고의 답변서가 제출된 사건은 원칙적으로 변론준비절차에 부치도록 규정하고(258조 1항), 서면 공방, 서증 제출, 증거 신청·결정을 거쳐 변론준비기일에서 소장 등의 진술, 쟁점 정리와 나아가 증인신문과 당사자신문을 제외한 증거조사까지 실시할 수 있게 함으로써 결국 그 사건에 관한 심리의 상당 부분이 변론준비기일에서 이루어지며, 변론준비기일에 제출하지 아니한 공격방어방법은 원칙적으로 변론에서 제출할 수 없는 실권효의 제재가 따르는(285조 1항) 등 변론준비기일이 변론기일과 밀접한 관련성을 갖고 유사한 기능을 수행하는 점을 부정할 수 없다. 그러나 변론준비기일이 수소법원 아닌 재판장 등에 의하여 진행되며, 또한 변론기일과 달리 비공개로 진행될 수 있어서 직접주의와 공개주의가 후퇴되는 점, 변론기일에 있어서는 사건과 당사자의 호명에 의하여 개시된 기일에 양쪽 당사자의 불출석이 밝혀진 이상 앞서 본 양쪽 불출석의 효과가 발생하고 그 기일을 연기할 수 없는(대법원 1982. 1. 26. 선고 81다849 판결 참조) 데에 비하여, 변론준비기일에 있어서 양쪽 당사자의 불출석이 밝혀진 경우 재판장 등은 앞서 본 양쪽의 불출석으로 처리하여 새로운 변론준비기일을 지정하는 외에도 당사자 불출석을 이유로 변론준비절차를 종결할 수 있다는(284조 1항 3호) 점, 나아가 양쪽 당사자 불출석으로 인한 취하간주제도는 적극적 당사자에게 불리한 제도로서 적극적 당사자의 소송유지의사 유무와 관계없이 일률적으로 법률적 효과가 발생한다는 점까지 고려할 때 변론준비기일에서 양쪽 당사자 불출석의 효과는 변론기일에 승계되지 않는다.

 검토

재판장등은 서면공방방식에 의한 변론준비절차를 진행하는 중에 필요하다고 인정하는 때에는 변론준비기일을 열어 당사자를 출석하게 할 수 있다(282조 1항). 변론준비기일은, 준비절차실이나 심문실과 같은 법정이 아닌, 법정 외의 장소에서 엄격한 형식에 구애받지 않고 비공개로 실시할 수 있다.

한편, 민사소송법 268조는 양쪽 당사자가 두 번의 변론기일에 출석하지 아니하거나 출석하였다 하더라도 변론하지 아니하고, 기일지정신청에 따라 다시 진행되는 이후의 변론기일에서 다시 양쪽 당사자가 불출석한 경우에는 소를 취하한 것으로 본다고 규정하며, 나아가 286조는 변론준비기일에서 양쪽 당사자의 불출석에 관하여 268조를 준용하므로, 변론기일에 양쪽 당사자가 두 번 불출석하고 기일지정신청 후 변론기일에서 다시 불출석한 경우 및 변론준비기일에 양쪽 당사자가 두 번 불출석하고 기일지정신청 후 변론준비기일에서 다시 불출석한 경우 각기 소를 취하한 것으로 보게 된다.

그런데 양쪽 당사자가 변론준비기일과 변론기일에 불출석한 횟수가 합쳐서 세 번에 이를 경우에 변론준비기일에서의 양쪽 당사자 불출석의 효과가 변론기일에까지 연결되어 승계됨으로써 그 전체과정에서 세 번 불출석의 요건을 충족시키는 것으로 보아 소를 취하한 것으로 볼 것인지 여부에 관하여 법에는 별도의 규정을 두고 있지 않다.

결국 변론준비기일에의 불출석과 변론기일에의 불출석사실을 합쳐 이른바 '쌍불취하간주' 규정을 적용할 수 있는지 여부가 쟁점인데, 대상판결에서 변론준비기일에서의 불출석의 효과가 **변론기일에 승계되지 아니하므로 소를 취하한 것으로 볼 수 없다**고 분명히 밝힌 점에 의의가 있다(이에 대하여 김용, 228면은 승계되는 것으로 보아야 한다고 한다).

한편, 청구의 변경이 있는 경우에도 승계되는지 여부가 문제인데, 추가적 변경의 경우는 승계되지만, 교환적 변경의 경우에는 승계되지 않는다고 변경의 형태에 의하여 달리보는 입장과(김홍, 544면; 이, 415면), 절차 단위로 파악해야지 청구별로 판단할 것이라 아니라고 하여 변경의 형태를 구별하지 않고 승계된다고 보는 것이 타당하다는 입장도 있다(한, 391면).

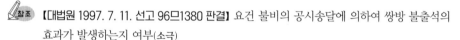 【대법원 1997. 7. 11. 선고 96므1380 판결】 요건 불비의 공시송달에 의하여 쌍방 불출석의 효과가 발생하는지 여부(소극)

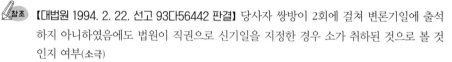 【대법원 1994. 2. 22. 선고 93다56442 판결】 당사자 쌍방이 2회에 걸쳐 변론기일에 출석하지 아니하였음에도 법원이 직권으로 신기일을 지정한 경우 소가 취하된 것으로 볼 것인지 여부(소극)

15-법전협 모의시험(2) / 19-변리사시험 / 14-법전협 모의시험(3) (위 96므1380 판결)

5-21

대법원 1999. 6. 11. 선고 99다9622 판결

173조 1항 소정의 '당사자가 그 책임질 수 없는 사유'의 의미 및 '당사자'의 범위

乙은 1999. 1. 16. 판결을 송달받은 후 1999. 2. 1. 상고를 제기하였는데, 항소심법원 재판장은 乙의 상고가 상고기간 만료일인 1999. 1. 30.을 도과하여 제기된 것이어서 부적법하다고 하여 1999. 2. 3. 乙의 상고장을 각하하는 명령을 하였고, 이 명령은 1999. 2. 5. 乙에게 송달되었다. 한편 乙은 위 각하명령이 송달되기 전인 1999. 2. 3. 항소심판결에 대하여 이 사건 추완상고장을 제출하였다. 상고기간을 준수하지 못한 사유로, 이 사건 항소심판결은 1999. 1. 16. 토요일 근무시간인 13:00가 지나서 乙의 소송대리인의 사무실에 송달되었는데, 당시 담당직원들은 대부분 퇴근하고 일부 직원 및 놀러 온 그 직원의 친구들 몇몇이 남아 있다가 판결정본의 송달 의미를 알지 못하는 직원의 친구가 책상 위에 놓여 있던 직원 'A' 명의의 도장을 송달보고서에 날인하여 주고 항소심판결 정본을 받았고, 그날 직원 'A'는 월차휴가일이어서 출근도 하지 아니하였으며, 한편 乙의 소송대리인 사무실 책상 위에 놓여 있던 판결정본은 월요일인 1999. 1. 18. 오전에 직원의 눈에 띄게 되었고 그 직원은 그날 송달된 것으로 알고 판결정본 봉투에 '1999. 1. 18. 접수'라는 도장을 찍고 문서수발대장에 그 날짜로 기재함으로써 乙의 소송대리인은 1999. 2. 1.이 상고마감일인줄로 잘못 알게 되었다고 주장한다. 이 사건 추완상고는 적법한가?

 판결

위 사유는 피고 소송대리인 사무소 내부의 사정으로서 당사자의 책임으로 돌릴 수 없는 사유에 해당된다고 할 수도 없을 뿐만 아니라, 그 주장에 의하더라도 직원이 원심판결 정본의 접수를 문서수발대장에 기재한 날인 1999. 1. 18.에는 당사자가 책임질 수 없는 사유가 없어졌다고 할 것이므로, 원심법원 재판장의 상고장 각하명령에 대한 재항고를 제기하지 아니한 채 추완상고장을 별도로 제출한 이 사건에 있어서는, 그 추완상고는 당사자가 책임을 질 수 없는 사유가 없어졌다고 자인하는 날로부터도 2주일이 지났음이 명백한 1999. 2. 3.에 제기되어 추완의 요건도 갖추지 못하게 되었다 할 것이다.

결국, 이 사건 상고는 불변기간인 상고기간이 지난 후에 제기된 것으로서 추완의 요건을 갖추지 못하였고, 그 흠결이 보정될 수 있는 것도 아니므로 부적법하다.

검 토

173조 1항은 당사자가 책임질 수 없는 사유로 말미암아 불변기간을 지킬 수 없었던 경우에는 그 사유가 없어진 날부터 2주 이내에 게을리한 소송행위를 보완할 수 있다고 규정하고 있다. 여기서 말하는 '당사자가 그 책임을 질 수 없는 사유'라고 함은 당사자가 그 소송행위를 하기 위하여 일반적으로 하여야 할 주의를 다하였음에도 불구하고 그 기간을 준수할 수 없었던 사유를 가리키고, 그 당사자에는 당사자 본인뿐만 아니라 **그 소송대리인 및 대리인의 보조인도 포함**된다고 할 것이다.

 【대법원 2003. 3. 28. 선고 2002다73067 판결[미간행]】 항소장을 제1심법원이 아닌 항소심 법원에 제출한 경우 추완항소가 허용되는지 여부(소극)

 【대법원 2012. 10. 11. 선고 2012다44730 판결】 소송의 진행 도중 통상의 방법으로 소송서류를 송달할 수 없게 되어 공시송달의 방법으로 송달한 경우에는 처음 소장부본의 송달부터 공시송달의 방법으로 소송이 진행된 경우와 달라서 당사자에게 소송의 진행상황을 조사할 의무가 있으므로, 당사자가 이러한 소송의 진행상황을 조사하지 않아 불변기간을 지키지 못하였다면 이를 당사자가 책임질 수 없는 사유로 말미암은 것이라고 할 수 없다.

 【대법원 2015. 8. 13. 선고 2015다213322 판결】 조정이 성립되지 아니한 것으로 사건이 종결된 후 피신청인 주소가 변경되었는데도 주소변경신고를 하지 않은 상태에서 조정이 소송으로 이행되어 변론기일통지서 등 소송서류가 발송송달이나 공시송달의 방법으로 송달된 경우, 피신청인이 소송의 진행상황을 조사하지 않아 상소제기의 불변기간을 지키지 못한 것이 '당사자가 책임질 수 없는 사유'에 해당하는지 여부(적극)

5-22

대법원 2016. 11. 10. 선고 2014다54366 판결

소송서류를 송달받을 본인과 당해 소송에 관하여 이해의 대립 내지 상반된 이해관계가 있는 수령대행인에게 보충송달을 할 수 있는지 여부(소극)

甲은 A를 채무자, 乙을 제3채무자로 하여, A의 乙(주식회사)에 대한 임금 및 퇴직금채권에 대하여 채권압류 및 추심명령을 받았고, 법원은 이 사건 채권압류 및 추심명령 결정정본을 乙의 본점 소재지로 송달하였다. 이 사건 채권압류 및 추심명령의 채무자이자 乙의 사무원인 A가 위 장소에서 위 결정정본을 수령하였으나, 乙의 대표이사에게 전달하지 않았다. 그 뒤, 甲은 이 사건 채권압류 및 추심명령을 근거로 乙을 상대로 추심금청구의 소를 제기하였다. 제1심법원은 乙의 본점 소재지로 소장부본 등을 송달하였고, A가 乙의 사무원으로서 위 장소에서 위 소송서류를 수령하였다. 제1심법원은 乙이 소장부본 송달일로부터 30일 이내에 답변서를 제출하지 아니하자, 변론 없이 甲 승소판결을 선고하고, 乙의 본점 소재지로 제1심판결정본을 송달하였으며, 위 판결정본도 A가 乙의 사무원으로서 이를 수령하였다. 한편 A는 위와 같이 수령한 소송서류와 제1심판결정본을 乙의 대표이사에게 전달하지 않았다. 1달 뒤 乙의 대표이사는 이 사건 제1심 기록을 열람하였고, 곧바로 추완항소장을 제1심법원에 제출하였다. 송달의 효력에 대해 검토하시오.

 판 결   • 원심 ⊗ 파기자판 - 제1심판결 취소, 소 각하

186조 1항 보충송달제도는 본인 아닌 그의 사무원, 피용자 또는 동거인, 즉 수령대행인이 서류를 수령하여도 그의 지능과 객관적인 지위, 본인과의 관계 등에 비추어 사회통념상 본인에게 서류를 전달할 것이라는 합리적인 기대를 전제로 한다. 그런데 본인과 수령대행인 사이에 당해 소송에 관하여 이해의 대립 내지 상반된 이해관계가 있는 때에는 수령대행인이 소송서류를 본인에게 전달할 것이라고 합리적으로 기대하기 어렵고, 이해가 대립하는 수령대행인이 본인을 대신하여 소송서류를 송달받는 것은 쌍방대리금지의 원칙에도 반하므로, 본인과 당해 소송에 관하여 이해의 대립 내지 상반된 이해관계가 있는 수령대행인에 대하여는 보충송달을 할 수 없다. 제1심법원이 소송서류 및 판결정본을 소외인에게 보충송달의 방법으로 송달한 것은 부적법하고, 이에 따라 항소기간은 진행하지 아니하므로 피고의 이 사건 추완항소는 피고에게 책임질 수 없는 사유가 있는지 여부와 관계없이 적법하다.

🔍 검토

원고는, 이 사건 제1심법원이 송달한 소송서류는 모두 피고의 사무원인 소외인이 수령하였으므로 이를 피고의 대표이사 등에게 전달하지 않았다 하더라도 그 송달은 모두 유효하고, 피고는 판결문을 송달받고도 항소기간 내에 항소를 제기하지 않았으며, 그 기간을 준수하지 못한 데 피고에게 책임질 수 없는 사유가 있다고 보기 어려우므로, 피고의 추완항소는 부적법하다고 주장한다.

반면 피고는, 이 사건 제1심법원이 송달한 소송서류를 소외인이 수령하기는 하였으나, 위 소외인은 이 사건 추심명령의 당사자이므로 소외인에 대한 송달은 부적법할 뿐만 아니라, 소외인이 위 소송서류를 수령하고도 이를 피고에게 전달하지 않아 피고가 책임질 수 없는 사유로 말미암아 이 사건 항소기간을 준수하지 못하였던 것이므로, 피고의 이 사건 추완항소는 적법하다고 주장한다.

186조 1항 보충송달제도는 본인 아닌 그의 사무원, 피용자 또는 동거인, 즉 수령대행인이 서류를 수령하여도 그의 지능과 객관적인 지위, 본인과의 관계 등에 비추어 사회통념상 본인에게 서류를 전달할 것이라는 합리적인 기대를 전제로 하는데, 본인과 수령대행인 사이에 해당 소송에 관하여 이해의 대립 내지 상반된 이해관계가 있는 때에는 그러한 합리적 기대가 어렵고, 이해가 대립하는 수령대행인이 본인을 대신하여 소송서류를 송달받는 것은 쌍방대리금지의 원칙에도 반하므로, 그러한 수령대행인에 대하여는 보충송달을 할 수 없다고 밝힌 점에 **대상판결**의 **의의**가 있다.

대상판결은 보충송달에 있어서, 우선 송달받을 본인과 사무원 등, 즉 수령대행인 사이에 이해의 대립 내지 상반된 이해관계가 있는 때에 보충송달로서의 효력을 인정할 수 없다는 취지를 밝힌 뒤, 그리고 위 경우에 제1심법원이 소송서류 및 판결정본을 보충송달의 방법으로 송달한 것은 부적법하고, 이에 따라 항소기간은 진행하지 않는다고 판시한 **최초**의 판례로, 보충송달의 근거는 송달장소에서 송달받을 사람과 밀접한 관계가 있는 사람에게 교부하면 가까운 시기에 송달받을 사람에게 도달하는 것이 기대될 수 있는 점에 있다고 할 수 있고, 이러한 도달의 개연성 내지는 기대 가능성을 강조한다면 수령대행인이 송달에 관련된 사건에 대해 송달받을 사람과 이해의 대립이 있는 등 특별한 사정이 있어 본래 송달받을 사람 본인에게 송달서류를 교부하는 것이 기대될 수 없는 경우는 송달수령권한이 부정된다는 입장도 일리가 있고, 그래서 대상판결에서 보충송달은 효력이 없고, 아직 항소기간이 진행하지 않은 것으로 본다면, 추후보완항소를 고려하거나 재심사유의 확장이라는 이론은 굳이 필요하지 않게 되고, 그 구제방법은 항소가 될 것이므로, 그 구제수단으로 항소를 인정한 것에 대해 이후 리딩케이스로 실무상 영향이 클 것이라고 생각한다.

그런데 수령대행인이 사리를 분별할 지능이 없는 등과 같이 보충송달의 형식적 요건을 결여할 때에는 물론 송달이 무효가 되지만, 원칙에 따라 외형상 법정의 요건을 충족하고 있다면, 사무원, 동거자 등의 수령대행인에게 서류를 교부한 시점에 송달의 효력이 생기고, 송달받을 사람에게 그 서류가 실제로 전달되었는지 여부는 송달의 효력에 관계없는 것이 원칙이라고 생각하므로 이해의 대립 내지 상반된 이해관계로부터 소송서류의 전달을 합리적으로 기대할 수 없는 사람에 대한 보충송달에 대해 무효로 할 것은 아니라고 본다.

객관적으로 명료하지 않은 사정에 의해 송달의 효력이 좌우되는 것은 법적 안정성을 훼손할 뿐만 아니라, 송달사무를 혼란시키게 된다. 일단 송달 실시 단계에서 보충송달의 효력을 직접적으로 문제 삼지 않고, 송달의 유효성과 당사자의 구제수단을 분리하여, 실시된 송달의 사후적 평가에 있어서 기대되었던 송달받을 사람에게의 전달이 없었다면, 그러한 보충송달에 의해 진행된 소송절차에 흠이 있는 것이므로 그에 따른 당사자의 구제수단의 단계에서 검토하면 될 것이다(전병서, 법조(2017. 6), 783면 이하).

【대법원 1997. 5. 19.자 97마600 결정】법인의 주소지로 소송 서류를 송달하였으나 송달 불능된 경우, 그 대표자 주소지로 송달하여 보지도 않고 주소 보정명령을 할 수 있는지 여부(소극) 및 그 주소 보정을 하지 아니하였음을 이유로 한 소장각하명령의 적부(소극)

【대법원 2001. 8. 31.자 2001마3790 결정】우체국 창구에서 송달받을 자의 동거자에게 송달서류를 교부한 것은 **부적법한 보충송달**이라고 한 사례

【대법원 2015. 12. 10. 선고 2012다16063 판결】송달받을 사람의 주소나 영업소 등을 알지 못하거나 그 장소에서 송달할 수 없는 때에는 '근무장소'에서 송달할 수 있는데, 이때의 '근무장소'는 현실의 근무장소로서 고용계약 등 법률상 행위로 취업하고 있는 **지속적인 근무장소**를 말하므로 다른 주된 직업을 가지고 있으면서 회사의 비상근이사, 사외이사 또는 비상근감사의 직에 있는 피고 등에게 위 회사는 지속적인 근무장소라고 할 수 없다.

【대법원 2018. 4. 12. 선고 2017다53623 판결】185조 1항은 "당사자·법정대리인 또는 소송대리인이 송달받을 장소를 바꿀 때에는 바로 그 취지를 법원에 신고하여야 한다."라고 규정하고, 같은 조 2항은 "1항의 신고를 하지 아니한 사람에게 송달할 서류는 달리 송달할 장소를 알 수 없는 경우 종전에 송달받던 장소에 대법원규칙이 정하는 방법으로 발송할 수 있다."라고 규정하고 있으며, 민사소송규칙 51조는 위 규정에 따른 서류의 발송은 등기우편으로 하도록 규정하고 있는바, 185조 2항에서 말하는 '달리 송달할 장소를 알 수 없는 경우'라 함은 상대방에게 주소보정을 명하거나 직권으로 주민등록표 등을 조사할 필요까지는 없지만, 적어도 기록에 현출되어 있는 자료로 송달할 장소를 알 수 없는 경우에 한하여 등기우편에 의한 발송송달을 할 수 있음을 뜻한다.

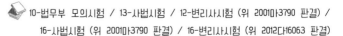

10-법무부 모의시험 / 13-사법시험 / 12-변리사시험 (위 2001마3790 판결) /
16-사법시험 (위 2001마3790 판결) / 16-변리사시험 (위 2012다16063 판결)

5-23

대법원 1992. 11. 5.자 91마342 결정

당사자가 사망하였으나 소송대리인이 있는 경우에 판결의 효력이 상속인들 전원에 대하여
미치는지 여부(적극) 및 신당사자를 잘못 표시한 경우에 판결의 효력이 미치는 자(정당한 상속인)

피고 乙이 제1심 계속 중에 사망하였으나 그를 위
한 소송대리인이 선임되어 있었으므로 소송절차가
중단되지 아니한 채 그대로 진행되었다. 원고 소송
대리인이 위 乙의 법정상속인들 가운데 A, B만이
재산상속인이 되었다 하여 이들을 수계인으로 하
는 수계신청을 하면서 乙에 대하여 구하였던 청구
금액 가운데 6/7을 A에게, 1/7을 B에게 구하는
것으로 청구취지 및 청구원인변경신청을 하였다.
제1심은 이를 받아들이는 취지로 당사자표시를 乙

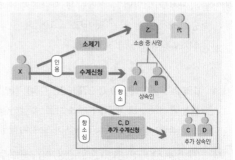

대신에 망 乙의 소송수계인 A, 같은 소송수계인 B라고 하여 원고의 청구를 인용하는 판결을 선고하였다.
이에 대하여 위 A, B가 항소를 하여 항소심에 소송계속 중 원고는 망 乙의 상속인으로 C, D가 더 있음을
발견하고 이들을 피고로 추가함과 동시에 상속비율을 다시 계산하여 망 乙의 재산을 A가 6/15, B가
1/15, C, D가 각 4/15의 비율로 상속하게 된 사실을 알고 항소심 법원에 C, D에 대하여 추가로 소송수계
신청을 하였는 바, 이에 대하여 항소심은 소송계속 중 당사자가 사망하더라도 그를 위한 소송대리인이 있
는 경우에는 소송절차가 중단되지 아니하고 그 상속인을 위하여 진행되는 것이지만 일단 수계신청의 형식
으로 그 상속인이 특정되어 그 특정된 상속인을 당사자로 하여 판결이 선고되었을 때에는 그 판결은 상속
인으로 표시된 특정인에 대하여만 효력이 있을 뿐이고, 그 특정에서 누락된 다른 상속인에 대한 관계에 대
하여까지 그 판결의 효력이 생기는 것은 아니라고 할 것이며, 그 누락된 상속인에 대하여는 아직 판결이 선
고되지 아니한 상태에 있다고 할 것이고 따라서 그 판결에 대하여 특정된 상속인이 한 항소로 인하여 판결
에서 누락된 다른 상속인에 대하여까지 이심의 효력이 생기는 것도 아니라고 판단하여 소송수계신청을 기
각하는 결정을 하였다. 기각결정에 잘못이 없는가?

 판결

당사자가 사망하였으나 그를 위한 소송대리인이 있어 소송절차가 중단되지 아니한 경우에는
원칙적으로 소송수계라는 문제가 발생하지 아니하고 그 소송대리인은 상속인들 전원을 위하여
소송을 수행하게 되는 것이며 그 사건의 판결은 상속인들 전원에 대하여 효력이 있는 것이라 할
것이고, 이 경우에 상속인이 밝혀진 경우에는 상속인을 소송승계인으로 하여 신당사자로 표시

할 것이지만, 상속인이 누구인지 모를 때에는 망인을 그대로 당사자로 표시하여도 무방한 것이며 가령 신당사자를 잘못 표시하였다 하더라도 그 표시가 망인의 상속인, 소송승계인, 소송수계인 등 망인의 상속인임을 나타내는 문구로 되어 있으면 그 잘못 표시된 당사자에 대하여는 판결의 효력이 미치지 아니하고 여전히 정당한 상속인에 대하여 판결의 효력이 미치는 것으로 볼 것이다.

따라서 이 사건 제1심판결의 효력은 당사자표시에서 누락되었음에도 불구하고 위 망 乙의 정당한 상속인인 위 C, D에게도 그들의 상속지분만큼 미치는 것이고 통상의 경우라면 심급대리의 원칙상 이 판결의 정본이 소송대리인에게 송달된 때에 소송절차는 중단되는 것이며, 소송수계를 하지 아니한 C와 D에 관하여는 현재까지도 중단상태에 있다고 할 것이나, 이 사건의 경우, 망 乙의 소송대리인이었던 변호사가 상소제기의 특별수권을 부여받고 있었으므로(소송대리위임장에 부동문자로 특별수권이 부여되어 있다) 항소제기기간은 진행된다고 하지 않을 수 없어 제1심판결 중 위 C, D**의 상속지분에 해당하는 부분**은 그들이나 소송대리인이 항소를 제기하지 아니한 채 항소제기기간이 도과하여 이미 그 **판결이 확정**되었다고 하지 않을 수 없다.

그렇다면 원고로서는 이미 판결이 확정된 위 C, D에 대하여 항소심에서 새삼스럽게 소송수계신청을 할 필요도 없고 할 수도 없다 할 것이므로 이 사건 소송수계신청은 부적법하다 할 것인 바, 인심이 위 C, D에 대한 부분이 제1심에 계류 **중**이라고 본 것은 소송절차의 중단과 소송대리인이 있는 경우의 예외에 관한 법리를 오해한 탓이라 하겠으나 위 C, D의 상속지분에 대하여는 원심에 이심이 되지 아니하였다고 본 결론은 정당하다.

🔍 검토

사망한 당사자에게 소송대리인이 선임되어 있는 이상, 그의 승계인을 누구로 표시하든 제1심 판결의 효력은 진정한 상속인 전원에 대하여 미치는 것이므로 그 판결로써 제1심에서의 소송절차는 끝난 것이라고 보고, 다만 이 사건의 경우, 망 乙의 소송대리인이 항소의 특별수권을 가지고 있어서 누락된 상속인에 대하여도 항소기간이 진행되는데도 그들을 위한 항소가 없으므로 그들에 대한 관계에서는 이미 판결이 확정되어 사건이 종료되었다고 보았다(다음의 2007다22859 판결과의 차이 구별).

이에 대하여는 누락된 상속인의 절차보장의 방법과 관련하여, ① 누락된 상속인에 대하여는 **재판의 누락**이 있는 것으로 보는 입장(강봉수, 사법행정(1994. 2), 18면 이하), ② **추후보완의 상소**로 침해된 절차권을 보호할 것이고, 그렇지 않으면 손해배상 등 실체법의 문제로 해결할 수밖에 없다는 입장(이, 450면), ③ 수계절차를 밟지 않았으면 당사자는 여전히 사망자이고 사망 사실을 모르고 선고한 판결은 무효이며, 누락된 상속인에 대하여는 당사자가 사망한 시점에 절차가 **중단된 상태**라고 보아야 한다는 입장(호, 972면) 등이 주장되고 있다.

【대법원 2010. 12. 23. 선고 2007다22859 판결】 사망한 당사자의 소송대리인에게 상소제기에 관한 특별수권이 부여되어 있는 경우 상소제기 없이 상소기간이 지나가면 그 판결이 확정되는지 여부(적극) 및 당사자 표시가 잘못되었음에도 망인의 소송상 지위를 당연승계한 정당한 상속인들 모두에게 효력이 미치는 판결에 대하여 그 잘못된 당사자 표시를 신뢰한 망인의 소송대리인이나 상대방 당사자가 그 잘못 기재된 당사자 모두를 상소인 또는 피상소인으로 표시하여 상소를 제기한 경우, 정당한 상속인들 모두에게 효력이 미치는 위 판결 전부에 대하여 상소가 제기된 것으로 보아야 하는지 여부(원칙적 적극) — 위 91마342 결정의 사안은 망인의 소송대리인이 아니라, 새로운 당사자로 판결문상에 표시된 수계한 상속인이 항소를 제기한 경우이고, 이 2007다22859 판결의 사안은 망인의 소송대리인이 항소를 제기한 것으로 여전히 망인의 정당한 상속인 전원을 위하여 소송대리인 지위를 보유하고 있었으므로 수계하지 못한 나머지 정당한 상속인도 항소를 제기한 것으로 볼 수 있다. 결국 앞의 91마342 결정(중단설. 수계한 상속인이 항소를 제기)과 이 2007다22859 판결(효력확장설. 망인의 소송대리인이 항소를 제기)은 그 사안을 달리하는 것이다(김미리, 대법원판례해설(제85호), 366면 이하 참조).

 【대법원 2011. 4. 28. 선고 2010다103048 판결】 사망한 당사자를 위한 소송대리인이 있어서 소송절차가 중단되지 않는 경우에 망인을 당사자로 표시하여 한 판결의 효력이 상속인들 모두에게 미치는지 여부(적극) 및 소송종료를 간과하고 심리를 계속 진행한 사실이 발견된 경우 법원이 취하여야 할 조치(＝소송종료선언)

5-24

대법원 1995. 5. 23. 선고 94다28444 전원합의체 판결

소송계속 중 당사자의 사망을 간과하고 선고된 판결의 효력과 상속인에 의한 수계 또는 상고의 효력(적법) / 당사자가 판결 뒤 명시적 또는 묵시적으로 원심의 절차를 적법한 것으로 추인하면 상소사유 또는 재심사유는 소멸

> 甲은 乙, 丙을 상대로 소를 제기하여 패소판결이 선고되었다. 이에 甲이 항소를 제기한 뒤, 乙이 아직 항소심 소송대리인을 선임하지 아니한 상태에서 사망하였는데, 乙의 상속인인 丙은 그 소송수계절차를 밟음이 없이 乙이 생존하여 있는 것처럼 丙 및 乙의 명의로 변호사 A를 소송대리인으로 선임하여 그 변호사에 의하여 소송절차가 진행된 결과, 乙이 사망한 사실을 모른 채 변론이 종결된 뒤 甲의 청구를 일부인용하는 항소심 판결이 선고되었다. 이 판결은 당연무효인가? 상속인이 상고할 수 있는가? 그 즈음 판결이 피고 측 소송대리인에게 송달되자, 丙은 乙도 상고인의 한사람으로 표시하여 자신과 乙의 패소 부분에 관하여 불복한다는 취지의 상고장을 제출한 뒤에 비로소 乙이 사망하였다고 하면서 상고심에 소송수계신청을 함과 동시에 원심판결의 위와 같은 절차상의 흠에 관하여는 상고이유로 삼지 아니하고 본안에 관하여만 다투는 내용의 상고이유서를 제출하였다. 乙의 패소 부분에 관한 상고는 적법한가?

 판결

당사자가 사망하여 실재하지 아니한 자를 당사자로 하여 소가 제기된 경우는 당초부터 원고와 피고의 대립당사자구조를 요구하는 민사소송법상의 기본원칙이 무시된 것이므로, 그와 같은 상태하에서의 판결은 당연무효라고 할 것이지만, 일응 대립당사자구조를 갖추고 적법이 소가 제기되었다가 소송 도중 어느 일방의 당사자가 사망함으로 말미암아 그 당사자로서의 자격을 상실하게 된 때에는 그 대립당사자구조가 없어져 버린 것이 아니고, 다만 상속인들이 그 소송을 이어 받는 외형상의 절차인 소송수계절차를 밟을 때까지는 실제상 그 소송을 진행할 수 없는 장애사유가 발생하였기 때문에 적법한 수계인이 수계절차를 밟아 소송에 관여할 수 있게 될 때까지 소송절차는 중단되도록 법이 규정하고 있을 뿐인 바, 이와 같은 중단사유를 간과하고 변론이 종결되어 판결이 선고된 경우에는 그 판결은 소송에 관여할 수 있는 적법한 수계인의 권한을 배제한 결과가 되는 절차상 위법은 있지만, 그 판결이 당연무효라 할 수는 없고, 다만 그 판결은 대리인에 의하여 적법하게 대리되지 않았던 경우와 마찬가지로 보아 대리권 흠을 이유로 **상소 또는 재심에 의하여 그 취소를 구할 수 있을 뿐**이다.

이와 같은 판결이 선고된 뒤 그 **상속인이 수계신청을 하여 판결을 송달받아 상고하거나 또는 위와 같이 적법한 상속인 丙이 사실상 송달을 받아 상고장을 제출하고, 상고심에서 수계**

절차를 밟은 경우에도 그 수계와 상고는 적법한 것이라고 보아야 하고, 그 상고를 판결이 없는 상태에서 이루어진 상고로 보아 부적법한 것이라고 각하하여야 할 것은 아니고, 또 424조 2항을 유추하여 볼 때 당사자가 판결 뒤 명시적 또는 묵시적으로 원심의 절차를 적법한 것으로 추인하면 그 상소사유 또는 재심사유는 소멸된다고 보아야 할 것이라고 전제하고, 甲과 乙 사이의 이 사건 소송은 원심에 계속 중 乙의 사망으로 중단되었다고 할 것이므로, 원심에서 그 상속인인 丙에 의하여 소송수계 등의 절차가 이루어지지 아니한 상태에서 변론이 종결되어 선고된 乙에 관한 원심판결에는 소송대리권이 없는 변호사 A가 그 소송행위를 대리한 소송절차상의 위법이 있다고 할 것이나, 丙은 乙의 상속인으로서 원심에서 소송수계 등의 절차를 밟지 아니한 채 사망한 乙의 명의로 소송대리인을 선임하여 그 소송행위를 대리하게 하고 패소하자, 다시 乙의 명의로 그 패소 부분에 관하여 상고까지 하였을 뿐만 아니라 상고심에서 소송수계를 신청하고, 상고이유서를 제출하면서 원심판결의 위와 같은 절차상의 흠에 관하여는 상고이유로 삼지 아니하고 그 본안에 관하여만 다투고 있는 이상, 원심에 있어서의 변호사의 소송행위를 **추인한 것으로 봄이 상당**하므로 원심에서의 변호사의 소송행위는 모두 행위시에 소급하여 적법하게 되었다 할 것이며, 따라서 乙에 관한 원심판결의 위와 같은 위법사유는 소멸되었다고 할 것이므로 결국 乙의 패소 부분에 관한 상고는 적법하다.

 검토

　　법원이 중단사유가 발생한 것을 모르고 증거조사를 하고, 그대로 변론을 종결하여 그에 기하여 재판을 한 경우에 그 판결은 당연무효인가(**무효설**. 호, 372면), 아니면 당연무효가 되는 것은 아니고 또한 판결의 부존재도 아니어서 상소이유가 될 수 있는 데 지나지 않는가(**위법설**)에 대하여 다툼이 있다. **학설**의 대부분은 당연무효로 보지 않고, 소송진행이 중단되어 당사자가 유효하게 소송행위를 할 수 없는 상태하에서 판결이 행하여진 것으로 대리인에 의하여 적법하게 대리되지 않은 경우와 마찬가지로 풀이하여 대리권의 흠을 이유로 상소할 수 있다고 본다(424조 1항 4호). 또 확정되었으면 재심이 인정된다고 본다(451조 1항 3호). **대상판결**은 종래 학설과 판례상 견해가 나뉘어 있던 것을 위법설의 입장을 취함으로써 그에 관한 논의를 마무리하였다는 점에서 의의가 크다.

　　그런데 이렇게 무효설이 아닌, 위법설의 입장을 취하는 경우에 상소심에서의 수계신청을 허용할 것인지, 상소심에서의 추인이 가능한지 여부가 문제된다. **대상판결**은 이와 같은 판결이 선고된 뒤 그 상속인이 수계신청을 하여 판결을 송달받아 상고하거나 또는 위와 같이 적법한 상속인이 사실상 송달을 받아 상고장을 제출하고, 상고심에서 수계절차를 밟은 경우에도 그 수계와 상고는 적법한 것이라고 보았다.

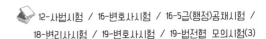

12-사법시험 / 16-변호사시험 / 16-5급(행정)공채시험 /
18-변리사시험 / 19-변호사시험 / 19-법전협 모의시험(3)

5-25

대법원 2014. 12. 24. 선고 2012다74304 판결

소송대리인에게 상소제기에 관한 특별수권이 부여되어 있는지를 심리하여 지급명령신청이 전소 판결의 기판력에 저촉되는지 아니면 중복제소에 해당하는지 판단하여야 한다고 한 사례

설계용역회사인 甲 주식회사가 소외 A와 사이의 토지신탁계약의 수탁자인 乙 주식회사를 상대로 용역비지급청구소송을 제기하여 승소판결을 받았는데, 항소심 계속 중 乙 회사가 파산선고를 받았다. 파산선고를 받은 乙 회사의 소송대리인은 파산관재인을 소송수계인으로 하는 소송수계신청을 하였다. 위 용역비채권을 파산채권으로 신고하였으나, 파산관재인이 이를 부인하자, 甲 회사는 기존의 용역비지급청구에 파산채권확정청구를 선택적으로 추가하였다. 파산관재인을 소송수계인으로 표시하여 파산채권확정청구를 인용하고, 용역비지급청구를 배척하는 판결이 선고되었고, 양쪽 당사자 모두 상고하지 않았다. 한편, 丙 주식회사가 새로운 수탁자로 선임되었다. 그 뒤, 甲 회사가 새로운 수탁자인 丙 회사를 상대로 위 용역비지급을 구하는 지급명령을 신청하였다. 丙 회사가 지급명령에 이의를 신청함에 따라 지급명령은 소송절차로 이행되었다. 위 소송대리인에게 상소제기에 관한 특별수권이 부여되어 있었는지 여부와 관련 지급명령신청이 전소 판결의 기판력에 저촉되는가 아니면 중복제소에 해당하는가를 검토하시오.

 판결

원고가 파산재단에 관한 소송인 파산채권확정청구와 신탁재산에 관한 소송인 용역비지급청구를 선택적 청구로 병합하여 청구하였다고 하더라도 이러한 원고의 권리는 병존하면서 중첩적으로 행사할 수 있는 것이므로 그 청구의 병합 형태가 선택적 병합 관계로 바뀌는 것은 아니다(대법원 2012. 9. 27. 선고 2011다76747 판결 등 참조). 그리고 이러한 관계에 있는 양 청구에 대하여 선고된 전소 원심판결의 청구취지에 용역비지급청구의 기재가 있고, 판결이유에 용역비지급청구를 배척하는 이유도 설시되어 있으며, 주문에 원고의 나머지 청구를 기각한다는 취지의 기재가 있다면, 그 판결이유의 당부는 별론으로 하고 전소 원심판결에는 원고의 용역비지급청구에 대한 판단이 있었다고 봄이 상당하다.

한편, 신탁사무의 처리상 발생한 설계용역비채권을 가진 원고는 수탁자의 경질 이전에 이미 발생한 위 채권의 파산선고 당시의 채권 전액에 관하여 파산재단에 대하여 파산채권자로서 권리를 행사할 수 있고(대법원 2004. 10. 15. 선고 2004다31883, 31890 판결 등 참조), 구 신탁법 48조 3항에 의하여 신탁재산의 범위 내에서 전수탁자의 지위를 포괄적으로 승계하는 신수탁자에 대하여도 권리를 행사할 수 있다(대법원 2007. 6. 1. 선고 2005다5812, 5829, 5836 판결 등 참조).

그리고 파산선고로 乙 회사의 수탁자로서의 임무가 종료하더라도 전소의 항소심에서 乙 회사에게 소송대리인이 있었던 이상, 신탁재산에 관한 소송인 용역비지급청구 부분은 그 소송절차가 중단되지 아니하고, 乙 회사의 소송대리인이 당사자 지위를 당연승계하는 신수탁자를 위하여 소송을 수행하게 되는 것이며, 甲 회사의 용역비지급청구를 배척한 전소 원심판결은 신수탁자인 丙 회사에게도 그 효력이 미친다고 할 것인데, 이는 전소 원심판결에 신탁재산에 대한 관리처분권이 없는 파산관재인이 소송수계인으로 표시되어 있더라도 달리 볼 것이 아니다.

따라서 통상의 경우라면 심급대리의 원칙상 전소 판결 정본이 전소 항소심에서의 피고 측 소송대리인에게 송달된 때에 용역비지급청구의 소는 그 소송절차가 중단되었다고 할 것이지만, 만일 위 소송대리인에게 상소제기에 관한 특별수권이 부여되어 있었다면 소송절차는 중단되지 아니하고, 상고기간이 진행하는 것이어서 쌍방이 상고를 제기하지 아니한 채, 상고기간이 도과한 때에 전소 원심판결은 확정되었다고 할 것이다(대법원 2010. 12. 23. 선고 2007다22859 판결 등 참조).

그렇다면 원심으로서는 위 소송대리인에게 상소제기에 관한 특별수권이 부여되어 있었는지 여부를 심리하여 전소 판결이 이미 확정되어 이 사건 소가 용역비지급청구를 배척한 전소 판결의 기판력에 저촉되는 것인지, 아니면 전소 판결 정본의 송달시에 용역비지급청구 부분의 소송절차가 중단됨으로써 이 사건 소가 중복제소에 해당하는 소인지를 판단하였어야 했다.

그런데도 원심은 이러한 심리를 다하지 아니한 채 본안으로 나아가 판단하였으니, 원심판결에는 소송절차의 중단과 기판력 또는 중복제소에 관한 법리를 오해하여 판결에 영향을 미친 위법이 있다.

 검토

신탁으로 말미암은 수탁자의 위탁임무가 끝난 때에 소송절차는 중단되고, 이 경우 새로운 수탁자가 소송절차를 수계하여야 하지만(236조), 소송대리인이 있는 경우에는 소송절차가 중단되지 아니하고(238조), 그 소송대리권도 소멸하지 아니한다(95조 3호).

소송대리인에게 상소제기에 관한 **특별수권이 있었다면** 소송대리인이 상고를 제기하지 않고 상고기간이 도과함으로써 용역비지급청구에 대한 판결이 확정되어 후소는 기판력에 저촉될 것이고, **특별수권이 없었다면** 소송대리인에게 판결정본이 송달된 시점에 소송이 중단되어 있을 것이므로 후소는 중복된 소제기에 해당할 것이다.

참조 【대법원 2006. 11. 23. 선고 2006재다171 판결】 소송수계신청의 적법 여부는 직권조사사항으로 이유 없다고 인정할 경우에는 결정으로 기각하여야 하나, 이유 있을 때에는 별도의 재판을 할 필요 없이 그대로 소송절차를 진행할 수 있다.

 19-법전협 모의시험(1)

PART

06

증 거

6-1

대법원 1999. 5. 25. 선고 99다1789 판결

비밀로 녹음한 녹음테이프의 증거능력(원칙적 긍정) 및 증거조사방법(= 검증)

원고가 녹음테이프를 증거로 제출하지 않고 이를 속기사에 의하여 녹취한 녹취문을 증거로 제출하였고,
이에 대하여 피고가 부지로 인부하였다. 위 녹취문은 오히려 피고에게 유리한 내용으로 되어 있다. 상대
방 부지 중 비밀리에 상대방과의 대화를 녹음하였다는 이유만으로 위 녹음테이프가 증거능력이 없는가?

판 결

상대방의 부지 중 비밀로 대화를 녹음한 녹음테이프에 대하여 민사소송법이 자유심증주의를
채택하고 있기 때문에 위법으로 수집되었다는 이유만으로 **증거능력이 없다고는 단정할 수 없
고**, 그 채증 여부는 사실심 법원의 재량에 의할 것이다. 그리고 녹음테이프에 대한 증거조사는
검증의 방법에 의하여 실시될 것이다.

검 토

민사소송은 법관의 양식과 능력에 대한 신뢰를 기초로 하여 사실인정을 법관의 자유로운 심
증에 맡긴 자유심증주의(202조)를 채택하고 있는데, 자유심증주의하에서는 대립개념인 법정증거
주의와의 대비상, 원칙적으로 증거방법에 아무런 제한도 두지 않는 것이 원칙이고, 증거방법의
수집에 위법이 있으면(가령 일기장의 도사(盜寫), 무단녹음테이프) 손해배상청구나 형사소추의 원인은
되더라도, 그 증거방법의 증거능력에는 영향이 없다는 것이 전통적 입장이다. **대상판결**도 자유
심증주의하에서 증거능력을 **긍정**하였다. 한편, **통신비밀보호법** 3조는 증거로 사용할 수 없는
경우로 **제3자에 의한 타인간의 대화를 녹음한 경우만**을 규정하고 있다.

그런데 최근 ① **인격권의 침해**[비밀성이 포기되어 인격권이 침해될 염려가 없는 경우를 제
외(송/박)], ② **위법성**[긴급한 상태에서 보다 큰 불법의 방어용이었다는 등 위법성조각사유가 있
는 등을 제외(이, 458면; 정/유/김, 525면)], 또는 ③ **절충설**[원칙적으로 위법수집증거라도 증거능력
을 인정하고, 예외적으로 위 ①, ② 양자를 고려(김홍, 617면)] 등 일정한 요건하에 위법수집증거
에 대하여 증거능력을 제한하려고 하는 방향이 유력하다(강, 477면).

19-법전협 모의시험(2)

6-2

대법원 2019. 2. 21. 선고 2018다248909 전원합의체 판결

일반육체노동을 하는 사람 또는 육체노동을 주로 생계활동으로 하는 사람의 가동연한을 경험칙상 만 65세까지로 보아야 하는지 여부(원칙적 적극)

> 피해자의 일실수입 산정의 기초가 되는 가동연한에 있어서 막연히 종래 경험칙에 따라 만 60세로 인정하였다. 경험적 사실들을 조사하여 그로부터 경험칙상 추정되는 육체노동의 가동연한을 도출하거나 피해자의 가동연한을 위 경험칙상 가동연한과 달리 인정할 만한 특별한 구체적 사정이 있는지를 심리하여 그 가동연한을 정하였어야 함에도, 그에 이르지 아니한 점에서 가동연한에 관한 법리를 오해하여 필요한 심리를 다하지 아니하거나 논리와 경험의 법칙을 위반하여 자유심증주의의 한계를 벗어나는 등의 잘못이 없는가?

 판 결

· 원심 ⊗ 파기환송

우리나라의 사회적·경제적 구조와 생활여건이 급속하게 향상·발전하고 법제도가 정비·개선됨에 따라 종전 대법원 1989. 12. 26. 선고 88다카16867 판결 당시 위 경험칙의 기초가 되었던 제반 사정들이 현저히 변하였기 때문에 위와 같은 견해는 더 이상 유지하기 어렵게 되었다. 이제는 특별한 사정이 없는 한 만 60세를 넘어 만 **65세까지도 가동할 수 있다고 보는 것이 경험칙에 합당**하다.

 검 토

일반육체노동을 하는 사람 또는 육체노동을 주로 생계활동으로 하는 사람의 **경험칙상** 가동연한을 만 60세로 보아 온 종래 견해의 유지 여부가 문제되었는데, 이제는 특별한 사정이 없는 한 만 60세를 넘어 만 65세까지도 가동할 수 있다고 보는 것이 **경험칙에 합당**하다는 판결이다.

이에 대하여 만 63세를 육체노동의 적정 가동연한이라 보는 것이 타당하다는 별개의견과 가동연한에 관하여 포괄적인 법리를 제시하는 데에 그쳐야 하고 특정 연령으로 단정하여 선언해서는 안 된다는 별개의견이 있다.

6-3

대법원 2016. 3. 24. 선고 2013다81514 판결

사실에 대한 법적 판단이나 평가 또는 적용할 법률이나 법적 효과가 자백의 대상이 되는지 여부(소극)

도착지가 아이티 공화국인 항공운송계약을 체결하고 의뢰한 화물이 운송과정 중 분실되었는데, 그 손해 배상청구사건에서 배상책임제한 규정인 몬트리올 협약이 적용되는지 여부가 쟁점이 되었다. 위 협약이 적용되려면 출발지와 도착지가 모두 협약 당사국이어야 하는데, 위 운송계약상 출발지인 대한민국은 위 협약 당사국이지만 도착지인 아이티 공화국은 위 협약의 당사국이 아니다. 원고는 위 운송계약이 위 협약의 적용대상이라고 주장하였고, 피고도 소송에서 위 협약을 적용하는 데 대하여 이의가 없다고 진술한 바 있다. 소송에서 위 협약을 적용하는 데 대하여 피고의 이의가 없었으므로 그 협약에 정한 바에 따라 운송인의 책임제한 여부를 판단한 것은 정당하다는 취지의 원고의 주장에 대하여 검토하시오.

 판 결　　　　　　　　　　　　　　　　　　　　　• 원심 ⊗ 파기환송

당사자 자치의 원칙에 비추어 계약 당사자는 어느 국제협약을 준거법으로 하거나 그중 특정 조항이 당해 계약에 적용된다는 합의를 할 수 있고 그 합의가 있었다는 사실은 자백의 대상이 될 수 있지만, 소송절차에서 비로소 당해 사건에 적용할 규범에 관하여 쌍방 당사자가 일치하는 의견을 진술하였다고 해서 이를 준거법 등에 관한 합의가 성립된 것으로 볼 수는 없다.

 검 토

자백한 사실은 증명을 필요로 하지 아니하고(288조), 법원을 기속한다. 그러나 이는 법률 적용의 전제가 되는 주요사실에 한정되고, 사실에 대한 **법적 판단이나 평가** 또는 적용할 법률이나 **법적 효과는 자백의 대상이 되지 아니한다.** 이의가 없다는 피고의 진술은 사건에 적용할 준거법 내지 법적 판단 사항에 대한 의견에 해당할 뿐 불요증사실로 규정한 자백의 대상에 관한 진술이라고는 할 수 없다.

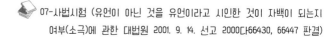 07-사법시험 (유언이 아닌 것을 유언이라고 시인한 것이 자백이 되는지 여부(소극)에 관한 대법원 2001. 9. 14. 선고 2000다66430, 66447 판결)

6-4

대법원 1989. 5. 9. 선고 87다카749 판결

상대방 주장의 소유권을 인정하는 진술이 재판상 자백에 해당될 수 있는지 여부(적극)

임야소유권에 기한 이전등기말소청구를 구하는 소에 있어서 피고는 위 임야가 亡 甲, 乙, 丙, 丁 등 4인의 공유인 사실과 위 甲이 사망하고 원고가 그 재산상속인이 된 사실을 인정하였으나, 그 뒤 변론기일에 위 임야는 위 4인의 공유가 아니라 원고가 소속되어 있는 종중 소유라고 그 주장을 바꾸어 위 자백을 취소하였다. 원고 주장의 소유권을 인정하는 피고의 진술은 재판상 자백이라고 할 수 있는가?

 판 결

소유권에 기한 이전등기말소청구소송에서 피고가 원고 주장의 소유권을 인정하는 진술은 그 소전제가 되는 소유권의 내용을 이루는 사실에 대한 진술로 볼 수 있으므로 이는 **재판상의 자백**이라 할 것이다. 위 진술을 재판상의 자백으로 보고 위 자백이 진실에 반하고 착오에 인한 것이라는 증명이 없다는 이유로 그 자백취소의 효력을 인정하지 아니한 것은 정당하다.

검 토

본래 자백의 대상이 되는 것은 구체적 사실에 한정되는데, 권리 또는 법률관계를 인정하는 권리자백과 관련하여 청구의 당부의 판단에 있어서 전제문제를 이루는 **선결적 법률관계**(사안에서 소유권)의 존부의 진술이 자백의 대상이 되는지 여부에 대하여, 본래의 자백과 마찬가지로 자백의 구속력을 **긍정하는 입장이 일반적**이나(가령, 이, 488면. 한편 사실에 대한 진술 부분과 법적 추론 부분을 나누어 보는 입장으로는 김홍, 628면), 반대하는 입장도 있다(한, 444면). **생각건대** 소송에 있어서 사실이라는 것은 완전한 사회학적 사실이 아니라, 다소간에 실체법의 구성요건에 포섭되어 구성되는 사실인데, 선결적 법률관계에 대하여도 사실면의 연장선상에서 법률면에서의 일치라면 자백과 마찬가지의 효력을 인정하여도 무방할 것이다. **대상판결**은 최초의 판례인데, 한편 선결적 법률관계에 대한 자백이라기보다는 법률상 개념을 사용하여 구체적 사실을 포괄적으로 포착한 (역사적 사실의 진술에 대한 자백과 관련된) 판례로 볼 수도 있다고 한다(이무상, 법조(2014. 7), 5면 이하).

 14-법전협 모의시험(1) / 19-변리사시험

6-5

대법원 2016. 6. 9. 선고 2014다64752 판결

선행자백의 성립요건 / 자기에게 불리한 사실을 진술한 당사자가 상대방의 원용이 있기 전에 자인한 진술을 철회한 경우, 자인사실이 소송자료에서 제거되는지 여부(적극)

원고는 소비대차계약에 기한 청구금액 106,367,208원 중 43,320,860원을 변제받은 사실을 자인하였다가 이를 철회하였다. 위 철회 전에 피고는 이를 원용하였다고 진술한 적이 없음은 물론 위 돈을 변제하였다는 사실을 항변으로 주장한 적이 없다. 법원은 위 돈이 변제된 것으로 사실인정을 할 수 있는가?

 판결   • 원심 ⊗ 파기환송

재판상 자백의 일종인 이른바 신행자백은 당사자 일방이 자진하여 자기에게 불리한 사실상의 진술을 한 후 그 상대방이 이를 **원용함으로써** 그 사실에 관하여 당사자 쌍방의 주장이 일치함을 요하므로 그 일치가 있기 전에는 전자의 진술을 선행자백이라 할 수 없고, 따라서 일단 자기에게 불리한 사실을 진술한 당사자도 그 후 상대방의 원용이 있기 전에는 그 자인한 진술을 철회하고 이와 모순되는 진술을 자유로이 할 수 있으며 이 경우 앞의 자인사실은 소송자료로부터 제거된다(대법원 1986. 7. 22. 선고 85다카944 판결 등 참조).

 검토

자백은 상대방의 사실주장과 일치하여야 하는데, 주장의 일치에 있어서 시간적 선후관계는 상관없다. 즉, 당사자의 일방이 자기에게 유리한 사실을 진술하고 상대방(자백자)이 그것을 인정한다고 진술하는 것이 통상적이나, 반대로 당사자의 일방(자백자)이 자발적으로 불리한 사실을 진술하고 이를 철회하지 않는 동안 상대방이 이를 원용하는 경우에도 자백이 성립한다. 상대방이 **원용하기까지는** 선행 「**자백**」이 아니므로(이에 대하여 호, 483면은 선행자백은 상대방이 원용하기 전의 상태를 말하고, 상대방이 원용하여 재판상 자백이 되었으면 굳이 이를 따로 선행자백이라고 부를 이유는 없다고 한다) 상대방이 원용하지 않은 상태에서 자기에게 불리한 진술은 이를 철회할 수 있는데, 반면 상대방이 이를 원용하였다면 자백의 구속력이 발생하므로 철회할 수 없다.

그런데 **학설**은 선행자백도 상대방이 원용하지 않더라도 법원에 대한 구속력은 있으므로 법원은 이를 기초로 하여 판단하여야 한다고 보는 입장과(강, 468면; 이, 469면), 한편, 원고가 스스로

자기에게 불리한 진술을 하는 경우에는 피고의 원용이 없더라도 원고 주장 자체에 의하여 이유 (일관성) 없어서 법원이 청구를 기각하는 수가 있다는 입장(정/유/김, 535면; 정영, 660면; 호, 484면)도 있다.

대상판결은 상대방이 원용함으로써 그 사실에 관하여 당사자 쌍방의 주장이 일치함을 요하므로 그 일치가 있기 전에는 그 진술을 선행자백이라 할 수 없고, 이러한 의미에서 선행자백은 당사자에 대한 구속력은 없다고 본 것이다(김홍, 632면; 한, 446면도 판례와 같이 선행하는 자인행위에 상대방의 원용이 더해져 자백의 효과가 나타나는 것으로 본다).

한편, 당사자 일방이 한 진술에 잘못된 계산이나 기재, 기타 이와 비슷한 표현상의 잘못이 있고, **잘못이 분명한 경우**에는 비록 상대방이 이를 원용하였다고 하더라도 당사자 쌍방의 주장이 일치한다고 할 수 없으므로 자백(선행자백)이 **성립할 수 없다**(아래 2018다229564 판결).

 【대법원 2015. 2. 12. 선고 2014다229870 판결[미간행]】법원에 제출되어 상대방에게 송달된 답변서나 준비서면에 자백에 해당하는 내용이 기재되어 있는 경우, 그것이 변론기일이나 변론준비기일에서 진술 또는 진술간주되어야 재판상 자백이 성립하는지 여부(적극) / 답변서나 준비서면에 자백에 해당하는 내용이 기재되어 있는 경우, 그것이 순차로 제출되었더라도 같은 변론기일에서 함께 진술한 경우, 앞서 제출된 답변서에 기재된 내용대로의 진술에 관하여 재판상 자백이 성립하는지 여부(소극)

 【대법원 2018. 8. 1. 선고 2018다229564 판결】상대방이 원용하지 아니하여 당사자 쌍방의 주장이 일치된 바 없다면 이를 자백(선행자백)이라고 볼 수 없다. 그리고 당사자 일방이 한 진술에 잘못된 계산이나 기재, 기타 이와 비슷한 표현상의 잘못이 있고, **잘못이 분명한 경우**에는 비록 상대방이 이를 원용하였다고 하더라도 당사자 쌍방의 주장이 일치한다고 할 수 없으므로 자백(선행자백)이 **성립할 수 없다.**

6-6

대법원 1988. 12. 20. 선고 88다카3083 판결

문서의 성립에 관한 자백

문서의 진정성립을 인정한 다음, 그 문서의 일부변조항변을 제출할 수 있는가? 즉, 이를 자유롭게 철회할 수 있는가?

 판 결

문서의 성립에 관한 자백은 보조사실에 관한 것이나, 그 취소에 관하여는 주요사실에 관한 자백취소와 동일하게 취급하여야 할 것이므로 문서의 진정성립을 인정한 당사자는 자유롭게 이를 철회할 수 없다.

 검 토

자백의 대상이 되는 사실은 주요사실에 한정되는가, 아니면 간접사실도 자백의 대상이 되는가가 문제되는데, 마찬가지의 문제가 간접사실이 아닌 보조사실에 대하여도 생긴다. 보조사실은 증거능력이나 증거력에 관한 판단의 자료로 증거의 신용성에 영향을 미치는 사실이다. 예를 들어 증인이 당사자의 한쪽과 특별한 이해관계(약혼자 등)를 가진다든가, 종전에 위증죄로 유죄판결을 받은 적이 있다든가와 같은 사실이다. 다만, 위와 같은 보조사실이 자백의 대상이 되는가 하는 문제는 보조사실 일반에 대한 것이 아니고, 그 가운데 문서의 성립의 진정에 대한 자백이 논의되고 있다.

 【대법원 1994. 11. 4. 선고 94다37868 판결】 부동산 시효취득에 있어서 점유기간의 산정 기준이 되는 점유개시의 시기는 취득시효의 요건사실인 점유기간을 판단하는 데 간접적이고 수단적인 구실을 하는 **간접사실**에 불과하므로 이에 대한 자백은 법원이나 당사자를 **구속하지 않는 것**이다.

 11-사법시험 / 11-법전협 모의시험 / 13-법전협 모의시험(3) / 18-5급(행정)공채시험

6-7

대법원 2004. 6. 11. 선고 2004다13533 판결

재판상의 자백의 취소의 경우, 진실에 반한다는 사실에 대한 증명을 자백사실이 진실에 반함을 추인할 수 있는 간접사실의 증명에 의하여도 가능한지 여부(적극) 및 자백이 착오로 인한 것임을 변론의 전취지에 의하여 인정할 수 있는지 여부(한정 적극)

[1] 피고가 원고 회사를 경영할 당시 회계관행에 따라 증빙이 없는 지출 등이 생기는 경우 대표이사이던 피고가 원고 회사로부터 그에 상당한 금원을 차용한 것으로 회계장부상 처리하여 온 사실이 인정될 뿐 피고가 회계장부상 나타난 금액을 실제로 차용한 사실을 인정할 증거가 없다고 판시하고, 피고가 위 대여금을 차용한 사실이 있다는 점에 대한 피고의 자백은 진실에 반하고 또한 변론의 전취지에 의하면 위 자백이 착오로 인한 것이라고 인정할 수 있다고 하여 피고의 자백이 적법하게 취소되었다고 판단한 것에 대하여 검토하시오.

[2] 피고 乙, 丙에 대한 건물철거 및 토지인도 등 청구의 소에 있어서 피고 乙, 丙에게 위 대지를 매도한 전소유자는 "乙과 丙이 이 사건 대지를 둘로 분할하여 각자 집을 짓고 싶었지만 땅 넓이가 작아서 분할이 되지 않았기 때문에 공유로 소유권이전등기를 하였고, 두 채의 건물을 짓고 나면 분할이 된다는 얘기를 들었다."고 진술하였고, 당사자들인 피고 乙, 丙은 "함께 위 대지를 산 이유는 각자가 집 한 채씩을 지어 살려고 하였기 때문인데, 땅을 사면서 북동쪽(위쪽)의 절반은 乙이 갖고 남서쪽(아래쪽)의 나머지 절반은 丙이 가져서 각자 집을 짓기로 하였고, 위 대지의 분할 경계선은 두 집의 측면선과 평행으로 선을 그어 각자 위·아래로 절반의 넓이가 되는 선으로 하기로 하였으며, 위 합의에 따라 두 사람이 각자 합의된 부분을 차지하여 건축허가를 받아 각자 건축에 들어갔다."고 진술하였다. 위 대지는 남북으로 길게 뻗은 모양을 하고 있는데 제1주택은 그 북쪽에, 제2주택은 그 남쪽에 각 위치하고 있어 위 각 건물을 기준으로 경계를 구분하기가 용이하다. 그런데 피고 乙의 처로서 법원의 허가를 받아 소송대리인으로 된 A는 제6회 변론기일에서 "위 주택 신축 당시 피고 乙, 丙이 위 대지를 각 구분하여 특정 부분을 소유한 바는 없다."고 진술하여 마치 위 피고들이 이 사건 토지의 공유지분권자임을 자백하는 취지의 진술을 하였다. 항소심은 제1회 변론기일에 진술된 피고들 대리인의 준비서면에 의한 위 자백의 취소주장을 받아들이지 아니함으로써 위 피고들 간의 구분소유적 공유관계를 인정하지 아니하였다. 자백의 취소에 관하여 검토하시오.

 판결

재판상의 자백에 대하여 상대방의 동의가 없는 경우에는 자백을 한 당사자가 그 자백이 진실에 부합되지 않는다는 것과 자백이 착오에 기인한다는 사실을 증명한 경우에 한하여 이를 취소할 수 있으나, 이때 진실에 부합하지 않는다는 사실에 대한 증명은 그 **반대되는 사실을 직접증거에 의하여 증명**함으로써 할 수 있지만 자백사실이 진실에 부합하지 않음을 추인할 수 있는 간접사실의 증명에 의하여도 가능하다고 할 것이고, 또한 자백이 **진실에 반한다는 증명이 있다고 하여** 그 자백이 **착오로 인한 것이라고 추정되는 것은 아니지만**, 그 자백이 진실과 부합되지 않는 사실이 증명된 경우라면 **변론의 전취지**에 의하여 그 자백이 착오로 인한 것이라는 점을 인정할 수 있다 할 것인바, 앞서 살펴본 바와 같이 피고 乙, 丙이 이 사건 대지를 구분소유적 공유관계로 소유하고 있었음을 인정할 수 있다면 위 자백은 진실에 반한다는 사실이 증명되었다 할 것이고, 그 자백이 진실과 부합하지 않는 사실이 증명된 이상, 변론의 전취지에 의하여 그 자백이 착오로 인한 것이라는 점을 인정할 수 있다 할 것이므로, 위 자백은 진실에 반한 것이고 또한 착오에 의한 것으로서 적법하게 취소되었다고 봄이 상당하다.

검 토

자백의 철회(취소)는 인정되지 않는 것이 원칙이다. 그런데 상대방의 동의가 없는 경우라도, 자백을 한 당사자가 그 자백이 진실에 부합되지 않는다는 것과 자백이 착오에 기인한다는 사실을 증명한 경우에 이를 취소할 수 있는데(288조 단서), 그 취소 요건의 증명에 관한 판례이다.

철회는 반드시 명시적으로 하여야만 하는 것은 아니고, 종전의 자백과 **배치되는 사실을 주장함으로써 묵시적으로도 할 수도** 있다. 다만, 자백을 취소하는 당사자는 그 자백이 **진실에 어긋난다는 것 외에 착오로 말미암은 것**임을 아울러 증명하여야 한다. 진실에 어긋난다는 것에 대한 증명은 그 반대되는 사실을 직접증거에 의하여 증명함으로써 할 수 있지만, 자백이 진실에 어긋남을 추인할 수 있는 **간접사실의 증명에 의하여도 할 수** 있다. 또 진실에 어긋나는 것임이 증명되었다고 하여 착오로 말미암은 자백으로 **추정되지는 않으며**, 한편 진실에 어긋나는 것임이 증명된 경우라면 착오로 말미암은 것임은 **변론 전체의 취지**만으로 인정할 수 있다.

 【대법원 1996. 2. 23. 선고 94다31976 판결】 재판상 자백의 취소는 반드시 명시적으로 하여야만 하는 것은 아니고 종전의 자백과 배치되는 사실을 주장함으로써 **묵시적**으로도 할 수 있다.

 【대법원 1994. 9. 27. 선고 94다22897 판결】 자백은 사적 자치의 원칙에 따라 당사자의 처분이 허용되는 사항에 관하여 그 효력이 발생하는 것이므로, 일단 자백이 성립되었다고 하여도 그 후 위 자백을 취소하고 이에 대하여 상대방이 이의를 제기함이 없이 동의하면 반진실, 착오의 요건은 고려할 필요 없이 자백의 취소를 인정하여야 할 것이나, 위 자백의 취소에 대하여 상대방이 아무런 이의를 제기하고 있지 않다는 점만으로는 그 취소에 동의하였다고 볼 수는 없다.

14-변호사시험

6-8

대법원 1996. 7. 18. 선고 94다20051 전원합의체 판결

법원에 현저한 사실의 의미(그 사실의 존재에 관하여 명확한 기억을 하고 있거나 또는 **기록 등을 조사하여 곧바로 그 내용을 알 수 있는 사실**)

> 교통사고 피해자인 원고는 17년 이상 연탄소매업에 종사하여 왔으므로 1991년도 직종별임금실태조사보고서상의 산업소분류별소매업에 종사하는 자의 임금수준을 기초로 일실수입을 산정하여야 한다고 주장하였고, 피고는 건설물가상의 도시일용노임을 기초로 이를 산정함이 상당하다고 주장하였다. 법원은 원고의 주장을 배척한 후, 법원에 비치되어 있다고 하면서 변론에 전혀 현출된 바 없는 1991년도 직종별임금실태조사보고서의 기재내용에 의하여 직종 중(소)분류별 직종번호 45번 소매업의 판매원에 종사하는 경력이 10년 이상인 남자의 임금인 월 금 916,229원을 기초로 일실수입을 산정하였으며, 위 조사보고서의 기재내용에 따른 통계소득은 법원에 현저한 사실이라고 하여 별도의 증명을 요구하지 아니하였다. 법원에 현저한 사실로 보아서 이를 기초로 일실수입을 산정한 조치는 옳은가?

판결

법원에 현저한 사실이라 함은 법관이 직무상 경험으로 알고 있는 사실로서 그 사실의 존재에 관하여 명확한 기억을 하고 있거나 또는 **기록 등을 조사하여 곧바로 그 내용을 알 수 있는 사실**을 말한다. 그리하여 피해자의 장래 수입상실액을 인정하는 데 이용되는 직종별임금실태조사보고서와 한국직업사전의 각 존재 및 그 기재 내용을 법원에 현저한 사실로 보아, 그를 기초로 피해자의 일실수입을 산정한 조치는, 객관적이고 합리적인 방법에 의한 것이라고 보여지므로 옳다.

[반대의견] 법관이 직무상 안 사실이라고 하더라도 명확한 기억을 하고 있지 아니하면 법원에 현저한 사실에 속한다고 할 수 없고 따라서 직종별임금실태보고서는 법관이 그 기재내용을 기억할 수 없거나 또는 다른 사건의 증거조사과정을 통하여 그 일부를 기억할 수 있을 뿐이므로 이를 전연 별개의 사건에서 법원에 현저한 사실이라고 하여 판결의 기초로 삼을 수 없다.

검토

원칙적으로는 법관이 기억하고 있을 것을 필요로 하지만, 증명이 불필요한 사실로 한 것은 언제든지 기록을 조사하면 그 사실의 진부를 알 수 있기 때문이므로 그 세부의 내용을 기록 등의 조사에 의하여 보충하는 것도 허용된다 할 것이다.

6-9

대법원 2000. 10. 13. 선고 2000다38602 판결

사문서의 작성명의자가 그 사문서의 진정성립 여부에 관하여 부지라고 답변하였으나 그 사문서상의 인영이 자신의 진정한 인장에 의한 것임을 인정하는 취지로 진술하고 그 작성명의자가 타인에게 위임하여 발급받은 자신의 인감증명서상의 인영과 그 사문서상의 인영을 육안으로 대조하여 보아도 동일한 것으로 보이는 경우, 원심으로서는 그 작성명의자에게 그 인영 부분의 진정성립 여부를 석명한 후 그에 따라 그 서증의 진부에 대한 심리를 더하여 보고 그 결과 그 사문서의 진정성립이 추정되면 그 작성명의자가 자신의 인장이 도용되었거나 위조되었음을 입증하지 아니하는 한 그 진정성립을 부정할 수 없음에도 바로 그 사문서의 형식적 증거력을 배척한 원심판결은 사문서의 진정성립에 관한 법리오해가 있다고 하여 이를 파기한 사례

원고가 증거로 제출한 약정서에는 소외 회사가 원고에게 부담하는 구상금채무를 피고가 연대보증한 것으로 기재되어 있고, 피고의 이름 옆에 피고 명의의 인장이 찍혀 있는데, 피고는 이 약정서의 진정성립 여부에 대하여 부지라고 진술하여 다투었다. 그러나 피고는 이 약정서에 대하여, 소외 회사의 이사인 남편이 회사 설립과정에서 피고를 회사의 감사로 등재하는 데 필요하다고 하여 건네준 피고의 인감도장을 이용하여 회사 직원을 시켜 작성한 것이라는 등 그 약정서상 연대보증인란에 찍힌 인영이 피고의 진정한 인장에 의한 것임을 인정하는 취지로 진술하고 있다. 그리고 인감증명서상의 인영과 위 약정서상 인영을 육안으로 대조하여 보아도 동일한 것으로 보인다. 법원은 위 약정서의 형식적 증거력을 배척할 수 있는가?

 판 결

피고는 인영이 자신의 진정한 인장에 의한 것임을 인정하는 취지로 진술하고 있으므로, 반증이 없는 한, 약정서상 인영은 피고의 의사에 의하여 현출된 것으로 사실상 추정되어 358조에 의하여 그 약정서 전체의 진정성립이 추정될 수 있고, 한편 자신의 인감증명서상의 인영과 위 약정서상 인영을 육안으로 대조하여 보아도 동일한 것으로 보이므로 위 약정서는 어느 모로 보든 그 진정성립을 추정할 수 있을 것으로 보인다. 그러므로 약정서의 작성명의자로 되어 있는 피고가 그 성립 여부에 관하여 부지라고 답변하였다고 하여 바로 그 약정서의 형식적 증거력을 배척할 것이 아니라, 그 작성명의자에게 그 인영 부분의 진정성립 여부를 석명한 뒤, 그에 따라 그 서증의 진부에 대한 심리를 더 하여 보고, 그 결과 그 사문서의 진정성립이 추정되면, 그 작성명의자가 자신의 인장이 도용되었거나 위조되었음을 입증하지 아니하는 한, 그 진정성립을 부정할 수 없는 것이다. 그리고 이들 약정서 중 연대보증 부분은 피고가 소외 회사의 원고에 대한 구

상금채무를 연대보증한다는 취지가 기재된 처분문서임이 명백하고, 처분문서는 그 진정성립이 인정되는 경우 그 문서에 표시된 의사표시의 존재와 내용을 부정할 만한 분명하고도 수긍할 수 있는 특별한 사정이 없는 한 그 내용되는 법률행위의 존재를 인정하여야 마땅한바, 이들 약정서의 기재 내용에 따르면, 피고가 이 사건 연대보증약정을 하였다는 사실을 인정할 여지가 없지 않다. 따라서 원심판결에는 사문서의 진정성립 및 처분문서의 증명력에 관한 법리를 오해한 위법이 있다.

검토

거증자로부터 문서가 제출되면 법원은 상대방에게 「성립의 인부」, 즉 문서의 진정성립을 인정하는지 여부를 확인한다. 문서의 성립의 진정에 다툼이 있으면(부인·부지) 문서를 제출한 거증자는 증명을 하여야 한다. 성립의 진정은 결국 법관의 자유심증에 의하여 판단되는 것인데, 가령 사문서의 경우에는, 358조에서 사문서에 작성명의인인 본인 또는 대리인의 서명이나 날인 또는 무인이 있는 때에는 그 진정한 것으로 추정한다는 규정을 두고 있다. 이는 법관의 증거력의 자유로운 평가에 대한 제한이 된다.

여기서 「서명이나 날인 또는 무인이 있는 때」라 함은 문서상에 형식적인 서명이나 날인 또는 무인이 존재하는 것을 뜻하는 것이 아니고, 본인 또는 대리인의 의사에 기한 서명행위나 날인행위 또는 무인행위가 행하여진 사실이 있는 것을 뜻한다. 거증자는 통상 작성명의인인 본인 등의 의사에 기한 서명이나 날인 또는 무인행위를 증명하게 된다.

작성명의인이 가령 인영 부분은 인정하면서 인장을 도용당하였다고 주장하는 경우가 종종 있는데, 이 경우에는 위 358조가 직접적으로 적용될 수는 없다. 이렇게 인영이 작성명의인의 인장에 의하여 현출된 경우에는 특단의 사정이 없는 한, 그 인영의 진정성립, 즉 날인행위가 작성명의인의 의사에 기한 것임이 **사실상 추정**되고(이는 우리나라의 인장 존중의 관행에서 이해할 수 있다), 이와 같이 일단 인영의 진정성립(날인행위)이 추정되면, 위 358조에 의하여 그 문서 전체의 진정성립이 추정된다. 「인영과 인장의 일치→날인행위→본인 등의 의사에 기한 문서의 진정성립」이라는 이러한 추정의 구조를 「**이단(二段)의 추정**」이라고 부른다(판결서의 기재는 '피고 이름 다음에 피고의 도장이 찍혀 있는 사실에 관하여 당사자 사이에 다툼이 없어 그 인영이 피고의 의사에 따라 날인된 것으로 추인되므로 문서 전체의 진정성립이 추정되는 갑 제1호증(각서)'과 같이 된다).

진정의 추정은 그 날인행위가 작성명의인 이외의 사람에 의하여 이루어진 것임이 밝혀지거나 작성명의인의 의사에 반하여 혹은 작성명의인의 의사에 기하지 않고 이루어진 것임이 밝혀진 경우에는 깨어진다. 따라서 문서 제출자는 그 날인행위가 작성명의인으로부터 위임받은 정당한 권원에 의한 것이라는 사실까지 증명할 책임이 있다.

【대법원 1997. 6. 13. 선고 96재다462 판결】 사문서에 날인된 작성 명의인의 인영이 그의 인장에 의하여 현출된 것이라면, 특단의 사정이 없는 한, 그 인영의 진정성립, 즉 날인행 위가 작성 명의인의 의사에 기한 것임이 추정되고, 일단 인영의 진정성립이 추정되면 358조에 의하여 그 문서 전체의 진정성립이 추정되나, 그와 같은 추정은 그 날인행위가 작성 명의인 이외의 사람에 의하여 이루어진 것임이 밝혀지거나 작성 명의인의 의사에 반하여 혹은 작성 명의인의 의사에 기하지 않고 이루어진 것임이 밝혀진 경우에는 깨어 진다. 그런데 위와 같은 인영의 진정성립, 즉 날인행위가 작성 명의인의 의사에 기한 것 이라는 추정은 사실상의 추정이므로, 인영의 진정성립을 다투는 자가 반증을 들어 인영 의 진정성립, 즉 날인행위가 작성 명의인의 의사에 기한 것임에 관하여 법원으로 하여금 의심을 품게 할 수 있는 사정을 입증하면 그 진정성립의 추정은 깨어진다. 원고가 재심 사유에서 지적하고 있는 대법원 1987. 12. 22. 선고 87다카707 판결은 "문서에 찍혀진 작성 명의인의 인영이 그 인장에 의하여 현출된 인영임이 밝혀진 경우에는 그 문서가 작 성 명의인의 자격을 모용하여 작성한 것이라는 것은 그것을 주장하는 자가 적극적으로 입증하여야 한다."는 것으로, 인영의 진정성립을 다투는 자는 반증을 들어 그 진정성립 의 추정을 깨뜨릴 수 있는 사정 등을 적극적으로 입증하여야 한다는 취지이고, 여기에서 의 재심대상 판결(대법원 1996. 10. 29. 선고 96다32157 판결)은 그와 같은 경우에 "반증을 들어 그 진정성립에 관하여 법원으로 하여금 의심을 품게 하면 진정성립의 추정은 깨어진다." 는 원칙을 판시한 것으로, 두 개의 판결은 모두 대법원이 종전부터 취하고 있는 견해와 모순된다고 보기는 어렵다고 할 것이므로 상호 배치되는 판결이라고 할 수 없다.

 【대법원 1993. 8. 24. 선고 93다4151 전원합의체 판결】 어음에 어음채무자로 기재되어 있는 사람이 자신의 기명날인이 위조된 것이라고 주장하는 경우에는 그 사람에 대하여 어음 채무의 이행을 청구하는 어음의 소지인이 그 기명날인이 진정한 것임을 증명하지 않으 면 안 된다고 볼 수밖에 없다.

 【대법원 2000. 6. 9. 선고 99다37009 판결】 작성명의인의 날인만 되어 있고 내용이 백지 로 된 문서를 교부받아 후일 그 백지 부분을 작성명의자 아닌 자가 보충한 문서의 경우 에 있어서는 문서제출자는 그 기재 내용이 작성명의인으로부터 위임받은 정당한 권원에 의한 것이라는 사실을 입증할 책임이 있음

📖 11-법무사시험 / 13-변호사시험 / 15-변리사시험 / 15-법전협 모의시험(1) / 16-법무사시험 / 18-변호사시험 / 19-법전협 모의시험(1) / 19-변리사시험 / 19-법무사시험 (위 99다37009 판결)

6-10

대법원 2015. 12. 21.자 2015마4174 결정

문서의 제출을 거부할 수 있는 예외사유로서 정한 '직업의 비밀'의 의미 / 어느 문서가 문서를 가진 사람이 이용할 목적으로 작성되고 외부자에게 개시하는 것이 예정되어 있지 않으며 개시할 경우 문서를 가진 사람에게 간과하기 어려운 불이익이 생길 염려가 있는 경우, 344조 2항 2호의 자기이용문서에 해당하는지 여부(원칙적 적극)

신청인은 乙(에스네트웍스), 丙(에스네트웍스 일본국 법인), 소외 1, 소외 2의 공동불법행위와 그로 인한 손해액을 특정하기 위해서는 이들이 신청인에게 숨긴, 일본국 법인 나카야마 스틸 코포레이션에 대한 수출용 슬라브의 최종 판매가격 및 제3의 커미션 수령자(주식회사 丁)의 존재에 관한 사항을 명확히 증명할 필요가 있음을 이유로 다음 문서제출신청을 하였다. 계열사 관계인 乙과 丙 사이의 역외거래인 슬래브 제품 매매거래와 관련한 수출입신용장에 관하여, 수출거래와 같은 역외거래에서는 수출입신용장을 이용한 대금 지급 방식이 통상적으로 이용되고, 乙과 丙이 해당 문서들의 존재를 부인할 뿐 이 사건 거래에 따른 대금 지급 방식에 관하여 밝히고 있지 않고 있다. [1] 乙, 丙과 나카야마 사이의 슬래브 수출거래가 이미 종료되어 문서의 내용이 공개되더라도 乙, 丙의 영업에 별다른 지장을 초래할 것이라고 보기 어려운 반면, 위 문서에는 乙, 丙의 나카야마에 대한 슬래브의 최종 판매가격이나 주식회사 丁이 수령한 커미션 액수 등이 포함되어 있어 이는 이 사건 본안소송의 쟁점 해결에 관한 결정적인 자료라고 할 것이다. 한편 乙, 丙이 나카야마에 대하여 비밀준수의무를 부담한다 하더라도, 이 사건 본안소송에서의 진실 발견과 공정한 재판의 필요성이 나카야마가 매매계약 관련 정보에 대하여 가지는 비밀의 중요성보다 우월하다. 乙과 丙은 위 수출입신용장이 직업의 비밀에 관한 문서에 해당한다고 하여 그 제출을 거부할 수 있는가? [2] 또한 매입·매출 회계처리원장은 자기이용문서에 해당하는가?

 판결

[1] 344조 2항 1호, 같은 조 1항 3호 (다)목, 315조 1항 2호는 문서를 가지고 있는 사람은 344조 1항에 해당하지 아니하는 경우에도 원칙적으로 문서의 제출을 거부하지 못한다고 규정하면서 그 예외사유로서 기술 또는 직업의 비밀에 속하는 사항이 적혀 있고 비밀을 지킬 의무가 면제되지 아니한 문서를 들고 있다. 여기에서 '직업의 비밀'은 그 사항이 공개되면 해당 직업에 심각한 영향을 미치고 이후 그 직업의 수행이 어려운 경우를 가리키는데, 어느 정보가 이러한 직업의 비밀에 해당하는 경우에도 문서 소지자는 위 비밀이 보호가치 있는 비밀일 경우에만 문서의 제출을 거부할 수 있다 할 것이다. 나아가 어느 정보가 보호가치 있는 비밀인지를 판단함에 있어서는 그 정보의 내용과 성격, 그 정보가 공개됨으로써 문서 소지자에게 미치는 불이익의 내

용과 정도, 그 민사사건의 내용과 성격, 그 민사사건의 증거로 해당 문서를 필요로 하는 정도 또는 대체할 수 있는 증거의 존부 등 제반 사정을 종합하여 그 비밀의 공개로 인하여 발생하는 불이익과 이로 인하여 달성되는 실체적 진실 발견 및 재판의 공정을 비교형량하여야 한다.

피신청인들과 나카야마 사이의 슬래브 수출거래가 이미 종료되어 위 문서의 내용이 공개되더라도 피신청인들의 영업에 별다른 지장을 초래할 것이라고 보기 어려운 반면, 위 문서에는 피신청인들의 나카야마에 대한 슬래브의 최종 판매가격이나 주식회사 정이 수령한 커미션 액수 등이 포함되어 있어 이는 이 사건 본안소송의 쟁점 해결에 관한 결정적인 자료라고 할 것이고, 한편 피신청인들이 나카야마에 대하여 비밀준수의무를 부담한다 하더라도, 이 사건 본안소송에서의 진실 발견과 공정한 재판의 필요성이 나카야마가 매매계약 관련 정보에 대하여 가지는 비밀의 중요성보다 우월하다. 위 문서가 직업의 비밀에 관한 문서에 해당하여 그 제출을 거부할 수 있는 것은 아니다. 원심의 판단은 정당하다.

[2] 어느 문서가 그 문서의 작성 목적, 기재 내용, 문서의 소지 경위나 그 밖의 사정 등을 종합적으로 고려할 때 오로지 문서를 가진 사람이 이용할 목적으로 작성되고 외부자에게 개시하는 것이 예정되어 있지 않으며 이를 개시할 경우 문서를 가진 사람에게 간과하기 어려운 불이익이 생길 염려가 있다면, 이러한 문서는 특별한 사정이 없는 한 344조 2항 2호의 자기이용문서에 해당한다. 원심이 매입·매출 회계처리원장은 '오로지 문서를 가진 사람이 이용하기 위한 문서'에 해당하지 아니한다고 판단한 것은 이러한 법리에 따른 것으로서 정당하다.

검 토

문서를 가지고 있는 사람은 원칙적으로 그 제출을 거부하지 못한다는 일반적인 문서제출의무를 규정하고 있다(344조 2항). 다만, 여기서 문서를 가지고 있는 사람의 이익보호라는 관점에서, 오로지 문서를 가진 사람이 자기가 이용하기 위한 내부적 문서 등에 대하여 그 예외를 인정하고 있는데, 이에 해당하기 위한 요건이 쟁점이 된 판례이다. 자기이용문서에 해당하기 위한 요건으로, ① 오로지 내부의 이용에 제공할 목적으로 작성되어, 외부에 공표하는 것이 예정되지 않은 문서일 것(**외부비개시성**), ② 개시에 의해 개인의 프라이버시 침해나 단체의 자유로운 의사형성의 저해 등, 소지자에게 간과하기 어려운 불이익이 생길 염려가 있을 것(**불이익성**), ③ **특단의 사정이 없을 것**이라는 3개의 기준을 제시하였다.

6-11

대법원 2004. 6. 24. 선고 2002다6951, 6968 판결

채무불이행으로 인한 재산적 손해의 발생사실은 인정되나 구체적인 손해의 액수를 증명하는 것이 사안의 성질상 곤란한 경우, 법원이 증거조사의 결과와 변론 전체의 취지에 의하여 밝혀진 간접사실들을 종합하여 그 손해액을 판단할 수 있는지 여부(적극)

원고와 축구선수인 피고가 입단계약을 체결시 피고가 해외로 진출하였다가 국내로 복귀할 때는 원고 운영 축구단으로 복귀하기로 약정하였는데, 그 후 피고가 국내로 복귀하면서 원고와의 협상에 성실하게 응하지 않은 채 일방적으로 다른 구단에 입단함으로써 해외에서의 복귀시 원고 운영 축구단으로 복귀하기로 한 위의 약정을 위반하였다고 하여 그로 인하여 원고가 입은 손해의 배상청구를 한 사안에서, 원고의 손해의 성질상 그 손해액에 대한 입증은 대단히 곤란하여 이를 확정하기는 사실상 불가능하므로 위자료의 보완적 기능을 빌어 피고에 대하여 위자료의 지급으로서 원고의 손해를 전보하게 함이 상당하고, 피고가 처음에 원고 운영 축구단에 입단하게 된 경위, 피고에게 지급된 해외이적료의 금액, 피고가 원고 운영 축구단에서 활동한 기간과 해외 구단에서 활동한 기간, 피고가 국내로 복귀할 당시 원고와의 협상 경위, 기타 변론에 나타난 모든 사정을 고려하여 피고가 원고에게 지급할 손해배상액을 정한 법원의 판단에 잘못은 없는가?

 판 결

채무불이행으로 인한 손해배상청구소송에 있어, 재산적 손해의 발생사실이 인정되고 그의 최대한도인 수액은 드러났으나 거기에는 당해 채무불이행으로 인한 손해액 아닌 부분이 구분되지 않은 채 포함되었음이 밝혀지는 등으로 **구체적인 손해의 액수를 입증하는 것이 사안의 성질상 곤란한 경우**, 법원은 증거조사의 결과와 변론의 전취지에 의하여 밝혀진 당사자들 사이의 관계, 채무불이행과 그로 인한 재산적 손해가 발생하게 된 경위, 손해의 성격, 손해가 발생한 이후의 제반 정황 등의 관련된 **모든 간접사실들을 종합하여 상당인과관계 있는 손해의 범위인 수액을 판단할 수 있다.**

 검 토

2016. 3. 29.(2016. 9. 30.부터 시행) 개정 민사소송법 202조의2에서 손해가 발생한 사실은 인정되나 구체적인 손해의 액수를 증명하는 것이 사안의 성질상 매우 어려운 경우에 법원은 변론 전

체의 취지와 증거조사의 결과에 의하여 인정되는 모든 사정을 종합하여 상당하다고 인정되는 금액을 손해배상 액수로 정할 수 있도록 하였다. 독일 민사소송법 287조 1항에서도 손해가 발생하였는지 여부 및 손해액 또는 배상액이 어느 정도인가에 대하여 당사자 사이에 다툼이 있는 때에는 법원은 전체의 사정을 참작하여 자유재량으로 손해배상액을 결정할 수 있다고 하고 있다. 위 규정의 법적 성질에 대해 손해액의 증명에 있어서 **증명도를 감경**한 것이라는 입장(개정이유에서 손해의 공평·타당한 분담원리를 지도원리로 하는 손해배상제도의 이상과 기능을 실현하고자 손해액 증명을 완화할 필요가 있다고 그 입법취지를 밝히고 있다)과 법원의 **재량적 평가**를 인정한 것이라는 입장(정/유/김, 554면은 단순한 증명도의 경감에 그치는 것이 아니라 법원의 자유로운 판단에 따라 상당한 손해액을 인정할 수 있도록 한 점에서 기존의 증명도 경감에 관한 논의와 차이가 있다고 한다)의 대립이 있는데, **절충적**으로 증명도 감경 및 법원의 재량적 평가의 **양쪽 모두**를 인정한 것이라고 보기도 한다. 앞으로 실제 재판실무에서 어떻게 적용할 것인가가 분석되어야 할 것이다.

 【대법원 2007. 11. 29. 선고 2006다3561 판결】위 법리는 자유심증주의하에서 손해의 발생사실은 입증되었으나 사안의 성질상 손해액에 대한 입증이 곤란한 경우 증명도·심증도를 경감함으로써 손해의 공평·타당한 분담을 지도원리로 하는 손해배상제도의 이상과 기능을 실현하고자 함에 그 취지가 있는 것이지, 법관에게 손해액의 산정에 관한 자유재량을 부여한 것은 아니므로, 법원이 위와 같은 방법으로 구체적 손해액을 판단함에 있어서는, 손해액 산정의 근거가 되는 간접사실들의 탐색에 최선의 노력을 다해야 하고, 그와 같이 탐색해 낸 간접사실들을 합리적으로 평가하여 객관적으로 수긍할 수 있는 손해액을 산정해야 한다.

 【대법원 1997. 12. 26. 선고 97다42892, 42908 판결】손해 발생 사실은 인정되나 손해액에 관한 입증이 불충분한 경우, 법원이 취해야 할 조치 ─ 증거에 의하여 … 상당의 손해를 입은 사실을 인정하고 있으므로, 법원이 취신한 증거와 경험칙에 의하면 원고는 그가 배포한 광고지의 제작비를 지출한 사실도 인정할 수 있다 할 것인바, 이와 같이 손해 발생 사실이 인정되는 경우에는 특단의 사정이 없는 한 그 손해액을 심리·확정하여야 하는 것이므로 광고지의 제작비에 관한 입증이 불충분하다 하더라도 법원은 그 이유만으로 그 부분 손해배상 청구를 배척할 것이 아니라 그 손해액에 관하여 적극적으로 **석명권을 행사**하고 **입증을 촉구**하여 이를 밝혀야 할 것이다.

20-변호사시험

6-12

대법원 2009. 9. 24. 선고 2009다37831 판결

등기명의인이 아닌 제3자가 개입된 처분행위에 의하여 소유권이전등기가 마쳐진 경우, 등기의 추정력 번복

Y 교회의 설립자이자 그 장로직에 있던 X와 X의 처 소외인이 이 사건 토지를 Y 교회의 신축 건물 부지로 증여하겠다는 의사를 표시하였음에도 그 소유권을 Y에게 넘기지 않고 있던 중 Y가 Y 교회에 협조적인 소외인의 도움을 받아 X가 보관하고 있던 위 토지의 등기필증에 갈음하여 X 본인 확인서면, X와 Y 교회 사이의 증여계약서 및 같은 취지의 교회 이사회결의서를 작성, 제출하여 Y 교회 앞으로 소유권이전등기를 경료함에 있어서 위 각 서류상 X의 무인 및 서명 부분을 허위로 작성하였다. 한편, X가 그처럼 비정상적인 방법으로 위 토지를 Y 교회에게 급히 넘겨주어야 할 별다른 이유가 없었다. X는 Y 교회를 상대로 소외인 소유의 1/2 지분을 제외한 나머지 1/2 지분에 관한 지분이전등기말소청구를 하였다. 등기명의인이 아닌 제3자가 개입된 처분행위에 의하여 소유권이전등기가 마쳐진 경우, 등기의 추정력을 번복하기 위하여 필요한 증명사실 및 증명책임자는? 작성명의인의 인장이 날인된 문서에 관하여 다른 사람이 날인한 사실이 밝혀진 경우, 문서의 진정성립이 인정되기 위하여 필요한 증명사실 및 증명책임자는?

 판 결

소유명의인의 등기가 적법히 이루어진 것으로 **추정**되므로, 그 말소를 청구하는 **전 소유명의인**으로서는 **반대사실**, 즉 그 제3자에게 전 소유명의인을 대리할 권한이 없었다든가 또는 제3자가 전 소유명의인의 등기서류를 위조하는 등 등기절차가 적법하게 진행되지 아니한 것으로 의심할 만한 사정이 있다는 등의 무효사실에 대한 **증명책임**을 진다.

 검 토

추정되는 사실의 부존재(반대사실의 존재)를 증명하여 추정을 복멸할 수 있는데, 반대사실의 존재는 법률상의 추정을 다투는 사람에게 증명책임이 있으므로 이는 반증이 아니라 **본증**이다. 따라서 상대방으로서는 법원이 그 추정사실의 존재에 의심을 품게 하는 정도의 증명으로는 충분하지 않고 그 추정사실을 뒤집을 만한 반대사실의 존재를 완벽하게 증명하여야 한다.

 10-법무부 모의시험 / 13-법전협 모의시험(1) / 17-법무사시험

6-13

대법원 1995. 3. 10. 선고 94다39567 판결

당사자 일방의 입증방해 행위에 대한 소송상의 평가

소제기 후 의사진료기록(차트) 등에 대한 법원의 서증조사기일에 제출된 피고 명의의 위 진료기록의 기재 중 원고에 대한 진단명의 일부가 볼펜으로 가필되어 원래의 진단명을 식별할 수 없도록 되어 있는데, 그 변조이유에 대하여 상당하고도 합리적인 이유를 제시하지 못하고 있다. 수술과정상의 과오를 추정하는 하나의 자료로 삼았음은 옳은가? 증명책임이 전환되거나 곧바로 원고의 주장 사실이 증명된 것으로 볼 수 있는가?

판 결

의료분쟁에 있어서 의사 측이 가지고 있는 진료기록 등의 기재가 사실인정이나 법적 판단을 함에 있어 중요한 역할을 차지하고 있는 점을 고려하여 볼 때, 의사 측이 진료기록을 변조한 행위는 상당하고도 합리적인 이유를 제시하지 못하는 한, 당사자 간의 공평의 원칙 또는 신의칙에 어긋나는 입증방해행위에 해당하고, 법원으로서는 자유심증에 따라 의사 측에게 불리한 평가를 할 수 있다.

검 토

고의·과실 등에 의하여 증명책임을 지는 당사자의 증명활동을 실패시키거나 곤란에 빠뜨리는 것을 증명방해라고 한다. 가령 상대방이 신청한 증인의 출석방해행위, 문서 내용의 변조 등이 있다. 그 소송상 효과(제재)에 대하여 **학설상** 입장이 나뉜다. ① **증명책임전환설** - 증명책임을 전환시켜야 한다. 모든 경우는 아니고, 유형에 따라 증명책임을 전환할 수 있어야 한다는 입장도 있다(한, 466면). ② **법정증거설** - 곧바로 증명할 사실 자체를 진실로 인정할 수 있다. ③ **자유심증설**(=증거평가설) - 방해의 태양이나 정도, 그 증거의 가치, 비난가능성의 정도를 고려하여 법관의 자유심증에 맡겨야 한다는 입장이다(강, 478면; 김/강, 526면; 김홍, 727면; 송/박, 515면; 정/유/김, 523면; 호, 510면). 다만, 공해소송 등 현대형소송에서 증명방해가 고의적일 때에 방해받은 당사자에게 달리 증거방법이 없을 경우에는 증명책임의 전환도 있을 수 있다고 한다(이, 539면; 정영, 649면). **판례**도 자유심증설의 입장으로, 증명책임이 전환되거나 곧바로 상대방의 주장 사실이 증명된 것으로 보아야 하는 것은 아니라고 본다.

17-법원행정고시

6-14

대법원 1974. 12. 10. 선고 72다1774 판결

공해로 인한 손해배상청구소송에 있어서 가해행위와 손해발생 사이의 인과관계의 입증의 정도

피고 발전소에서 다량으로 분출, 확산되는 아황산까스로 인하여 원고소유 과수의 수세가 악화되어 결실
의 불량 저하로 원고는 손해를 입었다는 사실을 인정한 것은 정당한가?

판 결

공해로 인한 불법행위의 인과관계에 관하여 해당 행위가 없었더라면 결과가 발생하지 아니
하였으리라는 정도의 개연성이 있으면 그로써 족하고(다시 말하면, 침해행위와 손해 사이에 인과관계가
존재하는 상당 정도의 가능성이 있다는 입증을 하면 족하고) 가해자는 이에 대한 반증을 한 경우에만 인
과관계를 부정할 수 있다는 개연성이론을 수긍 못할 바 아니다.

검 토

공해소송에 있어서 피해자 구제나 당사자 사이의 공평의 견지에서 고도의 개연성보다 낮은
개연적 심증으로서 충분하다는 **개연성설**을 받아들인 판례라고 볼 수 있다. 위 대상판결 이후 공
해소송에서 간접반증이론을 응용하여 피해자의 증명의 부담을 경감시키려는 아래 대법원 1984.
6. 12. 선고 81다558 판결을 참조하시오.

【대법원 1984. 6. 12. 선고 81다558 판결】 김양식 사업을 벌였으나 양식김에 김 갯병증상
의 병해가 발생함으로써 막심한 피해를 본 사안에서, 피해자에게 사실적 인과관계의 존
재에 관하여 과학적으로 엄밀한 증명을 요구한다는 것은 공해로 인한 사법적 구제를 사
실상 거부하는 결과가 될 우려가 있는 반면에 가해기업은 기술적, 경제적으로 피해자보
다 훨씬 원인조사가 용이한 경우가 많을 뿐 아니라 그 원인을 은폐할 염려가 있고 가해
기업이 어떠한 유해한 원인물질을 배출하고 그것이 피해물질에 도달하여 손해가 발생
하였다면 가해자 측에서 그것이 무해하다는 것을 입증하지 못하는 한, 책임을 면할 수 없
다고 보는 것이 사회형평의 관념에 적합하다고 할 것이다. ① 피고공장에서 김의 생육에
악영향을 줄 수 있는 폐수가 배출되고, ② 그 폐수 중의 일부가 해류를 통하여 이 사건

어장에 도달되었으며, ③ 그 뒤 김에 피해가 있었다는 사실이 각 모순없이 증명되는 이상, 피고의 위 폐수의 배출과 원고가 양식하는 김에 병해가 발생하여 입은 손해와의 사이에 일응 인과관계의 증명이 있다고 보아야 할 것이고, 이러한 사정 아래서 폐수를 배출하고 있는 피고로서는 ④ 피고공장 폐수 중에는 김의 생육에 악영향을 끼칠 수 있는 원인물질이 들어 있지 않으며 또는 ⑤ 원인물질이 들어 있다 하더라도 그 혼합률이 안전농도 범위 내에 속한다는 사실을 반증을 들어 인과관계를 부정하지 못하는 이상, 그 불이익은 피고에게 돌려야 마땅할 것이다.

 【대법원 2014. 4. 10. 선고 2011다22092 판결】 이른바 담배소송(폐암 발병에 대한 담배 제조자의 손해배상책임 성립 여부) − 흡연과 비특이성 질환인 비소세포암, 세기관지 폐포세포암의 발병 사이에 역학적 인과관계가 인정될 수 있다고 하더라도 어느 개인이 흡연을 하였다는 사실과 비특이성 질환에 걸렸다는 사실이 증명되었다고 하여 그 자체로 양자 사이의 인과관계를 인정할 만한 **개연성**이 증명되었다고 단정하기는 어렵다는 등의 이유로 甲, 乙의 흡연과 폐암 발병 사이의 인과관계가 인정되지 않는다고 본 원심판단을 수긍한 사례.

 【대법원 2013. 7. 12. 선고 2006다17539 판결】 불법행위로 인한 손해배상청구 소송에서 가해행위와 손해 사이의 인과관계를 비율적으로 인정할 수 있는지 여부(소극) − 불법행위로 인한 손해배상청구 소송에서 가해행위와 손해 발생 사이의 인과관계는 존재하거나 부존재하는지를 판단하는 것이고, 이를 비율적으로 인정할 수는 없으므로, 이른바 비율적 인과관계론은 받아들일 수 없다.

 【대법원 2018. 11. 15. 선고 2016다244491 판결】 문제된 증상 발생에 관하여 의료 과실 이외의 다른 원인이 있다고 보기 어려운 간접사실들을 증명함으로써 그 증상이 의료 과실에 기한 것이라고 추정할 수 있는지 여부(적극) 및 그 한계 − 의료행위는 고도의 전문적 지식을 필요로 하는 분야로서 전문가가 아닌 일반인으로서는 의사의 의료행위 과정에 주의의무 위반이 있는지나 주의의무 위반과 손해 발생 사이에 인과관계가 있는지를 밝혀내기가 극히 어려운 특수성이 있다. 따라서 문제된 증상 발생에 관하여 의료 과실 이외의 다른 원인이 있다고 보기 어려운 간접사실들을 증명함으로써 그와 같은 증상이 의료 **과실에 기한 것이라고 추정**하는 것도 가능하다. 그러나 그 경우에도 의사의 과실로 인한 결과 발생을 추정할 수 있을 정도의 개연성이 담보되지 않는 사정들을 가지고 막연하게 중대한 결과에서 의사의 과실과 인과관계를 추정함으로써 **결과적으로 의사에게 무과실의 증명책임을 지우는 것까지 허용되는 것은 아니다.**

PART

07

소송의 종료

7-1

대법원 1997. 10. 24. 선고 95다11740 판결

착오로 인한 소취하의 효력(유효)

> 원고로부터 소의 취하에 관한 특별수권를 받은 변호사 A는 법원에 소취하서를 제출하였고, 그 부본은 피고에게 송달되었으며, 피고는 위 취하에 대하여 이의를 하지 않았다. 그런데 위 A변호사는 실제로 자신의 사무원에게 소송대리인 사임계를 제출할 것을 지시하였는데 사무원이 업무상 중대한 착오를 일으켜 소취하서를 우편접수하였으므로 위 취하서는 착오에 의하여 제출된 것이어서 당연히 무효라고 기일지정신청을 하였다. 이유 있는가?

 판 결
                                                                    • 원심 ⊗ 파기환송

소의 취하는 제기한 소를 철회하여 소송계속을 소멸시키는 원고의 법원에 대한 소송행위이고, 일반 사법상의 행위와는 달리 내심의 의사보다 그 표시를 기준으로 하여 그 효력 유무를 판정할 수밖에 없는 것인바, 소송대리인 사임신고서 제출을 지시받은 사무원은 소송대리인의 표시기관에 해당되어 그의 착오는 소송대리인의 착오라고 보아야 하므로, 그 사무원의 착오로 소송대리인의 의사에 반하여 소를 취하하였더라도 이를 무효라고 볼 수는 없다. 그렇다면 소송대리인의 위 취하는 유효한 것이라고 할 것이므로, 법원으로서는 소송종료선언을 하였어야 할 것임에도 불구하고 심리를 진행한 다음 본안판단을 한 것은 잘못이다.

검 토

소취하와 같은 소송행위에 의사표시의 흠에 관한 민법규정을 유추적용하여 소송행위의 무효나 취소를 주장할 수 있는지 여부에 대하여, **학설**은 ① 민법규정을 유추적용하자는 **민법규정 유추적용설**(정/유/김, 693면; 호, 756면), ② 451조 1항 5호의「형사상 처벌을 받을 다른 사람의 행위」라는 재심사유를 유추적용하여 그 효력을 부인할 수 있다는 **재심사유 유추적용설**이 있다. 이때에 동조 2항의 유죄의 확정판결의 요건이 필요한지 여부에 대하여 추가 논의가 있는데, **불요설**도 있으나(가령 김용, 403면; 김/강, 582면; 이, 572면; 정영, 1043면) 확정판결의 존재가 **필요**하다고 할 것이다(마찬가지 입장은 강, 597면; 김홍, 521면).

 09-사법시험 / 14-법원행정고시 / 16-법전협 모의시험(3) / 17-법전협 모의시험(1)

7-2

대법원 1996. 9. 20. 선고 93다20177, 20184 판결

채권자대위소송과 재소금지

소외 A 명의의 소유권이전등기가 경료되어 있음에도 그 후에 乙이 이 사건 토지에 관하여 중복하여 소유권보존 등기를 경료하였다. 소외 A의 상속인 甲은 乙에 대하여 소유권보존등기말소청구소송을 제기하였다. 이에 대하여 乙은 甲에 대하여 시효취득을 원인으로 소유권이전등 기절차의 이행을 구하는 반소를 제기하였다. 그런데 그 전에 소외 B는 위 토지에 관하여 위 乙에 대하여는 매매를 원인으로 한 소유권이전등기청구를 구하고, 甲에 대하여는 乙에 대한 소유권이전등기청구권에 기하여 乙을 대위하여 시효취득을 원인으로 한 소유권이전등기절차의 이행을 구하는 소를 제기하였다가 패소판결을 선고받고 항소하였는데, 항소심 계속 중 위 소를 취하한 바 있다. 위 乙의 甲에 대한 반소청구는 적법한가?

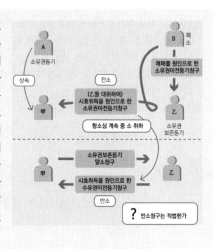

판결

채권자대위소송이 제기된 사실을 피대위자인 **채무자가 알았을 때**에는 그 판결의 효력은 채무자에게 미친다는 대법원 1975. 5. 13. 선고 74다1664 전원합의체 판결의 견해로 미루어 보면, 피대위자가 **알게 된 이상**, 종국판결이 있은 뒤 그 소가 취하된 때에는 피대위자도 재소금지규정의 적용을 받는 것이 상당하다.

검토

본안에 대한 종국판결이 있은 뒤에 소를 취하한 사람은 같은 소를 제기하지 못한다(267조 2항). 재소가 금지되는 요건으로는 우선 재소가 전소와 동일한 소인 것을 들 수 있다. 여기서 동일한 소라고 하려면 당사자가 동일하여야 하는데, 채권자대위소송에서 채무자에게도 위 규정의 적용이 있는가가 문제된다. **다수설**은 채무자가 **대위소송이 제기된 것을 안 것**을 전제로 하는 위 대상판결과 마찬가지 입장이다(강, 600면; 김홍, 769면; 이, 575면). 반면, 재소금지의 효과가 미친다고 함은 부당하다는 **소극설**도 있다(송/박, 482면; 한, 543면; 호, 762면).

7-3

대법원 1989. 10. 10. 선고 88다카18023 판결

후소가 전소의 소송물을 선결문제로 하는 경우에 재소금지의 적용 여부(적극)

원고는 피고 학교법인이 경영하는 전문대학에서 교수로 재직하다가 1980. 9. 27. 피고로부터 면직된 뒤, 동료교수인 소외인 등과 함께 위법하게 면직처분을 하였다 하여 피고를 상대로 면직처분무효확인을 구함과 아울러 면직 이후의 봉급액지급청구의 소를 제기하였다가 패소판결을 선고받고 항소하여 계속 중 위 소를 취하함과 동시에 피고에게 사임서를 제출한 다음 다른 대학교의 교수로 임용되었다. 그동안 원고 동료교수인 소외인은 위 면직처분이 당연무효라는 이유로 원판결 취소, 위 소외인 승소의 판결을 선고받아 확정되었다. 그러자 원고는 다시 당연무효의 위 면직처분으로 말미암아 위 처분이 있은 뒤인 1980. 10. 1.부터 사직원을 제출한 달인 1982. 2. 말까지의 본봉, 연구수당, 상여금 및 정근수당, 퇴직금 등 합계 금 27,244,023원을 지급받지 못하게 되는 손해를 입었으므로 주위적으로 피고는 고의 또는 과실로 인한 위 위법행위로 인하여 원고가 입은 위 금원 상당의 손해를 배상하고 예비적으로는 법률상 원인 없이 얻은 위 금원 상당의 이득을 반환할 의무가 있다고 소를 제기하였다. 적법한가?

 판결   • 원심 ⊗ 파기하고 제1심판결을 취소하여 이 사건 소를 각하

　재소금지는 임의의 소취하에 의하여 그때까지의 국가의 노력을 헛수고로 돌아가게 한 사람에 대한 **제재적 취지**에서 그가 다시 동일한 분쟁을 문제 삼아 소송제도를 농락하는 것과 같은 부당한 사태의 발생을 방지할 목적에서 나온 규정이므로 여기에서 동일한 소라 함은 반드시 **기판력의 범위나 중복제소금지의 경우의 그것과 같이 풀이할 것은 아니고** 따라서 당사자와 소송물이 동일하더라도 재소의 이익이 다른 경우에는 동일한 소라 할 수 없는 반면, 후소가 전소의 소송물을 선결적 법률관계 내지 전제로 하는 것일 때에는 비록 소송물은 다르지만 원고는 전소의 목적이었던 권리 내지 법률관계의 존부에 대하여는 다시 법원의 판단을 구할 수 없는 관계상 위 제도의 취지와 목적에 비추어 후소에 대하여도 동일한 소로써 판결을 구할 수 없다고 풀이함이 상당하다. 전소의 소송물인 이 사건 면직처분이 위법·무효인 여부에 관한 점은 이 사건 소의 선결적인 법률관계를 이루고 있음이 명백하고 그 밖에 이 사건 소의 제기를 정당시할 아무런 사정도 보이지 아니하므로 결국 이 사건 소는 주위적 청구나 예비적 청구 모두 전소와 동일한 소로서 재소금지의 효과를 받는 부적법한 소이다.

검토

 소의 취하에 의하여 소송계속이 소급적으로 소멸하므로 뒤에 다시 동일한 내용의 소를 제기하는 것은 본래 무방하다. 그러나 한편, 소의 취하 뒤에 자유롭게 다시 동일한 내용의 소를 제기할 수 있다는 태도를 완전히 관철하면, 취하할 때까지 심리를 위하여 기울인 노력은 수포로 돌아가게 된다. 그리하여 본안에 대한 종국판결이 있은 뒤에 소를 취하한 사람은 같은 소를 제기하지 못한다는 재소금지의 규정을 두고 있다(267조 2항). 재소가 금지되는 요건으로는 우선 ① 재소가 전소와 동일한 소인 것을 들 수 있다. 여기서 동일한 소라고 하려면 **당사자의 동일, 소송물의 동일 이외에,** 나아가 소를 취하한 때와 비교하여 재소를 제기하는 때에 재소를 필요로 하는 **사정의 동일성**(권리보호의 이익 내지 필요성의 동일)까지 요구된다. 그리고 ② 본안에 대한 종국판결 뒤의 소의 취하인 것을 들 수 있다(따라서 소송판결인 소각하판결에 대하여는 재소금지의 적용이 없다).

 여기서 위 ① 요건과 관련하여 후소의 소송물이 전소의 소송물을 선결적 법률관계 내지 전제로 하는 경우, 예를 들어 취하된 전소가 원본채권을 소송물로서 하고, 후소가 그 이자채권을 소송물로 하는 경우에 대해 재소금지효가 작동하는지 여부에 대해서는 견해의 대립이 있다.

 학설은 판례와 마찬가지로 재소금지효의 **적용이 있다**는 입장과(강, 600면; 김/강, 579면; 김홍, 770면; 김/강, 정/유/김, 699면; 정영, 1048면), 소송물이 다르기도 하고, 혹시 동일한 소라고 하여 재소를 막는 것은 기판력의 효과보다 더 가혹한 것이 되므로 재소금지효의 **적용이 없다**는 입장으로(송/박, 482-483면; 이, 576면; 한, 543면; 호, 764-765면) 나뉘고 있다.

 위 **대상판결**은 재소금지제도의 취지가 소취하의 남용을 제재함에 있음을 밝힘과 동시에 재소가 금지되는 소송물의 동일성 범위에 대하여는 후소가 전소의 소송물을 전제 내지 선결적 법률관계로 하는 경우도 포함됨을 명백히 한 점에서 의의가 있다는 해설이 있다(김태훈, 대법원판례해설(제13호), 59면).

 생각건대 소송물에 대한 법원의 판단을 기초로 하는 기판력의 경우와 달리 원고 스스로 소를 취하한 소송행위를 이유로 하는 재소금지효는 소송물이 동일한 경우로 한정하여야 하므로 위와 같은 경우에는 **재소금지효를 부정**하여야 한다.

7-4

대법원 1993. 8. 24. 선고 93다22074 판결

종국판결 후 소를 취하하였다 하더라도 새로운 권리보호의 이익이 있으면 재소할 수 있는지 여부(긍정)

> X가 Y를 상대로 한 이 사건 임야 등에 대한 지상권설정등기말소청구소송(전소)의 1, 2심에서 승소한 후 쌍방 간에 이루어진 약정에 따라 소를 취하한 후에 Y가 위 전소 취하의 전제조건인 약정사항을 지키지 아니함으로써 위 약정이 해제 또는 실효되는 사정변경이 발생하였다면, 다시 지상권설정등기말소청구를 할 수 있는가?

 판 결

재소금지원칙이 적용되기 위하여는 소송물이 동일한 외에 **권리보호의 이익도 동일하여야** 할 것인데, 전소 취하의 전제조건인 약정사항을 지키지 아니함으로써 위 약정이 해제 또는 실효 되는 사정변경이 발생하였다면, 이 사건 지상권설정등기말소청구와 전소가 소송물이 서로 동일 하다 하더라도, 소제기를 필요로 하는 사정이 같지 아니하여 권리보호의 이익이 다르다 할 것이 므로, 결국 이 사건 청구는 재소금지원칙에 위배되지 아니한다.

 검 토

7-3 검토에서 본 바와 같이 당사자와 소송물이 동일한 경우라도 재소를 정당화할 만한 새로 운 권리보호이익 내지는 필요성이 있는 때에는 재소는 금지되지 않는다(대상판결도 마찬가지).

 【참조】【**대법원 2009. 6. 25. 선고 2009다22037 판결**】 제1심에서 부정경쟁방지 및 영업비밀보호 에 관한 법률에 기하여 침해금지청구, 일정 기간의 부정경쟁행위로 인한 손해배상청구 를 하였다가 패소한 후 항소심에서 이를 철회하는 등 청구원인을 변경한 자가, 다시 상 표법에 기한 침해금지청구 및 다른 기간의 상표권침해로 인한 손해배상청구를 추가한 사안에서, 추가한 청구가 제1심 청구와 **소송물이 동일하다고 보기 어렵고 다시 청구할 필요도 있어** 재소금지의 원칙에 저촉되지 않는다.

 14-법전협 모의시험(1)

7-5

대법원 1962. 2. 15. 선고 4294민상914 전원합의체 판결

재판상 화해와 화해의 해제

> 원, 피고 사이에 재판상 화해를 하여 조서에 기재하였으나 그 화해 내용에 따라 원고는 2,095,000원을
> 피고에게 지불하여야 되는데 이를 이행하지 않았으므로 피고는 그 화해 계약을 해제하여 재판상 화해는
> 실효되었다는 이유로써 피고가 기일지정신청을 할 수 있는가?

 판 결

재판상 화해를 한 당사자는 재심의 소송에 의하지 아니하고서 그 화해를 사법상의 화해계약
임을 전제로 하여 그 화해의 해제를 주장하는 것과 같은 화해조서의 취지에 반하는 주장을 할
수 없다.

 검 토

재판상 화해가 성립하였는 바, 화해 그 자체에 흠(무효·취소사유)이 있는 것이 아니라, 그 화해
에서 의무를 부담하는 당사자가 화해내용을 이행하지 않는 경우가 있다. 물론 일정한 구체적인
이행의무에 대하여 화해조서에 집행력이 인정되므로 상대방 당사자는 그 화해조서를 집행권원
으로 강제집행을 할 수 있다(민사집행법 56조). 그러나 화해는 당사자가 소송물에 대한 주장을 서
로 양보한 결과로서 결실을 맺은 합의이므로 당초의 주장과 비교하여 정도의 차이가 있고 후퇴
한 내용인 경우가 일반적이므로 이를 고려하면 항상 화해조서에 기한 강제집행이 강제될 이유
는 없고, 화해내용의 이행을 구하는 것이 반드시 이득이 된다고 할 수 없다. 그래서 이때에 화해
의 합의 그 자체를 채무불이행을 이유로 해제할 수 없는가가 문제이다(물론 민법상으로는 당사자 일
방이 화해내용을 실행하지 않기 때문에 상대방이 채무불이행을 이유로 화해를 해제할 수 있다는 것에는 이론이 없
다). 그리고 이 경우에 재판상 화해의 처리는 어떻게 되는가가 문제인데 그 전제로 우선 재판상
화해의 기판력이 문제된다.

대상판결은 재판상 화해를 소송행위로 파악하고, (무제한) 기판력 긍정설을 취하면서 재판상
화해가 사법상의 계약이 아님을 들어 해제 자체가 허용되지 않는다고 본 것이다.

또한 판례는 제1화해가 성립한 뒤에 다시 제1화해와 모순·저촉되는 제2화해가 성립하였다

하여도 제2화해에 의하여 제1화해가 당연히 실효하거나 변경되지는 않는다고 본다(대법원 1995.
12. 5. 선고 94다59028 판결).

다만, 판례는 소송상 화해를 소송행위로 파악하면서도 소송상 화해가 해제조건부로 성립한
때에는 해제조건의 성취에 의한 실효조건부 화해의 효력을 인정하고 있다(대법원 1965. 3. 2. 선고
64다1514 판결).

생각건대 실체법상 해제원인이 되는 채무불이행이 있으면 재판상 화해의 해제도 긍정하여야
할 것이다. 가령 (무제한) 기판력 긍정설에서도 화해성립 뒤의 사유에 의한 해제는 기판력의 시적
한계 밖으로 기판력에 의하여 방해받지 않는다고도 볼 수 있다.

그리고 그 주장방법에 있어서는 화해의 흠(무효·취소사유)와 마찬가지로 해제에 있어서도 화
해를 해제하고 구소의 속행의 방법으로 기일지정신청에 의할 것인가 또는 신소를 제기하는 방
법에 의할 것인가는 **당사자**의 **선택**에 맡겨야 한다(유보해제권에 기한 해제의 경우에는 화해 전의 권리관
계가 부활하므로 기일지정신청에 의하여야 하고, 채무불이행, 사정변경에 의한 해제나 합의해제의 경우에는 화해
전의 권리관계가 부활하지 않고 화해상의 권리관계를 청산하여야 하므로 신소(별소)의 제기에 의할 것이라는 입장
은 정/유/김, 725면 참조). 각각의 분쟁의 형태, 전개의 태양에 대응하여 화해내용, 화해성립으로부
터 해제까지의 시간의 경과 등에 의하여 자연스럽게 당사자의 선택에 맡기는 것이 적절하기 때
문이다.

 【대법원 1999. 10. 8. 선고 98다38760 판결】 재판상 화해조서는 확정판결과 같은 효력이
있어 기판력이 생기는 것이므로 그 내용이 강행법규에 위반된다 할지라도, 화해조서가
준재심절차에 의하여 취소되지 아니하는 한, 그 당사자 사이에서는 그 화해가 무효라는
주장을 할 수 없으나, 기판력은 재판상 화해의 당사자가 아닌 제3자에 대하여까지 미친
다고 할 수 없으므로, 만약 원고 乙이 甲을 대위하여 피고 丙을 상대로 피고 명의의 소유
권이전등기의 말소를 구하는 것이라면 이는 위 화해조서의 기판력에 저촉되어 허용될
수 없지만, 이 사건 소와 같이 원고가 이 사건 아파트의 진정한 소유자임을 주장하면서
직접 피고를 상대로 진정한 등기명의의 회복을 원인으로 한 소유권이전등기절차의 이행
을 구하는 경우에까지 위 화해조서의 기판력이 미친다고 볼 수 없다.

 【대법원 1995. 12. 5. 선고 94다59028 판결】 甲, 乙 및 丙 사이에 제1화해가 성립한 후에
甲과 乙 사이에 다시 제1화해와 모순 저촉되는 제2화해가 성립하였다 하여도, 제1화해
가 조서에 기재되어 확정판결과 동일하게 기판력이 발생한 이상 제2화해에 의하여 제1
화해가 당연히 실효되거나 변경되고 나아가 제1화해조서의 집행으로 마쳐진 乙 명의의
소유권이전등기 및 이에 기한 제3자 명의의 각 소유권이전등기가 무효로 된다고 볼 수는
없다.

7-6

대법원 2014. 3. 27. 선고 2009다104960, 104977 판결

조정조서의 효력(=**확정판결과 동일한 효력**)과 조정조서의 내용이 강행법규에 반한다는 이유로 조정조서의 무효를 주장할 수 있는지 여부(**원칙적 소극**) 및 이러한 효력이 조정조서의 내용에 포함된 '조정참가인이 당사자가 된 법률관계'에 관하여도 마찬가지로 미치는지 여부(**적극**)

丙과 丁재단의 ○○지방법원 99가단10195호 토지인도 등 사건에서 2000. 8. 19. 乙이 이해관계인으로 출석하여 조정 담당 판사의 허가를 얻어 조정에 참가한 가운데 다음과 같은 내용의 조정(이하 '이 사건 조정'이라고 한다)이 성립되었다. ① 丁재단은 丙에게 2000. 10. 19.까지 2,000만원을 각 지급한다. ② 丙은 위 돈을 지급받음과 동시에 乙에게 X토지에 관하여 2000. 8. 19. 매매를 원인으로 한소유권이전등기절차를 이행한다. (甲이 X토지를 매수한 것이나, 편의상 乙명의로 소유권이전등기를 경료하여 두는 것이다) 乙은 2001. 1. 18. 이 사건 조정조서에 기하여 X토지에 관하여 丙으로부터 2000. 8. 19. 매매를 원인으로 하는 乙명의의 소유권이전등기(이하 '이 사건 소유권이전등기'라고 한다)를 마쳤다. 甲은 丁재단 소속의 지교회로서 법인 아닌 사단이다. 첫째, 丙이 이 사건 조정의 내용이 강행법규에 위반된다고 주장하면서 乙에 대하여 이 사건 소유권이전등기의 말소를 청구하고 이에 대해 乙이 응하지 않을 경우, 丙의 청구가 인용될 수 있는가? 둘째, 甲이 이 사건 조정에 따라 X토지의 명의신탁자로서 명의수탁인 乙에게 명의신탁해지를 원인으로 한 소유권이전등기절차의 이행을 청구하고, 이에 乙은 이 사건 소유권이전등기가 강행법규에 위반되어 무효이므로 甲의 청구에 응할 수 없다고 주장하는 경우, 甲의 청구가 인용될 수 있는가? 셋째, 甲은 이 사건 조정의 내용이 강행법규에 위반된다고 주장하면서 丙에 대한 소유권이전등기청구권을 보전하기 위해 丙을 대위하여 乙에 대하여 이 사건 소유권이전등기의 말소등기절차의 이행을 구하는 소를 제기하고, 이에 대해 乙이 甲의 청구를 다툴 경우, 법원은 {소각하, 청구전부인용, 청구일부인용, 청구기각} 어떻게 판결하여야 하는가?

 판결
                                                          • 원심 ⊗ 파기환송

조정조서가 조정참가인이 당사자가 된 법률관계도 그 내용으로 하는 경우에는 위와 같은 조정조서의 효력은 조정참가인의 법률관계에 관하여도 다를 바 없다고 할 것이다. 또한 채권자대위소송에 있어서 대위에 의하여 보전될 채권자의 채무자에 대한 권리가 인정되지 아니할 경우에는 채권자가 스스로 원고가 되어 채무자의 제3채무자에 대한 권리를 행사할 당사자적격이 없게 되므로 그 대위소송은 부적법하여 각하할 수밖에 없다(대법원 2005. 9. 29. 선고 2005다27188 판결). 앞서 본 법리에 비추어 보면, 원고와 피고 사이의 **명의신탁약정이 부동산실명법에 위반되어 무효**이기는 하나, 이 사건 조정조서는 확정판결과 동일한 효력이 있고, 이 사건 조정당사자인

丙과 조정참가인인 피고 사이에 이 사건 조정의 내용이 된 법률관계에 관하여 기판력이 생기는 것이다. 따라서 이 사건 **조정조서의 내용이 강행법규에 위반된다고 할지라도 준재심절차에 의하여 취소되지 아니하는 한, 丙이 피고에 대하여 이 사건 조정조서에 기하여 마쳐진 이 사건 소유권이전등기의 말소를 구하는 것은 이 사건 조정조서의 기판력에 저촉되어 허용될 수 없다.** 그렇다면 丙의 원고에 대한 소유권이전등기의무는 다른 특별한 사정이 없는 한 이행불능이 되었다고 할 것이어서, 원고의 丙에 대한 소유권이전등기청구권은 인정되지 아니한다. 결국 원고가 丙에 대한 소유권이전등기청구권을 보전하기 위하여 丙을 대위하여 피고에게 이 사건 소유권이전등기의 말소를 구하는 이 사건 소는 그 피보전권리가 인정되지 아니하는 이상, 원고에게 당사자적격이 없어 부적법하다.

 검토

조정은 재판상 화해와 동일한 효력이 있고(민사조정법 29조), 재판상 화해를 조서에 적은 때에는 그 조서는 **확정판결과 같은 효력**을 가지는데(민사소송법 220조), 조정조서의 기판력과 채권자대위소송의 법리 등이 쟁점인 판례이다.

【대법원 2007. 4. 26. 선고 2006다78732 판결】동업관계해지를 원인으로 한 공유물분할소송에서 성립한 조정의 효력이 조정조서에 기재되지 않은 손해배상채권에 미치지 않는다고 한 사례

【대법원 2019. 1. 31. 선고 2017다228618 판결】채권자대위권의 행사에서 채권자가 채무자를 상대로 보전되는 청구권에 기한 이행청구의 소를 제기하여 승소판결을 선고받고 판결이 확정된 경우, 청구권의 발생원인이 되는 사실관계가 제3채무자에 대한 관계에서 증명되었다고 볼 수 있는지 여부(원칙적 적극) / 청구권의 취득이 강행법규 위반 등으로 무효인 경우, 채권자대위소송의 제3채무자에 대한 관계에서 피보전권리가 존재하는지 여부(소극) 및 이는 확정판결 또는 그와 같은 효력이 있는 재판상 화해조서 등이 재심이나 준재심으로 취소되지 아니하여 채권자와 채무자 사이에서 판결이나 화해가 무효라는 주장을 할 수 없는 경우라 하더라도 마찬가지인지 여부(적극)

7-7

대법원 2010. 10. 28. 선고 2010다61557 판결

전소의 확정판결에 기한 채권의 시효중단을 위하여 제기한 후소에서 그 확정된 권리를 주장
할 수 있는 요건이 구비되어 있는지 여부에 관하여 다시 심리할 수 있는지 여부(소극)

> X의 구상금 청구소송에서 보증보험계약서의 진정성립이 인정되어 X 승소판결이 선고되어 확정되었다.
> 이후 X는 위 판결에 의하여 확정된 채권의 소멸시효완성을 차단하기 위하여 다시 동일한 내용의 소를 제
> 기하였는데, 법원은 위 보증보험계약서의 진정성립 여부 등을 다시 심리하여 그 진정성립이 인정되지 않
> 는다는 이유 등으로 X의 청구를 기각하였다. 기판력의 효력에 관한 법리에 비추어 이를 검토하시오.

 판 결

대전지방법원 96가단36132 구상금 청구소송에서 이 사건 보증보험계약서의 진정성립이 인
정되어 원고 승소판결이 선고되었고 그 무렵 위 판결이 확정된 사실, 원고는 이 사건 소장에서
위 판결에 의하여 확정된 채권의 소멸시효 완성을 차단하기 위하여 다시 동일한 내용의 이 사건
소송을 제기한다는 취지의 주장을 하고 있는 사실 등을 알 수 있는바, 확정된 승소판결에는 기
판력이 있으므로 당사자는 그 확정된 판결과 동일한 소송물에 기하여 신소를 제기할 수 없는 것
이 원칙이나, **시효중단** 등 특별한 사정이 있는 경우에는 **예외적으로 신소가 허용**된다고 할 것
인바, 이러한 경우에 신소의 판결이 전소의 승소확정판결의 내용에 저촉되어서는 아니 되므로,
후소 법원으로서는 그 확정된 권리를 주장할 수 있는 모든 요건이 구비되어 있는지 여부에 관하
여 다시 심리할 수 없다는 법리를 위 사실관계에 비추어 보면, 전소인 위 대전지방법원 96가단
36132 구상금 청구소송에서 원고의 피고에 대한 구상금채권이 확정된 이상 그 확정된 채권의
소멸시효의 중단을 위하여 제기된 이 사건 소송에서 이 사건 보증보험계약서의 진정성립 여부
등을 다시 심리할 수는 없다(그럼에도 불구하고, 이 사건 보증보험계약서의 진정성립 여부 등을 다시 심리하
여 그 진정성립이 인정되지 않는다는 이유 등으로 원고의 이 사건 청구를 기각한 판결에는 기판력의 효력에 관한
법리를 오해한 잘못이 있다).

검 토

전소에서 승소한 원고가 동일한 소송물로 다시 소를 제기하여 온 경우에는 원고가 기판력에 모순되는 주장을 하는 것은 아니므로 기판력의 작용을 생각하기 이전에 후소의 소의 이익이 있는지 여부가 우선 문제되는데, 원칙적으로 이미 승소판결을 받은 이상 소의 이익(권리보호의 이익)이 없다. 그리하여 후소는 부적법 각하되어야 한다. 다만, 여기서 예외적으로 시효중단을 위한 것이든지, 판결내용의 불특정, 판결원본의 멸실 등 특별한 사정이 있는 경우에는 소의 이익이 있다. 다만, 전소의 판결내용에 의거하여(이 단계에서 기판력의 구속력이 작용하여 판결내용에 저촉되어서는 안 된다) 후소의 판단을 할 수 있다(따라서 피고가 후소에서 전소의 확정된 권리관계를 다투기 위하여는 가령 적법한 추완항소를 제기하는 것 등에 의하여 먼저 전소의 승소확정판결의 기판력을 소멸시켜야 한다. 대법원 2013. 4. 11. 선고 2012다111340 판결).

확정된 승소판결에는 기판력이 있으므로 당사자는 그 확정된 판결과 동일한 소송물에 기하여 신소를 제기할 수 없는 것이 원칙이나, 시효중단 등 특별한 사정이 있는 경우에는 예외적으로 신소가 허용된다고 할 것인바, 이러한 경우에 신소의 판결이 전소의 승소확정판결의 내용에 저촉되어서는 아니 되므로, 후소 법원으로서는 그 확정된 권리를 주장할 수 있는 모든 요건이 구비되어 있는지 여부에 관하여 다시 심리할 수 없다(대법원 1998. 6. 12. 선고 98다1645 판결 등 참조)는 기존의 법리를 확인한 판결이다.

참조 【대법원 2019. 1. 17. 선고 2018다24349 판결】 시효중단을 위한 후소를 심리하는 법원으로서는 전소 판결이 확정된 후 소멸시효가 중단된 적이 있어 그 중단사유가 종료한 때로부터 새로이 진행된 소멸시효기간의 경과가 임박하지 않아 시효중단을 위한 재소(再訴)의 이익을 인정할 수 없다는 등의 특별한 사정이 없는 한, 후소가 전소 판결이 확정된 후 10년이 지나 제기되었다 하더라도 곧바로 소의 이익이 없다고 하여 소를 각하해서는 아니 되고, 채무자인 피고의 **항변에 따라 원고의 채권이 소멸시효 완성으로 소멸**하였는지에 관한 본안판단을 하여야 한다.

7-8

대법원 2018. 7. 19. 선고 2018다22008 전원합의체 판결

확정판결에 의한 채권의 소멸시효기간인 10년의 경과가 임박한 경우, 시효중단을 위한 재소에 소의 이익이 있는지 여부(적극) 및 이때 후소 법원이 그 확정된 권리를 주장할 수 있는 모든 요건이 구비되어 있는지에 관하여 다시 심리할 수 있는지 여부(소극)

① 甲(서울보증보험)은 1995. 12.경 소외인 丙과 사이에 "피보험자 현대자동차 주식회사(이하 '현대자동차'라 한다), 보험가입금액 9,504,000원, 보험기간 1995. 12. 27.부터 1997. 12. 26.까지, 보증내용 쏘나타 자동차 할부금 납입채무 지급보증"으로 하는 할부판매보증보험계약(이하 '이 사건 보증보험계약'이라 한다)을 체결하였고, 乙은 소외인 丙이 이 사건 보증보험계약에 따라 甲에게 부담하는 모든 채무를 연대보증하였다. ② 현대자동차는 소외인 丙이 할부금 납입채무를 3회 이행하지 아니하자 이 사건 보증보험계약에 따라 甲에게 보험금을 청구하였고, 甲은 1996. 7. 23. 현대자동차에게 보험금으로 7,600,951원을 지급하였다. ③ 甲은 소외인 丙과 乙을 상대로 구상금 청구소송을 제기하여 1997. 4. 8. 승소판결을 받아 그 무렵 확정되었으며, 그 후 甲은 2,337,933원을 지급받았다. ④ 甲은 시효연장을 위해 구상금 청구소송을 제기하여 2007. 2. 1. '18,767,816원'을 지급하라는 이행권고결정을 받았고, 2007. 2. 23. 그대로 확정되었다. ⑤ 이 甲 승소의 이행권고결정이 확정된 때인 2007. 2. 23.부터 10년의 경과가 임박한 2016. 8. 19. 甲은 다시 乙을 상대로 다시 소를 제기하였고, 법원은 피고 乙은 소외인 丙과 연대하여 원고 甲에게 구상금 18,767,816원을 지급할 의무가 있다고 판단하였다. 나아가 '피고는 소외인을 알지 못하며 원고와 연대보증약정을 체결한 사실이 없으므로, 이 사건 보증보험계약에 따른 채무를 부담하지 않는다.'는 취지의 피고 乙의 주장에 대하여는, 원고 甲이 피고 乙을 상대로 제기한 위 구상금청구 소송에서 위와 같은 구상금 채권의 존재가 확정된 이상, 소멸시효 중단을 위해 제기한 이 사건 소송에서 피고 乙이 주장하는 사유는 위 확정판결의 기판력에 저촉되는 것이어서 심리할 수 없다고 판단하였다. 이와 같은 판단에 잘못이 있는가?

 판결

확정된 승소판결에는 기판력이 있으므로, 승소 확정판결을 받은 당사자가 그 상대방을 상대로 다시 승소 확정판결의 전소와 동일한 청구의 소를 제기하는 경우 그 후소는 권리보호의 이익이 없어 부적법하다. 하지만 예외적으로 확정판결에 의한 채권의 소멸시효기간인 10년의 경과가 임박한 경우에는 그 시효중단을 위한 소는 **소의 이익이 있다**. 나아가 이러한 경우에 후소의 판결이 전소의 승소 확정판결의 내용에 저촉되어서는 아니 되므로, 후소 법원으로서는 그 확정된 권리를 주장할 수 있는 모든 요건이 구비되어 있는지 여부에 관하여 **다시 심리할 수 없다**(대법원 2010. 10. 28. 선고 2010다61557 판결 등 참조).

한편 대법원은 종래 확정판결에 의한 채권의 소멸시효기간인 10년의 경과가 임박한 경우에는 그 시효중단을 위한 재소는 소의 이익이 있다는 법리를 유지하여 왔다. 이러한 법리는 현재에도 여전히 타당하다. 다른 시효중단사유인 압류·가압류나 승인 등의 경우 이를 1회로 제한하고 있지 않음에도 **유독 재판상 청구의 경우만 1회로 제한되어야 한다고 보아야 할 합리적인 근거가 없다.** 또한 확정판결에 의한 채무라 하더라도 채무자가 파산이나 회생제도를 통해 이로부터 전부 또는 일부 벗어날 수 있는 이상, 채권자에게는 시효중단을 위한 재소를 허용하는 것이 균형에 맞다.

시효중단을 위한 재소인 이 사건 소는 원고가 피고를 상대로 제기하였던 전소에서 원고 승소의 이행권고결정이 확정된 때인 2007. 2. 23.부터 10년의 경과가 임박한 2016. 8. 19. 제기된 것으로서 소의 이익이 있다.

[반대의견] 이 판결에는 대법관 김창석, 대법관 김신, 대법관 권순일, 대법관 박상옥의 반대의견이 있는 외에는 의견이 일치되었으며, 다수의견에 대하여 대법관 김소영, 대법관 민유숙의 보충의견과 대법관 김재형, 대법관 조재연의 보충의견이 있고, 반대의견에 대하여 대법관 김창석의 보충의견이 있다.

 검토

승소판결에는 기판력이 있으므로, 승소 확정판결을 받은 당사자가 그 상대방을 상대로 다시 승소 확정판결의 전소와 동일한 청구의 소를 제기하는 경우 그 후소는 권리보호의 이익이 없어 부적법하지만, 예외적으로 확정판결에 의한 채권의 소멸시효기간인 10년의 경과가 임박한 경우에는 그 시효중단을 위한 소는 소의 이익이 있고, 나아가 이러한 경우에 후소의 판결이 전소의 승소 확정판결의 내용에 저촉되어서는 안 되므로 후소 법원으로서는 그 확정된 권리를 주장할 수 있는 모든 요건이 구비되어 있는지 여부에 관하여 다시 심리할 수 없다는 법리를 재확인하였다.

원고가 1997년 피고를 상대로 최초 소송을 제기하여 승소 확정판결을 받았고, 2007년 시효중단을 위하여 다시 소송을 제기하여 이행권고결정을 확정받았으며, 2016년 재차 시효중단을 위한 이 사건 소송을 제기한 사안에서, 이 사건 소의 권리보호의 이익이 있다는 전제하에 원고의 청구를 전부 받아들인 원심의 판단이 타당하다고 보아 상고기각한 사례이다.

재판상 청구를 반복해서 채권을 물권처럼 영속시키는 것을 민법이 예정하고 있는지 의문이므로, 확정판결을 받은 채권도 10년이 경과하면 시효로 소멸하는 것으로 보는 것이 이론상 시효제도의 본질에 더 부합한다는 반박이 있다(이효제, 법률신문 2018. 11. 26.자 판례평석).

7-9

대법원 2012. 7. 5. 선고 2010다80503 판결

1. 채권자취소소송에서 피보전채권을 변경하는 것이 소의 변경에 해당하는지 여부(소극) 2. 채권자가 피보전채권을 달리하여 동일한 법률행위의 취소 및 원상회복을 구하는 채권자취소의 소를 이중으로 제기하는 경우 전소와 후소는 소송물이 동일한 것인지 여부(적극) 3. 이때 전소나 후소 중 어느 하나가 승계참가신청에 의하여 이루어진 경우에도 마찬가지인지 여부(적극) 4. 확정판결의 존부는 당사자의 주장이 없더라도 법원이 직권으로 조사하여 판단하여야 하는지 여부(적극) 5. 이러한 사정이 사실심 변론종결 이후에 발생한 경우 상고심에서도 이를 참작하여야 하는지 여부(적극)

> 甲은 乙을 상대로 이 사건 제1심법원에 소외인에 대한 양수금채권을 피보전채권으로 하여 이 사건 매매계약의 취소와 가액배상을 구하는 이 사건 채권자취소의 소를 제기하여 그 소장부본이 2008. 9. 12. 乙에게 송달되었다(이하 '이 사건 소송'이라고 한다). 한편, 丙도 乙을 상대로 대구지방법원 서부지원 2008가합2174호로 소외인에 대한 구상금채권을 피보전채권으로 하여 이 사건 매매계약의 취소와 가액배상을 구하는 채권자취소의 소를 제기하여 그 소장부본이 2008. 9. 3. 乙에게 송달되었다(이하 '대구 사건 소송'이라고 한다). 그런데 丙은 대구 사건 소송의 제1심판결 선고 전인 2009. 7. 7. 甲으로부터 이 사건 소송의 피보전채권을 양수받은 후 이를 이유로 2009. 9. 2. 이 사건 항소심법원에 이 사건 승계참가를 신청하였고, 甲은 소송탈퇴서를 제출하였다. 결국 대구 사건 소송의 제1심법원은 2009. 11. 12. 丙의 청구를 기각하였고, 이에 丙이 항소하였으나, 그 항소심에서 2010. 11. 3. 丙의 항소가 기각되어 대구 사건 소송은 이 사건 소송이 계속 중이던 2010. 11. 27. 확정되었다. (1) 채권자취소소송에서 피보전채권을 변경하는 것이 소의 변경에 해당하는가? (2) 丙의 대구 사건과 丙의 승계참가에 의한 이 사건 소송은 당사자와 소송물이 동일하다고 볼 수 있는가? (3) 丙의 이 사건 소송은 기각되어야 한다고 할 때 그 근거는 무엇인가? 확정판결의 존부는 당사자의 주장이 없더라도 법원이 직권으로 조사하여 판단하여야 하는가? 이러한 사정이 사실심 변론종결 이후에 발생한 경우 상고심에서도 이를 참작하여야 하는가?

 판 결 ・ 원심 ⊗ 파기자판(참가인 청구기각)

채권자가 사해행위취소 및 원상회복청구를 하면서 그 보전하고자 하는 채권을 추가하거나 교환하는 것은 그 사해행위취소권과 원상회복청구권을 이유 있게 하는 공격방법에 관한 주장을 변경하는 것일 뿐이지 소송물 또는 청구 자체를 변경하는 것이 아니므로(대법원 2003. 5. 27. 선고 2001다13532 판결 등 참조), 채권자가 보전하고자 하는 채권을 달리하여 동일한 법률행위의 취소 및 원상회복을 구하는 채권자취소의 소를 이중으로 제기하는 경우 전소와 후소는 **소송물이 동일하**

다고 보아야 하고, 이는 전소나 후소 중 어느 하나가 승계참가신청에 의하여 이루어진 경우에도 마찬가지이다.

한편 소송에서 다투어지고 있는 권리 또는 법률관계의 존부가 동일한 당사자 사이의 전소에서 이미 다루어져 이에 관한 확정판결이 있는 경우에 법원은 이에 저촉되는 판단을 할 수 없고, 위와 같은 확정판결의 존부는 당사자의 주장이 없더라도 법원이 **직권으로 조사**하여 판단하여야 하며, 이러한 사정이 사실심 변론종결 이후에 발생한 경우 상고심에서도 이를 참작하여야 한다 (대법원 1992. 5. 22. 선고 92다3892 판결, 대법원 2010. 11. 25. 선고 2010다64877 판결 등 참조).

앞서 본 법리에 비추어 보면, 참가인의 이 사건 승계참가신청으로 인한 이 사건 소송은 대구 사건 소송과 채권자취소의 소의 **피보전채권만 달리할 뿐 당사자와 소송물이 동일**하고, 이 사건 소송의 상고심 계속 중 전소인 대구 사건 소송이 참가인의 패소판결로 확정되었으므로 이 사건 청구에 대하여는 전소의 확정판결의 **기판력**이 그대로 미친다고 할 것이다. 따라서 이 사건 청구에 대하여도 확정판결과 모순 없는 판단을 하기 위하여 이를 기각하여야 할 것이므로, 원심판결은 이 점에서 더 이상 유지될 수 없게 되었다.

검토

사해행위취소소송(민법 406조 1항)은 사해행위의 취소(형성소송)와 원상회복(이행소송)이 결합된 형태로 나타난다(법적 성격에 대한 이해의 차이는 소송유형, 소송물, 취소권 행사의 상대방 및 방법 등에 영향을 준다). 원상회복만을 청구하여서는 안 되고, 사해행위의 취소도 함께 소구하여야 한다. 다만, 채권자가 사해행위의 취소만을 먼저 청구한 다음, 원상회복을 나중에 청구할 수 있으며, 이 경우 사해행위의 취소청구가 민법 406조 2항에 정하여진 기간 안에 제기되었다면, 원상회복의 청구는 그 기간이 지난 뒤에도 할 수 있다(대법원 2001. 9. 4. 선고 2001다14108 판결).

사해행위취소소송의 상대방(피고)은 수익자 또는 전득자이고, 채무자는 피고적격이 없다(대법원 2009. 1. 15. 선고 2008다72394 판결). 즉, 채권자가 채권자취소권을 행사하려면 사해행위로 인하여 이익을 받은 자나 전득한 자를 상대로 그 법률행위의 취소를 청구하는 소송을 제기하여야 되는 것으로서 채무자를 상대로 그 소송을 제기할 수는 없다. 채무자를 상대로 한 채권자취소소송은 부적법하다.

기판력이 미치고 있는지 여부는 직권조사사항이다. 어떠한 사항에 대하여 그리고 누구에 대하여 그 효력이 생기는가를 당사자의 원용이 없는 경우라도 법원은 직권으로 조사하여 판결의 기초로 할 수 있다. 한편, 소송요건의 조사에 있어서 그 존부를 판단하는 표준시(기준시)는 원칙적으로 사실심 변론종결시이다. 다만, 예외로 상고심의 심리종결시가 그 존부의 기준으로 되는 경우가 있을 수 있다(정/유/김, 400면도 소송요건이 가지는 기능에 비추어 보면 사실심의 변론종결 뒤에 생긴 사실은 상고심에서 이를 고려하여야 옳다고 한다). 위 사안에서도 사실심 변론종결 이후에 발생한 기판력이 있는 확정판결의 존부를 상고심에서도 참작하여야 한다고 보았다.

그리고 채권자취소소송에서 피보전채권을 변경하는 것은 그 사해행위취소권과 원상회복청
구권을 이유 있게 하는 공격방법에 관한 주장을 변경하는 것일 뿐이지 소송물 또는 청구 자체를
변경하는 것이 아니라는 쟁점도 중요하다(아래 2001다13532 판결 등도 마찬가지 취지).

대상판결은 채권자취소의 소를 이중으로 제기하는 경우, 그 피보채권은 소송물이 아니므로
전·후소의 소송물은 동일하다는 점 및 이때 전·후소 중 어느 하나가 승계참가신청에 의하여
이루어진 경우에도 마찬가지라고 보아야 한다는 점 중복제소 해소 여부에 대한 판단시점은 후
소의 상고심 심리종결시라는 점, 후소의 상고심 계속 중 전소의 판결이 확정된 경우 전소의 기
판력이 후소에 미친다는 점 등을 분명히 한 점에 그 의의가 있다(신용호, 대법원판례해설(2013. 6), 33
면 이하).

  【대법원 2003. 5. 27. 선고 2001다13532 판결】 채권자가 사해행위취소 및 원상회복청구
를 하면서 그 보전하고자 하는 채권을 추가하거나 교환하는 것은 그 사해행위취소권과
원상회복청구권을 이유 있게 하는 공격방법에 관한 주장을 변경하는 것일 뿐이지 소송
물 또는 청구 자체를 변경하는 것이 아니다. − 만약, 소송물을 변경하는 것, 즉 소의 변
경으로 본다면 제척기간의 도과 여부가 다투어질 때에 변경한 때에 이미 제척기간이 도
과된 것으로 볼 수 있는 상황이 될 수 있다는 점에서 의미가 있는 판례이다.

  【대법원 2005. 11. 25. 선고 2005다51457 판결】 채권자취소권의 요건을 갖춘 각 채권자는
고유의 권리로서 채무자의 재산처분 행위를 취소하고 그 원상회복을 구할 수 있는 것이
므로 여러 명의 채권자가 동시에 또는 시기를 달리하여 사해행위취소 및 원상회복청구
의 소를 제기한 경우 이들 소가 **중복제소에 해당하지 않는다.**

7-10

대법원 1997. 1. 24. 선고 96다32706 판결

기판력 있는 전소판결의 변론종결 뒤 그와 저촉되는 후소판결이 확정된 경우, 전소판결의 기판력이 차단되는지 여부(소극)

> 기판력 있는 전소판결의 변론종결 뒤에 이와 저촉되는 후소판결이 확정되었다면 전소판결의 기판력이 미치는 사람 사이의 기판력은 어떻게 되는가?

 판 결

위 경우에 전소판결의 기판력이 실효되는 것이 아니고, 재심의 소에 의하여 후소판결이 취소될 때까지 전소판결과 후소판결은 저촉되는 상태 그대로 기판력을 갖는 것이고 또한 후소판결의 기판력이 전소판결의 기판력을 복멸시킬 수 있는 것도 아니어서 전소판결의 변론종결 뒤에 이와 저촉되는 후소판결이 확정되었다는 사정은 변론종결 뒤에 발생한 새로운 사유에 해당되지 않으므로 전소판결의 기판력이 미치는 사람 사이에서 전소판결의 기판력이 미치지 않게 되었다고 할 수 없다.

검 토

전소판결의 기판력이 차단되는지 여부에 대하여, **학설**은 ① 후소의 기판력은 재심에 따라 취소될 때까지는(451조 1항 10호) 새로운 표준시의 판결로 구소의 기판력을 무효화시켜 후소의 기판력만이 유효하다는 입장(이, 633면), ② 후소판결이 취소될 때까지 신·구 양소의 기판력 어느 것이나 모두 유효하다는 입장(강, 674면; 김홍, 855면; 김/강, 671면; 송/박, 447면; 정/유/김, 776면; 정영, 1144면; 한, 592면). ③ 전소판결의 기판력이 항상 후소판결의 기판력에 우선한다고 보아야 한다는 입장(김용, 467면. 후소판결의 집행력은 민사집행법 44조에 의한 청구이의의 소에 의하여 배제할 수 있다고 한다) 등이 있다. **대상판결**은 ②설을 채택한 것으로 볼 수 있다. **생각건대** 민사사건에서는 사태가 시시각각으로 변할 수 있는 것이므로 일반론으로서는 표준시가 새로운 쪽의 판결, 즉 후소판결이 우선한다 할 것이므로 ②설보다는 오히려 ①설에 찬성한다.

 참조 【대법원 1995. 12. 5. 선고 94다59028 판결】선행 화해가 성립된 후 다시 그것과 모순되는 내용의 후행 화해가 성립된 경우라도 선행 화해는 **유효**

7-11

대법원 2001. 1. 16. 선고 2000다41349 판결

소송판결의 기판력과 그 작용 - 사안에서 **기판력에 저촉**되어 허용될 수 없다

甲이 乙로부터 토지를 매수하였음을 전제로 乙을 대위하여 丙을 상대로 乙의 시효취득완성을 원인으로 한 소유권이전등기청구소송을 제기하였는데, 법원은 乙이 토지를 甲에게 매도한 사실이 없으므로 甲에게 乙을 대위할 피보전채권이 없다는 사실인정에 기초하여 甲에게 당사자적격이 없다는 이유로 소각하 판결을 하였고 확정되었다. 丙이 甲을 상대로 제기한 건물철거 및 토지인도소송에서 甲이 항변사유로 다시 乙을 대위하여 丙에게 취득시효완성을 원인으로 한 소유권이전등기절차의 이행을 구할 권리가 있다고 주장하는 것은 기판력에 저촉되는가?

 판 결　　　　　　　　　　　　　　　　　　　　　　　　• 원심 ⊗ 파기환송

　기판력이라 함은 기판력 있는 전소판결의 소송물과 동일한 후소를 허용하지 않는 것임은 물론, 후소의 소송물이 전소의 소송물과 동일하지 않다고 하더라도 전소의 소송물에 관한 판단이 후소의 선결문제가 되거나 모순관계에 있을 때에는 후소에서 전소판결의 판단과 다른 주장을 하는 것을 허용하지 않는 작용을 하는 것인데, 전소 판결은 소송판결로서 그 기판력은 소송요건의 존부에 관하여만 미친다 할 것이나, 그 소송요건에 관련하여 甲의 乙에 대한 피보전채권이 없음이 확정된 이상, 이 사건에서 甲이 乙에 대하여 피보전채권이 있음을 전제로 다시 위와 같은 주장을 하는 것은 전소의 사실심 변론종결 전에 주장하였던 사유임이 명백할 뿐만 아니라, 甲의 이러한 주장을 허용한다면 甲에게 乙에 대한 피보전채권의 존재를 인정하는 것이 되어 전소판결의 판단과 서로 **모순관계**에 있다고 할 수 있으므로 甲의 주장은 **기판력에 저촉되어 허용될 수 없다.**

 검 토

　본래 기판력은 본안판결을 염두에 두고 논하여 왔다고 할 수 있는데, 소송판결의 기판력은 좀더 생각할 부분이 있다. 소송판결의 기판력을 부정하는 견해는 소송요건의 부존재를 이유로 소를 부적법 각하한 소송판결은 청구에 대한 판단이 아니며 분쟁을 해결하는 것이 아닌 것을 이유로 한다. 그러나 소송요건의 부존재를 이유로 소를 부적법하다고 한 판단에 기판력을 긍정하는

것이 **통설**이다(가령 이, 634면). 소송판결도 청구에 대한 소의 부적법을 확정하고, 이 점을 둘러싼 분쟁을 해결하게 된다. 또 소송판결에 있어서도 기판력을 인정할 실제적 필요성은 크고, 모든 판결은 법원의 판단으로서 등가치(等價値)이다. 즉, 소각하 판결에서도 가령 소의 이익이 없는 것으로 각하된 뒤에 그 뒤의 새로운 사유를 추가하지 않고 원고가 다시 제소한 경우에 법원은 전소의 소각하 판결의 존재를 이유로 소의 이익에 대한 재심리를 거부하는 것이 타당하다. 이러한 취급을 긍정하게 되면, 이러한 기능은 기판력과 마찬가지이므로 소송판결에도 기판력이 생긴다고 할 것이다. **판례도 통설과 마찬가지**이다. 그리고 기판력의 작용에 있어서도 기판력과 마찬가지로 볼 수 있다. 다만, 소송요건의 흠결을 보완하여 다시 소를 제기한 경우에는 기판력의 제한을 받지 않는다.

위 기판력을 긍정하는 입장에서, 그 작용에 있어서도 마찬가지로 볼 수 있는데, 대상판결은 전소판결의 판단과 서로 모순관계에 있다고 할 수 있으므로 甲의 주장은 기판력에 저촉되어 허용될 수 없다고 판시하였다.

그런데 위 대상판결은 채권자와 제3채무자 사이의 2차 소송이 문제된 사안이고, 아래 판결(2011다108095 판결)은 채권자와 채무자 사이의 2차 소송이 문제된 사안으로, 채권자대위소송에서 피보전채권이 인정되지 않아 소각하판결이 있었던 경우 그 판결의 기판력이 채권자가 채무자를 상대로 피보전채권의 이행을 구하는 소송에 미치는 것은 아니라고 보았다.

 【대법원 1994. 6. 14. 선고 93다45015 판결】 소송판결도 그 판결에서 확정한 소송요건의 흠결에 관하여 기판력이 발생함은 물론이나, 이 사건에서 종전 소송의 원고 종중 대표자로서 소를 제기한 자는 자신이 종전 소송판결의 확정 후에 소집된 종중총회에서 새로이 대표자로 선임되었음을 들어 대표권을 주장하는 것이어서 종전 확정판결의 기판력이 미칠 여지가 없다.

 【대법원 2003. 4. 8. 선고 2002다70181 판결】 종전 소송에서 당사자능력의 흠결을 이유로 소각하 판결을 받은 자연부락이 그 후 비법인사단으로서 당사자능력을 갖춘 것으로 볼 여지가 있다는 이유로 종전 소송판결의 기판력과의 저촉을 인정하지 않은 사례이다.

 【대법원 2014. 1. 23. 선고 2011다108095 판결】 채권자대위소송의 판결의 효력이 채무자에게 미친다는 의미는 채권자대위소송의 소송물인 피대위채권의 존부에 관하여 채무자에게도 기판력이 인정된다는 것이고, 채권자대위소송의 소송요건인 피보전채권의 존부에 관하여 당해 소송의 당사자가 아닌 채무자에게 기판력이 인정된다는 것은 아니다. 따라서 채권자가 채권자대위권을 행사하는 방법으로 제3채무자를 상대로 소송을 제기하였다가 채무자를 대위할 피보전채권이 인정되지 않는다는 이유로 소각하 판결을 받아 확정된 경우 그 판결의 기판력이 채권자가 채무자를 상대로 피보전채권의 이행을 구하는 소송에 미치는 것은 아니다.

7-12

대법원 2012. 5. 24. 선고 2009다22549 판결

외국판결을 승인한 결과가 대한민국의 선량한 풍속이나 그 밖의 사회질서에 어긋나는지를
판단하는 방법

원고 등은 일본국 히로시마지방재판소에 피고(미쓰비시중공업)를 상대로 강제징용 등 불법행위 등을 이
유로 한 손해배상금(1,100만 엔)과 강제노동기간 동안 지급받지 못한 임금 등을 현재의 가치로 환산한
금액의 지급을 구하는 소송을 제기하였다가, 1999. 3. 25. 청구기각판결을 선고받자, 히로시마고등재판
소에 항소하였으나, 2005. 1. 19. 항소기각판결을 선고받았고, 상고심인 최고재판소에서도 2007. 11.
1. 상고기각되어 위 판결은 그대로 확정되었다(이하 '종전 소송'이라 한다). 그런데 원고 등은 히로시마지
방재판소에서 종전 소송의 제1심판결을 선고받은 이후인 2000. 5. 1. 대한민국 법원에 피고를 상대로 마
찬가지 금액의 손해배상청구를 구하는 이 사건 소를 제기하였다. 피고는 일본법에 의하여 설립된 일본 법
인으로서 그 주된 사무소를 일본국 내에 두고 있으나, 1987년경 부산 중구 중앙동 4가 53-11 소재 동아
일보빌딩 8층에 피고의 대한민국 내 업무 진행을 위한 부산 연락사무소를 설치하여 일본인 직원 1명을
비롯한 5명의 직원을 두고 있었고, 원고 등이 이 사건 소송을 제기할 당시 위 부산 연락사무소가 존재하
고 있었다. 대한민국 법원에 후소의 국제재판관할권이 인정되는가? 일본 법원의 판결은 대한민국에서 그
효력이 승인되므로 그 기판력에 의하여 대한민국 법원은 그와 모순된 판단을 할 수 없는가?

 판결   • 원심 ⊗ 파기환송

   … 일본판결의 승인 여부─217조 3호는 외국법원의 확정판결의 효력을 인정하는 것이 대한
민국의 선량한 풍속이나 그 밖의 사회질서에 어긋나지 아니하여야 한다는 점을 외국판결 승인
요건의 하나로 규정하고 있는데, 여기서 외국판결의 효력을 인정하는 것, 즉 외국판결을 승인한
결과가 대한민국의 선량한 풍속이나 그 밖의 사회질서에 어긋나는지 여부는 그 승인 여부를 판
단하는 시점에서 외국판결의 승인이 대한민국의 국내법 질서가 보호하려는 기본적인 도덕적 신
념과 사회질서에 미치는 영향을 외국판결이 다룬 사안과 대한민국과의 관련성의 정도에 비추어
판단하여야 하고, 이때 그 외국판결의 주문뿐 아니라 이유 및 외국판결을 승인할 경우 발생할
결과까지 종합하여 검토하여야 한다.
   원심이 적법하게 채택한 증거에 의하면, 일본판결은 일본의 한국병합경위에 관하여 "일본은
1910. 8. 22. 한국병합에 관한 조약을 체결하여 대한제국을 병합하고 조선반도를 일본의 영토로
하여 그 통치하에 두었다.", 원고 등에 대한 징용경위에 대하여 "당시 법제하에서 국민징용령에
기초한 원고 등의 징용은 그 자체로는 불법행위라 할 수 없고, 또한 징용의 절차가 국민징용령

에 따라 행하여지는 한 구체적인 징용행위가 당연히 위법이라고 할 수는 없다."고 판단하면서, 일본국과 피고에 의한 징용은 강제연행이자 강제노동이었다는 원고 등의 주장을 받아들이지 아니하였고, 당시의 원고 등을 일본인으로, 한반도를 일본 영토의 구성부분으로 봄으로써, 원고 등의 청구에 적용될 준거법을 외국적 요소를 고려한 국제사법적 관점에서 결정하는 과정을 거치지 않고 처음부터 일본법을 적용한 사실, 또한 일본판결은 구 미쓰비시가 징용의 실행에 있어서 일본국과 함께 국민징용령의 정함을 벗어난 위법한 행위를 한 점, 안전배려의무를 위반하여 원폭 투하 후 원고 등을 방치하고 원고 등의 귀향에 협조하지 아니한 점, 원고 등에게 지급할 임금과 예·적금 적립액을 지급하지 아니한 점 등 원고 등의 청구원인에 관한 일부 주장을 받아들이면서도, 이와 같이 구 미쓰비시와의 관계에서 인정될 여지가 있는 원고 등의 청구권은 제척기간의 경과나 시효의 완성으로 소멸하였고, 그렇지 않더라도 1965년 한일 청구권협정과 일본의 재산권조치법에 의해 소멸하였다는 이유로 결국 원고 등의 피고에 대한 청구를 기각한 사실 등을 알 수 있다.

이와 같이 일본판결의 이유에는 일본의 한반도와 한국인에 대한 식민지배가 합법적이라는 규범적 인식을 전제로 하여, 일제의 국가총동원법과 국민징용령을 한반도와 원고 등에게 적용하는 것이 유효하다고 평가한 부분이 포함되어 있다.

그러나 대한민국 제헌헌법은 그 전문(前文)에서 "유구한 역사와 진통에 빛나는 우리들 대한국민은 기미삼일운동으로 대한민국을 건립하여 세상에 선포한 위대한 독립정신을 계승하여 이제 민주독립국가를 재건함에 있어서"라고 하고, 부칙 100조에서는 "현행법령은 이 헌법에 저촉되지 아니하는 한 효력을 가진다."고 하며, 부칙 101조는 "이 헌법을 제정한 국회는 단기 4278년 8월 15일 이전의 악질적인 반민족행위를 처벌하는 특별법을 제정할 수 있다."고 규정하였다. 또한 현행헌법도 그 전문에 "유구한 역사와 전통에 빛나는 우리 대한국민은 3·1운동으로 건립된 대한민국임시정부의 법통과 불의에 항거한 4·19 민주이념을 계승하고"라고 규정하고 있다. 이러한 대한민국 헌법의 규정에 비추어 볼 때, 일제강점기 일본의 한반도 지배는 규범적인 관점에서 불법적인 강점(强占)에 지나지 않고, 일본의 불법적인 지배로 인한 법률관계 중 대한민국의 헌법정신과 양립할 수 없는 것은 그 효력이 배제된다고 보아야 한다.

그렇다면 일본판결 이유는 **일제강점기의 강제동원 자체를 불법이라고 보고 있는 대한민국 헌법의 핵심적 가치와 정면으로 충돌하는 것**이므로, 이러한 판결 이유가 담긴 일본판결을 그대로 승인하는 결과**는 그 자체로 대한민국의 선량한 풍속이나 그 밖의 사회질서에 위반되는 것**임이 분명하다. 따라서 우리나라에서 **일본판결을 승인하여 그 효력을 인정할 수는 없다.**

그럼에도 원심은 그 판시와 같은 사정들을 들어 대한민국 법원이 일본판결을 승인하는 것이 대한민국의 선량한 풍속이나 그 밖의 사회질서에 어긋난다고 할 수 없다고 판단하고, 나아가 일본판결을 승인하는 것이 대한민국 헌법정신에 반한다는 원고들의 주장을 그 판시와 같은 이유로 배척한 다음, 일본판결은 대한민국에서 그 효력이 승인되므로 일본판결의 기판력에 의하여 그와 모순된 판단을 할 수 없다고 하여 원고들의 이 사건 청구를 기각하였다. 이러한 원심판결에는 외국판결의 승인에 관한 법리를 오해하여 판결 결과에 영향을 미친 위법이 있다.

검토

　외국법원의 확정판결 또는 이와 동일한 효력이 인정되는 재판(이하 "확정재판등"이라 한다)은 ① 대한민국의 법령 또는 조약에 따른 국제재판관할의 원칙상 그 외국법원의 국제재판관할권이 인정될 것, ② 패소한 피고가 소장 또는 이에 준하는 서면 및 기일통지서나 명령을 적법한 방식에 따라 방어에 필요한 시간여유를 두고 송달받았거나(공시송달이나 이와 비슷한 송달에 의한 경우를 제외한다) 송달받지 아니하였더라도 소송에 응하였을 것, ③ 그 확정재판등의 내용 및 소송절차에 비추어 그 확정재판등의 승인이 대한민국의 선량한 풍속이나 그 밖의 사회질서에 어긋나지 아니할 것, ④ 상호보증이 있거나 대한민국과 그 외국법원이 속하는 국가에 있어 확정재판등의 승인요건이 현저히 균형을 상실하지 아니하고 중요한 점에서 실질적으로 차이가 없을 것의 요건을 모두 갖추어야 효력이 인정된다(217조 1항). 법원은 1항의 요건이 충족되었는지에 관하여 직권으로 조사하여야 한다(동조 2항).

　사안과 관련하여, 제1심인 부산지방법원 2007. 2. 2. 선고 2000가합7960 판결에서는 일본에서의 소송이 일본 최고재판소에서 2007. 11. 1. 상고기각판결이 확정되기 전, 즉 변론종결일 현재 최고재판소에 계속 중이므로 기판력 여부가 문제된 것이 아니라, 외국법원에 소가 제기되어 있는 경우, 동일한 사건에 대하여 우리나라 법원에 제소하는 것이 **중복된 소제기에 해당하는지 여부**가 문제되었다.

　위 부산지방법원 판결의 항소심인 부산고등법원 2009. 2. 3. 선고 2007나4288 판결(항소기각)은 대상판결에 의하여 파기환송되고, 환송 후 부산고등법원 2013. 7. 30. 선고 2012나4497 판결로 원고 승소판결이 있었고, 결국 피고인 미쓰비시의 제2차 상고가 있었으나, 대법원 2018. 11. 29. 선고 2013다67587 판결[미간행]로 상고기각 최종 확정되었다.

7-13

대법원 1976. 12. 14. 선고 76다1488 판결

이자청구와 기판력의 범위(변론종결 당시까지의 분의 이자청구는 기판력의 효과를 받지 않음)

> 원금채권을 구하는 청구가 그 부존재를 이유로 기각되었다고 하더라도 원금채권이 존재하였음을 전제로 변론종결 전까지 발생한 이자 청구를 할 수 있는가?

 판 결

확정판결의 기판력은 사실심의 최종변론종결 당시의 권리관계를 확정하는 것이므로, 원고의 청구 중 확정판결의 사실심 **변론종결시 후**의 이행지연으로 인한 손해배상(이자) 청구부분은 그 선결문제로서 확정판결에 저촉되는 금원에 대한 피고의 지급의무의 존재를 주장하게 되어 논리상 확정판결의 기판력의 효과를 받게 되는 것이라고 할 것이나 그 외의 부분(**변론종결 당시까지의 분**)의 청구는 확정판결의 기판력의 효과를 받지 않는다.

검 토

예를 들어 금 1,000만원의 지급청구가 기각되었어도 그것은 표준시(가령, 변론종결일 2006. 4. 4.)에 있어서 금 1,000만원의 이행청구권이 존재하지 않는다는 것만이 확정되는 것이고, **표준시 전**에 존재하지 않았던 것마저 확정되는 것은 아니다. 이것은 변론종결 직전에 원금채권을 변제하였고, 그 변제가 소송에서도 주장·증명된 경우를 생각하면 분명할 것이다. 원금채권을 구하는 청구가 그 부존재를 이유로 기각되었다고 하더라도 그 부존재는 표준시에서만이고(따라서 2006. 4. 4.부터의 이자 청구는 할 수 없다), 표준시 전의 부존재까지 기판력에 의하여 차단되는 것은 아니므로 원금채권이 존재하였음을 전제로 변론종결 전(가령, 2006. 4. 3.)까지 발생한 이자 청구를 할 수 있다(**통설**. 가령 강, 692면; 이, 645면 등). 다만, 여기서 변론종결일 기준으로 그 전까지인가. 아니면 당일까지인가는 약간의 견해의 차이가 있을 수 있다.

17-법전협 모의시험(1) / 17-변리사시험 / 18-법전협 모의시험(2) / 20-변호사시험

7-14

대법원 2006. 10. 13. 선고 2006다23138 판결

한정승인 사실이 적법한 청구이의사유인지 여부(적극)

채권자가 피상속인의 금전채무를 상속한 상속인을 상대
로 그 상속채무의 이행을 구하여 제기한 구상금청구소송
에서 채무자가 한정승인을 하고도 채권자가 제기한 소송
의 사실심 변론종결시까지 그 사실을 주장하지 않았고,
결국 책임의 범위에 관한 유보가 없는 판결이 선고되어
확정되었다. 채무자는 그 후 위 한정승인 사실을 내세워
청구에 관한 이의의 소를 제기하였는 바, 법원이 위 구상
금청구사건의 판결에 기한 집행력이 위 한정승인으로 인하여 상속인(청구이의의 소의 원고)의 상속재산
의 범위로 제한된다고 판단하여 이를 초과하는 강제집행을 불허한 조치는 위법한가?

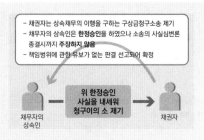

 판결

한정승인에 의한 책임의 제한은 상속채무의 존재 및 범위의 확정과는 관계가 없고, 다만 판결
의 집행대상을 상속재산의 한도로 한정함으로써 판결의 집행력을 제한할 뿐이다. 특히 채권자
가 피상속인의 금전채무를 상속한 상속인을 상대로 그 상속채무의 이행을 구하여 제기한 소송
에서 채무자가 한정승인 사실을 주장하지 않으면, 책임의 범위는 현실적인 심판대상으로 등장
하지 아니하여 주문에서는 물론 이유에서도 판단되지 않는 것이므로 그에 관하여는 기판력이
미치지 않는다. 그러므로 채무자가 한정승인을 하고도 채권자가 제기한 소송의 사실심 변론종
결시까지 그 사실을 주장하지 아니하는 바람에 책임의 범위에 관하여 아무런 유보가 없는 판결
이 선고되어 확정되었다고 하더라도, 채무자는 그 후 위 한정승인 사실을 내세워 청구에 관한
이의의 소를 제기하는 것이 허용된다고 봄이 옳다.

 검토

채무자가 한정승인을 하였으나, 채권자가 제기한 소송의 사실심 변론종결시까지 이를 주장
하지 아니하는 바람에 책임의 범위에 관하여 아무런 유보 없는 판결이 선고·확정된 경우에

채무자가 그 후 위 한정승인 사실을 내세워 청구에 관한 이의의 소를 제기하는 것이 허용되는 지 여부가 기판력의 시적 범위와 관련 실권효에 의하여 봉쇄되는가가 문제된다. 상속인이 한 정승인의 항변을 하지 않으면, 책임의 범위가 현실적으로 심판되지 않고, 주문에서도 채무의 범위만 명시할 뿐 책임의 범위에 대해서는 아무런 기재도 하지 않는다. **학설**로는, 기판력 긍 정설과 기판력 부정설이 있다. ① **기판력 긍정설**은 채무자의 상속재산뿐만 아니라 고유재산 에 대해서도 강제집행이 실시된다고 본다(민일영, 강제집행·임의경매에 관한 제문제(상), 220면). 그 러므로 상속인이 변론종결 전의 한정승인을 강제집행 단계에서 뒤늦게 주장하여 고유재산에 대한 강제집행을 거부할 수 없다고 본다(한, 598면). 한편, ② **기판력 부정설**은 한정승인에 의 한 책임제한은 집행대상을 제한하는 것으로서 채무의 존재범위의 확정에는 관계가 없고 집행 단계에서 비로소 문제가 되는 것이므로, 이를 판결절차에서 항변으로 주장하지 않고 사후에 강제집행의 단계에서 주장하여도 무방하다고 본다(강, 691면; 김홍, 874면; 정영, 1161면). 강제집행 의 단계에서 한정승인을 주장하여 고유재산에 대한 강제집행을 배제시킬 수 있다고 본다(조대 현, 민사소송(Ⅰ), 160-164면 참조).

판례는 기판력 부정설과 마찬가지 입장에서 청구이의의 소를 제기할 수 있다고 본 것이다.

한편, 위와 같은 기판력에 의한 실권효 제한의 법리가 채무의 상속에 따른 책임의 제한 여부 민이 문제되는 한정승인과 달리 상속에 의한 채무의 존재 자체가 문제되어 그에 관한 확정판결 의 주문에 당연히 기판력이 미치게 되는 **상속포기**의 경우에도 적용될 수 있는지 여부가 문제되 는데, 상속포기의 경우는 아래 판례와 같이 **기판력에 저촉**되어 **청구이의사유가 되지 못한다**(그 런데 이, 641면은 차별적 취급에 문제가 있다고 한다).

 참조 **【대법원 2009. 5. 28. 선고 2008다79876 판결】** 민사집행법 44조 2항에 의한 청구이의의 소는 그 이의사유가 변론종결 이후에 생긴 것이어야 하므로 상속포기의 사유는 확정판 결의 변론종결 이전에 생긴 것이어서 적법한 **청구이의의 사유가 되지 못하고**, 상속인의 책임의 범위를 한정하는 것에 불과한 한정승인에 관한 사안인 위 대법원 2006다23138 판결의 법리는 상속포기에 관한 사안인 이 사건의 경우에 적용될 수 없다.

7-15

대법원 2014. 3. 27. 선고 2011다49981 판결

전소 변론종결 이전에 존재하고 있던 공격방어방법을 동일한 소송물에 대한 후소에서 주장하여 전소 확정판결에서 판단된 법률관계의 존부와 모순되는 판단을 구하는 것이 전소 확정판결의 기판력에 반하는 것인지 여부(적극) – 전소에서 당사자가 그 공격방어방법을 알지 못하여 주장하지 못하였는지 나아가 그와 같이 알지 못한 데 과실이 있는지는 묻지 않고 **실권**

> 甲이 乙종친회와 토지거래허가구역 내 토지 매수 계약을 체결한 후, 乙종친회를 상대로 매매를 원인으로 소유권이전등기청구 등의 소를 제기하였는데, 변론종결 전에 위 토지가 토지거래허가구역에서 해제되었음에도 甲이 이를 알지 못하여 주장하지 아니한 채 그대로 소송이 진행되었고, 법원은 위 토지가 허가구역 내에 위치함을 전제로 (이 사건 매매계약이 유동적 무효) 소유권이전등기절차의 이행청구는 기각하고, 토지거래허가신청절차의 이행청구는 인용하는 판결을 선고하였고, 확정되었다. 그 뒤 甲이 토지거래허가를 받은 다음, 乙종친회를 상대로 다시 매매를 원인으로 소유권이전등기절차의 이행을 구하는 소를 제기하였다. 후소는 전소 확정판결의 기판력에 반하는가?

 판결   • 원심 ⊗ 파기환송

후소의 소송물과 전소의 소송물은 모두 이 사건 매매계약을 원인으로 하는 소유권이전등기청구권으로서 동일하므로 후소는 기판력에 저촉되어 허용될 수 없고, 비록 전소는 이 사건 토지가 토지거래허가구역 내에 위치하고 있음을 전제로 한 반면, 후소는 토지거래허가구역 지정이 해제되었음을 전제로 한다고 하더라도 마찬가지이다.

이 사건 토지가 토지거래허가구역에서 해제되어 이 사건 매매계약이 확정적으로 유효하게 되었다는 사정은 이 사건 전소의 변론종결 전에 존재하던 사유이므로, 원고가 그러한 사정을 알지 못하여 이 사건 전소에서 주장하지 못하였다고 하더라도 이를 이 사건 소에서 새로이 주장하여 이 사건 전소에서의 법률관계의 존부에 관한 판단, 즉 이 사건 매매계약에 기한 원고의 피고에 대한 소유권이전등기청구권의 존부에 대한 판단과 모순되는 판단을 구하는 것은 이 사건 전소 확정판결의 기판력에 반하는 것이고, 전소에서 당사자가 그 공격방어방법을 알지 못하여 주장하지 못하였는지 나아가 그와 같이 알지 못한 데 과실이 있는지 여부는 묻지 아니한다.

검 토

　당사자가 표준시 전의 사유를 주장하여 변론종결시의 권리관계의 존부를 다투는 것은 획일적으로 배척되고, 전소에서 제출하지 못한 데에 대한 과실의 유무를 묻지 않고 **실권**된다는 것이 **통설**이다(가령 김홍, 868면; 이, 640면). **판례**도 아래와 같이 마찬가지이다.

　그런데 기판력의 시적 한계에 있어서 표준시 전의 사유는 무엇이든지 일체 실권되는가. 전소에서 제출하지 못한 데에 대한 과실의 유무를 묻지 않고 실권되는가 등에 대하여 좀 더 **검토할 필요**가 있다(평석으로 전병서, 대한변협신문, 2015. 9. 24.자 참조). 기판력의 정당성의 근거에 대하여 법적 안정을 위한 법원의 공권적·강행적 분쟁해결의 **제도적 효력**으로 보는 견해에서는 당연히 통설·판례와 같이 보게 될 것이다. 그러나 기판력의 시적 한계에 있어서 표준시 전의 사유는 무엇이든지 일체 실권되는가. 전소에서 제출하지 못한 데에 대한 과실이나 특별한 사정의 유무를 묻지 않고 실권되는가. 기판력의 정당성의 근거에 대하여 최근 전소에서 당사자에게 절차보장이 주어진 것에 의한 **자기책임**으로 보는 견해가 유력하게 주장되고 있다. 이 입장에서는 일반적으로 당사자에게 전소에서 그 제출을 당연히 기대할 수 있는 사유에 한하여 후소에서 다시 이를 내세우는 것이 허용되지 않는 것이지, 그렇지 않다면 달리 보게 된다. 전소의 절차 내외의 구체적 경과나 사정을 고려하여 전소부터 후소에 이르는 분쟁경과나 분쟁전개를 주시하면서 기판력에 의해 실권시키는 것이 타당한지 여부를 당사자 사이의 공평으로부터 검토하고자 하는 것이다. 여기서 자기책임을 따짐에 있어서 당사자의 지(知)·부지(不知), 고의·과실 등의 사정은 중요한 요소가 된다. 그러므로 사안에서 甲이 해당 토지가 토지거래허가구역에서 지정해제된 사실을 알 수 없었고, 그에 대하여 아무런 고의·과실이 없었다면, 다시 매매를 원인으로 소유권이전등기절차의 이행을 구하는 소는 전소 판결의 기판력에 저촉되지 않게 된다. 결국 기판력의 표준시라는 개념은 기판력에 따른 실권을 위한 하나의 지표에 머물러야 하고, 어떠한 이유에서 무엇을 차단하여야 하는가는 기판력의 원점으로 돌아가 실질적으로 고려할 필요가 있게 된다. 실권효가 당사자 사이의 소송에서의 공정한 행동을 규율하기 위한 이론이라고 한다면, 전소에서 甲이 어떠한 이유에서 토지거래허가구역에서 지정해제된 사실을 주장하지 못하였는지를 고려하면서 다시 甲과 乙 사이의 공평을 저울질하는 조치를 강구하는 것이 오히려 당연하다고 생각한다.

 【대법원 1980. 5. 13. 선고 80다473 판결】 기판력은 그 소송의 변론종결 전에 있어서 주장할 수 있었던 모든 공격방어방법에 미치는 것이며 그 당시 알 수 있었거나 또는 알고서 이를 주장하지 않았던 사항에 한하여 미친다고는 볼 수 없다.

7-16

대법원 2016. 8. 30. 선고 2016다222149 판결

전소의 변론종결 후에 새로 발생한 사유가 있어 전소 판결과 모순되는 사정 변경이 있는 경우, 전소 확정판결의 기판력의 효력이 차단되는지 여부(적극) 및 여기서 '변론종결 후에 발생한 새로운 사유'에 기존의 사실관계에 대한 새로운 증거자료가 있다거나 새로운 법적 평가 또는 그와 같은 법적 평가가 담긴 다른 판결이 존재한다는 등의 사정이 포함되는지 여부(소극)

> 원고를 비롯한 토지주들은 A종합건설회사와 사이에 그 소유의 토지 위에 20세대 아파트를 신축하되 토지주들이 지정하는 7세대를 제외한 13세대를 공사대금 명목으로 A회사에 대물변제하기로 하는 약정을 하고, 공사를 마친 위 아파트의 각 세대에 관하여 토지주들 명의로 각 지분소유권보존등기를 마쳤다. 위 아파트 503호를 A회사로부터 분양받았다고 주장하는 피고를 상대로 **소유권에 기한 방해배제청구**로서 위 503호의 인도를 구하는 소(제1차 소송)를 제기하였으나 피고는 분양에 관한 처분권한을 가진 A회사와 체결한 매매계약에 의하여 위 503호를 매수하여 정당한 점유권원이 있다는 이유로 원고 패소판결이 선고되고 그 판결이 확정되었다. 이후 A회사가 피고를 상대로 제기한 매매계약의 무효확인을 구하는 소송에서 매매계약이 A회사를 대리할 정당한 권한이 있는 사람에 의하여 체결되었다는 증거가 없어 무효라는 취지에서 A회사의 승소판결이 확정되었다. 그러자, 다시 원고가 피고를 상대로 **공유물에 대한 보존행위**로서 위 503호의 인도를 구하는 소(제2차 소송)를 제기하였다. 기판력에 저촉되는가?

 판 결   • 원심 ⊗ 파기환송

제2차 소송은 제1차 소송의 확정판결의 기판력에 저촉되어 허용될 수 없다(사안에서 그 기판력은 원고의 상속인(포괄적 승계인)에게도 미친다).

확정판결의 기판력은 전소의 변론종결 전에 당사자가 주장하였거나 주장할 수 있었던 모든 공격방어방법에 미치는 것이고, 다만 그 변론종결 후에 새로 발생한 사유가 있어 전소 판결과 모순되는 사정 변경이 있는 경우에는 그 기판력의 효력이 차단된다. 그리고 여기에서 변론종결 후에 발생한 새로운 사유라 함은 새로운 사실관계를 말하는 것일 뿐 기존의 사실관계에 대한 새로운 증거자료가 있다거나 새로운 법적 평가 또는 그와 같은 법적 평가가 담긴 다른 판결이 존재한다는 등의 사정은 그에 포함되지 아니한다.

제2차 소송의 소송물과 제1차 소송의 소송물은 모두 소유권에 기한 방해배제를 구하는 건물인도청구권으로 동일하고, 위 매매계약이 정당한 권한이 있는 사람에 의하여 체결되어 피고가 위 503호를 점유할 정당한 권원이 있는지 여부는 제1차 소송의 변론종결 전에 존재하던 사유로 원고를 비롯한 토지주들이 제1차 소송에서 공격방어방법으로 주장할 수 있었던 사유에 불과하

고 그에 대한 법적 평가가 담긴 무효확인 소송의 확정판결이 제1차 소송의 변론종결 이후에 있었다고 하여 이를 변론종결 후에 발생한 새로운 사유로 볼 수도 없다. 그러므로 이 사건 제2차 소송은 제1차 소송의 확정판결의 기판력에 저촉되어 허용될 수 없다.

 검 토

　표준시 뒤의 새로운 사유에 대하여는 기판력은 관계하지 않는데, 여기서 말하는 새로운 사유란 법률관계사실 자체를 말하는 것이지, 기존의 법률관계에 대한 새로운 증거자료나 새로운 법적 평가 또는 그와 같은 법적 평가가 담긴 다른 판결이 존재한다는 등의 사정을 의미하는 것은 아니라는 취지의 판례이다.

 【대법원 2002. 5. 10. 선고 2000다50909 판결】 정지조건 미성취를 이유로 청구가 기각된 경우 그 사실심 변론종결 후에 조건이 성취되었다면 동일한 청구에 대하여 다시 소를 제기할 수 있는지 여부(적극) − 甲이 乙을 상대로 乙 작성 명의로 된 각서상의 2,000만원의 이행을 청구하는 소를 제기하였는데, 각서상 乙의 보증인으로서의 서명과 관련하여 그 진정성립을 인정할 증거가 없다는 이유로 청구기각의 판결을 선고하였다. 甲이 항소를 제기하면서 乙과 사이에 새로이 그 각서금 2,000만원을 매월 50만원씩 40개월 동안 분할하여 지급하기로 약정하고, 이에 따라 乙이 甲에게 1회분으로 50만원을 지급하기까지 하였다고 주장하였는바, 이에 대하여 항소심 법원은 乙의 주장을 받아들여 이 사건 약정은 甲의 소 취하를 조건으로 이루어진 것인데, 그때까지 甲이 소를 취하하지 아니하여 그 조건이 성취되지 아니하였다는 이유로 甲의 항소를 기각하는 판결을 선고하였다. 그러자 甲은 위 소를 취하하였으나, 乙이 甲의 소 취하에 부동의한다는 취지의 서면을 법원에 제출하였고, 그 후 상고기간 내에 상고가 제기된 바가 없었다. 원고가 전소의 사실심 변론종결 후에 전소를 취하하여 이 사건 약정의 정지조건이 성취되는 사정변경이 발생한 이상, 그 후 甲이 乙을 상대로 다시 각서금 청구를 할 수 있다. 소송물이 전소와 동일하다 하더라도, 권리보호의 이익이 달라 전소의 기판력이 미칠 수는 없다. 그리고 전소와 권리보호의 이익이 달라 267조 2항의 재소금지의 원칙이 적용될 여지가 없다.

 【대법원 1998. 5. 26. 선고 98다9908 판결】 해고무효확인판결에서 복직시까지의 임금지급을 명한 경우, 그 판결의 사실심 변론종결 전에 발생한 정년퇴직이라는 사유를 들어 변론종결일 이후의 임금지급을 거절할 수 있는지 여부(적극)

7-17

대법원 1998. 11. 24. 선고 98다25344 판결

채무자가 확정판결의 변론종결 전에 상대방에 대하여 상계적상에 있는 채권을 가지고 있었으나 상계의 의사표시는 그 변론종결 후에 한 경우, 적법한 청구이의사유가 되는지 여부(적극)

> 乙이 甲을 상대로 한 전세금반환청구소송에 있어서 乙의 승소판결이 확정되었고, 乙이 위 확정판결을 집행권원으로 甲에 대하여 강제집행을 신청한 바, 甲은 위 전세금반환청구소송에서 화재로 인한 손해배상청구권이 있음을 이유로 상계항변을 할 수 있었음에도 불구하고, 위 판결확정 뒤에 비로소 상계한 것을 주장하여 乙에 대하여 청구이의의 소를 제기한 사안에서 청구이의사유가 되는가?(대법원 1966. 6. 28. 선고 66다780 판결 사안)

 판 결

당사자 쌍방의 채무가 서로 상계적상에 있다 하더라도 그 자체만으로 상계로 인한 채무소멸의 효력이 생기는 것은 아니고, 상계의 의사표시를 기다려 비로소 상계로 인한 채무소멸의 효력이 생기는 것이므로, 채무자가 채무명의인 확정판결의 변론종결 전에 상대방에 대하여 상계적상에 있는 채권을 가지고 있었다 하더라도 집행권원인 확정판결의 변론종결 후에 이르러 비로소 상계의 의사표시를 한 때에는 민사집행법 44조 2항이 규정하는 '그 이유가 변론이 종결된 뒤에 생긴 것'에 해당하는 것으로서, 당사자가 집행권원인 확정판결의 변론종결 전에 자동채권의 존재를 알았는가 몰랐는가에 관계없이 적법한 청구이의사유가 된다.

검 토

형성권 가운데 취소권, 해제권 등에 대하여는 원칙적으로 실권효를 긍정하는 점에서 **학설**은 대체로 일치하고 있으나, 나아가 상계권에 있어서 표준시 뒤에 상계권을 행사하여 청구이의의 소를 제기할 수 있는지 여부에 대하여 견해의 대립이 있다.

① **비실권설** – 실권설은 실체법이 상계권의 행사를 상계권자의 자유에 맡기고 있는 취지에 어긋나므로 표준시 뒤의 상계권의 행사를 허용하는 것이 정당하다고 한다. **통설**이다(강, 698면; 김용, 503면; 김/강, 675면; 김홍, 871면; 정/유/김, 785면; 정영, 1161면; 한, 597면). 그 논거는, 우선 상계는 형성권에 속하므로 상계적상만으로는 그 효과가 발생할 수 없고 그 행사의 의사표시를 한 때에 비

로소 효과가 발생한다. 또한 상계권은 소구채권의 흠에 부착된 권리가 아니며, 이와 별개 독립한 반대채권을 함께 소멸시키는 출혈적(出血的) 방어방법이므로 표준시 뒤의 행사를 일체 허용하지 않는 것은 피고에게 너무 가혹하다. 그리고 상계권은 자동채권의 실현수단이 되기 때문에 자동채권의 행사시기를 표준시 전으로 강제할 성질이 아니다 등이다.

② **실권설** – 원고로서는 승소판결에 의하여 강제집행을 할 수 있는 지위를 획득하였으므로 피고의 상계권의 행사 및 그에 기한 청구이의의 소에 의하여 원고의 이러한 지위 내지는 기대가 무너지게 되는 것은 부당하다는 입장이다.

③ **절충설** – 상계권이 있음을 몰랐을 경우에는 실권되지 않지만, 알고 이를 행사하지 않은 경우에는 실권된다는 입장이다. 상계권이 있음을 알았던 때에는 전소의 판결의 기초되는 변론에서 능히 항변할 수 있었을 것인데, 상계권의 권리로서의 특수성 때문에 이 경우까지 차단되지 않는다는 것은 권리관계의 안정을 기조로 하는 기판력 사상에 어긋난다. 또한 절차의 집중·촉진이나 신의칙의 견지에서 바람직하지 않고, 실기한 공격방어방법의 각하(149조)와도 균형이 맞지 않다. 상계권자는 자기 채권을 독자적으로 소구할 수 있는 것이므로 실권된다고 하여도 반대채권을 잃는 것은 아니므로 상계권자에게 근본적으로 가혹할 것도 없다. 비실권설(적극설)은 자유로운 상계권의 행사만을 강조하여 상계항변이 영원한 재판·집행지연책으로 남용되게 되는 것을 잊은 것이라 할 것이다. 그러므로 상계권이 있음을 알고 이를 행사하지 않은 경우에는 실권된다는 절충설이 타당하다고 한다(이, 644면).

판례는 **통설**과 마찬가지로 적법한 **청구이의사유**가 된다고 본다. **생각건대** 기판력에 의하여 확정된 수동채권이 표준시에 있어서 존재하고 있다는 것을 논리적 전제로 상계권의 행사를 하는 것이므로 변론종결 뒤에 상계의 의사표시를 하는 것은 수동채권의 존재와 모순·저촉되는 법률효과를 발생시키는 것이 아니다. 그렇다면 가령 기초가 되는 상계적상의 발생이 표준시 전에 존재하더라도 기판력에 의한 실권효를 문제 삼을 여지는 없는 것이고, 상계적상의 지·부지와 관계없이 표준시 뒤에 상계권의 행사에 의한 상계의 효과를 주장할 수 있다고 풀이할 것이다. 따라서 적법한 청구이의사유가 된다는 통설 및 판례의 입장에 찬성한다.

 참조 **【대법원 2008. 11. 27. 선고 2008다59230 판결】** 백지어음 소지인이 백지 부분을 보충하지 않아 패소판결이 확정된 경우, 백지보충권을 행사하여 다시 동일한 어음금을 청구할 수 있는지 여부(소극)

7-18

대법원 1995. 12. 26. 선고 95다42195 판결

임대인이 제기한 토지인도 및 건물철거 청구소송에서 임차인이 건물매수청구권을 행사하지 아니한 채 패소 확정된 후, 임차인이 별소로써 건물매수청구권을 행사할 수 있는지 여부(적극)

이 사건 대지는 Y의 소유인데, X가 그 지상에 건물을 소유할 목적으로 Y로부터 기한의 약정 없이 임차하였다. 이후 Y는 위 임대차계약을 해지한다는 통고를 하여 그 무렵 위 통고가 X에게 도달되었다. 그러나 X가 위 건물을 철거하거나 대지를 인도하지 않자, Y는 X를 상대로 토지인도 및 건물철거의 소를 제기하였다. 위 건물을 철거하고 대지를 인도하라는 판결이 선고되었고 이 판결은 확정되었다. Y는 위 확정판결을 받고도 위 건물에 대한 철거 및 대지인도의 집행을 하지 않고 있던 중, X는 Y를 상대로 위 건물의 매수를 청구하는 의사표시와 함께 그 대금의 지급을 구하는 이 사건 소를 제기하였고 그 소장 부본이 Y에게 송달되었다. X의 건물매수청구 및 매매대금지급청구에 대하여, Y는 건물철거 및 대지인도 승소판결이 확정되었으므로 X의 위 청구는 전소의 기판력에 저촉되고, X의 건물매수청구권은 위 임대차계약기간이 만료된 후 지체 없이 행사하지 않아 이미 소멸하였으며, Y가 철거집행을 유예하여 준 동안에 X가 건물매수청구권을 행사하는 것은 신의칙에 반한다고 다투었는데, 이를 검토하시오.

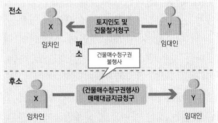

 판 결

건물매수청구권을 행사할 수 있음에도 불구하고 이를 행사하지 아니한 채, 임대인이 임차인에 대하여 제기한 토지인도 및 건물철거청구소송에서 패소하여 그 패소판결이 확정되었다고 하더라도, 그 판결에 의하여 건물철거가 집행되지 아니한 이상, 임차인으로서는 건물매수청구권을 행사하여 별소로써 임대인에 대하여 건물매매대금의 **지급을 구할 수 있다.**

 검 토

건물매수청구권은 임차권소멸을 이유로 한 임대인의 건물철거 및 토지인도청구에 대하여 투하자본의 회수수단으로 임차인에게 주어진 유력한 방어수단인데, 이러한 청구권은 표준시까지

행사할 것이 반드시 기대된다고 보기 어렵다고 할 것이다. 따라서 그 실권이 문제된다. **학설**은 다음과 같이 나뉜다(표준시 후의 상계권의 행사에 관한 부분도 참조). ① **비실권설** – 건물매수청구권은 소송물 자체에 부착된 흠에 근거한 것이 아니며 건물 자체의 효용을 되도록 유지하여야 한다는 강력한 정책적 견지에서 인정된 권리이기 때문에 그 행사에 시기를 정하는 것은 적절하지 못하다고 한다(강, 698면; 김용, 503면; 김홍, 872면; 정/유/김, 785면; 정영, 1161면; 한, 597면). ② **실권설** – 건물매수청구권은 실질적으로 건물철거청구를 감축시키기 위한 항변적 성격이 강하므로 분쟁을 일거에 해결하여야 한다는 소송경제적 측면에서 당사자가 이를 행사하지 않았다면 확정판결의 효력에 의하여 차단되어야 한다고 본다. ③ **절충설** – 표준시 후의 상계권의 행사와 마찬가지로 건물매수청구권이 있음을 알고 이를 행사하지 않은 경우에는 실권되지만, 몰랐을 경우에는 차단되지 않는다고 한다(이, 645면).

대상판결은 **비실권설**의 입장을 취하였다고 볼 수 있다.

생각건대 건물매수청구권은 취소권, 해제권 등과 마찬가지로 형성권이지만, 기판력의 대상이 되고 있는 건물철거 및 토지인도청구권과는 일단 별개의 독립한 권리이다. 소송물인 청구권 내지는 법률관계 자체에 부착하는 흠에 관련하는 권리인 취소권, 해제권 등과 다르다는 의미이다. 독립한 권리인 건물매수청구권은 본래 언제 이를 행사할 것인가는 권리자의 자유이다. 실질적으로도 건물 자체의 사회적 효용을 보유하려는 건물매수청구권의 취지 및 법률적 지식이 결여된 임차인의 보호에 비추어 건물매수청구권의 행사가 실권되지 않는다고 보아야 할 것이다. 나아가 대상판결은 전소인 토지인도 및 건물철거청구소송과 후소인 매매대금 청구소송은 서로 그 소송물을 달리하는 것이므로, 종전 소송의 확정판결의 기판력에 의하여 건물매수청구권의 행사가 차단된다고 할 수도 없다고 보았다. 건물매수청구권을 행사하여 건물매매대금의 지급을 구하는 사안에서 실권효를 문제 삼기 이전에 대상판결이 판시한 바와 같이 우선 기판력의 객관적 범위의 문제로 고찰한다면 전소와 후소의 소송물은 별개인 것이고, 소송물을 달리 하는 것이므로 종전 소송의 확정판결의 기판력에 의하여 건물매수청구권의 행사가 차단되는 것은 아니라 할 것이다. 결국 기판력의 시적 범위는 독자적으로 실권효를 가지는 것이 아니라, 기판력의 객관적 범위가 작용하는 것을 전제로 실권효를 가진다고 할 것이다. 형성권의 행사가 시적 관점에서 허용되는지 여부는 어디까지나 객관적 범위의 틀에서 문제된다. 원래 기판력의 객관적 범위가 문제되지 않으면, 시적 범위도 문제되지 않을 것이다.

7-19

대법원 2001. 9. 20. 선고 99다37894 전원합의체 판결

전소인 소유권이전등기말소청구소송의 확정판결의 기판력이 후소인 진정명의회복을 원인으로 한 소유권이전등기청구소송에 미치는지 여부(적극)

甲으로부터 부동산소유권이 乙→丙→丁의 순서로 이전되어 등기가 행하여졌다. 그런데 甲은 乙에게 경료된 소유권이전등기는 극심한 강박상태에서 이루어진 원인무효의 등기이며, 이에 터잡아 이루어진 丙→丁에게의 순차이전등기도 원인무효라는 이유로 甲은 乙, 丙, 丁에게 위 각 소유권이전등기말소를 구하는 소를 제기하였다. 甲의 위 각 소송은 원고패소의 판결이 확정되었다. 그 뒤 甲은 다시 丁을 상대로 丁명의의 소유권이전등기가 강박에 의한 원인무효라고 하면서 진정명의회복을 원인으로 한 소유권이전등기를 구하는 소를 제기하였다. 기판력에 대하여 검토하시오.

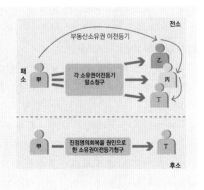

 판 결

진정한 등기명의 회복을 위한 소유권이전등기청구는 이미 자기 앞으로 소유권을 표상하는 등기가 되어 있었거나 법률에 의하여 소유권을 취득한 자가 진정한 등기명의를 회복하기 위한 방법으로 현재의 등기명의인을 상대로 그 등기의 말소를 구하는 것에 갈음하여 허용되는 것인데, 말소등기에 갈음하여 허용되는 진정명의회복을 원인으로 한 소유권이전등기청구권과 무효등기의 말소청구권은 어느 것이나 진정한 소유자의 등기명의를 회복하기 위한 것으로서 실질적으로 그 목적이 동일하고, 두 청구권 모두 소유권에 기한 방해배제청구권으로서 그 법적 근거와 성질이 동일하므로, 비록 전자는 이전등기, 후자는 말소등기의 형식을 취하고 있다고 하더라도 그 **소송물은 실질상 동일**한 것으로 보아야 하고, 따라서 소유권이전등기말소청구소송에서 패소확정판결을 받았다면 그 기판력은 그 뒤 제기된 진정명의회복을 원인으로 한 소유권이전등기청구소송에도 미친다.

[별개의견] 양 소송이 그 소송목적이나 법적 근거와 성질이 같아서 실질적으로 동일하다고 하더라도, 각기 그 청구취지와 청구원인이 서로 다른 이상, 위 2개의 소의 **소송물은 다른 것**이므로, 전소의 확정판결의 기판력은 후소에는 미치지 않는다고 보아야 할 것이고, 다만, 이미 전소에 관하여 확정판결이 있고 후소가 실질적으로 전소를 반복하는 것에 불과한 것이라면, 즉, 전

소와 후소를 통하여 당사자가 얻으려고 하는 목적이나 사실관계가 동일하고, 전소의 소송과정에서 이미 후소에서와 실질적으로 같은 청구나 주장을 하였거나 그렇게 하는 데 아무런 장애가 없었으며, 후소를 허용함으로써 분쟁이 이미 종결되었다는 상대방의 신뢰를 해치고 상대방의 법적 지위를 불안정하게 하는 경우에는 후소는 **신의칙**에 반하여 허용되지 않는다.

 검 토

사안에서 전소인 소유권이전등기말소청구소송의 확정판결의 기판력이 후소인 진정명의회복을 원인으로 한 소유권이전등기청구소송에 미치는지 여부는 양쪽에서의 소송물을 어떻게 포착하는가 하는 문제와 관련된다.

학설은, ① 서로 분명하게 청구취지를 달리하는 것으로 소송물이 다르다거나, 말소등기청구는 그 전 등기로의 회복을 목적으로 하는 소극적인 것임에 반하여 소유권이전등기는 새로운 등기의 생성을 목적으로 하는 적극적인 것이라는 점에서 그저 소유권방해배제를 위한 것이라 하여 한데로 묶어 버릴 수만은 없어 기판력이 미치지 않는다는 **소극설**, ② 양쪽 모두 소유권에 기한 방해배제청구권으로서의 물권적 청구권으로 보는데, 따라서 진정명의회복을 위한 이전등기청구권 자체가 계약에서 나오는 청구권이 아니라 소유권 자체의 효력에서 나오는 물권적 청구권이라면 그 이름 여하에 불구하고 그것은 말소등기청구권과 동일한 것으로, 등기절차상 인정되어 있는 방법의 선택의 차이에 불과하므로, 진정명의회복을 위한 소유권이전등기의 실질은 말소등기에 다름이 아니라고 보아 기판력이 미친다는 **적극설**이 있다.

생각건대 위 대상판결의 [별개의견]은 신의칙이라는 불분명한 기준으로 이를 제어하려고 하는 점에서 문제가 없지 않으므로 여기서는 소송물의 개념을 유연하게 포괄적·기능적으로 포착한 [다수의견]에 찬성한다(김홍, 886면; 이, 256면). 한편, 기판력을 긍정하기 위한 근거로 소송물은 다르지만 전형적인 모순관계에 해당한다고 보기도 한다(정영, 1176면; 한, 604면).

참조 【대법원 2003. 3. 28. 선고 2000다24856 판결】 소유권이전등기말소소송의 승소확정판결에 기하여 소유권이전등기가 말소된 후 순차 제3자 명의로 소유권이전등기 및 근저당권설정등기 등이 마쳐졌는데, 위 말소된 등기의 명의자가 현재의 등기명의인을 상대로 진정한 등기명의의 회복을 위한 소유권이전등기청구와 근저당권자 등을 상대로 그 근저당권설정등기 등의 말소등기청구 등을 한 사안에서 확정판결의 기판력은 후소인 진정한 등기명의의 회복을 위한 소유권이전등기청구소송 및 위 확정된 전소의 말소등기청구권의 존재여부를 선결문제로 하는 근저당권설정등기 등의 말소등기청구소송에 미친다.

7-20

대법원 1995. 4. 25. 선고 94다17956 전원합의체 판결

1필의 토지의 일부인 특정 부분에 대한 소유권이전등기청구를 기각한 전소판결의 기판력이, 당사자와 청구원인을 같이 하면서 그 1필 전체 토지 가운데 일정 지분에 대한 소유권이전등기를 구하는 후소에 미치는지 여부(소극)

> 甲이 乙로부터 1필의 토지의 일부를 특정(2,434평 가운데 1,500평을 특정)하여 매수하였다고 주장하면서 乙을 상대로 그 부분에 대한 소유권이전등기청구소송을 제기하였으나, 목적물이 甲의 주장과 같은 부분으로 특정되었다고 볼 증거가 없다는 이유로 청구가 기각되었고, 판결이 확정되었다. 다시 乙을 상대로 그 전체 토지 가운데 일정 지분(2,434분의 1,500)을 매수하였다고 주장하면서 그 지분에 대한 소유권이전등기를 구하는 소를 제기한 경우에 전소의 기판력이 후소에 미치는가?

 판결

전소와 후소는 그 각 청구취지를 달리하여 소송물이 동일하다고 볼 수 없으므로 전소의 기판력은 후소에 미칠 수 없다.

[별개의견] 위 특정 부분에 대한 지분에 관한 소유권이전등기청구가 이론적으로는 전소 소송물의 일부를 구성한다 하더라도, 이는 전소에 추상적으로 내포되어 있던 권리관계에 불과하여 전소에서 구체적으로 공격방어의 대상이 되거나 될 수 있었던 것이 아니므로 전소의 변론과 판단에 위 지분에 대한 부분이 포함되었다고 볼 수 없고 또한 당사자가 전소에서 위 권리관계에 관한 적법한 절차보장, 즉 그 권리관계의 존부에 대한 변론과 법원의 판단을 받을 수 있었다고 볼 수 없어 그것이 변론종결 전의 공격방어방법이라 탓하여 그 차단효를 인정할 수도 없는 것이니 만큼, 이러한 경우에는 전소 판결의 기판력이 위 특정부분에 대한 지분에 관하여 미치지 아니한다.

[반대의견] 그 특정 부분을 포함한 토지 전부에 관한 토지의 지분소유권이전등기청구는 그 특정부분에 관한 소유권이전등기청구의 분량적 일부임이 명백하므로 그 특정부분에 관한 한 기판력에 저촉되어 전소와 다른 판단을 할 수 없다.

 검토

대상판결의 「별개의견」은 기판력의 정당화 근거에 대하여 '법적 안정'과 '절차보장'이라는 이원적(二元的) 입장을 밝힌 점에서 특별히 참고할 만하다.

7-21

대법원 2000. 2. 11. 선고 99다10424 판결

명시적 일부청구에 대한 판결의 기판력이 미치는 범위

Y는 X를 상대로 약정의 불이행에 의한 8억 7천만원의 손해를 주장하며 위 손해배상채권과 X의 Y에 대한 대여금채권 7억원을 대등액에서 상계하고 그 나머지 1억 7천만원의 지급을 구하는 소를 제기하였는데, 법원은 Y의 손해배상채권액은 3억 6천만원이라고 확정한 다음, 그 대등액인 3억 6천만원의 범위에서 소멸하고, X의 대여금채권은 3억 4천만원이 남는다는 이유로 Y의 위 1억 7천만원의 지급을 구하는 청구를 기각하였다. Y는 위 판결에 대하여 항소를 제기하였다가 위 항소를 취하하여 위 판결은 확정되었다. 그 후 X가 Y를 상대로 7억원의 대여금청구소송을 제기하였는데, 법원은 Y의 손해배상채권액을 7억 6천만으로 확정한 다음, X의 대여금채권은 위 손해배상채권과 그 대등액에서 상계되어 전액 소멸되었다고 판단하여 X의 청구를 기각하였다. 이에 대하여 X는 위 Y가 X를 상대로 소에 대한 판결이 Y의 항소취하로 확정되어 그 손해배상채권이 3억 6천만원이 되고 이를 초과하는 손해배상채권은 부존재로 확정되었으므로 위 손해액을 초과하는 부분에 대한 Y의 상계 주장은 기판력에 저촉되어 허용될 수 없다고 상소하였는데, 기판력과 관련하여 검토하시오.

 판 결

일부청구임을 명시하여 그 손해의 일부만을 청구한 경우 그 일부청구에 대한 판결의 기판력은 청구의 인용 여부에 관계없이 청구의 범위에 한하여 미치는 것이고, 잔액 부분 청구에는 미치지 아니하는 것이다. 피고는 이 사건 이전의 소송에서 원고의 피고에 대한 대여금 채권과 상계하고 남은 잔액만을 청구하였고, 그 후 제기된 이 사건 소송에서 위 대여금 채권이 위와 같이 상계되어 소멸되었다고 주장하였음을 알 수 있는바, 사실관계가 이러하다면, 전 소송의 소송물은 위 손해배상채권의 전액에서 피고가 스스로 공제한 부분을 제외한 잔액 부분으로서 그 판결의 기판력은 위 잔액 부분의 존부에만 미치고, 위 공제한 부분에 대하여는 미치지 않으므로 위 상계 주장이 전 소송 판결의 기판력에 저촉된다고 할 수 없다.

 검 토

금전채권과 같은 가분채권에 있어서 일부만을 분할소구한 경우에 그 일부청구에 대하여만 판단한 확정판결의 효력이 잔부청구를 기판력으로 차단하는지 여부가 문제된다. 소송물을 기준으로 기판력의 객관적 범위를 포착하므로 일부청구에 의하여 소송물의 분단이 인정되는지 여부가 중요하고, 그 관점에서 결론이 나뉘게 된다.

① **일부청구긍정설** – 처분권주의로부터 소송물의 특정은 원고의 권능이고, 소송 밖에서 권리의 일부행사가 허용되므로 일부임을 명시하였는가, 묵시하였는가에 관계없이 별소에 의한 잔부청구를 긍정한다(호, 710면도 기본적으로 이러한 입장으로, 다만 후소에 의한 잔부청구가 특히 소송제도의 남용이라고 보일 때에는 구체적인 사정을 심리하여 권리보호이익을 부정하면 된다고 한다).

② **일부청구부정설** – 1차례로 전부 해결할 수 있는 분쟁을 원고의 자의에 의하여 여러 차례의 소송으로 분단하는 것은 여러 번 응소하게 되는 피고로서는 불공평한 것이고, 분쟁해결의 실효성에서도 문제가 있다. 또한 법원은 청구된 일부의 판단을 하기 위하여도 그 권리의 성립·존속을 전면적으로 심리할 수밖에 없다. 전체를 심리하였지만, 기판력은 일부에만 미칠 수밖에 없다는 것은 소송경제에 어긋나므로 일부청구 뒤의 잔부청구를 부정한다.

③ **명시적 일부청구긍정설** – 일부청구인 것이 명시되어 있다면 소송물은 그 일부에 한정되고, 전소판결의 기판력은 잔부청구인 후소에 미치지 않아 허용되고, 일부라고 밝히지 않은 묵시의 청구의 경우에는 기판력이 미쳐서 후소가 허용되지 않는다. 이러한 입장이 **통설**로 처분권주의와 피고의 절차보장을 함께 중시하는 입장이다(강, 581면; 김홍, 888면; 이, 652면; 정/유/김, 298면; 한, 607면).

원고의 분할소구의 자유를 존중하는 것과 함께 피고가 예기치 않게 잔부청구에 직면하는 것을 막기 위하여 명시적 일부청구긍정설이 타당하다고 생각한다.

판례도 **명시적 일부청구긍정설**의 입장이다. 한편, 일부청구임을 명시하는 방법으로는 반드시 전체 액수를 특정하여 그 가운데 일부만을 청구하고 나머지에 대한 청구를 유보하는 취지임을 밝혀야 할 필요는 없고, 전체 액수의 일부로서 우선 청구하고 있는 것임을 밝히는 것으로 충분하다(대법원 1986. 12. 23. 선고 86다카536 판결 등).

 【대법원 2016. 7. 27. 선고 2013다96165 판결】 가분채권의 일부에 대한 이행청구의 소를 제기하면서 일부청구임을 명시하지 아니한 경우, 확정판결의 기판력이 잔부청구에 미치는지 여부(적극) / 일부청구임을 명시하는 방법 및 일부청구임을 명시하였는지 판단할 때 소장 등의 기재 외에 소송의 경과 등을 함께 살펴보아야 하는지 여부(적극) – 조정이 성립되지 않고 소송으로 이행된 경우에 선행소송의 경과를 고려하여 명시적 일부청구 여부를 파악하였다.

12-변호사시험 / 17-법원행정고시 (위 2013다96165 판결)

7-22

대법원 1995. 3. 24. 선고 93다52488 판결

소송물이 동일하지 않더라도 후소의 소송물이 전소에서 확정된 법률관계와 모순되는 정반대의 사항인 경우에는 전소 판결의 기판력이 후소에 미치는지 여부(적극) / 가등기에 기한 본등기절차의 이행을 명하는 전소판결이 확정된 후 후소로써 위 가등기만의 말소를 청구하는 것이 위 경우에 해당하여 전소판결의 기판력에 저촉되는지 여부(소극)

丙이 乙을 대위하여 甲을 상대로 甲은 乙에게 이 사건 부동산에 관하여 그 판시 가등기에 기하여 매매예약 완결을 원인으로 한 소유권이전등기절차를 이행하라는 내용의 소를 제기하여 승소판결을 선고받고, 위 판결이 확정되었다. 이후 甲이 乙을 상대로 위 가등기가 원인무효임을 이유로 그 말소를 구하는 청구는 허용할 수 있는가?

 판결

• ⊗ 원심 파기환송

선소의 소송물은 매매예약 완결을 원인으로 한 소유권이전등기청구권의 존부이고, 이 사건 소의 소송물은 가등기말소청구권의 존부로서 그 청구취지와 청구원인을 달리하고 있으므로 양소는 그 소송물이 다르다고 할 수밖에 없는바, 소송물이 동일하지 않다고 하더라도, 만일 후소의 소송물이 전소에서 확정된 법률관계와 **모순되는 정반대의 사항을 소송물로 삼았다면** 그 경우에는 **전소 판결의 기판력이 후소에 미친다고 보아야 할 것**이나, 한편 확정판결의 기판력은 소송물로 주장된 법률관계의 존부에 관한 판단의 결론 자체에만 미치고 **그 전제가 되는 법률관계의 존부에까지 미치는 것은 아니어서**, 이 사건의 경우 전소 판결의 기판력은 소송물인 소유권이전등기청구권의 존부에만 미치고 그 등기청구권의 원인이 되는 채권계약의 존부나 판결이유 중에 설시되었을 뿐인 가등기의 효력 유무에 관한 판단에는 미치지 아니한다고 할 것이고, 따라서 만일 甲이 후소로써 위 가등기에 기한 소유권이전등기의 말소를 청구한다면 이는 1물 1권주의의 원칙에 비추어 볼 때 전소에서 확정된 甲의 소유권이전등기청구권을 부인하고 그와 모순되는 정반대의 사항을 소송물로 삼은 경우에 해당하여 기판력에 저촉된다고 할 것이지만, 이와 달리 위 **가등기만의 말소를 청구**하는 것은, 전소에서 판단의 전제가 되었을 뿐이고 그로써 아직 확정되지는 아니한 법률관계를 다투는 것에 불과하여 기판력에 **저촉된다고 볼 수 없는 것**이다.

 검토

기판력의 객관적 범위는 원칙적으로 소송물을 기준으로 한다(216조). 전소의 소송물과 후소의 소송물이 동일하면 전소의 기판력은 후소에 미치고, 소송물이 다르면 기판력은 미치지 않는다(기판력의 작용에서의 선결관계나 모순관계는 그 예외로, 기판력을 가지는 판단과 기판력이 미치는 범위는 다르게 된다).

7-23

대법원 2005. 7. 22. 선고 2004다17207 판결

상계 주장의 대상이 된 수동채권이 동시이행항변으로 행사된 채권일 경우, 그러한 상계 주장에 대한 법원의 판단에 기판력이 발생하는지 여부(소극)

Y는 X를 상대로 매매계약의 해제를 원인으로 건물 및 토지의 인도 등을 청구의 소를 제기하였는데, X는 Y에게 이미 지급한 계약금 및 중도금을 반환받을 때까지 Y의 위 인도 등 청구에 응할 수 없다는 동시이행의 항변을 하였다. 그런데 위 건물 등의 점유사용료 채권을 자동채권으로 한 상계로 위 계약금 및 중도금 반환채무가 존재하지 아니한다는 Y의 재항변이 받아들여져 X의 위 항변은 배척되었고, 결국 Y의 승소판결이 확정되었다. 그런데 다시 X는 Y를 상대로 위 동시이행항변으로 주장한 중도금의 반환을 구하는 소를 제기하였는데, 이는 전소의 확정판결의 기판력에 저촉되지 않는가?

 판 결

216조는, 1항에서 확정판결은 주문에 포함된 것에 한하여 기판력을 가진다고 규정함으로써 판결 이유 중의 판단, 예컨대 사실인정, 법규의 해석·적용, 항변, 선결적 법률관계 등에 대한 판단에는 원칙적으로 기판력이 미치지 않는다고 하는 한편 그 유일한 예외로서 2항에서 상계를 주장한 청구가 성립되는지 아닌지의 판단은 상계하고자 대항한 액수에 한하여 기판력을 가진다고 규정하고 있는데, 위와 같이 판결 이유 중의 판단임에도 불구하고 상계 주장에 관한 법원의 판단에 **기판력을 인정한 취지**는, 만일 이에 대하여 기판력을 인정하지 않는다면, 원고의 청구권의 존부에 대한 분쟁이 나중에 다른 소송으로 제기되는 반대채권의 존부에 대한 분쟁으로 변형됨으로써 상계 주장의 상대방은 상계를 주장한 자가 그 반대채권을 이중으로 행사하는 것에 의하여 불이익을 입을 수 있게 될 뿐만 아니라 상계 주장에 대한 판단을 전제로 이루어진 원고의 청구권의 존부에 대한 전소의 판결이 결과적으로 무의미하게 될 우려가 있게 되므로, 이를 막기 위함이라고 보인다.

따라서 상계 주장에 관한 판단에 기판력이 인정되는 경우는, 상계 주장의 대상이 된 **수동채권이 소송물로서 심판되는 소구채권이거나 그와 실질적으로 동일하다고 보이는 경우**(가령 원고가 상계를 주장하면서 청구이의 소송을 제기하는 경우 등)로서 상계를 주장한 반대채권과 그 수동채권을 기판력의 관점에서 동일하게 취급하여야 할 필요성이 인정되는 경우를 말한다고 봄이 상당하므로 만일 상계 주장의 대상이 된 수동채권이 동시이행항변에 행사된 채권일 경우에는 그러한 상계 주장에 대한 판단에는 기판력이 발생하지 않는다고 보아야 할 것이다.

위와 같이 해석하지 않을 경우 동시이행항변이 상대방의 상계의 재항변에 의하여 배척된 경우에 그 동시이행항변에 행사된 채권을 나중에 소송상 행사할 수 없게 되어 216조가 예정하고 있는 것과 달리 동시이행항변에 행사된 채권의 존부나 범위에 관한 판결 이유 중의 판단에 기판력이 미치는 결과에 이르기 때문이다.

그렇다면 전소의 확정판결 중 X가 동시이행항변으로 행사한 위 중도금 반환채권이 Y의 점유 사용료 채권과 대등액에서 상계되어 소멸되었다고 판단한 부분에 기판력이 발생하였다고 판단한 것은 기판력의 객관적 범위에 관한 법리를 오해한 것이다.

 검토

기판력은 판결주문 중의 판단에 대하여만 생기는 것이 원칙이지만(216조 1항), 예외적으로 상계를 주장한 청구가 성립되는지 아닌지(즉, 상계가 받아들여지든 아니하든)의 판단은 판결이유 중의 판단임에도 불구하고 상계하자고 대항한 액수에 한하여 기판력이 생긴다(동조 2항). 그런데 상계의 항변에 대한 판단이라고 하여도 **어떠한 경우**에 기판력을 가지는가가 문제이다. 우선, 법원이 상계를 주장한 반대채권의 존부에 대하여 **실질적으로 판단한 경우**에 한하여 기판력이 생긴다. 따라서 상계항변이 실기한 공격방어방법으로 각하된 경우(149조), 성질상 상계가 허용되지 않는 경우에는 기판력은 생기지 않는다. 그리고 상계 주장의 대상이 된 수동채권이 **소송물로서 심판되는 소구채권이거나 그와 실질적으로 동일하다고 보이는 경우**(가령 원고가 상계를 주장하면서 청구이의의 소를 제기하는 경우 등)로서 상계를 주장한 반대채권과 그 수동채권을 기판력의 관점에서 동일하게 취급하여야 할 필요성이 인정되는 경우에 한하여 기판력이 생긴다.

대상판결은 상계항변에 대한 판단에 기판력을 인정하는 취지와 상계항변에 대한 판단에 기판력을 인정하기 위한 요건 등을 상계 주장의 대상이 된 수동채권이 동시이행항변에 행사된 채권일 경우에 관하여 그러한 상계 주장에 대한 판단에는 기판력이 발생하지 않는다고 보았다.

결국 이 사건에서 원고가 비록 종전 소송에서 제출한 동시이행항변이 피고의 상계재항변에 의하여 배척되었다고 하더라도 원고로서는 여전히 위 동시이행항변 채권을 행사할 수 있다. 종전 학계와 실무가 논의하지 않았던 주제인데, 대상판결은 최초의 대법원 판단이라는 점에서 적지 않은 의의가 있다(김상환, 대법원판례해설(2006. 7), 478면 이하 참조).

13-법원행정고시 / 15-법전협 모의시험(1) / 17-법전협 모의고사(3) / 18-변리사시험 / 20-변호사시험

7-24

대법원 2018. 8. 30. 선고 2016다46338, 46345 판결

피고가 상계항변으로 주장하는 자동채권(반대채권)의 액수가 원고 주장의 소구채권(수동채권)의 액수보다 더 클 때 '피고의 자동채권이 부존재한다'는 판결이유 중의 판단의 기판력의 범위

> 원고는 피고를 상대로 분배금의 지급을 구하는 소를 제기하였고(이하 '이 사건 전소'라 한다), 그 사건에서 피고는 5개의 자동채권을 주장하였고(그 합계는 원고 주장의 소구채권의 액수를 초과함), 전소 법원은 그 중 A채권이 존재한다고 보아 원고의 수동채권과 대등액에서 상계하는 판단을 하고 나머지 4개의 자동채권들은 모두 부존재한다고 판단하였다. 즉, 원고의 피고에 대한 위 분배금 채권이 존재한다고 판단한 후, 피고의 상계항변에 대한 판단으로 나아가 ① 원고에 대한 A채권을 반대채권으로 하는 상계항변을 받아들여, 원고의 분배금 채권이 2,805,627원과 대등액에서 상계되어 소멸하였다고 판단하였다. ② 그러나 피고가 주장한 나머지 반대채권들은 모두 부존재한다고 판단하였다. 특히 원고가 동업계약상의 주의의무를 위반하였거나, 기망으로 인한 불법행위가 성립한다고 볼 수 없다는 이유로, 5억원의 B채권을 반대채권으로 하는 피고의 상계항변을 배척하였다. ③ 이에 따라 원고의 청구 중 위와 같이 상계로 소멸한 후의 분배금 원금 잔액을 인용하는 판결을 선고하였고, 위 항소심판결에 대한 상고가 기각되어 위 판결이 확정되었다. 그 뒤 원고가 제기한 후소에서 피고가 위 이 사건 전소에서 부존재한다고 판단된 위 4개의 자동채권들 중 B채권으로 다시 상계항변을 하였다. 피고가 주장하는 위 B채권 중 전소 확정판결의 기판력에 의해 차단되는 범위는 전소의 소구채권(수동채권) 중 위와 같이 실제 상계를 한 후의 원금 잔액을 초과한 부분까지 기판력에 의하여 차단되는가?

 판결

확정된 판결의 이유 부분의 논리구조상 법원이 당해 소송의 소송물인 수동채권의 전부 또는 일부의 존재를 인정하는 판단을 한 다음 피고의 상계항변에 대한 판단으로 나아가 피고가 주장한 반대채권의 존재를 인정하지 않고 상계항변을 배척하는 판단을 한 경우에, 그와 같이 반대채권이 부존재한다는 판결이유 중의 판단의 기판력은 특별한 사정이 없는 한 '법원이 반대채권의 존재를 인정하였더라면 상계에 관한 실질적 판단으로 나아가 수동채권의 상계적상일까지의 원리금과 대등액에서 소멸하는 것으로 판단할 수 있었던 반대채권의 원리금 액수'의 범위에서 발생한다고 보아야 한다(대법원 2004. 3. 26. 선고 2002다6043 판결 참조). 그리고 이러한 법리는 피고가 상계항변으로 주장하는 반대채권의 액수가 소송물로서 심판되는 소구채권의 액수보다 더 큰 경우에도 마찬가지로 적용된다.

　피고가 상계항변으로 2개 이상의 반대채권을 주장하였는데 법원이 그중 어느 하나의 반대채권의 존재를 인정하여 수동채권의 일부와 대등액에서 상계하는 판단을 하고, 나머지 반대채권들은 모두 부존재한다고 판단하여 그 부분 상계항변은 배척한 경우에, 수동채권 중 위와 같이 상계로 소멸하는 것으로 판단된 부분은 피고가 주장하는 반대채권들 중 그 존재가 인정되지 않은 채권들에 관한 분쟁이나 그에 관한 법원의 판단과는 관련이 없어 기판력의 관점에서 동일하게 취급할 수 없으므로, 그와 같이 반대채권들이 부존재한다는 판단에 대하여 기판력이 발생하는 전체 범위는 위와 같이 상계를 마친 후의 수동채권의 잔액을 초과할 수 없다고 보아야 한다. 그리고 이러한 법리는 피고가 주장하는 2개 이상의 반대채권의 원리금 액수의 합계가 법원이 인정하는 수동채권의 원리금 액수를 초과하는 경우에도 마찬가지로 적용된다. 이때 '부존재한다고 판단된 반대채권'에 관하여 법원이 그 존재를 인정하여 수동채권 중 일부와 상계하는 것으로 판단하였을 경우를 가정하더라도, 그러한 상계에 의한 수동채권과 당해 반대채권의 차액 계산 또는 상계충당은 수동채권과 당해 반대채권의 상계적상의 시점을 기준으로 하였을 것이고, 그 이후에 발생하는 이자, 지연손해금 채권은 어차피 그 상계의 대상이 되지 않았을 것이므로, 위와 같은 가정적인 상계적상 시점이 '실제 법원이 상계항변을 받아들인 반대채권'에 관한 상계적상 시점보다 더 뒤라는 등의 특별한 사정이 없는 한, 앞에서 본 기판력의 범위의 상한이 되는 '상계를 마친 후의 수동채권의 잔액'은 수동채권의 '원금'의 잔액만을 의미한다고 보아야 한다.

　이 사건 전소 확정판결의 이유 중에서 피고가 상계항변의 반대채권으로 주장한 위 손해배상채권을 포함한 나머지 반대채권들이 부존재한다는 판단의 기판력이 발생하는 전체 범위는 위와 같이 상계로 소멸한 후의 분배금 원금 잔액 18,819,030원을 초과할 수 없다고 보아야 한다.

　그렇다면 이 사건 전소에서 상계항변으로 주장된 반대채권들 중 부존재한다고 판단된 위 손해배상채권의 전액(5억원)에 대하여 그 부존재 판단에 기판력이 발생한다는 취지의 원고의 이 부분 상고이유 주장은 받아들일 수 없다.

　그런데 원심은 이 사건에서 원고의 동업계약상의 주의의무 위반으로 인한 피고의 위 손해배상채권을 반대채권으로 하는 상계항변이 전소 판결의 기판력에 저촉되어 허용될 수 없다고 판단하였다.

　이러한 원심의 판단에는 상계항변에 관한 판단의 기판력의 범위에 관한 법리를 오해한 잘못이 있으나, **원고만이 상고한 이 사건에서 불이익변경금지의 원칙상** 원심판결을 파기하여 원고에게 더 불리한 판결을 선고할 수는 없으므로, 원심의 위와 같은 잘못은 판결 결과에 영향이 없다. 그러므로 **상고를 기각**한다.

검토

216조는 1항에서 확정판결은 주문에 포함된 것에 한하여 기판력을 가진다고 규정함으로써 판결이유 중의 판단에는 원칙적으로 기판력이 미치지 않는다고 하는 한편, 그 예외로서 2항에서 상계를 주장한 청구가 성립되는지 아닌지의 판단은 상계하고자 대항한 액수에 한하여 기판력을 가진다고 규정하고 있다.

원고가 피고를 상대로 제기한 전소에서 피고가 상계항변을 하면서 5개의 자동채권(그 합계는 원고 주장의 소구채권의 액수를 초과함)을 주장하였고, 전소 법원은 그중 A채권이 존재한다고 보아 원고의 수동채권과 대등액에서 상계하는 판단을 하고 나머지 4개의 자동채권들은 모두 부존재한다고 판단하였는데, 원고가 제기한 후소에서 피고가 위 4개의 자동채권들 중 B채권으로 다시 상계항변을 한 사안이다.

피고가 상계항변으로 주장하는 자동채권(반대채권)의 액수가 원고 주장의 소구채권(수동채권)의 액수보다 더 클 때 '피고의 자동채권이 부존재한다'는 판결이유 중의 판단의 기판력의 범위가 쟁점이고, 나아가 피고가 상계항변으로 2개 이상의 자동채권을 주장하였는데 법원이 그중 어느 하나의 자동채권의 존재를 인정하여 수동채권의 일부와 대등액에서 상계하는 판단을 하고, 나머지 자동채권들은 부존재한다고 판단하여 그 부분 상계항변은 배척한 경우에 '부존재한다고 판단된 자동채권들'에 관한 기판력의 범위가 문제된다.

대상판결은 피고가 상계항변으로 2개 이상의 반대채권을 주장하였는데 법원이 그중 어느 하나의 반대채권의 존재를 인정하여 수동채권의 일부와 대등액에서 상계하는 판단을 하고 나머지 반대채권들은 모두 부존재한다고 판단하여 그 부분 상계항변을 배척한 경우, 나머지 반대채권들이 부존재한다는 판단에 관하여 기판력이 발생하는 전체 범위가 '상계를 마친 후의 수동채권의 잔액'을 초과할 수 없음을 분명히 하였고, 그러한 법리는 피고가 주장하는 2개 이상의 반대채권의 원리금 액수 합계가 법원이 인정하는 수동채권의 원리금 액수를 초과하는 경우에도 마찬가지로 적용되고, 이때 '상계를 마친 후의 수동채권의 잔액'은 원칙적으로 수동채권 '원금'의 잔액만을 의미한다고 보았다(대상판결의 해설로는 양진수, 대법원판례해설(제117호), 246면 이하 참조).

피고가 주장하는 위 B채권 중 전소 확정판결의 기판력에 의해 차단되는 범위는 전소의 소구채권(수동채권) 중 위와 같이 실제 상계를 한 후의 원금 잔액을 초과할 수 없다고 보아 B채권을 자동채권으로 하는 피고의 상계항변을 일부 받아들인 원심판결을 수긍한 사안으로, 처음으로 소송상 상계항변에서의 '반대채권 부존재' 판단의 기판력의 범위에 관한 법리를 밝힌 판결이다.

19-법무사시험

7-25

대법원 1992. 10. 27. 선고 92다10883 판결

건물철거청구사건의 확정판결의 기판력이 건물에 관하여 확정판결의 변론종결 전에 이루어진 가등기에 기하여 그 변론종결 후에 본등기를 경료한 자에게 미치는지 여부**(적극)**

> 甲의 소외 A에 대한 건물철거등 사건은 1990. 2. 23. 확정되었는데, 위 계쟁 건물에 대하여 소외 B는 위 A로부터 1987. 1. 28. 소유권이전등기청구권 보전의 가등기를 경료받았다가 1990. 3. 9. 소유권이전의 본등기를 경료하였다. 같은 날 乙은 위 B로부터 다시 그 소유권이전등기를 경료받았다. 乙은 변론종결 뒤의 승계인으로 위 확정판결의 기판력이 미치는가?

 판 결

가등기의 순위보전적 효력이란 본등기가 마쳐진 때에는 본등기의 순위가 가등기한 때로 소급함으로써 가등기 후 본등기 전에 이루어진 중간처분이 본등기보다 후순위로 되어 실효된다는 뜻일 뿐 본등기에 의한 물권취득의 효력이 가등기 때에 소급하여 발생하는 것은 아니고, 위와 같은 건물철거소송에서 확정판결이 미치는 철거의무자의 범위는 건물의 소유권 기타 사실상의 처분권의 취득시점을 기준으로 판단하여야 할 것인데, 위 B 명의의 본등기가 위 판결의 변론종결 후에 마쳐진 이상, 위 B나 乙은 변론종결 후의 승계인에 해당한다.

 검 토

변론종결 뒤에 소송물인 권리관계에 대한 지위를 당사자로부터 승계한 제3자는 판결의 기판력을 받는데(218조 1항), 위 건물철거소송에서 확정판결이 미치는 철거의무자의 범위는 건물의 소유권 기타 사실상의 처분권의 취득시점을 기준으로 판단한다.

7-26

대법원 2005. 11. 10. 선고 2005다34667, 34674 판결

종전의 확정판결의 기판력의 배제를 원하는 당사자 일방이 변론종결 전에 당사자 지위의 승계가 이루어진 사실을 증명한다면, 그 승계인이 종전의 확정판결의 기판력이 미치는 변론종결 후의 승계인이라는 218조 2항의 추정은 깨어지는지 여부(적극)

> X가 Y를 상대로 제기한 A토지에 대한 소유권이전등기말소청구소송은 1998. 6. 11. 변론이 종결된 후 패소판결이 선고되어 확정되었다. Z는 위 소송계속 중 Y로부터 위 토지를 증여받고 그 변론종결 이전인 1997. 12. 11. 자신 명의로 소유권이전등기를 마쳤는데, 종전 소송에서 Y가 그 승계에 관한 진술을 하지 않았다. Z가 위 일자에 소유권이전등기를 마친 것이 인정된다면, 위 확정판결의 기판력이 Z에게 미치는가?

판결

당사자가 변론을 종결할 때까지 승계사실을 진술하지 아니한 때에는 변론을 종결한 뒤에 승계한 것으로 추정한다는 218조 2항은, 변론종결 전의 승계를 주장하는 자에게 그 입증책임이 있다는 뜻을 규정하여 변론종결 전의 승계사실이 입증되면 확정판결의 기판력이 그 승계인에게 미치지 아니한다는 것이다. 따라서 확정판결의 기판력의 배제를 원하는 당사자 일방이 변론종결 전에 당사자 지위의 승계가 이루어진 사실을 입증한다면, 종전 소송에서 당사자가 그 승계에 관한 진술을 하였는지 여부와 상관없이, 그 승계인이 확정판결의 기판력이 미치는 변론종결 후의 승계인이라는 218조 2항의 추정은 깨어지고, 이 사건에서 부동산물권변동의 효력이 생기는 때인 소유권이전등기가 이루어진 시점을 기준으로 그 승계가 변론종결 전의 것인지 변론종결 후의 것인지 여부를 판단하여야 한다. 결국 사안에서 218조 2항의 추정은 깨어졌다 할 것이어서 기판력이 Z에게 미치지 않는다.

검토

218조 2항의 계사실을 진술하지 아니한 때에 판결효를 미치게 하고자 하는 사람은 (승계시기에 대하여 증명할 필요가 없고) 승계사실만 증명하면 되고, 오히려 승계인이 시기적으로 변론종결 전에 승계되었음을 주장·증명하여 판결효에서 벗어날 수 있다(이 점에서 위 추정승계인 규정은 실효성이 있는 것은 아니라고 할 수 있다).

 19-변호사시험

7-27

대법원 2016. 9. 28. 선고 2016다13482 판결[미간행]

전소 변론종결 또는 판결선고 후 면책적 채무인수를 한 자에게 전소 확정판결의 기판력이 미치는지 여부(적극)

甲은 주식회사 A와 골프클럽 입회계약을 체결하였다가 이를 해지한 후, A를 상대로 입회금반환소송을 제기하여 승소판결을 받았고, 그 판결은 그 무렵 확정되었는데, 乙은 그 이후 A로부터 체육시설업을 승계하였고, 甲이 乙을 상대로 위 확정판결에 기하여 승계집행문을 부여받았다. 체육시설의 설치·이용에 관한 법률 27조 1항이 '체육시설에 관한 영업의 양도가 있는 경우에는 양도인과 회원 간에 약정한 사항을 포함하여 그 체육시설의 등록 또는 신고에 따른 권리·의무를 양수인이 승계하도록' 규정하고 있다. 체육시설법 27조 1항에 따른 양수인 乙은 민사소송법 218조 1항의 승계인에 해당한다고 볼 수 있는가? 甲이 채무인수인 乙을 상대로 다시 전소와 동일한 청구의 소를 제기할 이익이 있는가?

 판 결

확정된 승소판결에는 기판력이 있으므로, 승소 확정판결을 받은 당사자가 전소의 상대방을 상대로 다시 승소 확정판결의 전소와 동일한 청구의 소를 제기하는 경우 후소는 **권리보호의 이익이 없어 부적법**하다고 할 것인데, 전소 변론종결 또는 판결선고 후에 채무자의 채무를 소멸시켜 당사자인 채무자의 지위를 승계하는 이른바 **면책적 채무인수**를 한 자는 변론종결 후의 승계인으로서 전소 확정판결의 기판력이 미치게 되므로 원고는 특별한 사정이 없는 한 다시 본소를 제기할 이익이 없다.

 검 토

변론종결 뒤의 승계인은 판결의 기판력을 받는데(218조 1항), 승계의 의미, 범위가 문제된다. **면책적 채무인수자**는 이에 해당한다.

 참조 【대법원 2016. 5. 27. 선고 2015다21967 판결】 **중첩적 채무인수**는 당사자의 채무는 그대로 존속하며 이와 별개의 채무를 부담하는 것에 불과하므로 새로 채무의 이행을 소구하는 것은 별론으로 하고 판결에 표시된 채무자에 대한 판결의 기판력 및 집행력의 범위를 채무자 이외의 자에게 확장하여 승계집행문을 부여할 수는 없으나, **면책적 채무인수**는 위 조항에서 말하는 승계인에 해당한다.

 17-법전협 모의시험(3)

7-28

대법원 1991. 1. 15. 선고 90다9964 판결

채권적 청구권에 기한 건물인도소송의 변론종결 후에 피고로부터 건물의 점유를 취득한 자에게 판결의 기판력이나 집행력이 미치는지 여부(소극)

> 甲이 소외 A로부터 소외 B에 대한 점포의 전차권을 양도받고 다시 B와 전대차계약을 맺은 다음, 그 점포를 점유하고 있는 소외 C를 상대로 A로부터 양수한 전차권을 보전하기 위하여 A를 대위하여 점포의 인도청구소송을 제기하여 승소판결을 받았다. 그러나 C가 그 사건의 변론종결 후에 마음대로 乙에게 위 점포를 양도함으로써 乙이 이를 점유하고 있는 경우에 위 승소판결만으로 乙에 대하여 인도집행을 할 수 있는가? 甲으로서는 乙을 상대로 다시 이 사건 점포의 인도를 구할 소송상의 이익이 있는가?

 판 결

판결의 기판력이나 집행력은 변론종결 후에 소송물인 권리관계에 대한 지위를 당사자로부터 승계한 제3자에게도 미침은 주장하는 바와 같지만 건물인도소송의 변론종결 후에 그 건물의 점유를 취득한 자와의 관계에 있어서는 그 소송에서의 소송물인 청구가 물권적 청구 등과 같이 대세적인 효력을 가진 것이라면 몰라도 **대인적인 효력밖에 없는 채권적 청구만에 그친 때에는 미치지 아니한다**고 할 것이다. 결국 그 승소판결만으로 乙에 대하여 인도집행을 할 수 없게 된 甲으로서는 乙을 상대로 다시 점포의 인도를 구할 소송상의 이익이 있다

 검 토

제3자가 소송물인 권리관계 또는 그것을 기초로 하는 권리관계를 승계한 사람이라고 하더라도 나아가 소송물인 권리관계의 성질에 따라 변론종결 뒤의 승계인의 범위가 좌우되는가의 문제이다. 구소송물이론에서는 가령 소유권에 기한 반환청구와 같은 물권적 청구권에 기한 경우에는 판결효가 미치고(물권의 **대세적** 효력), 반면 계약관계의 종료에 기한 반환청구와 같은 채권적 청구권에 기한 경우에는 판결효가 미치지 않는다(채권의 **대인적** 효력)고 한다.

11-법전협 모의시험 / 13-법전협 모의시험(3) / 14-사법시험 /
15-법전협 모의시험(1) / 16-사법시험

7-29

대법원 2014. 10. 30. 선고 2013다53939 판결

기판력이 미치는 객관적 범위에 해당하지 아니하는 경우, 전소 판결의 변론종결 후에 당사자로부터 계쟁물 등을 승계한 자가 제기한 후소에 전소 판결의 기판력이 미치는지 여부(소극)

甲이 乙을 상대로 건물 등에 관한 소유권이전등기의 말소등기절차 이행을 구하는 소를 제기하여 승소확정판결을 받았는데, 위 판결의 변론종결 뒤에 乙로부터 건물 등의 소유권을 이전받은 丙이 甲을 상대로 위 건물의 인도 및 차임 상당 부당이득의 반환을 구하는 소를 제기하였다. 丙이 변론종결 뒤의 승계인이어서 전소 확정판결의 기판력이 미치는가? 丙이 건물 등의 소유권을 취득할 수 있는가?

 판 결   • 원심 ⊗ 파기환송

확정판결의 기판력은 **판결이유에 설시된 그 전제가 되는 법률관계의 존부에까지 미치는 것은 아니므로**, 원인이 무효라는 이유로 소유권이전등기의 말소등기청구를 인용하는 판결이 확정되었어도 그 확정판결의 기판력은 소송물인 말소등기청구권의 존부에만 미치는 것이고 그 전제가 되는 소유권 자체의 존부 등 판결이유 중의 부동산 권리귀속에 관한 판단 부분에까지 미치지는 아니한다. 그리고 기판력은 후소의 소송물이 전소의 소송물과 동일하지는 않다고 하더라도 전소의 소송물에 관한 판단이 **후소의 선결문제**가 되거나 **모순관계**에 있을 때에는 후소에서 전소 판결의 판단과 다른 주장을 하는 것을 허용하지 않는 작용을 하는 것이므로, 이와 같이 소송물이 동일하거나 선결문제 또는 모순관계에 의하여 기판력이 미치는 객관적 범위에 해당하지 아니하는 경우에는 전소 판결의 변론종결 후에 당사자로부터 계쟁물 등을 승계한 자가 후소를 제기하더라도 그 후소에 전소 판결의 기판력이 미치지 아니한다.

이 사건 전소의 소송물인 소유권이전등기말소청구권의 존부는 이 사건 소의 소송물인 건물인도청구권 및 부당이득반환청구권의 존부와 다르다. 전소 판결의 기판력이 미치는 법률관계 즉 소송물로 주장된 법률관계는 이 사건 건물에 관한 말소등기청구권의 존부이고, 위 건물의 소유권의 존부는 그 전제가 되는 법률관계에 불과하여 전소 판결의 기판력이 미치지 아니한다. 또한 전소의 소송물인 말소등기청구권에 대한 판단이 이 사건 건물인도 등 청구의 소의 선결문제가 되거나, 이 사건 소의 소송물인 건물인도청구권 등의 존부가 전소의 소송물인 말소등기청구권의 존부와 모순관계에 있다고 볼 수 없어서, 전소 판결의 기판력이 이 사건 소에 미친다고 할 수 없다.

이는 원고가 전소 판결의 **변론종결 후**에 위 건물을 매수하여 소유권이전등기를 마쳤더라도 마찬가지이다. 원심이 승계인에게 기판력이 미치기 위해서는 객관적 기판력이 미쳐야 한다고 하고, 전소 판결의 기판력이 이 사건까지 미친다고 볼 수 없다고 한 다음, 이와 정반대로 이 사건에서 원고가 변론종결 후의 승계인이므로 전소 판결의 기판력을 받는다고 판단한 것은 이유 모순에 해당한다고 할 것이다. 원고에 대한 승계집행문 부여 가능성은 별론으로 하고, 피고가 전소 판결을 집행하지 아니하여 위 건물에 관하여 원고 명의의 소유권이전등기가 마쳐져 있는 이상, 원고는 적법한 등기원인에 의하여 소유권을 취득한 것으로 추정되므로, 이 사건에 기판력이 미치지 아니하는 전소 판결의 기판력을 원고가 받는다는 이유만으로 원고의 소유권을 부정할 수는 없다. 따라서 원심은 전소 판결과 관계없이 위 건물에 관한 소유권을 전제로 하는 원고의 이 사건 청구에 대한 당부를 심리하여 판단했어야 한다.

 검토

대상판결에서 甲이 승계집행문을 부여받아 丙에 대해 집행을 하지 않고 있는 상황에서 丙이 전소판결의 기판력이 미치는 등기말소청구가 아니라, 이와 관련 없는 건물인도 및 차임 청구를 하여 나타난 문제이므로 이를 기판력이 미치는 승계인의 범위에서 '계쟁물 승계인'을 배제하는 의미로 볼 것은 아니다(정/유/김, 809면). 기판력의 객관적 범위를 먼저 따진 후 주관적 범위 여부를 판단하는 경향의 판례이다(한, 616면). 한편, 대상판결은 소송물이 물권적 청구권이면 승계인이 된다는 기존 판례와 저촉되는 것은 아니지 의심이 든다(이, 663면).

 참조 **【대법원 1999. 10. 22. 선고 98다6855 판결】** 건물 소유권에 기한 **물권적 청구권**을 원인으로 하는 건물인도소송에서 청구기각된 확정판결의 기판력은 건물인도청구권의 존부 그 자체에만 미치는 것이고, **소송물이 되지 아니한 건물 소유권의 존부에 관하여는 미치지 아니하므로**, 그 건물인도소송의 사실심 변론종결 뒤에 그 패소자인 건물 소유자로부터 건물을 매수하고 소유권이전등기를 마침으로써 그 소유권을 승계한 제3자의 건물 소유권의 존부에 관하여는 위 확정판결의 기판력이 미치지 않으며, 또 이 경우에 위 제3자가 가지게 되는 물권적 청구권인 건물인도청구권은 적법하게 승계한 건물 소유권의 일반적 효력으로서 발생된 것이고, 위 건물인도소송의 소송물인 패소자의 건물인도청구권을 승계함으로써 가지게 된 것이라고는 할 수 없으므로, 위 제3자는 위 확정판결의 변론종결 뒤의 **승계인에 해당한다고 할 수도 없다.**

15-법전협 모의시험(3) / 18-법무사시험 (위 98다6855 판결)

7-30

대법원 1975. 5. 13. 선고 74다1664 전원합의체 판결

채권자대위소송과 기판력

> 소외 甲은 乙로부터 이 사건 부동산에 대하여 근저당권을 취득하고 그 설정등기를 필한 자임을 이유로 乙을 대위하여 丙을 상대로 소유권이전등기말소청구소송을 제기하여 패소판결이 선고되어 확정되었다. 그 뒤 乙은 丙을 상대로 위 사건 소송과 동일한 내용의 소유권이전등기말소청구소송을 제기하였다. 기판력이 미치는가?

 판 결

채권자가 채권자대위권을 행사하는 방법으로 제3채무자를 상대로 소송을 제기하고 판결을 받은 경우에는 채권자가 채무자에 대하여 민법 405조 1항에 의한 보존행위 이외의 권리행사의 통지, 또는 민사소송법 84조에 의한 소송고지 혹은 비송사건절차법 84조 1항에 의한 법원에 의한 재판상 대위의 허가를 고지하는 방법 등을 위시하여 어떠한 사유로 인하였든지 적어도 **채권자대위권에 의한 소송이 제기된 사실을 채무자가 알았을 경우**에는 그 판결의 효력은 채무자에게 미친다고 보는 것이 상당하다. 나아가 대상판결은 채무자에게 고지 등의 방법으로 알게 하여 필요에 따라 소위 공동소송적 참가 기타의 방법으로 그 고유의 권리를 보호할 기회를 주는 동시에 그 기판력도 채무자에게 미치게 하자는데 위와 같은 해석의 의의가 있고 효용이 있다. 실제 성실한 당사자라면 채권자대위권에 의한 소송의 원·피고는 정정당당히 채무자에게 그 제소사실을 알려야 하고 또 알고도 이에 협력 않고 불리한 판결을 받은 채무자에게 불이익을 주어도 불공평하다고 할 수 없다고 할 것이다. 한편 채무자가 모르는 사이에 확정된 판결의 효력은 채무자에게 미치지 않는다고 해석하여 그 폐단도 방지하도록 보장하였다.

 검 토

다른 사람을 위하여 원고나 피고가 된 사람에 대한 확정판결은 그 다른 사람에 대하여도 효력이 미친다(218조 3항). 218조 3항의 기판력의 주관적 범위와 관련하여 채권자대위소송에 있어서 기판력 문제는 좀 더 검토할 필요가 있다. **학설**은, ① 채권자대위소송을 채권자의 제3채무자에 대한 고유한 권리를 기초로 하는 독자의 소송이라고 해석하여(법정소송담당이 아니라고 보는 입장에서 218조 3항의 적용을 부정) 판결의 효력은 당사자 이외에는 미치지 않음을 근거로 채무자에 대하여 기판력은 미치지 않는다는 **소극설**(호, 741-742면), ② 218조 3항에 따라 채무자에게도 그 유리·불리, 지·부지를 묻지 않고 효력이 미치게 된다는 **적극설**(김상수, 민사소송법판례연습, 264면), ③ 법정소송담당이라고 보면서 다만, 채무자가 소송고지 등 어떠한 사유로 채권자대위소송이 제기된 사실을 알았을 때에 한하여 채무자에게 효력이 미친다는 **절충설**이 있다(통설. 강, 723면; 김홍, 912면; 이, 667면; 정/유/김, 814면; 한, 620면). 채무자의 절차보장과 관련하여 통설 내지는 판례의 입장을 지지한다.

📄참조 **【대법원 1979. 3. 13. 선고 76다699 판결】** 채무자와 제3채무자 사이의 확정판결의 효력이 채권자와 제3채무자 사이의 채권자대위소송에 미치는지의 여부(**적극**)

📄참조 **【대법원 1992. 5. 22. 선고 92다3892 판결】** 부동산의 점유자가 취득시효완성을 원인으로 한 소유권이전등기를 하지 않고 있는 사이에 제3자가 등기명의인을 상대로 한 확정판결에 기하여 소유권이전등기를 한 경우 위 점유자가 원래의 등기명의인을 대위하여 제3자 명의의 소유권이전등기의 말소를 구할 수 있는지 여부(**원칙적 소극**)

📄참조 **【대법원 2001. 1. 16. 선고 2000다41349 판결】** 甲이 乙을 대위하여 丙을 상대로 취득시효 완성을 원인으로 한 소유권이전등기 소송을 제기하였다가 乙을 대위할 피보전채권의 부존재를 이유로 소각하 판결을 선고받고 확정된 후 丙이 제기한 토지인도 소송에서 甲이 다시 위와 같은 권리가 있음을 항변사유로서 주장하는 것은 기판력에 저촉되어 허용될 수 없다고 한 사례

📄참조 **【대법원 2014. 1. 23. 선고 2011다108095 판결】** 채권자대위소송에서 피보전채권이 인정되지 않아 소각하판결이 있었던 경우 그 판결의 기판력이 채권자가 채무자를 상대로 피보전채권의 이행을 구하는 소송에 미치는지 여부(**소극**)

📄참조 **【대법원 1994. 8. 12. 선고 93다52808 판결】** 채권자대위소송이 경합하는 경우에 있어서 어느 채권자가 채권자대위권을 행사하는 방법으로 제3채무자를 상대로 소송을 제기하여 판결을 받은 경우, 어떠한 사유로든 채무자가 채권자대위소송이 제기된 사실을 알았을 경우에 한하여 그 판결의 효력이 채무자에게 미치므로, 이러한 경우에는 그 뒤 **다른 채권자가 동일한 소송물에 대하여 채권자대위권에 기한 소를 제기하면 전소의 기판력을 받게 된다**고 보았다

✏️ 05-변리사시험 / 12-법무사시험 / 15-변호사시험 / 15-법전협 모의시험(3) / 16-변리사시험 / 16-5급(행정)공채시험/ 16-사법시험 (위 92다3892 판결) / 19-법전협 모의시험(1) (위 2011다108095 판결)

7-31

대법원 1995. 5. 12. 선고 93다44531 판결

B회사가 A회사와 기업의 형태·내용이 실질적으로 동일하고 A회사의 채무를 면탈할 목적으로 설립되었다면, A회사에 대한 판결의 기판력 및 집행력의 범위를 B회사에까지 확장할 수 있는지 여부(소극)

> B회사와 A회사가 기업의 형태·내용이 실질적으로 동일하고, B회사는 A회사의 채무를 면탈할 목적으로 설립된 것으로서 B회사가 A회사의 채권자에 대하여 A회사와는 별개의 법인격을 가지는 회사라는 주장을 하는 것이 신의칙에 반하거나 법인격을 남용하는 것으로 인정되는 경우에 A회사에 대한 판결의 기판력 및 집행력의 범위를 B회사에까지 확장하는 것이 허용되는가?

 판결

기존회사가 채무를 면탈할 목적으로 기업의 형태·내용이 실질적으로 동일한 신설회사를 설립하였다면, 그 설립은 기존회사의 채무면탈이라는 위법한 목적달성을 위하여 회사제도를 남용한 것이므로, 기존회사의 채권자에 대하여 위 두 회사가 별개의 법인격을 갖고 있음을 주장하는 것은 신의성실의 원칙상 허용될 수 없다 할 것이어서 기존회사의 채권자는 위 두 회사 어느 쪽에 대하여서도 채무의 이행을 청구할 수 있다고 볼 것이다(대법원 2004. 11. 12. 선고 2002다66892 판결).

위 사안에서 신의칙에 반하거나 법인격을 남용하는 것으로 인정되는 경우에도 권리관계의 공권적인 확정 및 그 신속·확실한 실현을 도모하기 위하여 절차의 명확·안정을 중시하는 소송절차 및 강제집행절차에 있어서는 절차 성격상 A회사에 대한 기판력 및 집행력의 범위를 B회사에까지 확장하는 것은 허용되지 않는다.

 검토

판례는 절차의 명확·안정 등을 근거로 법인격부인의 법리의 적용을 전면적으로 배제하고 있으나, 찬성하기 어렵다. 기판력을 확장하여야 한다고 풀이할 것이다. **학설**은 법인격이 남용되거나 형해화(形骸化)된 경우에 당사자와 제3자를 동일 인격으로 보아 제3자에게도 **판결의 효력을 확장**하려고 하는데, 그 근거로는 A회사와 B회사를 융합한 단일체로 평가할 수 있기 때문이라는 **단일체설**, B회사를 청구의 목적물의 소지자(218조 1항)에 해당 내지는 준하는 사람이라고 볼 수 있기 때문이라는 **소지인설** 등을 검토할 수 있다.

7-32

대법원 1993. 12. 21. 선고 92다46226 전원합의체 판결

토지 소유자가 임료 상당 부당이득의 반환을 구하는 장래이행의 소를 제기하여 승소판결이 확정된 후 임료가 상당하지 아니하게 되는 등 사정이 있는 경우 새로 부당이득반환을 청구할 수 있는지 여부(적극)

> 토지의 소유자가 법률상 원인 없이 토지를 점유하고 있는 자를 상대로 장래의 이행을 청구하는 소로서, 그 점유자가 토지를 인도할 때까지 토지를 사용 수익함으로 인하여 얻을 토지의 임료에 상당하는 부당이득금의 반환을 청구하여, 그 청구를 인용하는 판결이 확정된 경우에, 그 소송의 사실심 변론종결 후에 토지의 가격이 현저하게 앙등하고 조세 등의 공적인 부담이 증대되었을 뿐더러 그 인근 토지의 임료와 비교하더라도 그 소송의 판결에서 인용된 임료액이 상당하지 아니하게 되는 등 경제적 사정의 변경으로 당사자 간의 형평을 심하게 해할 특별한 사정이 생긴 때에는, 토지의 소유자는 점유자를 상대로 새로 소를 제기하여 전소 판결에서 인용된 임료액과 적정한 임료액의 차액에 상당하는 부당이득금의 반환을 청구할 수 있는가?

 판결

소송의 사실심 변론종결 뒤에 경제적 사정의 변경으로 당사자 사이의 형평을 심하게 해할 특별한 사정이 생긴 때에는 새로 소를 제기하여 전소판결에서 인용된 임료액과 적정한 임료액의 차액에 상당하는 부당이득금을 청구할 수 있다고 봄이 상당하고, 그 근거로 일부청구임을 명시하지는 아니하였지만, **명시한 경우와 마찬가지로** 그 청구가 일부청구이었던 것으로 보아, 전소판결의 기판력이 그 일부청구에서 제외된 위 차액에 상당하는 부당이득금의 청구에는 미치지 않는 것이라고 해석함이 옳다.

[**별개의견**] 기판력이 미치지 않는다는 점에서 「다수의견」과 견해를 같이 하면서도, 그 논거에 있어서는 견해를 달리하여 기판력의 시적 범위의 이론에 따라서 경제사정의 변동 등으로 그 액수가 변론종결 당시 예상할 수 없을 정도로 증감되어 전소의 인용액이 도저히 상당하다고 할 수 없을 정도가 되었다면, 이러한 사정의 변경은 전심의 변론종결시까지 주장할 수 없었던 사유가 그 뒤 새로 발생한 것으로 보아야 할 것이어서, 소유자는 증액된 부분을 부당이득반환으로서 구할 수 있다. 그리고 그 반면에 점유자는 청구이의 소로 감액된 부분에 대한 집행력의 배제를 주장할 수 있다. 다수의견처럼 굳이 유보된 일부청구 의제이론이 등장할 필요가 없다고 본 것이다.

검토

장래이행의 소에 있어서 장래의 손해의 증명은 변론종결 당시의 입증자료를 통하여 구체적 액수를 확정할 수밖에 없는 한계가 있다. 그리하여 예측하여 확정하였던 손해액수가 판결확정 후 경제사정 등의 변동으로 실제손해와 차이가 나는 경우가 생길 수 있고, 특히 그 차이가 현저한 경우에는 종전 소송의 손해금액의 증액 또는 감액을 구하는 청구를 인정할 필요가 생긴다. 그런데 이는 종전 확정판결의 기판력과 관련하여 기판력의 저촉이 문제된다.

대상판결의 다수의견은 토지의 불법점용을 판결 전후에 걸쳐 있는 하나의 사실이라고 보고 그렇다면 하나의 청구를 두 번에 나누어 구할 수 있는 방법으로서는 명시적 일부청구, 잔부청구로 이론 구성한 것이다.

결국 법리적으로 무리 없이 마찬가지의 결론을 얻기 위하여 252조에서 정기금의 지급을 명한 판결이 확정된 뒤에 그 액수산정의 기초가 된 사정이 현저하게 바뀜으로써 당사자 사이의 형평을 크게 침해할 특별한 사정이 생긴 때에는 그 판결의 당사자는 장차 지급할 정기금 액수를 바꾸어 달라는 소를 제기할 수 있다는 「정기금판결과 변경의 소」에 대한 규정을 신설하였다.

 【참조】 【대법원 2016. 6. 28. 선고 2014다31721 판결】 토지의 소유자가 소유권에 기하여 그 토지의 무단 점유자를 상대로 차임 상당의 부당이득반환을 구하는 소송을 제기하여 무단 점유자가 그 점유 토지의 인도 시까지 매월 일정 금액의 차임 상당 부당이득을 반환하라는 판결이 확정된 경우, 이러한 소송의 소송물은 **채권적 청구권인 부당이득반환청구권**이므로, 위 소송의 변론종결 후에 위 토지의 소유권을 취득한 사람은 민사소송법 218조 1항에 의하여 위 확정판결의 기판력이 미치는 변론을 종결한 뒤의 승계인에 해당한다고 볼 수 없다. 따라서 이 사건 전소 확정판결 후에 위 토지의 소유권을 취득한 원고에게는 이 사건 전소 확정판결의 기판력이 미치지 않으므로, 원고는 정기금의 지급을 명한 이 사건 전소 확정판결의 변경을 구하는 소를 제기할 원고적격이 없고, 본안에 관하여 나아가 판단할 필요 없이 부적법하므로 각하되어야 한다(원심에서는 원고적격과 관련 소의 적법을 문제 삼지 않고, 위 확정판결을 그대로 유지하는 것이 원고와 피고 사이의 형평을 크게 침해한다고 볼 정도의 특별한 사정이 생겼다고 할 수 없다고 하여 원고 청구기각의 본안판단을 한 제1심판결에 대한 원고의 항소를 기각하였다).

7-33

대법원 1985. 7. 9. 선고 85므12 판결

주거지를 알면서도 허위의 주소를 표시하여 공시송달의 방법으로 절차가 진행되고 판단이 선고된 경우(451조 1항 11호 소정의 재심사유에 해당)

> 원고는 피고가 대구 서구 비산동 A의 집에 셋방을 얻어 살고 있음을 알면서도 원고의 본적지를 피고의 주소로 표시하여 피고를 상대로 이혼청구의 소를 제기하였고 위 주소지에서 피고에 대한 소송서류가 송달 불능되자, 공시송달의 방법으로 절차가 진행되어 판결이 선고되어 확정되었다. 재심사유에 해당하는가? 소송행위 추완에 의하여도 상소를 제기할 수 있는가?

판결

위와 같은 사유는 민사소송법 451조 1항 11호 「당사자가 상대방의 주소 또는 거소를 알고 있었음에도 불구하고 있는 곳을 잘 모른다고(소재불명) 하거나 … 으로 하여 소를 제기한 때」에 해당하여 **재심**의 대상이 된다.

검토

공시송달의 요건이나 취지에 반하여 주소를 알고 있었음에도 불구하고 주소불명으로 공시송달이 신청·허가된 경우에 이러한 공시송달을 무효라고 보는 견해도 있으나, 위법한 공시송달이라고 하더라도 재판장이 공시송달을 명하여 그 절차가 이루어진 경우에는 그 뒤에 요건의 흠이 판명된다고 하더라도 그 공시송달은 유효하다는 것이 일반적이다(대법원 1984. 3. 15.자 84마20 전원합의체 결정 등 참조). 그렇다면 위와 같은 확정판결을 시정하기 위한 소송법적 구제수단으로 확정된 판결에 대한 비상의 구제수단인 **재심의 소**(451조), 당사자의 귀책사유 없는 사정에 의하여 상소를 할 수 없게 된 경우의 **상소의 추후보완**(173조) 등이 고려될 수 있다.

【대법원 1985. 8. 20. 선고 85므21 판결】 재심을 제기할 수 있음은 물론이나 또한 173조에 의한 소송행위 추완에 의하여도 상소를 제기할 수 있다.

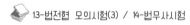

7-34

대법원 1978. 5. 9. 선고 75다634 전원합의체 판결

허위주소로 송달하여 얻은 사위판결이 기판력이 있는지 여부(소극)

> 월북한 부재자로부터 부동산을 매수하였다고 하여 허위의 매매계약서를 작성한 원고가 부재자를 상대로
> 소유권이전등기절차이행청구의 소를 제기하였는데, 피고가 실은 부재자로서 그의 주소를 제대로 댈 수
> 없는 관계로 자기가 잘 아는 성명불상자의 주소를 피고의 주소라 하여 엉터리로 기재한 다음 성명불상자
> 로 하여금 소송서류를 받게 하여 결국 자백간주(의제자백)의 형식으로 승소판결이 선고되어 확정된 경우
> 에 그 판결은 기판력이 있는가?

 판결

피고가 판결정본 기타 소송서류를 받은 바 없으니 항소기간이 진행되지 아니하여 본건 사위
판결은 피고에 대한 관계에서 확정되지 아니하여 기판력이 없는 것이라 할 것이고, 451조 1항
11호에 「당사자가 상대방의 주소 또는 거소를 알고 있었음에도 불구하고 … 허위의 주소나 거
소로 하여 소를 제기한 때」를 재심사유로 규정하고 있으나, 이는 공시송달의 방법에 의하여 상
대방에게 판결정본을 송달한 경우를 말하는 것이고, 본건 사위판결에 있어서와 같이 공시송달
의 방법에 의하여 송달된 것이 아닌 경우까지 재심사유가 되는 것으로 규정한 취지는 아니라고
할 것이다. 결국 피고는 지금이라도 **항소를 제기할 수도 있고**, 만약 무효의 판결에 터잡아 원고
명의로 소유권이전등기가 마쳐졌다면 항소를 제기하지 아니하고도 **별소로 그 등기의 말소를
제기할 수 있다**.

 검토

피고의 주소를 허위주소로 하여 그 주소에 소장을 송달하게 하고 공모자가 송달받고도 피고
자신이 송달받은 것처럼 하고, 답변서를 제출하지 않거나 불출석한 것으로 법원을 속여 자백간
주로 승소판결을 받은 경우에 당사자의 구제를 위한 소송법적 절차가 무엇이 있는가가 문제된
다. ① 아직 항소기간이 지나지 않은 미확정판결로서 어느 때나 항소를 제기할 수 있으며, 이에
대한 항소의 추후보완 및 재심의 소는 허용되지 않는다는 **항소설**과(강, 662면; 김홍, 929면; 호,
982-983면), ② 451조 1항 11호에 따라 재심의 소로 구제되어야 한다는 **재심설**이 있다(이, 678면).

나아가 ③ 재심·항소 **병용설**도 있다(정/유/김, 826면; 정, 1219면). **판례는 항소설**의 입장이다.

📖참조 **【대법원 1995. 5. 9. 선고 94다41010 판결】** 위와 같은 사위판결에 대한 상소기간은 진행을 개시하지 아니한다 할 것이어서 그 판결은 형식적으로 확정되었다고 할 수 없고, 따라서 **기판력도 발생하지 아니한다.** 그리하여 위와 같은 사위판결에 기하여 경료된 부동산에 관한 소유권이전등기는 실체적 권리관계에 부합될 수 있는 특별한 사정이 없는 한 원인 무효로써 말소될 처지에 있고, 또 그 상대방이 **사위판결에 대하여 상소를 제기하지 아니하고 별소에 의하여 소유권이전등기의 말소를 구한다 하더라도 그 등기명의인으로 서는 이를 거부할 수 없는 것이다.**

📖참조 **【대법원 1994. 1. 11. 선고 92다47632 판결】** 원고 甲은 乙 宗中의 대표자가 선출된 적이 없는데도 마치 甲의 아들 A가 대표자로 선출된 것처럼 소장에 宗中 대표자로 A를 기재하여 乙 宗中 소유의 토지에 관하여 소유권이전등기청구의 소를 제기하고, A가 소장부본 및 변론기일소환장을 송달받아 불출석함으로써 자백간주에 의하여 판결이 확정된 경우, 이는 451조 1항 3호 소정의 재심사유가 된다. 451조 1항 3호 소정의 재심사유는 무권대리인이 대리인으로서 본인을 위하여 실질적인 소송행위를 하였을 경우뿐만 아니라 대리권의 흠결로 인하여 본인이나 그의 소송대리인이 실질적인 소송행위를 할 수 없었던 경우도 이에 해당한다 할 것이다. ─ 위 75다634 전원합의체 판결의 경우는 상대방의 주소를 허위로 표시함으로써 진정한 당사자가 소송서류를 송달받을 수 없기 때문에 소송계속사실을 몰랐던 경우인데, 이와 달리 본 판결은 권한이 없는 사람을 피고 종중의 대표자로 표시하였으되 그 주소만은 제대로(사실대로) 표시한 경우로, 무권대표자(참칭대표자)에 대한 소송서류의 송달에 의하여서도 판결이 확정되어 재심대상이 된다는 것을 정면으로 다룬 것으로, 위 전원합의체 판결의 항소설적 논리와 다른 법리를 설시한 처음의 판례이다(박재윤, 민사판례연구[ⅩⅦ], 295-296면). 이에 대하여 참칭피고에게 송달(위 75다634 전원합의체 판결), 참칭대표자에게 송달(위 92다47632 판결)을 구별하지 않고 양쪽 모두 엉뚱한 사람이 절차에 관여하고 판결의 효력을 받을 피고 측의 절차관여권이 배제된 점에서 양쪽 모두 다를 바 없는데, 구별하고 있다는 것이다(이, 942면). 한편, 참칭대표자에게 송달수령권을 인정한 것이 이론상 문제는 있으나, 재심으로 구제받도록 하여도 재심제기기간의 제한이 없으므로 항소로 구제받는 것보다 당사자에게 불리할 것이 없고, 오히려 심급의 이익을 박탈당하지 않는다는 점에서 유리한 면이 있다고 평가하는 입장도 있다(호, 984면).

📖 14-법무사시험 / 15-법전협 모의시험(3) (위 94다41010 판결) / 17-법전협 모의시험(2) / 19-법전협 모의시험(3)

7-35

대법원 1996. 7. 30. 선고 94다51840 판결

실효의 원칙의 의의 및 그 원칙의 소송법상 권리에 대한 적용 가부(적극)

甲은 미국으로 이민간 자신의 딸인 乙을 상대로 1986. 3.경에 경기도 안양시 소재 토지(이하 이 사건 부동산)에 관한 소유권이전등기소송을 제기하면서 법원을 속이고 乙의 주소를 허위로 기재하여 乙에 대한 소장부본, 변론기일소환장 등의 소송서류를 그 허위주소로 송달되게 한 후, 乙이 아닌 소외 A로 하여금 권한 없이 이를 수령하게 하여, 결국 1986. 5.경에 자백간주(의제자백) 형식에 따른 甲 승소의 제1심판결이 선고되었고, 그 판결정본도 위와 같은 방법으로 송달되었다. 乙은 1988. 10.경 국내에 일시 귀국하여 약 1개월 동안 체류하였는데, 당시 甲의 차남인 소외 B로부터 甲이 위와 같은 방법으로 승소판결을 받아 그 판결에 기하여 이 사건 부동산에 관하여 甲 명의로 소유권이전등기를 경료하였으므로 이에 대하여 양해하여 달라는 말을 듣고서 위 제1심판결이 있었다는 것을 알게 되었다. 乙은 당시 甲에게 이의를 제기하고 법률사무소에 그 구제수단을 문의하였다. 그런데 乙은 소송비용도 없고, 이 사건 부동산이 다른 사람도 아닌 자신의 아버지인 甲의 명의로 등기된 것이므로 설마 다른 사람에게 팔겠느냐 하는 생각에서 별다른 소송문제를 거론하지 않은 채 1988. 11.경 미국으로 출국하였다. 한편 甲은 乙이 위 제1심판결에 대하여 상당한 기간이 지나도 아무런 법적 조치를 취하지 않으므로 1992. 11.경 이 사건 부동산을 금 2억원에 소외 C에게 매도하고, 소유권이전등기를 하여 주었다. 그 무렵 乙의 동생 소외 D가 미국에 거주하는 乙에게 甲이 이 사건 부동산을 매도하여 대금을 착복하였다고 전화로 알려주었다. 결국 乙은 1993. 1.경 귀국하여 위 제1심판결에 대하여 항소를 제기하였다. 이에 대하여 甲은 乙이 상당한 기간이 지나도 아무런 법적 조치를 취하지 않은 것이 부녀지간의 일이라 용서해 준다는 취지로 믿고 이 사건 부동산을 매도하였다고 주장하면서 乙의 항소권은 실효된 것이라는 주장을 펼쳤다. 甲의 주장은 받아들여질 수 있는가?

판결

피고가 판결정본 기타 소송서류를 받은 바 없으니 항소기간이 진행되지 아니하여 본건 사위판결은 피고에 대한 관계에서 확정되지 아니하여 기판력이 없는 것이라 할 것이고, 결국 피고는 지금이라도 항소를 제기할 수도 있다고 한다(대법원 1978. 5. 9. 선고 75다634 전원합의체 판결 참조). 송달은 교부송달이 원칙이고, 송달을 받을 사람에게 소송서류가 송달되어야 송달의 효력이 생기는데, 사안의 乙은 이러한 송달을 받은 바가 없으므로 이러한 판결은 아직 항소기간이 지나지 않은 미확정판결로서 乙은 어느 때나 항소를 제기할 수 있으며, 이에 대한 항소의 추후보완 및 재심의 소는 허용되지 않는다(또한 사안을 보면 이미 재심의 사유를 안 날로부터 30일, 제1심판결이 확정된 후 5년이 경과하였으므로 乙은 재심의 소를 제기할 수 없다).

　권리자가 장기간에 걸쳐 그 권리를 행사하지 아니함에 따라 그 의무자인 상대방이 더 이상 권리자가 권리를 행사하지 아니할 것으로 신뢰할 만한 정당한 기대를 가지게 되어 상대방이 그에 따라 일정한 행동을 한 경우에 새삼스럽게 권리자가 그 권리를 행사하는 것은 법질서 전체를 지배하는 신의칙에 위반되어 허용되지 아니한다는 **실효의 원칙이 항소권과 같은 소송상 권능**(소송법상 권리)**에 대하여도 적용될 수 있다.**

　그런데 실효의 원칙이 적용되기 위하여 필요한 요건으로서 실효기간(권리를 행사하지 아니한 기간)의 길이와 의무자인 상대방이 권리가 행사되지 아니하리라고 신뢰할 만한 정당한 사유가 있는지의 여부는 일률적으로 판단할 수 있는 것이 아니라 구체적인 경우마다 권리를 행사하지 아니한 기간의 장단과 함께 권리자 측과 상대방 측 쌍방의 사정 및 객관적으로 존재한 사정 등을 고려하여 사회통념에 따라 합리적으로 판단하여야 한다고 전제하고, 사안에서 乙은 제1심판결이 있음을 알게 된 당시 그 구제방법을 문의하였으나 소송비용도 없고 다른 사람도 아닌 아버지인 甲의 명의로 등기를 하여 두었으니 설마 다른 사람에게 팔겠느냐 하는 생각에서 별다른 조치 없이 일단 乙이 살고 있는 미국으로 출국하였다는 것으로, 그 뒤 4년 남짓 동안 제1심판결에 대한 항소나 甲에 대한 형사고소 등을 거론한 바 없었다 하여 甲의 입장에서 乙이 더 이상 제1심판결에 대한 항소권을 행사하지 않으리라는 정당한 기대를 가지게 되었다고 단정할 수는 없을 뿐만 아니라 … 甲이 이 사건 부동산을 소외 C에게 매도하였다는 것을 알고 乙이 곧바로 귀국하여 항소를 제기한 사실에 비추어, 甲으로서는 비록 부정한 방법으로 부동산 소유권이전등기를 넘겨받았다 하더라도 乙이 이를 용서하여 준 것으로 믿고 위 부동산을 매도하였다고 하는 사실인정은 쉽사리 수긍하기 어렵고, 결국 **乙의 항소권은 실효된 것은 아니다.**

 검토

　소송법적 구제 수단으로 **항소설**을 취하고, 나아가 신의칙상 **실효의 원칙**이 항소권과 같은 소송상 권능(소송법상 권리)에 대하여도 적용될 수 있다고 본 판례이다(☞ 1-5 부분 참조).

7-36

대법원 1995. 6. 29. 선고 94다41430 판결

채권자가 대여금의 변제사실을 속이고 대여금지급청구의 소를 제기하여 승소판결을 받아 강제집행을 한 경우, 이에 대한 채무자의 부당이득반환 청구를 배척한 원심판결을 수긍한 사례

> 대여금 중 금 25,000,000원을 변제받고도 이를 속이고 대여금 전액에 대하여 소를 제기하여 승소 확정판결을 받은 후 강제집행에 의하여 원리금으로 금 117,026,360원을 수령한 채권자에 대하여, 금 25,000,000원은 법률상 원인 없는 이득으로서 반환되어야 한다고 주장하면서 채무자가 부당이득반환청구를 할 수 있는가?

 판결

변제주장은 대여금반환청구소송의 확정판결 전의 사유로서 그 판결이 재심의 소 등으로 취소되지 아니하는 한, 그 판결의 기판력에 저촉되어 이를 주장할 수 없으므로, 그 확정판결의 강제집행으로 교부받은 금원을 법률상 원인 없는 이득이라고 할 수 없다.

 검토

부당취득된 판결 또는 편취된 판결이라도 일단 형식적으로 확정되면 통상의 판결과 같이 기판력이 발생하므로 쉽사리 **부당이득반환청구**를 인정하는 것에는 어려움이 있다(손해배상청구를 허용하는 문제에 대하여는 다음 항목에서 설명한다).

① **재심필요설** – 기판력제도를 동요시키지 않기 위하여 재심의 소에 의하여 확정판결을 취소시키지 않는 한, 손해배상청구나 부당이득반환청구를 할 수 없다(김홍, 932면; 이, 679면). ② **제한적 재심불요설** – 절차적 기본권이 박탈된 당사자는 재심의 소를 거칠 필요가 없이 바로 청구를 할 수 있다(정/유/김, 834면; 호, 985면). ③ **재심불요설** – 재심의 소 등에 의한 취소를 기다릴 필요가 없다.

판례는 **재심필요설**의 입장이다. **대상판결**은 확정판결이 재심의 소 등으로 취소되지 아니하는 한, 그 판결의 강제집행으로 교부받은 금원 등을 법률상 원인 없는 이득이라 하여 부당이득반환청구를 하는 것은 **기판력에 저촉**되어 허용될 수 없다는 점을 명시적으로 선언한 데에 그 의의가 있다(이재환, 대법원판례해설(24호), 111면).

7-37

대법원 1995. 12. 5. 선고 95다21808 판결

확정판결에 기한 강제집행이 불법행위가 되기 위한 요건

이 사건 임야는 원고가 피고 1로부터 매수한 것이지 금원을 대여하고 양도담보조로 받은 것이 아닌데, 피고들은 이를 잘 알고 있음에도 상호 공모하여 허위의 주장으로 법원을 기망하여 정산금의 지급을 명하는 확정판결을 받아 이에 기하여 강제집행을 한 것이라고 하여 불법행위가 된다고 판단하여 손해배상청구를 인정한 법원의 판결을 기판력과 관련하여 검토하시오.

 판결

───────────────────────────────────────

　판결이 확정되면 기판력에 의하여 대상이 된 청구권의 존재가 확정되고 그 내용에 따라 집행력이 발생하는 것이므로, 그에 따른 집행이 불법행위를 구성하기 위하여는 소송당사자가 상대방의 권리를 해할 의사로 상대방의 소송 관여를 방해하거나 허위의 주장으로 법원을 기망하는 등 부정한 방법으로 실제의 권리관계와 다른 내용의 확정판결을 취득하여 집행을 하는 것과 같은 특별한 사정이 있어야 하고, 그와 같은 사정이 없이 확정판결의 내용이 단순히 실체적 권리관계에 배치되어 부당하고 또한 확정판결에 기한 집행 채권자가 이를 알고 있었다는 것만으로는 그 집행행위가 불법행위를 구성한다고 할 수 없다. 편취된 판결에 기한 강제집행이 불법행위로 되는 경우가 있다고 하더라도 당사자의 법적 안정성을 위해 확정판결에 기판력을 인정한 취지나 확정판결의 효력을 배제하기 위하여는 그 확정판결에 재심사유가 존재하는 경우에 재심의 소에 의하여 그 취소를 구하는 것이 원칙적인 방법인 점에 비추어 볼 때 불법행위의 성립을 쉽게 인정하여서는 아니되고, 확정판결에 기한 강제집행이 불법행위로 되는 것은 당사자의 **절차적 기본권**이 근본적으로 침해된 상태에서 판결이 선고되었거나 확정판결에 재심사유가 존재하는 등 확정판결의 효력을 존중하는 것이 **정의에 반함이 명백**하여 이를 묵과할 수 없는 경우로 한정하여야 할 것이다.

 검토

───────────────────────────────────────

　부당취득된 판결 또는 편취된 판결이라도 일단 형식적으로 확정되면 통상의 판결과 같이 기판력이 발생하므로 쉽사리 **손해배상청구**를 인정하는 것에는 어려움이 있다.

관련하여 **학설**은 다음과 같이 나뉜다. ① **재심필요설** – 기판력제도를 동요시키지 않기 위하여 재심의 소에 의하여 확정판결을 취소시키지 않는 한, 손해배상청구를 할 수 없다고 한다(송/박, 474면). 다만, 재심의 소를 제기하면서 이에 관련청구로 손해배상청구를 함께 병합하여 제기하는 것은 허용된다고 한다(이, 679면). ② **제한적 재심불요설** – 절차적 기본권이 박탈된 당사자는 재심의 소를 거칠 필요가 없이 바로 손해배상청구를 할 수 있다고 한다(김홍, 932면; 정/유/김, 834면; 정영, 1221면; 호, 985면). ③ **재심불요설** – 실체적 정의를 위하여 기판력은 후퇴하여야 한다고 한다. 재심의 소 등에 의한 취소를 기다릴 필요가 없이 손해배상청구를 인정할 수 있다고 한다(강, 663면). ④ **기판력 부정설** – 부당이득반환청구는 결국 "판결로 확정된 채권이 실체상 없다."고 주장하는 것이어서 확정판결의 실체판단에 직접적으로 반하는 것이므로 기판력의 저촉을 받는다고 할 것이지만, 불법행위로 인한 손해배상청구는 "실체상 채권이 없음에도 법원을 기망하여 채권이 있는 양 확정판결을 받았다."고 주장하는 것이므로 확정판결의 판단 자체를 직접 탓하는 것과는 다르고, 판결편취 및 집행의 일련의 행위를 통틀어 보면 중간에 게재된 확정판결은 불법행위의 한 방편에 불과하다고도 볼 수 있으므로, 불법행위청구에 관하여는 판결의 편취 여부를 가릴 것도 없이 그 확정판결의 기판력이 미치지 않는다고 봄이 상당하다고 한다(이재환, 대법원판례해설(제24호), 110면). **판례는 제한적 재심불요설**의 입장이라고 이해할 수 있다.

생각건대 판결의 기판력을 부정하지 않는 한, 불법행위에 의한 구제방법을 인정하는 것은 곤란하다. 후소에서 전소의 판결내용의 부당을 주장하는 것이 되어 기판력에 저촉되기 때문이다. 재심의 소로 우선 판결을 취소한 뒤에 그 구제를 도모하여야 할 것이다. 그러나 한편 기판력은 당사자의 절차보장에 그 정당화의 근거를 가진다고 할 수 있다. 절차보장이 침해된 경우에 부당한 결과를 강요당하는 패소자를 구제하여야 한다. 패소자를 구제하면서 승소자의 법적 지위의 안정성과 조정을 도모할 수 있다는 점에서 제한적 **재심불요설을 지지**한다.

 【대법원 2001. 11. 13. 선고 99다32905 판결】 확정판결이 취소되지 아니한 이상, 그에 기한 강제집행으로 취득한 채권을 법률상 원인 없는 이득이라고 하여 반환을 구하는 것은 그 확정판결의 기판력에 저촉되어 허용될 수 없고, 다만 그 강제집행이 권리남용에 해당하는 이상 그 강제집행은 불법행위를 구성한다.

 【대법원 2001. 11. 13. 선고 99다32899 판결】 위 95다21808 판결에서와 같은 논리를 펼친 다음, 나아가 확정판결에 의한 권리라 하더라도 신의에 좇아 성실히 행사되어야 하고 그 판결에 기한 집행이 권리남용이 되는 경우에는 허용되지 않으므로 **청구이의의 소**에 의하여 그 집행의 배제를 구할 수 있다고 보았다.

 【대법원 2017. 9. 21. 선고 2017다232105 판결】 확정판결의 내용이 실체적 권리관계에 배치된다는 점은 확정판결에 기한 강제집행이 권리남용이라고 주장하며 집행 불허를 구하는 자가 주장·증명하여야 한다.

PART

08

병합청구소송

8-1

대법원 2011. 8. 18. 선고 2011다30666, 30673 판결

본래적 급부청구에 이를 대신할 전보배상을 부가하여 대상청구를 병합하는 것이 단순병합에 속하는 것으로 허용되는지 여부(적극) 및 대상청구를 본래의 급부청구에 예비적으로 병합한 경우, 본래의 급부청구가 인용되면 예비적 청구에 대한 판단을 생략할 수 있는지 여부(소극)

> 甲이 乙을 상대로 주위적으로 근저당권설정등기의 회복등기절차 이행을 구하면서, 예비적으로 乙이 丙과 공모하여 등기를 불법말소한 데 대한 손해배상금과 지연손해금 지급을 구하였는데, 제1심법원이 주위적 청구를 인용하면서 예비적 청구를 기각하였고, 甲이 기각된 부분에 대하여 항소를 제기하자, 원심법원이 주위적 청구가 인용되어 전부 승소한 甲에게는 항소를 제기할 이익이 없다는 이유로 이 부분 항소를 각하하였다. 그런데 위 예비적 청구는 주위적 청구인 근저당권설정등기 회복의무가 이행불능 또는 집행불능이 될 경우를 대비한 전보배상으로서 대상청구라고 보아야 한다면 甲이 항소한 부분인 예비적 청구의 당부를 판단하여야 하는 것은 아닌가?

 판 결
• 원심 ⊗ 파기환송

채권자가 본래적 급부청구에다가 이에 대신할 전보배상을 부가하여 대상청구를 병합하여 소구한 경우의 대상청구는 본래적 급부청구권이 현존함을 전제로 하여 이것이 판결확정 전에 이행불능되거나 또는 판결확정 후에 집행불능이 되는 경우에 대비하여 전보배상을 미리 청구하는 경우로서 양자의 병합은 현재의 급부청구와 장래의 급부청구와의 **단순병합에 속하는 것으로 허용**된다(대법원 1975. 7. 22. 선고 75다450 판결, 대법원 2006. 1. 27. 선고 2005다39013 판결 등 참조). 이러한 대상청구를 본래의 급부청구에 예비적으로 병합한 경우에도 본래의 급부청구가 인용된다는 이유만으로 예비적 청구에 대한 판단을 생략할 수는 없다(대법원 1975. 5. 13. 선고 75다308 판결 참조). 원고의 위 예비적 청구는 주위적 청구인 이 사건 근저당권설정등기의 회복의무가 이행불능 또는 집행불능이 될 경우를 대비한 전보배상으로서 대상청구라고 봄이 상당하다고 할 것이므로, 이러한 주위적·예비적 병합은 현재의 급부청구와 장래의 급부청구와의 단순병합에 속한다. 따라서 원심법원으로서는 원고가 항소한 부분인 위 예비적 청구의 당부를 판단하여야 할 것임에도 원고의 이 부분 항소를 각하한 것에는 대상청구 또는 예비적 병합에 관한 법리를 오해한 나머지 필요한 심리를 다하지 아니한 위법이 있다.

검토

본래의 청구와 대상청구가 때(時)를 달리하여 존재하는 것으로 대상청구는 장래의 이행청구이므로 그 병합은 예비적 병합이 아닌, 단순병합으로 원고는 동시에 양 청구에 대하여 판결을 구하는 것이다.

참조 【대법원 1962. 6. 14. 선고 62다172 판결】 한편, 특정물의 인도청구를 하면서 **변론종결시 현재에 이행불능이 될 것을 염려**하여 대상청구를 하는 경우에는 단순병합이 아니라 **예비적 병합**이다.

참조 【대법원 1975. 7. 22. 선고 75다450 판결】 채권자가 본래적 급부청구에다가 이에 대신할 전보배상을 부가하여 대상청구를 병합하여 소구한 경우의 대상청구는 본래적 급부청구의 현존함을 전제로 하여 이것이 **판결확정 후에 이행불능 또는 집행불능**이 된 경우에 대비하여 전보배상을 미리 청구하는 경우로서 양자의 경합은 **현재의 급부청구와 장래의 급부청구와의 단순병합**에 속한다 할 것이고, 이 경우의 대상금액의 산정시기는 **사실심 변론종결** 당시의 본래적 급부의 가격을 기준으로 산정하여야 한다.

참조 【대법원 1999. 4. 23. 선고 98다61463 판결】 주위적으로 무조건적인 소유권이전등기절차의 이행을 구하고, 예비적으로 금전 지급과 상환으로 소유권이전등기절차의 이행을 구하는 경우, 위 예비적 청구가 소송상의 예비적 청구인지 여부(소극) – 위 예비적 청구는 주위적 청구를 질적으로 일부 감축하여 하는 청구에 지나지 아니할 뿐, 그 목적물과 청구원인은 주위적 청구와 완전히 동일하므로 이를 소송상의 **예비적 청구라고는 볼 수 없다.**

참조 【대법원 2008. 12. 11. 선고 2005다51495 판결】 논리적으로 전혀 관계가 없어 순수하게 단순병합으로 구하여야 할 수개의 청구를 선택적 또는 예비적 청구로 병합하여 청구하는 것이 허용되는지 여부(소극)

8-2

대법원 2000. 11. 16. 선고 98다22253 전원합의체 판결

[1] 예비적 병합에 있어서 일부판결이 법률상 허용되는지 여부(소극) 및 주위적 청구를 배척하면서 예비적 청구에 대하여 판단하지 아니하는 판결을 한 경우, 그 판결에 대한 상소가 제기되면 판단이 누락된 예비적 청구 부분도 상소심으로 이심되는지 여부(적극) / [2] 주위적 청구를 인용한 제1심판결에 대하여 피고가 항소한 경우, 예비적 청구도 이심되는지 여부(적극) 및 항소심이 제1심에서 인용되었던 주위적 청구를 배척할 때에는 다음 순위의 예비적 청구에 관하여 심판을 하여야 하는지 여부(적극)

> [1] 예비적 병합에 있어서 주위적 청구만을 배척하고 예비적 청구에 대하여 판단하지 않는 등의 일부판결이 법률상 허용되는지 여부 및 주위적 청구를 배척하면서 예비적 청구에 대하여 판단하지 아니하는 판결을 한 경우, 그 판결에 대한 상소가 제기되면 판단이 누락된 예비적 청구 부분도 상소심으로 이심되는지 여부에 대하여 검토하시오.
> [2] 원고의 주위적 청구 중 일부를 인용하고 예비적 청구를 모두 기각한 제1심판결에 대하여 피고가 불복 항소하자 항소심이 피고의 항소를 받아들여 제1심판결을 취소하고 그에 해당하는 원고의 주위적 청구를 기각하는 경우, 항소심은 기각하는 주위적 청구 부분과 관련된 예비적 청구를 심판대상으로 삼아 판단하여야 하는가?

판 결

[1] 예비적 병합의 경우에는 수개의 청구가 하나의 소송절차에 불가분적으로 결합되어 있기 때문에 주위적 청구를 먼저 판단하지 않고 예비적 청구만을 인용하거나 주위적 청구만을 배척하고 예비적 청구에 대하여 판단하지 않는 등의 **일부판결**은 예비적 병합의 성질에 반하는 것으로서 법률상 허용되지 아니하며, 그럼에도 불구하고 주위적 청구를 배척하면서 예비적 청구에 대하여 판단하지 아니하는 판결을 한 경우에는 그 판결에 대한 상소가 제기되면 판단이 **누락된 예비적 청구 부분도 상소심으로 이심**이 되고 그 부분이 재판의 탈루에 해당하여 원심에 계속 중이라고 볼 것은 아니다.

[2] 원고들이 제1심에서 이 사건 주위적 청구 일부에 대하여 승소하였다면 적어도 그 승소 부분과 관련한 예비적 청구 부분은 특별한 사정이 없는 한 제1심의 심판대상이 될 수 없는 것이고, 이와 같이 심판대상이 될 수 없는 청구에 대하여 제1심이 판단하였다 하더라도 그 효력이 없다 할 것이므로(대법원 1995. 1. 24. 선고 94다29065 판결, 1995. 7. 25. 선고 94다62017 판결 등 참조), 원고들이

제1심에서 기각된 예비적 청구에 대하여 항소를 하지 아니하였다는 사유만으로 이 사건 예비적 청구가 항소심의 심판대상으로 될 수 없는 것은 아니라고 할 것이다. 제1심이 이 사건 주위적 청구 중 일부 인용하였다면 적어도 이와 관련된 예비적 청구는 제1심의 심판대상이 되지 않았다고 볼 것이므로 항소심으로서는 이 사건 주위적 청구 중 원고들이 일부 승소한 부분에 대하여 피고가 항소를 하여, 항소심이 이 부분에 관한 **제1심판결을 취소하고 취소 부분에 해당하는 원고들의 주위적 청구를 기각하는 경우**에는 나아가 이 부분과 관련된 **예비적 청구를 심판대상**으로 삼아 이를 판단하여야 한다.

 검토

　　[1] 예비적 병합에 있어서 일부판결이 허용되는지 여부가 문제된다(주의할 것은 주위적 청구를 인용하는 판결은 예비적 청구에 관하여 판단할 필요가 없는 그 자체가 전부판결이다). 병합된 여러 개의 청구는 통상 동일 절차에서 심판되는데(심리의 공통), **통설**은 여러 개의 청구가 동일한 절차에 불가분적으로 결합되었기 때문에 예비적 병합에 있어서는 일부판결을 할 수 없다고 한다(가령 강, 765면; 이, 707면). 이를 허용하면 일부판결제도의 목적에 반하게 되고, 상소가 각각으로 되어 제1, 제2 순서에 따른 심판이 곤란하고, 본래 법률상 양립할 수 없는 청구인데, 양 청구 모두 인용될 우려가 있다는 것을 그 근거로 들 수 있다. **판례**도 마찬가지 입장이다.

　　[2] 피고의 불복대상은 어디까지나 주위적 청구의 인용 부분이므로 처분권주의(불이익변경금지의 원칙)와 관련하여 주위적 청구에 대하여 이유 없다는 결론에 도달하였을 때에 예비적 청구는 심판을 할 수 없는 것처럼 보인다. 그러나 주위적 청구와 예비적 청구 사이의 조건관계로부터 항소심에서 주위적 청구인용판결이 부당하다고 인정된다면 당연히(피항소인의 부대항소를 요하지 않고) 예비적 청구가 항소심의 현실적 심판의 대상이 될 수 있다고 할 것이다. 원래 원고로서는 주위적 청구가 인정되지 않을 경우에 대비하여 예비적 청구를 하는 것이고, 주위적 청구가 인정되지 않을 경우에 예비적 청구에 대하여 심판받기를 바라는 것이기 때문이다. **판례**도 마찬가지 입장이다.

　　참조　**【대법원 1998. 7. 24. 선고 96다99 판결】**(선택적 병합), **【대법원 2011. 6. 24. 선고 2011다1323 판결】**(고유필수적 공동소송), **【대법원 1981. 12. 8. 선고 80다577 판결】**(독립당사자참가)에서도 일부판결이 허용되지 않는다.

11-법전협 모의시험 / 18-변리사시험 / 19-법무사시험

8-3

대법원 1995. 2. 10. 선고 94다31624 판결

주위적 청구를 기각하고 예비적 청구만을 인용한 제1심판결에 대하여 피고만이 항소한 경우, 주위적 청구 부분이 항소심의 심판대상이 되는지 여부(소극)

제1심법원이 원고의 주위적 청구와 예비적 청구를 병합 심리한 끝에 주위적 청구는 기각하고 예비적 청구만을 인용하는 판결을 선고한 데 대하여 피고만이 항소한 경우, 항소심의 심판범위는? 주위적 청구를 심판의 대상으로 할 수 있는가?

 판 결

원고의 주위적 청구와 예비적 청구를 병합 심리한 끝에 주위적 청구는 기각하고 예비적 청구만을 인용하는 판결을 선고한 데 대하여 피고만이 항소한 경우, 항소제기에 의한 **이심의 효력**은 당연히 사건 전체에 미쳐 주위적 청구에 관한 부분도 항소심에 **이심되는 것**이지만, 항소심의 **심판범위**는 이에 관계 없이 피고의 불복신청의 범위에 한하는 것으로서 예비적 청구를 인용한 제1심판결의 당부에 그치고 원고의 부대항소가 없는 한 **주위적 청구는 심판대상이 될 수 없다.**

검 토

피고만이 항소를 하더라도 항소의 제기에 따른 효력은 피고의 불복신청의 범위와는 관계없이 사건 전부에 미쳐 주위적 청구 부분도 확정이 차단되고 항소심에 이심된다(상소불가분의 원칙). 항소심에서 제1심판결을 그대로 유지할 때에는 항소기각의 판결을 하면 되고, 특별한 문제는 생기지 않는다. 그런데 항소심이 제1심판결과 달리 예비적 청구가 이유 없다는 결론에 도달한 경우(바꾸어 말하면 원고의 주위적 청구를 인용할 수 있는 경우)에는 좀 더 살펴볼 필요가 있다.

① **통설** – 제1심에서 기각된 주위적 청구에 대하여 원고의 불복신청이 없는 이상, 주위적 청구는 항소심의 심판의 대상이 되지 않는다(가령 김홍, 970면; 이, 709면; 정/유/김, 967면; 한, 665면). 주위적 청구를 인용하는 것은 피고에 대하여는 불이익변경금지의 원칙에 위반하는 것이 된다. 즉, 항소심의 심판대상은 당사자가 불복신청한 범위에 의하여 정하여지는 것이 원칙이고(처분권주의), 원고는 주위적 청구에 대하여 항소심의 심판을 바란다면 부대항소를 하여야 한다. 따라서 예비적 청구가 이유 없다는 결론에 도달한 경우에 원고의 항소도 부대항소도 없다면 항

소심에서 예비적 청구 부분만을 취소하고, 그 부분을 기각하는 판결을 하여야 한다(정영, 839면. 원판결 가운데 피고 패소 부분을 취소한다. 위 취소 부분에 해당하는 원고의 청구를 기각한다는 판결주문이 된다). 그 결과 원고의 주위적 청구, 예비적 청구 모두 기각되게 된다. ② **유력설** - 예비적 청구를 뒤집어 기각을 하여야 할 결론에 이른 경우에는 주위적 청구가 인정될 가능성이 크고, 그렇다면 이러한 경우에 원고에게 부대항소를 기대한다는 것은 가혹하지 않은가. 양청구가 표리의 관계에 있는 것을 중시하여 주위적 청구와 예비적 청구를 통일적으로 판단하여 어느 쪽이라도 인정되었으면 하고 소를 제기하는 것이 원고의 의사이고, 이러한 의사가 받아들여져 청구의 예비적 병합이 허용되는 것이다. 따라서 원고는 주위적 청구기각판결에 대하여 형식적인 불복신청을 하지 않았더라도 이미 실질적인 불복을 하고 있는 것이다. 이 실질적 불복에 기하여 주위적 청구도 심판의 대상이 된다. 예비적 청구의 인용으로 만족한 원고에 대하여 주위적 청구기각판결에 대한 불복신청을 강제하는 것은 타당한 처리라고 할 수 없다(김/강). **판례**는 **통설**과 마찬가지 입장이다. 한편, **주위적 청구를 인낙한** 경우는 아래 92다12032 판결을 참조하시오.

생각건대 유력설과 같이 원고가 스스로 항소도 부대항소도 하지 않았는데, 주위적 청구인용 판결을 하여야 한다고 하면 피고의 방어권을 침해하는 것이고, 피고의 항소에 있어서 제1심판결을 피고의 불이익으로 변경하는 것으로 불이익변경금지의 원칙에 어긋나게 되므로 타당하지 않다. 통설·판례의 입장을 따르면서 구체적인 경우에 생기는 불이익은 항소심이 **석명권**을 적절하게 행사하여 원고에게 **부대항소를 촉구**하는 것에 의하여 시정할 것이다.

📝 **참조** 【대법원 1995. 1. 24. 선고 94다29065 판결】 그 결과, 항소심이 심판의 대상이 되지 않은 주위적 청구에 대하여도 제1심과 마찬가지로 원고의 청구를 기각하는 판결을 한 경우, 항소심이 위와 같이 무의미한 판결을 하였다고 하여 원고가 그에 대하여 상고함으로써 주위적 청구 부분이 상고심의 심판대상이 되는 것은 아니므로 원고의 주위적 청구부분에 관한 상고는 심판의 대상이 되지 않은 부분에 대한 상고로서 불복의 이익이 없어 부적법하다.

📝 **참조** 【대법원 1992. 6. 9. 선고 92다12032 판결】 피고만 항소를 하더라도, 항소의 제기에 의한 이심의 효력은 피고의 불복신청의 범위와는 관계없이 사건 전부에 미쳐 주위적 청구에 관한 부분도 항소심에 이심되는 것이므로, 피고가 항소심의 변론에서 원고의 **주위적 청구를 인낙**하여 그 인낙이 조서에 기재되면 그 조서는 확정판결과 동일한 효력이 있는 것이고, 따라서 그 인낙으로 인하여 주위적 청구의 인용을 해제조건으로 병합심판을 구한 예비적 청구에 관하여는 심판할 필요가 없어 사건이 그대로 종결되는 것이다. ━ 상황의 변화에 따라 예비적 청구가 더욱 유리할 수 있으므로 원고에게 오히려 불의의 타격이 될 수 있다며, 이에 대한 의문은 한, 665면 참조.

✏️ 14-사법시험 / 14-법전협 모의시험(1) / 16-법전협 모의시험(1) / 16-변리사시험 / 17-법전협 모의시험(2) / 19-변호사시험 / 19-법전협 모의시험(1) / 19-법무사시험

8-4

대법원 2014. 5. 29. 선고 2013다96868 판결

실질적으로 선택적 병합 관계에 있는 두 청구를 당사자가 주위적·예비적으로 순위를 붙여 청구하였고, 제1심법원이 주위적 청구를 기각하고 예비적 청구만을 인용하는 판결을 선고하였는데 피고만이 항소한 경우, 항소심의 심판 범위

원고는 피고에 대하여 이 사건 청구원인으로 대여를 주장하며 그 지급을 청구하였다가 제1심 변론 과정에서 이를 주위적 청구로 변경하고, 예비적으로 불법행위(사기)를 원인으로 한 손해배상 청구를 추가하였다. 이 사건 주위적 청구인 대여금 청구는 '원고가 피고에게 1억원을 대여하였다'는 취지이고, 이 사건 예비적 청구인 손해배상 청구는 '원고가 피고한테 기망당하여 1억원을 지급하였다'는 취지로, 원고가 예비적 병합으로 제기한 이 사건 소는 기본적으로 1억원 및 이에 대한 지연손해금의 지급을 청구하는 것이다.

[제1심] 원고는 1억원을 소외인에게 전달해 달라는 취지로 피고에게 준 것에 불과하다고 보아 이 사건 주위적 청구를 기각하는 한편, 피고는 마치 유명의류매장을 운영하고 있는 소외인이 직접 가죽의류제품을 판매하는 것처럼 가장하여 원고로부터 가죽의류제품 구입대금 명목으로 1억원을 받은 것인바, 이러한 피고의 행위는 불법행위에 해당하므로, 이로 인해 원고가 입은 재산상 손해를 배상할 책임이 있다고 보아 이 사건 예비적 청구를 인용하였다. 이에 대하여 피고만이 항소하였다.

[항소심] 제1심법원이 주위적 청구인 대여금 청구와 예비적 청구인 손해배상청구 등을 병합심리한 끝에 주위적 청구는 기각하고 예비적 청구만을 인용하는 판결을 선고한 데 대하여 피고만이 항소하였으므로, 항소제기에 의한 이심의 효력은 당연히 사건 전체에 미쳐 주위적 청구에 관한 부분도 항소심에 이심되지만, 항소심의 심판범위는 피고가 불복신청한 범위, 즉 예비적 청구를 인용한 제1심판결의 당부에 한정되는 것이므로, 원고의 부대항소가 없는 이 사건에 있어 심판대상은 예비적 청구 부분에 한정된다고 전제한 다음, 원고가 제출하는 증거만으로는 피고가 원고가 주장하는 것과 같은 기망행위를 하였다고 인정하기에 부족하고, 달리 이를 인정할만한 증거가 없으므로 피고의 불법행위가 인정되지 않는다는 이유로 피고의 항소를 받아들여 제1심판결을 취소하고 원고의 이 사건 예비적 청구마저 기각하였다.

주위적 청구를 기각하고 예비적 청구만을 인용하는 판결을 선고하여 피고만이 항소를 제기한 경우에 항소심으로서는 두 청구 모두를 심판의 대상으로 삼아 판단하여야 하는가?

판 결　　　　　　　　　　　　　　　　　　　　　• 원심 ⊗ 파기환송

병합의 형태가 선택적 병합인지 예비적 병합인지 여부는 당사자의 의사가 아닌 **병합청구의 성질**을 기준으로 판단하여야 하고, 항소심에서의 심판 범위도 그러한 병합청구의 성질을 기준으로 결정하여야 한다. 따라서 실질적으로 선택적 병합 관계에 있는 두 청구에 관하여 당사자가

주위적·예비적으로 순위를 붙여 청구하였고, 그에 대하여 제1심법원이 주위적 청구를 기각하고 예비적 청구만을 인용하는 판결을 선고하여 피고만이 항소를 제기한 경우에도, 항소심으로서는 두 청구 모두를 심판의 대상으로 삼아 판단하여야 한다. 이 사건 주위적 청구와 예비적 청구는 그 명칭에도 불구하고 실질적으로는 선택적 병합 관계에 있다 할 것이므로, 원심으로서는 피고가 항소의 대상으로 삼은 이 사건 예비적 청구만을 심판대상으로 삼을 것이 아니라, 두 청구 모두를 심판의 대상으로 삼아 판단하였어야 하는바, 그럼에도 불구하고 원심이 위와 같이 이 사건 예비적 청구 부분만을 심판대상으로 삼아 청구를 기각한 것은 항소심의 심판대상에 관한 법리를 오해하여 심리를 다하지 아니한 것이다.

 검토

대상판결에서 논리적으로 양립하여 본래 선택적 병합 관계에 있는 양 청구에 관하여 당사자가 주위적·예비적으로 순위를 붙여 청구한 경우(이른바 부진정 예비적 병합이라고 한다)에 그 병합형태의 가부(취급)가 문제된 것이다. 이에 대한 입장을 분석하면 다음과 같다(그 명칭은 필자가 임의로 명명한 것이다).

① **긍정설**(당사자 의사설) – 병합청구의 성질과 상관없이 원고의 의사만으로 예비적 병합이 허용된다는 입장이다. ② **제한적 긍정설**(합리적 필요성설) – 청구가 양립 가능한 경우에도 필요성과 합리성에 비추어 예비적 병합을 긍정하는 입장이다. ③ **부정설**(병합청구 성질설) – 청구의 예비적 병합이 인정되는 것은 병합청구의 성질에 의해 엄격하게 양 청구가 서로 양립할 수 없는 경우에 한정된다는 입장이다.

대상판결의 입장과 같이 **병합청구의 성질**에 의해(아래 2013다26425 판결도 마찬가지 입장), 여러 개의 청구가 서로 양립하면, 어떠한 경우라도 청구의 예비적 병합을 인정하지 않는다는 것은 경직적 사고라고 할 수 있다. 양 청구가 서로 '양립한다' 또는 '양립하지 않는다'는 논리 관계 내지는 병합청구의 성질에 의해 병합 형태가 자동적으로 결정되는 것은 아니고, 처분권주의하에서는 기본적으로 원고의 의사가 병합 형태를 결정한다고 생각한다. 다만, 처분권주의의 기초가 되는 당사자의 자치도 무제한인 것은 아니므로 원고가 예비적 병합으로 하고자 하는 목적에 어느 정도의 필요성과 합리성이 인정되는지 여부가 검토되어야 한다. 원고에게 실질적으로 이중패소를 회피할 이익이 인정되는 경우 이외에도 예비적 병합을 인정할 합리성이나 필요성이 인정되는 경우도 있다고 본다. 가령, 불법행위채권만이 상계 제한에 걸린다든지, 과실상계의 문제, 피고가 파산하는 경우 우선 비면책채권의 집행권원을 받기를 원한다든지 등을 고려하면 원고가 순위를 정하여 예비적으로 청구하고자 할 때 그 필요성과 합리성이 충분히 있다고 본다. 물론 양 청구가 전혀 관계가 없는 경우는 처분권주의의 기초를 이루는 당사자 자치의 범위를 넘어서는 것이지만, 필요성과 합리성의 기준에서 당사자의 의사에 따라 제한적으로 예비적 병합을 인정하는 것이 타당하다고 생각한다. 위 사안은, 원고가 주위적 청구로 대여를 주장하며 그 지급을 청구하고, 예비적으로 기망 당하였다고 주장하며 불법행위(사기)를 원인으로 손해배상 청구하는 것으로, 기본적으로 피고에 대하여 1억원(및 이에 대한 지연손해금)의 지급을 청구하는 경우로 양 청구가 법률적 또는 경제적으로 동일한 또는 같은 종류의 목적에 향하고 있어 위 기준에 해당한다고 본다. 따라서 대상판결의 판시와 같이 병합청구의 성질에 의해 엄격하게 예비적 병합은 서로 양립할 수 없는 청구의 경우에 한정된다는 입장은 타당하지 않다고 생각한다. 다만, 대상판결의 사안은 특이하게 주위적 청구기각, 예비적 청구인용 판결의 제1심판결에 대하여 피고만이 항소한 경우로, 항소심이 제1심판결과 달리 예비적 청구가 이유 없다는 결론에 도달한 경우이다. 이 경우에 항소심의 심판범위가 예비적 청구를 인용한 제1심판결의 당부에 그치고, 원고의 부대항소(403조)가 없는 한, (가령 원고의 주위적 청구를 인용할 수 있는 경우라도) 주위적 청구가 심판대상이 될 수 없고(대법원 1995. 2. 10. 선고 94다31624 판결), 그리하여 원고의 주위적 청구, 예비적 청구 모두 기각되게 되는 상황에 이르게 된다. 대상판결은 사안에서 원고의 부대항소마저도 없기 때문에 청구를 병합청구의 성질에 따라 선택적 병합으로 보아 두 청구 모두를 항소심의 심판 대상으로 삼아야 하는 것으로 하여 구체적 타당성을 기하고자 한 판단으로 보인다. 그런데 이러한 특별한 경우의 타당성 있는 해결을 하고자 하는 문제의식에서, 원고가 주위적 청구기각 판결에 대하여 형식적인 불복신청을 하지 않았더라도 이미 실질적인 불복을 하고 있는 것으로 보아 이 실질적 불복에 기하여 항소심에서 주위적 청구도 심판의 대상이 된다고 보고자 하는 입장도 있을 수 있다(이는 종래의 판례(94다31624 판결)·통설과 다른 반대입장이다). 그렇지만 이 반대입장에서와 같이 원고가 스스로 항소도 부대항소도 하지 않았는데, 항소심에서 주위적 청구에 대한 판결(가령 인용판결)을 하여야 한다고 하면, 피고만의 항소에 있어서 제1심판결을 피고의 불이익으로 변경하는 것이 되어 불이익변경금지의 원칙에 어긋나게 되고, 또한 불복 신청을 하지 않은 주위적 청구 부분에 대하여 피고의 방어권을 침해하는 것이 되는 것이다. 그러므로 위와 같이 특별한 경우에 생기는 구체적 문제는 결국 항소심이 **석명권**(136조)을 적절하게 행사하여 원고에게 **부대항소를 촉구**하는 것에 의하여 시정할 것이다. 결론적으로 당사자의 자치를 고려하면서 소통을 중시하고자 하는 법원 실무로서는(대상판결의 사안은 피고는 소송대리인을 선임하였지만, 원고에게는 소송대리인이 없는 경우이다), 서로 양립하는 청구라도 당사자의 의사를 바탕으로 그 필요성과 합리성의 기준에 따라 예비적 병합을 인정하면서, 위 항소심에서와 같은 특별한 문제 상황은 당사자와의 소통이라는 점에서 석명권을 적절하게 행사하여 원고로부터 부대항소 등을 이끌어 내어 풀어 나가는 것(따라서 예비적 병합에 관한 법리를 전제로 하면서 그에 따른 필요한 심리를 다하지 않은 것)이 타당하다고 생각한다(전병서, 인권과 정의(2014. 11), 116면 이하).

한편, 주위적으로 소비대차 계약에 의하여 대주가 차주에게 교부한 금원의 반환을 청구하고 예비적으로 그 금원의 교부로 손해를 입어 불법행위를 구성한다는 이유로 같은 금액의 손해배상을 구하는 이 사안에서, 계약상 의무의 이행으로 이루어진, 법률상 정당한 급부의 원인이 존재하는 금원의 교부가, 동시에 그 금원의 급부자에게 위법하게 손해를 발생시키는 불법행위를 구성한다고 보기는 어렵다. 전자는 그 행위를 법이 요구하는 적법한 것이고, 후자는 그 행위를 법이 허용하지 않는 위법한 것으로서 서로 양립할 수 없다고 보아야 한다. 법질서에 따른 적법한 금원의 교부가 불법행위의 손해를 구성할 수는 없을 것이다. 이러한 이유에서 이 사안에서의 병합 형태는 그 성질상 **예비적 병합에 해당**한다고 봄이 상당하다. 이와 관련하여 주위적 청구 기각, 예비적 청구인용의 제1심판결에 대하여 피고만이 예비적 청구 부분에 대하여 항소한 경우에 항소심의 심판범위가 예비적 청구 부분에 한정된다는 통설과 판례에 관하여 보건대, (1) 청구 병합 중 모순저촉 회피라고 하는 병합 제도의 취지는 선택적 병합보다도 예비적 병합에 있어서 그 의미가 가장 크다는 점, (2) 당사자마저 다른 주관적 예비적 병합에 있어서도 같은 사안에서 예비적 피고만이 항소한 경우에도 원고가 항소하지 아니한 주위적 피고에 대한 청구 부분도 항소심의 심판범위에 포함되는 점 등을 고려할 때, 선택적 병합뿐만 아니라 **예비적 병합의 경우에도 함께 이심된 모든 청구가 항소심의 심판범위에 포함된다고 봄이 상당하다**는 입장도 있다(이기택, 법률신문 2014. 11. 24.자).

 【대법원 2018. 2. 28. 선고 2013다26425 판결】 병합의 형태가 선택적 병합인지 예비적 병합인지 여부는 당사자의 의사가 아닌 **병합청구의 성질을 기준**으로 판단하여야 한다. 원고가 항소심에서 손해배상에 관한 청구를 교환적으로 변경하면서 채무불이행을 원인으로 한 청구를 주위적으로, 불법행위를 원인으로 한 청구를 예비적으로 각각 구하였고, 항소심도 원고가 붙인 심판의 순위에 따라 판단하였다. 그러나 위 두 청구는 그 청구 모두가 동일한 목적을 달성하기 위한 것으로서 어느 하나의 채권이 변제로 소멸한다면 나머지 채권도 그 목적 달성을 이유로 동시에 소멸하는 관계에 있으므로 선택적 병합 관계에 있음을 지적하여 둔다.

8-5

대법원 2002. 9. 4. 선고 98다17145 판결

항소심 판결상 예비적 청구에 관하여 이루어져야 할 판단이 누락되었음을 알게 된 당사자가 상고를 통하여 그 오류의 시정을 구하였어야 함에도 상고로 다툴 수 없는 특별한 사정이 없었음에도 상고로 다투지 아니하여 그 항소심판결을 확정시킨 후 그 예비적 청구의 전부나 일부를 소송물로 하는 별도의 소송을 새로 제기하는 것이 권리보호 요건을 갖추지 못한 부적법한 소제기인지 여부(적극)

> X는 Y를 상대로 주위적 청구가 전부 인용되지 않을 경우에는 주위적 청구에서 인용되지 아니한 수액 범위 내에서의 예비적 청구에 대해서도 판단하여 주기를 바라는 취지로 양 청구를 불가분적으로 결합시켜 제소하였다. 그런데 항소심법원은 주위적 청구를 일부만 인용하고서도 예비적 청구에 관하여 전혀 판단하지 아니하였다. X로서는 상고를 통하여 그 오류의 시정을 구하였어야 함에도 상고로 다툴 수 없는 특별한 사정이 없었음에도 상고로 다투지 아니하였고, 그 판결은 확정되었다. 그 후에 X는 위 예비적 청구의 전부나 일부를 소송물로 하는 별도의 소를 새로 제기하였다. 허용되는가?

 판 결

어느 분쟁해결을 위하여 적정한 판단을 받을 수 있도록 마련된 보다 더 간편한 절차를 이용할 수 있었음에도 그 절차를 이용하지 않았다는 사정은 소송제기에 있어 소극적 권리보호요건인 직권조사사항이라 할 것이어서, 위법한 판결로 인하여 불이익을 받게 된 당사자는 별소를 제기할 필요가 없이 간편하게 그 소송절차 내에서 상소를 통하여 그 분쟁해결을 위한 적정한 판단을 구할 길이 열려져 있으며 또한 소송경제에 맞는 그 방법을 통하여서만 사실심인 하급심판결에 대하여 새로 올바른 판단을 받도록 마련되어 있는 것이기에, 하급심의 판결에 위법한 오류가 있음을 알게 된 당사자가

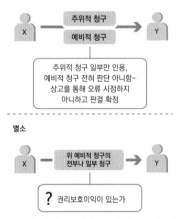

그를 시정하기 위한 상소절차를 이용할 수 있었음에도 그를 이용하지 아니하고 당연무효가 아닌 그 판결을 확정시켰다면 그 판결은 위법한 오류가 있는 그대로 확정됨과 동시에 당사자로서는 그 단계에서 주어진 보다 더 간편한 분쟁해결수단인 상소절차 이용권을 스스로 포기한 것이

되어, 그 후에는 상소로 다투었어야 할 그 분쟁을 별소로 다시 제기하는 것은 특별한 사정이 없는 한, 그의 **권리보호를 위한 적법요건을 갖추지 못한** 때문에 허용될 수 없을 터이다. 한편, 청구의 예비적 병합은 각 청구가 하나의 소송절차에 불가분적으로 결합되어 있기 때문에 병합된 각 청구 중 주위적 청구를 배척하면서 예비적 청구에 대하여 판단하지 아니한 판결은 예비적 병합의 제도취지에 반하여 위법하게 되고 상고에 의하여 주위적 청구와 예비적 청구가 함께 상고심에 이심되는 것이며 예비적 청구부분의 소송의 **재판탈루가 된다고 할 것이 아니어서**(대법원 2000. 11. 16. 선고 98다22253 전원합의체 판결 참조), 항소심판결이 예비적 청구 부분에 관하여 전혀 판단하지 아니하였다면 당사자는 그 판결에 대하여 불복상고하여 그 위법 부분의 시정을 받아야 하며, 당사자가 상고하여 그 예비적 청구에 대한 항소심의 판단이 누락되었다는 위법사유를 지적하였음에도 법률심인 상고심에서도 법률관계상의 그 쟁점에 관한 판단을 빠뜨림으로써 그 오류가 시정되지 않은 채 상고심판결이 확정되면 당사자는 **재심사유를 주장·입증하여 그 상고심판결에 대한 재심을 구하는 길만이 남게 될 이치이다.**

나아가, 성질상 선택적 관계에 있는 양 청구를 당사자가 주위적, 예비적 청구 병합의 형태로 제소함에 의하여 그 소송심판의 순위와 범위를 한정하여 청구하는 이른바, **부진정 예비적 병합 청구의 소도 허용**되는 것이며, 아울러 주위적 청구가 전부 인용되지 않을 경우에는 주위적 청구에서 인용되지 아니한 수액 범위 내에서의 예비적 청구에 대해서도 판단하여 주기를 바라는 취지로 불가분적으로 결합시켜 제소할 수도 있는 것인바, 사실심에서 원고가 그러한 내용의 예비적 청구를 병합 제소하였음에도, 법원이 주위적 청구를 일부만 인용하고서도 예비적 청구에 관하여 전혀 판단하지 아니한 경우, 앞서 본 법리에 따라 그 판단은 그 예비적 병합 청구의 성격에 반하여 위법한 것으로 되어 그 사건이 상소되면 **그 예비적 청구부분도 재판의 탈루가 됨이 없이 이심되어 당사자는 상소심에서 그 위법사유에 대한 시정판단을 받는 등 진정한 예비적 청구 병합 소송에서와 마찬가지로 규율될 것이다.** 따라서 항소심판결상 예비적 청구에 관하여 이루어져야 할 판단이 누락되었음을 알게 된 당사자로서는 **상고를 통하여 그 오류의 시정을 구하였어야 함에도 상고로 다툴 수 없는 특별한 사정이 없었음에도 상고로 다투지 아니하여 그 항소심판결을 확정시켰다면 그 후에는 그 예비적 청구의 전부나 일부를 소송물로 하는 별도의 소송을 새로 제기함은 위의 법리에서 보아 부적법한 소제기이어서 허용되지 않는다.**

검토

예비적 병합과 관련하여 별도로 새로 소를 제기할 수 있는지 여부에 대하여 권리보호의 요건을 갖추었는지 여부가 문제되었다. 위 사안에서 권리보호를 위한 적법요건을 갖추지 못하여 허용될 수 없다고 보았다.

8-6

대법원 2017. 10. 26. 선고 2015다42599 판결

청구의 선택적 병합에서 선택적 청구 중 하나만을 기각하고 다른 선택적 청구에 대하여 아무런 판단을 하지 아니한 것이 위법한지 여부(적극) / 선택적으로 병합된 수개의 청구를 모두 기각한 항소심판결에 대하여 원고가 상고한 경우, 상고법원이 어느 하나의 청구에 관한 상고가 이유 있다고 인정할 때 파기하여야 하는 범위(= 원심판결 전부)

> 원고는 'B해운은 화물을 안전하게 목적지까지 운송할 의무가 있음에도 불구하고 이를 해태하여 화물이 손상되는 사고가 발생하였으므로 이로 인한 손해를 배상할 책임이 있는데, 무자력 상태이므로, 채권자 대위의 법리에 따라 B의 보험자인 피고에 대한 권리를 대위하여 청구한다'는 취지의 채권자대위에 의한 보험금청구를 앞에서 본 피고에 대한 제3자 직접청구와 선택적으로 청구하였다. 그런데 항소심은 원고의 청구원인 중 제3자 직접청구에 관하여만 판단하여 그 청구를 기각하였을 뿐, 채권자대위에 의한 보험금 청구에 관하여는 아무런 판단을 하지 아니한 채, 원고의 피고에 대한 청구를 모두 기각하였다. 이러한 항소심판결에는 선택적 병합에 관한 법리와 관련하여 원고의 피고에 대한 위 채권자대위에 의한 보험금청구에 관하여 판단을 누락한 위법이 없는가?

 판결   • 원심 ⊗ 파기환송

선택적 병합의 경우에는 여러 개의 청구가 하나의 소송절차에 불가분적으로 결합되어 있기 때문에, 선택적 청구 중 하나만을 기각하고 다른 선택적 청구에 대하여 아무런 판단을 하지 아니한 것은 위법하다. 따라서 원심판결에는 선택적 병합에 관한 법리를 오해하여 원고들의 피고에 대한 위 채권자대위에 의한 보험금청구에 관하여 판단을 누락한 위법이 있다. 선택적으로 병합된 수개의 청구를 모두 기각한 항소심판결에 대하여 원고가 상고한 경우에 상고법원이 선택적 청구 중 어느 하나의 청구에 관한 상고가 이유 있다고 인정할 때에는 원심판결을 전부 파기하여야 하므로(대법원 2012. 1. 19. 선고 2010다95390 전원합의체 판결 등 참조), 원심판결을 전부 파기한다.

검 토

청구의 선택적 병합은 양립할 수 있는 여러 개의 청구권에 의하여 동일한 취지의 급부를 구하거나 양립할 수 있는 여러 개의 형성권에 기하여 동일한 형성적 효과를 구하는 경우에, 그 어느 한 청구가 인용될 것을 해제조건으로 하여 여러 개의 청구에 관한 심판을 구하는 병합 형태이다. 선택적 병합의 경우에 법원은 병합된 청구 가운데 이유 있는 하나의 청구를 선택하여 청구를 인용하는 판결을 하면 잔여의 청구에 대하여는 심판하지 않고 소송을 완결할 수 있다(그 판결은 전부판결이고, 나머지 청구에 관하여는 심판이 필요하지 않다). 그러나 한편 원고를 패소시키려면 병합된 청구 전부를 기각하지 않으면 안 되는데, 만약 선택적 청구 가운데 어느 하나만을 기각하고 다른 하나는 판단하지 않은 경우의 취급이 문제된다.

대상판결은 선택적 청구 가운데 어느 하나만을 기각하고 다른 하나는 판단하지 않은 경우의 취급을 다룬 판례이다. 나아가 선택적 청구 중 하나에 대하여 일부만 인용하고 다른 선택적 청구에 대하여 아무런 판단을 하지 아니한 것도 위법하다고 본 아래 대법원 2016. 5. 19. 선고 2009다66549 전원합의체 판결이 있다.

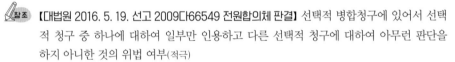

참조 【대법원 2016. 5. 19. 선고 2009다66549 전원합의체 판결】선택적 병합청구에 있어서 선택적 청구 중 하나에 대하여 일부만 인용하고 다른 선택적 청구에 대하여 아무런 판단을 하지 아니한 것의 위법 여부(적극)

참조 【대법원 2020. 1. 30. 선고 2017다227516 판결】선택적으로 병합된 수개의 청구를 모두 기각한 항소심판결에 대하여 원고가 상고한 경우, 상고법원이 선택적 청구 중 일부라도 그에 관한 상고가 이유 있다고 인정할 때에는 원심판결을 전부 파기하여야 한다(대법원 2012. 1. 19. 선고 2010다95390 전원합의체 판결 등 참조).

8-7

대법원 1992. 9. 14. 선고 92다7023 판결

수개의 청구가 선택적으로 병합된 경우에 있어 항소심이 제1심에서 심판되지 아니한 청구를 임의로 먼저 선택하여 심판할 수 있는지 여부(적극)와 심리결과 청구가 이유 있다고 인정되고 결론이 제1심판결의 주문과 동일한 경우의 주문표시방법

원고가 피고에 대하여 계쟁 부동산에 대하여 1969. 3. 15. 매매를 원인으로 한 소유권이전등기절차의 이행을 구하는 소를 제기하여 제1심이 이를 심리한 결과 이유 있다고 하여 원고 승소판결을 선고하였다. 피고가 이에 불복, 항소를 제기하여 항소심에서 심리를 하던 중 원고는 1989. 3. 15. 취득시효완성을 원인으로 한 소유권이전등기절차의 이행을 구하는 청구를 선택적으로 병합하였다. 항소심에서는 증거를 종합하여 원고가 1969. 3. 15.경부터 계쟁 부동산에 딸기, 밤나무 등을 심어 이를 경작하면서 현재까지 점유하여 온 사실을 인정한 다음, 원고는 계쟁 부동산을 소유의 의사로 평온, 공연하게 점유하여 온 것으로 추정되고 20년이 경과한 1989. 3. 15. 원고의 취득시효가 완성되었다고 할 것이라고 하여 항소심에서 새로이 병합되어 제1심이 심판하지 아니한 취득시효완성을 원인으로 한 소유권이전등기청구가 이유 있다고 인정하면서 그 결론이 제1심판결과 같다는 이유로 피고의 항소를 기각하는 내용의 판결을 선고하였다. 항소기각의 항소심판결에 잘못은 없는가?

 판 결

항소심이 선택적으로 병합된 수개의 청구 중 제1심에서 심판되지 아니한 청구를 **임의로 선택하여 심판할 수 있다**고 할 것이나(수개의 청구가 제1심에서 처음부터 선택적으로 병합되고 그 중 어느 한 개의 청구에 대한 인용판결이 선고되어 피고가 항소를 제기한 경우는 물론, 원고의 청구를 인용한 판결에 대하여 피고가 항소를 제기하여 항소심에 이심된 뒤 청구가 선택적으로 병합된 경우에 있어서도 항소심은 제1심에서 인용된 청구를 먼저 심리하여 판단할 필요는 없다), 심리한 결과 그 청구가 이유 있다고 인정되고 그 결론이 제1심판결의 주문과 동일한 경우에도 피고의 항소를 기각하여서는 안 되며 **제1심판결을 취소한 다음 새로이 청구를 인용하는 주문을 선고**하여야 할 것이다(대법원 2006. 4. 27. 선고 2006다7587, 7594 판결도 마찬가지).

항소심이 제1심판결과 그 결론이 같다는 이유로(제1심판결과 그 주문이 동일하지도 않다) 항소기각을 선고한 것은 청구의 선택적 병합에 관한 법리를 오해한 나머지 그 이유에서 심판한 청구에 대하여 별도로 주문에서 선고를 하지 아니하고 피고의 항소를 기각하여 제1심판결을 유지한 위법을 저지른 것이다.

검토

가령 제1심에서 선택적으로 병합된 어느 하나의 청구를 인용한 경우에 그 판결은 전부판결이므로, 이에 대하여 피고로부터 항소가 있으면 소송 전부가 항소심에 이심되고, 다른 청구도 항소심의 심판의 대상이 된다. 그 이유는 각 청구는 1개의 청구인용판결을 뒷받침하는 점에서 밀접한 관계가 있기 때문이다. 여기서 항소심 법원은 제1심에서 받아들인 청구가 이유 없어 제1심판결을 취소하여야 할 경우에 제1심에서 판단되지 않은 다른 청구 부분이 이유 있을 때에 어떠한 처리를 하여야 하는가에 대하여 견해가 대립한다.

이 경우에 **일부 학설**과 **판례**는 항소를 기각하여서는 안 되며 제1심판결을 취소한 다음 새로이 청구를 인용하는 주문을 선고하여야 한다고 본다(김홍, 969면; 송/박, 609면; 한, 663면; 호, 814면). 그러나 피고의 항소가 이유 없다고 하여 항소를 기각하고 제1심판결을 유지하여야 할 것이다(**항소기각설**. 강, 765면; 이, 709면; 정/유/김, 967면). 하여튼 **대상판결**은 제1심판결의 취소를 선고함이 타당하다고 한 것으로 수개의 청구가 선택적으로 병합된 경우에 있어서 항소심 법원의 심리방법과 판결주문에 관하여 설시한 최초의 판결이다(최세모, 대법원판례해설(제18호), 312면 이하).

참조 【대법원 2010. 5. 27. 선고 2009다12580 판결】 피고가 제1심판결에 대하여 항소한 이상 원고의 선택적 청구 전부가 항소심인 원심으로 이심되고 위 선택적 청구 전부가 심판대상이 되었다고 할 것이므로, 원심이 이 사건 선택적 청구 중 반환약정에 의한 청구에 관하여만 판단하여 이를 배척하고 불법행위로 인한 손해배상청구, 부당이득반환청구에 관하여는 아무런 판단을 하지 아니한 조치에는 청구의 선택적 병합에 관한 법리를 오해하여 판단을 누락한 잘못이 있다.

참조 【대법원 1993. 10. 26. 선고 93다6669 판결】 제1심에서 선택적으로 병합된 여러 개의 청구가 모두 이유 없다고 청구기각판결이 선고되고, 이에 대하여 원고가 항소한 경우에 항소심은 병합된 여러 개의 청구 가운데 어느 하나의 청구를 선택하여 심리할 수 있고, 어느 하나의 청구를 심리한 결과, 그 청구가 이유 있다고 인정될 경우에는 원고의 청구를 기각한 제1심판결을 취소하고, 이유 있다고 인정되는 청구를 인용하는 주문을 선고하여야 한다.

8-8

대법원 2003. 1. 10. 선고 2002다41435 판결

소의 변경형태가 불명할 경우, 사실심법원의 석명의무 / 법률상의 사항에 관한 법원의 석명 또는 지적의무

원고는 당초 이 사건 부동산을 종중원 등 3인에게 명의신탁하여 그 명의로 사정을 받았다고 주장하면서 명의수탁자를 대위하여 피고 명의의 소유권보존등기의 말소등기절차를 청구하여 제1심에서 승소하였다가, 항소심에서 자기 앞으로 소유권을 표상하는 등기가 되어 있지 않았고 법률에 의하여 소유권을 취득하지도 않았다는 종전의 주장을 그대로 유지한 채 진정명의회복을 위한 소유권이전등기절차의 이행을 청구하는 새로운 청구를 제기함으로써 원고의 주장 자체에 명백한 모순이 있게 되었다. 이에 대하여 법원은 원고의 청구

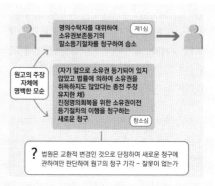

변경의 취지를 교환적 변경인 것으로 단정하여 새로운 청구에 관하여만 판단하여 원고의 청구를 기각하였는데, 이러한 법원의 조치에는 아무런 잘못이 없는가?

 판결

당사자가 구청구를 취하한다는 명백한 의사표시 없이 새로운 청구로 변경하는 등으로 그 변경형태가 불명할 경우에는 사실심법원으로서는 과연 청구변경의 취지가 무엇인가 즉 교환적인가 또는 추가적인가의 점에 대하여 석명으로 이를 밝혀볼 의무가 있다고 할 것인데, 원고는 항소심인 원심에서 기존의 소유권보존등기말소절차 이행청구를 취하한다는 명백한 의사표시 없이 소변경신청서를 통하여 진정명의회복을 위한 소유권이전등기절차의 이행을 구하는 새로운 청구를 하였음을 알 수 있으므로, 이러한 경우 항소심으로서는 마땅히 석명권을 행사하여 원고의 청구변경 취지가 교환적인가 또는 추가적인가를 밝혔어야 할 것이다.

또한, 136조 4항은 법원은 당사자가 명백히 간과한 것으로 인정되는 법률상의 사항에 관하여 당사자에게 의견진술의 기회를 주어야 한다고 규정하고 있으므로, 당사자가 부주의 또는 오해로 인하여 명백히 간과한 법률상의 사항이 있거나 당사자의 주장이 법률상의 관점에서 보아 모순이나 불명료한 점이 있는 경우 법원은 적극적으로 석명권을 행사하여 당사자에게 의견진술의 기회를 주어야 하고 만일 이를 게을리한 경우에는 석명 또는 지적의무를 다하지 아니한 것으로

서 위법하다 할 것이다. 원고가 이 사건 부동산을 종중원 등 3인에게 명의신탁하여 그 명의로 사정을 받았다고 주장하면서 명의수탁자를 대위하여 피고들 명의의 소유권보존등기의 말소등기절차를 청구하여 제1심에서 승소하고서도, 항소심인 원심에서 자기 앞으로 소유권을 표상하는 등기가 되어 있지 않았고 법률에 의하여 소유권을 취득하지도 않았다는 종전의 주장을 그대로 유지한 채 진정명의회복을 위한 소유권이전등기절차의 이행을 청구하는 새로운 청구를 제기함으로써 원고의 주장 자체에 명백한 모순이 있게 되었는데, 이는 원고가 부주의나 법률적인 지식의 부족으로 진정명의회복을 위한 소유권이전등기의 법리를 제대로 이해하지 못하고 있는 데서 비롯된 것으로 보이는데, 항소심에서 소를 교환적으로 변경한 경우 재소금지에 의하여 종전의 소와 동일한 소를 제기할 수 없게 되는 중대한 법적 효과가 따르게 된다는 사정까지도 함께 고려하면, 이와 같은 경우 법원으로서는 원고의 소변경신청에 법률적 모순이 있음을 지적하고 원고에게 의견을 진술할 기회를 부여함으로써 원고로 하여금 청구와 주장을 법률적으로 합당하게 정정할 수 있는 기회를 부여하여 분쟁을 실질적으로 해결하도록 하였어야 할 것이다.

검토

소의 변경이 교환적인지 또는 추가적인지 여부는 기본적으로 당사자의 **의사해석에 따를 것**이므로 당사자가 구청구를 취하한다는 분명한 의사표시 없이 새로운 청구원인을 주장하는 등으로 그 변경형태가 불분명할 경우에는 사실심 법원으로서는 과연 청구변경의 취지가 무엇인가, 즉 교환적인가 또는 추가적인가 하는 점에 대하여 **석명**으로 이를 밝혀볼 의무가 있다. 또한 원고의 소변경신청에 법률적 모순이 있음을 지적하고 원고에게 의견을 진술할 기회를 부여함으로써 원고로 하여금 청구와 주장을 법률적으로 합당하게 정정할 수 있는 기회를 부여하여 분쟁을 실질적으로 해결하도록 하였어야 할 것이다.

【대법원 1975. 5. 13. 선고 73다1449 판결】 청구의 교환적 변경으로 본다 함은 구청구를 취하하고 신청구만을 유지한다는 것이므로 구 청구를 취하하고 신청구에 대한 재판을 구한다는 것은 그 신청구가 적법한 소임을 전제로 하여 구청구가 취하된다 할 것이요, 신청구가 부적법하여 법원의 판단을 받을 수 없는 청구인 경우까지도 구청구가 취하되는 소위 교환적 변경이라고 볼 수는 없다 할 것이다. 왜냐하면 청구의 변경을 하는 당사자의 의사는 자기가 법원에 대하여 요구하고 있는 권리 또는 법률관계에 대한 판단을 구하는 것을 단념하여 소송을 종료시킬 의도로 청구를 변경하였다고는 볼 수 없기 때문이다.

8-9

대법원 1997. 4. 25. 선고 96다32133 판결

동일한 생활사실 또는 경제적 이익에 터잡은 청구 변경의 허부(적극)

> 원고가 제1심에서 계쟁 아파트에 관하여 대물변제를 원인으로 한 소유권이전등기절차의 이행을 구하였
> 으나 원고 패소판결이 내려졌다. 원고는 항소하여 항소심 도중에 매매를 원인으로 한 소유권이전등기절
> 차의 이행을 구하는 것으로 청구를 변경하였다. 청구의 변경은 인정될 것인가?

 판 결

　소의 교환적 변경을 신청구의 추가적 병합과 구청구의 취하의 결합형태로 보아 사안의 경우
에 최종적으로 변경한 주위적 청구는 종국판결이 있은 뒤 소를 취하하였다가 동일한 소를 다시
제기한 경우에 해당하여 부적법하다.

 검 토

　대물변제예약에 기한 소유권이전등기청구권과 매매계약에 기한 소유권이전등기청구권은 그
소송물이 서로 다르다. 소유권이전등기청구사건에 있어서는 예를 들어 등기청구권의 발생원인
을 처음에는 매매로 하였다가 뒤에 취득시효의 완성을 선택적으로 추가하는 것은 단순한 공격
방법의 차이가 아니라 별개의 소송물을 추가시킨 것이므로 소의 변경에 해당한다(대법원 1996. 8.
23. 선고 94다49922 판결; 대법원 1997. 4. 11. 선고 96다50520 판결).

　소의 변경은 소송계속 중에 이루어지는 점에서 소의 변경 자체의 특별한 요건이 다음과 같이
가중되어 있다(262조 1항). ① 청구의 기초에 변경이 없어야 한다. ② 소송절차를 현저히 지연시
키지 않아야 한다. ③ 사실심에 계속되고 변론종결 전이어야 한다.

　그런데 사안에서 특히 문제되는 것은 ① 청구의 기초에 변경이 없을 것이다. 즉, 청구의 기초
의 동일성이라는 요건은 한편으로는 소의 변경이 피고의 동의를 필요로 하지 않으며 항소심에
서도 할 수 있는 것과의 균형과 관련하여 구청구와 주요한 쟁점이 동일하여 자료를 이용할 수
있어야 하고, 다른 한편으로는 사회적으로 일련의 분쟁으로 볼 수 있는 한, 동일한 절차 내에서
해결하여야 한다는 필요성과도 관계된다.

청구의 기초의 동일성에 관하여 **학설**은, ① 청구를 특정한 권리의 주장으로 구성하기 전의 사실적인 분쟁이익의 공통(**이익설**), ② 심판의 자료를 이루는 재판자료의 동일성(**사실설**), ③ 신·구청구의 주요한 쟁점의 공통, 소송자료·증거자료의 이용가능성, 신·구청구의 이익주장이 사회생활상 동일 또는 일련의 분쟁에 관한 것(**병용설**) 등의 입장이 있다.

대상판결은 사실과 이익의 병용설에 입각한 표현을 사용하고 있다는 입장과(홍기문, 고시계 (1997. 11), 50면 이하) 이익설에 접근하고 있다는 입장(이, 714면)이 있는데, 어느 견해에 의하여도 구체적인 결론은 다르지 않다(정영, 847면).

 【**대법원 1992. 12. 22. 선고 92다33831 판결**】 청구의 기초가 변경되었으나, 피고가 지체없이 이의를 진술하지 아니하고 변경된 청구에 관한 본안의 변론을 한 때에는 피고는 **절차 이의권**(= 책문권)을 **상실**하여 다시 이의를 제기하지 못한다. — 청구의 기초의 동일성이라는 요건은 피고의 방어목표가 예상 밖으로 변경됨으로써 입게 될 피고의 방어상 불이익을 배제하기 위한 것으로, 이 요건은 사익적 요건으로 보아야 하므로(**사익적 요건설**) 피고가 소의 변경에 동의하거나 이의 없이 응소하는 때에는 이 요건을 고려할 필요가 없고, 결국 청구의 기초의 동일성이 없더라도 소의 변경을 허용할 것이라는 입장이 **통설**이다 (가령 김홍, 979면; 이, 715면; 정/유/김, 977면). 다만, 제1심에서는 위와같이 사익적 요건으로 보아도 무방하나, 항소심에서 소의 변경을 허용하는 것은 청구의 기초의 동일성이 전제되었기 때문이므로 청구의 기초의 동일성이 없는 경우에 피고가 동의하면 소의 변경을 허용하되, 제1심으로 이송하여야 한다는 견해도 있다(호, 829-830면).

 【**대법원 2012. 3. 29. 선고 2010다28338, 28345 판결**】 피고는 제1심에서 반소로써 ① 이 사건 각 부동산의 인도청구, ② 위 부동산에 보관 중이던 와인들을 비롯한 동산의 인도청구, ③ 원고들이 위 부동산 및 동산을 무단으로 점유한 채 반환하지 않음으로써 피고 회사가 입게 된 영업손실액 상당의 손해배상청구를 하였다가 원심에 이르러 위 ③의 청구를 와인 손상에 따른 손해배상청구로 교환적으로 변경하였음을 알 수 있는바, 변경 전후의 청구를 비교하여 보면 종전의 청구와 새로운 청구는 모두 원고들이 이 사건 각 부동산 및 동산을 무단점유한 상태에서 피고 회사가 입게 된 손해의 배상을 구하는 것으로서 **동일한 생활사실 또는 동일한 경제적 이익에 관한 분쟁에 있어서 그 해결 방법을 달리하고 있을 뿐**이어서 청구의 기초에 변경이 있다고 볼 수 없다.

 【**대법원 2017. 5. 30. 선고 2017다211146 판결**】 청구의 변경이 있는 경우에 법원은 새로운 청구를 심리하기 위하여 종전의 소송자료를 대부분 이용할 수 없고 별도의 증거제출과 심리로 소송절차를 현저히 지연시키는 경우에는 이를 허용하지 않는 결정을 할 수 있다.

8-10

대법원 1987. 11. 10. 선고 87다카1405 판결

제1심 패소 뒤, 항소심 계속 중 구청구를 신청구로 교환적 변경을 한 다음 다시 본래의 구청구로 교환적 변경을 한 것의 적법 여부(부적법)

원고는 이 사건 매점에 관한 관리권에 기하여 피고에 대하여 직접 원고에게로의 이 사건 매점의 명도를 구하는 소를 제기하였다가 제1심에서 원고 패소의 판결을 선고받은 다음 항소를 제기하여 항소심 계속 중에 소를 교환적으로 변경하여 소외 서울시를 대위하여 소외 서울시에게로의 이 사건 매점의 명도를 구하였다가 다시 소를 변경하여 이 사건 매점을 주위적으로는 제1심처럼 직접 원고에게 명도를 구하고 예비적으로 서울시에게로 명도를 청구하였다. 최종적으로 변경한 주위적 청구는 재소금지의 원칙과 관련하여 적법한가?

 판 결

소의 교환적 변경을 신청구의 추가적 병합과 구청구의 취하의 결합형태로 보아 사안의 경우에 최종적으로 변경한 주위적 청구는 종국판결이 있은 뒤 소를 취하하였다가 동일한 소를 다시 제기한 경우에 해당하여 부적법하다.

검 토

통설도 **판례**와 마찬가지로 위와 같은 경우는 재소금지의 원칙(267조 2항)에 저촉되어 부적법하다고 본다(강, 779면; 김홍, 985면; 이, 716면; 정/유/김, 978-979면). 이에 대하여 소의 교환적 변경을 신소의 추가적 병합과 구소의 취하로 보는 것은 타당하지 않고, 가사 이렇게 보더라도 원고로서는 법원의 판결을 농락하려거나 소취하 내지 재소를 남용할 의도는 추호도 없고 오히려 어떻게 하면 소송에서 이길 수 있을까 하여 이렇게도 주장하여 보고 저렇게도 주장하여 보느라고 나타난 현상일 뿐이므로 결국 통설·판례는 형식논리에 치우쳐 원고의 아무런 악의 없는 소송수행에 족쇄를 채우는 결과를 초래하고 있다는 비판이 있다(호, 769면. 한, 674면도 262조가 정하는 청구의 변경일 뿐이므로 소멸되는 구청구가 재소금지의 대상이 될 수는 없다고 한다).

10-사법시험 / 11-사법시험 / 14-법전협 모의시험(2)

8-11

대법원 1995. 1. 24. 선고 93다25875 판결

피고의 항소로 인한 항소심에서 소의 교환적 변경이 이루어진 뒤에 한 항소취하의 효력(무효)

매매로 인한 지분소유권이전등기절차를 이행하라는 원고 승소판결이 선고되었고, 피고가 이에 대하여 항
소하였다. 항소심 계속 중 원고는 위 매매거래에 대하여 관할 관청에 대한 토지거래허가신청절차의 이행
을 구하는 청구로 소의 교환적 변경을 하였고, 청구의 기초가 동일한 위 변경에 대하여 피고의 이의 없이
2주가 경과하였다. 그 뒤에 피고가 항소를 취하하였다. 항소심이 항소취하를 무효라고 판단한 것은 정당
한가?

 판 결

　항소의 취하에 의하여 항소는 소급적으로 그 효력을 잃게 되고, 항소심절차는 종료되는데, 항
소심에서 소의 교환적 변경이 이루어진 뒤에 한 항소취하의 경우에 대하여 대상판결은 제1심판
결은 소의 교환적 변경에 의한 소취하로 실효되고, 항소심의 심판대상은 새로운 소송으로 바뀌
어지고 항소심이 사실상 제1심으로 재판하는 것이 되므로, 그 뒤에 피고가 항소를 취하한다 하
더라도 항소취하는 그 대상이 없어 아무런 효력을 발생할 수 없고 따라서 **무효라고 판단한 것
은 정당**하다.

 검 토

　대상판결이 항소취하는 무효로 항소심절차가 종료되지 아니하고, 항소심은 신청구에 관하여
판단하여야 한다는 취지의 판시를 한 것은 원고가 항소심에서 청구의 교환적 변경을 한 것을 피
고의 항소에 대하여 원고가 부대항소를 한 것으로 보지 않았기 때문으로 보이는데, 이를 원고가
부대항소를 한 것으로 본다면, 항소의 취하에 의하여 부대항소도 실효되고 그에 따라 항소심절
차는 종료된다고 보는 것이 타당할 것이라는 평석이 있다(임호영, 재판과 판례(제7집), 507면).

참조 **【대법원 2018. 5. 30. 선고 2017다21411 판결】** 항소심에서 청구의 교환적 변경이 적법하게
이루어지면, 항소심은 제1심판결이 있음을 전제로 한 항소각하 판결을 할 수 없고, 사실
상 제1심으로서 새로운 청구의 당부를 판단하여야 한다.

 19-법원행정고시

8-12

대법원 2007. 4. 13. 선고 2005다40709, 40716 판결

본소청구의 기각을 구하는 것 이상의 적극적 내용이 포함되어 있지 않은 반소청구가 적법한 지 여부(소극)

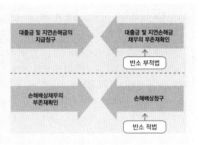

원고가 피고에 대한 대출금 및 그 지연손해금의 지급을 구하는 본소청구에 대하여, 피고가 위 대출금 및 그 지연손해금 채무의 부존재확인을 구하는 반소를 제기하였다. 반소청구는 적법한가?

 판 결

반소청구에 본소청구의 기각을 구하는 것 이상의 적극적 내용이 포함되어 있지 않다면 반소 청구로서의 이익이 없고, 어떤 채권에 기한 이행의 소에 대하여 동일 채권에 관한 채무부존재확 인의 반소를 제기하는 것은 그 청구의 내용이 실질적으로 본소청구의 기각을 구하는 데 그치는 것이므로 부적법하다.

 검 토

피고는 본소에 대한 응소만으로도 본소청구기각을 기대할 수 있기 때문에 반소의 대상이 실 질적으로 본소청구기각을 구하는 것과 같은 정도에 그친다면 반소로서의 이익이 없다. 반소청 구는 본소의 방어방법 이상의 사항에 대하여 적극적으로 심판을 신청할 필요가 있다는 점을 밝 힌 판결이다. 반면, 예를 들어 손해배상채무의 부존재확인의 본소청구에 대하여 반소로 손해배 상채무의 이행청구를 하는 것은 적법하다. 여기서 소송요건을 구비하여 적법하게 제기된 본소 가 그 뒤에 상대방이 제기한 반소로 말미암아 소송요건에 흠이 생겨 다시 부적법하게 되는 것은 아니므로 본소에 대한 확인의 이익이 소멸되어 본소가 부적법하게 된다고 볼 수 없다는 것이 판 례인데(대법원 1999. 6. 8. 선고 99다17401, 17418 판결), 다음 8-13 부분에서 살펴본다.

05-변리사시험 / 11-법전협 모의시험 / 13-변호사시험 / 20-변호사시험

8-13

대법원 1999. 6. 8. 선고 99다17401, 17418 판결

손해배상채무의 부존재확인을 구하는 본소에 대하여 그 채무의 이행을 구하는 반소가 제기된 경우, 본소에 대한 소의 이익이 소멸되는지 여부(소극)

> X보험주식회사의 자동차보험에 가입한 소외 A가 운전하던 승용차가 차량의 고장으로 인하여 정차하였는데, 그 과정에서 Y가 운전하던 오토바이가 위 승용차를 뒤에서 추돌하여 Y가 중상을 당한 사고가 발생하였다. X보험주식회사는 1997. 5. 19. 위 사고는 오로지 Y의 일방적 과실만에 의하여 발생한 것이라고 주장하며 Y를 상대로 위 사고와 관련한 손해배상채무의 부존재확인을 구하는 소를 제기하여 소송계속 중이다. 이에 대하여 Y는 같은 해 7. 8. X보험주식회사를 상대로 손해배상채무의 이행을 구하는 반소를 제기하였다. 본소의 소의 이익은 소멸되는가?

판 결

소송요건을 구비하여 적법하게 제기된 본소가 그 뒤에 상대방이 제기한 반소로 인하여 소송요건에 흠이 생겨 다시 부적법하게 되는 것은 아니므로, 원고가 피고에 대하여 손해배상채무의 부존재확인을 구할 이익이 있어 본소로 그 확인을 구하였다면, 피고가 그 뒤에 그 손해배상채무의 이행을 구하는 반소를 제기하였다 하더라도 그러한 사정만으로 본소청구에 대한 **확인의 이익이 소멸되어 본소가 부적법하게 된다고 볼 수는 없다.**

검 토

채권채무관계에 대한 다툼에 있어서 X의 Y에 대한 채무부존재확인소송의 계속 중에 Y가 반소로 X를 상대로 동일채권에 기한 이행의 소를 제기한 때에 전소인 채무부존재확인소송 쪽이 소의 이익이 소멸되어 부적법 각하된다고 볼 수 있지 않은가에 대한 검토가 필요하다.

사안에서 반소청구를 기각하는 판결의 기판력은 원칙적으로 본소원고가 채무부존재확인소송에 의하여 달성하려는 목적(즉, 채무 또는 이행청구권의 부존재의 확정)에 이르게 되므로 반소의 제기에 의하여 반대로 본소원고의 채무부존재확인소송 쪽이 소의 이익이 없어서(그 존부는 사실심 변론종결시를 기준으로 판단) 부적법이 되는 것이 아닌가 하는 문제이다.

학설은 아직 이에 대하여 자세히 논하고 있지 않은데, 대상판결에서 위와 같은 쟁점이 문제되었다.

생각건대 채무자의 소극적 확인소송은 상대방인 채권자가 특정한 청구권 또는 법률관계에 기하여 권리주장을 하는 것이 예측되지만, 한편 적극적으로는 소의 제기를 하는 것에는 이르지 않은 때에 해당 법률관계의 부존재를 주장하여 확인을 구하는 **선제공격적 성격**을 가진다. 게다가 채권자는 응소에 있어서 채권의 존재를 주장·증명하여야 한다는 소극적 확인소송의 구조로부터 당사자 사이에 다툼이 있는 법률관계의 존부에 있어서 소송에 의한 결말을 채권자에게 재촉하는 **제소강제적 기능**을 한다. 따라서 채권자의 권리주장이 반소의 형태에 의하여 이행의 소로 현실화된 경우에 채무자의 채무부존재확인소송은 그 당초의 성격상·기능상 목적을 완전히 다하였다고 할 것이다.

채무부존재확인소송은 이행소송의 반대형상(形相)이라고 할 수 있다. 손해배상청구를 기각하는 확정판결은 채무 또는 이행청구권의 부존재를 기판력에 의하여 확정하는 것이므로 X보험주식회사의 채무부존재확인소송은 반소청구의 기각을 구하는 반대신청(Gegenbitte)으로 전화(轉化)하여 Y가 반소를 제기한 시점에서 X보험주식회사는 더 이상 채무부존재확인소송을 유지하여야 할 확인의 이익은 없게 된다. 또한 X보험주식회사의 채무부존재확인의 소가 제기된 때인 1997. 5. 19.로부터 약 1~2개월 뒤인 같은 해 7. 8.에 Y의 손해배상을 구하는 반소가 제기되었으므로 Y의 손해배상청구의 제소시점에서는 위 채무부존재확인소송의 심리는 거의 진행되지 않았을 것이고, 이 경우에 후소인 Y의 손해배상청구를 우선시키고, X보험주식회사의 채무부존재확인의 소를 소의 이익이 소멸된 것으로 부적법 각하시켜도 소송경제를 침해하는 것은 아닐 것이다. 따라서 위 **대상판결에 반대**한다(자세한 평석으로는 전병서, 판례월보(2000. 10), 7면 이하).

 【대법원 2001. 7. 24. 선고 2001다22246 판결】 채권자가 채무인수자를 상대로 제기한 채무이행청구소송(전소)과 채무인수자가 채권자를 상대로 제기한 원래 채무자의 채권자에 대한 채무부존재확인소송(후소)의 동일성 여부(소극. 중복제소에 해당한다고 판단한 것은 잘못) - 그러나 별도로 채무가 존재하지 아니한다는 확인을 구할 이익이 없으므로 채무부존재확인의 소는 확인의 이익이 없어 부적법하다.

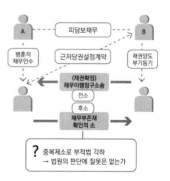

8-14

대법원 2015. 5. 29. 선고 2014다235042, 235059, 235066 판결

피고가 원고 이외의 제3자를 추가하여 반소피고로 하는 반소의 허용 여부(원칙적 소극) 및 위와 같은 반소가 허용되는 경우

> 甲회사가 이 사건 본소로써 이 사건 계약을 해지한다고 주장하면서 乙의 채무불이행을 원인으로 한 약정위약금 내지 손해배상을 청구하였다. 피고 乙은 반소로써 오히려 이 사건 계약은 처음부터 불공정한 계약으로서 무효이거나 그 체결에 있어서 X(甲회사의 운영자) 등의 기망행위가 있었으므로 위 계약을 취소하고 원고 甲회사(반소피고)와 X(반소피고)를 상대로 기지급한 매매대금에 대한 부당이득반환을 구하였다. X는 본소 원고인 甲회사의 운영자로 다툼이 되고 있는 이 사건 계약을 체결한 주채무자이고, 甲회사가 이를 연대보증하였다. 피고가 원고 이외의 제3자 X를 추가하여 반소피고로 하는 반소는 허용되는가? 피고가 제기하려는 반소가 필수적 공동소송이 될 때에는 어떠한가?

 판결

피고가 원고 이외의 제3자도 추가하여 반소피고로 하는 반소는 원칙적으로 허용되지 아니하고, 다만 피고가 제기하려는 반소가 필수적 공동소송이 될 때에는 68조의 필수적 공동소송인 추가의 요건을 갖추면 허용될 수 있다고 전제하고, 피고가 원고 회사 및 반소피고를 상대로 제기한 반소는 필수적 공동소송이 아니어서 피고의 반소피고에 대한 반소가 부적법하다고 판단한 것은 정당하다.

 검토

제3자에 대한 반소의 적법성 여부에 관하여 명시적으로 판단한 최초의 판례이다. 피고가 소송계속 중에 그 소송절차를 이용하여 원고에 대하여 제기하는 소가 반소인데(269조), 반소는 피고가 원고를 상대로 한 소이다. 한편, 제3자 반소는 피고 이외의 제3자가 원고에 대하여 또는 피고가 원고 이외의 제3자에 대하여 제기하는 반소를 말하는데, 그 허용 여부가 문제된다.

학설은 다음과 같다. ① **부적법설** - 우리 법제에서는 허용되지 않는다는 견해가 주장되고 있다(송/박, 623면은 미국법과 같은 명문의 규정이 없으므로 허용되지 않는다고 하면서도, 반소를 꼭 본소의 양 당사자 사이에서만 인정할 필요는 없으므로 적극적으로 도입을 검토할 필요가 있다고 한다). 원고 측 필수적 공동

소송인의 누락의 경우에 원고가 당사자적격의 흠으로 소각하 판결을 면하기 위하여 원고의 신청에 의하여 누락된 공동소송인을 추가할 수 있으므로 구태여 피고가 원고 측 누락된 공동소송인을 추가하면서까지 반소를 제기할 소송상 이익이 있는지 의문이며, 무엇보다도 68조가 원고의 신청에 의한 필수적 공동소송인의 추가만을 명문으로 허용하고 있음에도 피고의 신청에 의하여 이를 추가할 수 있다고 보는 것은 해석론의 범위를 벗어난다는 것이 그 근거이다(김홍엽(구판)). ② **제한적 적법설** – 제3자 반소는 다수당사자가 관련된 권리관계를 동일소송절차에 모아 one stop으로 일거에 모순 없이 해결할 수 있게 하는 점, 연쇄반응적인 다발소송을 피할 수 있는 점에서 경청할 만하겠다고 하겠으며, 따라서 반소를 본소당사자 사이에만 허용하는 전통적 dogma는 입법론 및 해석론상 재검토될 단계에 이르렀다고 보면서, 다만 제한적으로 피고가 68조의 필수적 공동소송인의 추가의 요건을 갖추면 원고와 필수적 공동소송관계에 있는 제3자를 반소피고로 추가하는 제3자 반소의 형태를 허용할 수 있을 것이라고 한다(김홍, 993면; 이, 726면. 정/유/김, 986면도 마찬가지 입장이지만, 다만 널리 제3자 반소를 인정하는 것은 적당하지 않으며 별소를 이용하는 것이 바람직하다고 한다). ③ **적법설** – 현행 민사소송법상 명문의 규정이 없어 문제가 되고 있으나, 소송자료를 공통으로 하고 상호 관련이 있는 여러 개의 청구를 한 개의 소송절차에서 공동심리함으로써 분쟁의 1회적 해결을 꾀하는 것이 반소의 인정취지에도 합당하므로 해석론상 제3자 반소의 인정에 인색할 필요가 없다고 보거나(김/강, 752면; 정영, 861면도 임의적 당사자변경을 허용하는 한도에서 제3자 반소를 인정할 필요가 있다고 한다), 반소를 규정하고 있는 269조에는 반소가 반드시 기존 당사자나 혹은 원고만을 상대방으로 하여야 한다는 제한은 없다고 하면서, 당사자의 추가 등 소의 변경을 극도로 제한하는 소송법의 경직된 모습을 개선하는 차원에서 유연하게 제3자 반소 등을 허용할 것이라고 한다(김용, 838면; 한, 683면도 추가적 공동소송이 가능한 이상, 제3자 반소를 허용할 것이라고 한다).

대상판결은, 제3자도 추가하여 반소피고로 하는 반소는 원칙적으로 허용되지 아니하고, 다만 피고가 제기하려는 반소가 **필수적 공동소송**이 될 때에는 68조의 필수적 공동소송인 추가의 요건을 갖추면 허용될 수 있다고 보았다.

서로 관련이 있는 분쟁인 경우에 소송경제, 심판의 중복 및 판단의 모순저촉의 회피 등을 고려한다면, 제3자가 관련된 분쟁에 대하여 원고 및 제3자를 상대방으로 하여 제3자 관련 청구를 반소로 제기할 수 있어야 한다. 본소 원고와 제3자가 반드시 필수적 공동소송 관계에 있지 않더라도 위와 같은 필요성이 있을 것이다. 대상판결에서도 필수적 공동소송 관계라면 제3자에 대한 반소가 허용될 수 있다고 밝힌 점에서 이를 추가적 공동소송의 문제로 포착하였다고 볼 수 있기 때문에(한, 683면도 대상판결은 전향적인 판결이기는 하나 제3자 반소를 허용했다기보다는 필수적 공동소송인의 추가의 한 유형에 불과하다는 비판이 가능할 것이라고 한다) 그 이론 구성과 출발점은 같은 것이고, 다만 그 허용 범위를 달리하여, 대상판결은 그 범위를 필수적 공동소송 관계만으로 엄격하게 본 것이라고 할 수 있으나, 반드시 필수적 공동소송 관계에서만 제3자에 반소를 허용할 것은 아니다. 다만, 원고로서는 자신이 바라지 않던 제3자가 본소에 대한 반소의 당사자로 추가되고, 그 결과 심판의 범위가 확대되어 본소의 해결이 지연된다는 점에서 불이익이 발생할 수 있으나, 이는 피고가 원고에 대하여 단순한 반소를 제기한 경우에도 발생하는 것이기 때문에 이러한 불이익은 어느 정도 원고에게 수인시킬 수 있는 문제라고 생각하고, 나아가 반소에 의해 추가되는 제3자인 피고의 불이익을 너무 부각시켜 문제를 비관적으로 볼 것은 아니다. **생각건대** 원고의 청구에 의하여 소송의 소극적 당사자의 지위에 몰리게 된 피고로서는 사안에 따라 수동적 입장에서 오히려 주도적 입장으로 전환하여 적극적으로 본소의 청구와 무엇인가 관련관계에 있는 원고 이외의 주체인 제3자를 반소피고로 추가하는 특별한 소송행위를 통하여 그 기본 소송과 동일한 절차에서 심판을 받을 수 있는 수단이 주어져야 할 것이다. 그렇다고 여기에서는 피고에 의한 제3자의 추가 내지는 인입까지 검토하는 것은 아니다(전병서, 법조(2016. 8), 547면 이하 참조).

 【제3자의 소송인입】 원고 또는 피고가 일정한 관계에 있는 제3자를 소송에 끌어들이는 제도로 누락된 필수적 공동소송인의 추가(68조), 인수승계(82조), 추심의 소에 있어서 피고(제3채무자)에 의한 다른 채권자의 인입(민사집행법 249조 3항) 등 이외에 나아가 인입되는 제3자가 종래의 당사자의 어느 한쪽과 공동소송인으로 되지 않는 경우인 미국 연방민사소송규칙 14조 제3자의 소송인입(impleader 내지는 third party practice)이 검토되고 있다. 가령 교통사고 피해자(원고)로부터 손해배상청구를 받은 차량 소유자(피고)가 (사고원인이 보험범위에 있는지 여부에 대하여 의문이 있으므로) 제3자인 자기의 보험회사를 끌어들이면, 피고는 본래의 소송의 피고인 동시에 제3당사자소송의 원고가 되고, 제3자는 제3당사자소송의 피고가 되어, 원고·피고·제3자 사이의 하나의 소송절차에서 원·피고 사이의 청구와 피고·제3자 사이의 청구가 동시에 모순 없는 판결에 의해 분쟁의 해결이 있게 된다. 또는 가령 음식점 乙의 손님 甲이 식중독을 일으켜 음식점 乙을 상대로 소를 제기한 때에 음식점 乙은 그 식자재를 납품한 丙을 소송에 끌어들일 수 있는 경우이다. 제3자가 종전 당사자의 어느 쪽과도 공동소송인으로 되지 않는 점에서 단순한 주관적 추가적 병합과 다르다. 그러나 우리는 위와 같은 제3자의 소송인입이 인정되지 않고 있다.

 16-변리사시험

8-15

대법원 1984. 7. 10. 선고 84다카298 판결

본소가 부적법하다 하여 각하된 경우, 반소취하에 있어서의 원고의 동의 요부(적극)

본소가 부적법하다 하여 각하한 판결이 확정된 뒤의 제1심에서 반소원고가 이 사건 반소를 취하하였다. 그 반소취하에 반소피고가 동의한 바는 없으나, 본소가 취하된 때에 반소원고는 반소피고의 동의 없이 반소를 취하할 수 있다고 한 271조의 규정은 위와 같이 본소가 부적법하다 하여 각하됨으로써 소멸된 경우에도 유추적용할 수 있는가?

 판결

271조는 원고가 반소의 제기를 유발한 본소는 스스로 취하하여 놓고 그로 인하여 유발된 반소만의 유지를 상대방에게 강요한다는 것은 공평치 못하다는 이유에서 둔 규정이므로 본소가 원고의 의사와 관계없이 부적법하다 하여 각하됨으로써 종료된 경우에까지 유추적용할 수 없고, 사안과 같은 경우에는 원고의 동의가 있어야만 반소취하의 효력이 발생한다고 해석함이 상당하다.

 검토

원래 소의 취하에 있어서 본안에 관하여 준비서면을 제출하거나 변론준비기일에서 진술하거나 변론을 한 뒤에는 상대방의 동의를 받지 아니하면 그 효력이 없는데(266조 2항), 반소절차에 있어서 본소가 취하된 때에는 원고의 응소가 있은 뒤라도 피고는 원고의 동의 없이 반소를 취하할 수 있다(271조). 이러한 규정의 취지는 반소가 본소의 계속이 그 계기가 되어 제출된 반격으로서의 실질을 가지므로 원고가 본소를 취하하면서 피고에게 반소절차의 유지를 강요하는 것은 타당하지 않다는 데 있다. 그런데 본소가 원고의 의사에 관계없이 부적법 각하된 경우에도 본소가 취하된 경우와 마찬가지로 볼 수 있는가가 문제된다.

판례와 마찬가지로 본소가 각하된 경우까지 271조가 유추적용되지 않는다는 입장이 **통설**이나(강, 292면; 김홍, 999면; 이, 731면; 정/유/김, 990면; 호, 848면), 유추적용하여야 한다는 입장(김/강, 757면; 한, 687면)도 있다. **생각건대** 본소가 취하된 때의 이치는 본소가 부적법 각하된 경우에도 타당하므로 위 규정은 본소가 부적법 각하된 때에도 유추적용하여야 할 것이다.

8-16

대법원 2005. 11. 24. 선고 2005다20064, 20071 판결

412조 1항이 정한 '상대방의 심급의 이익을 해할 우려가 없는 경우'의 의미

> X(임차인)는 Y(임대인)를 상대로 당초 이 사건 임대차의 기간이 50년이라고 주장하면서 그 확인 등을 구하는 본소를 제기하였다. 제1심에서 그 청구원인 또는 방어방법으로서 이 사건 임대차의 내용에 관하여 충분히 심리되었다. 항소심에서 Y(반소원고)는 X(반소피고)를 상대로 임대차관계가 종료되지 않았다면 차임증액청구권 행사에 따른 증액된 차임지급을 구한다는 반소를 제기하였는바, 반소청구의 기초를 이루는 실질적인 쟁점은 이 사건 임대차가 그 임대차기간을 50년으로 한 것인지, 아니면 일응 2년 정도의 임대차기간을 정하였다가 특별한 사정이 없으면 계속 갱신해 주기로 한 것인지 여부와 계속 갱신해 주기로 한 것이라면 그 차임이 고정된 것인지, 아니면 사정에 따라 증액 또는 감액해 주기로 한 것인지 여부 등이었다. X가 Y의 반소제기에 대하여 동의하지 않은 경우에 이 사건 반소제기는 적법한가?

 판결

412조 1항은 상대방의 심급의 이익을 해할 우려가 없는 경우 또는 상대방의 동의를 받은 경우 항소심에서 반소를 제기할 수 있다고 규정하고 있고, 여기서 '상대방의 심급의 이익을 해할 우려가 없는 경우'라 함은 반소청구의 기초를 이루는 실질적인 쟁점이 제1심에서 본소의 청구원인 또는 방어방법과 관련하여 충분히 심리되어 상대방에게 제1심에서의 심급의 이익을 잃게 할 염려가 없는 경우를 말한다. 위 사안에서 반소청구의 기초를 이루는 실질적인 쟁점이 제1심에서 충분히 심리되었다고 할 것이어서 이 사건 반소청구는 X에게 제1심에서의 심급의 이익을 잃게 할 염려가 없는 경우에 해당한다고 봄이 상당하다.

검토

반소는 소송계속 중에 피고가 그 소송절차를 이용하여 원고에 대하여 제기하는 소인데(269조), 그 요건은 다음과 같다. 소송절차를 현저히 지연시키지 않을 것, 사실심의 변론종결일 것, 청구의 병합(소의 객관적 병합)의 일반적 요건을 갖출 것, 본소의 청구 또는 방어의 방법과 서로 관련이 있을 것 등이다. 다만, 항소심에서의 반소는 상대방의 심급의 이익을 해할 우려가 없는 경우 또는 상대방의 동의를 받은 경우에 제기할 수 있다(412조 1항).

　　종래 피고가 항소심에서 제기한 반소에 대하여 원고가 동의하지 않은 경우에 반소의 제기가 부적법한가가 문제되었다. 종전 382조 1항은 항소심에 있어서 반소의 제기에는 상대방의 동의를 요한다고 규정하고 있었는데, 원고로부터 제1심에서 심판을 받을 심급의 이익을 잃게 되어도 상관없다는 동의가 있는 경우에만 항소심에서 반소를 허용하고자 하는 것에 위 규정의 취지가 있었다고 한다면, 실질적으로 상대방의 심급의 이익을 빼앗지 않는 결과가 되는 경우에는 원고의 동의가 없어도 항소심에서 반소를 제기하는 것을 인정하여도 무방하지 않은가 하는 문제이다(종래 이를 인정한 것으로는 대법원 1996. 3. 26. 선고 95다45545, 45552, 45569 판결 등 다수). 위 종전 382조 1항을 이어 받은 현행 412조 1항에서는 상대방의 동의를 받은 경우 이외에 상대방의 심급의 이익을 해할 우려가 없는 경우에도 항소심에서 반소를 제기할 수 있다고 추가하여 종래의 학설·판례의 입장을 반영하였다.

　　대상판결은 현행 412조 1항에 따른 판례이다.

　　【대법원 2013. 1. 10. 선고 2010다75044, 75051 판결】 형식적으로 확정된 제1심판결에 대한 피고의 항소추완신청이 적법하여 해당 사건이 항소심에 계속된 경우 그 항소심은 다른 일반적인 항소심과 다를 바 없다. 따라서 원고와 피고는 형식적으로 확정된 제1심판결에도 불구하고 실기한 공격·방어방법에 해당하지 아니하는 한 사유로 공격 또는 방어방법을 행사할 수 있고, 나아가 피고는 상대방의 심급의 이익을 해할 우려가 없는 경우 또는 상대방의 동의를 받은 경우에는 반소를 제기할 수도 있다. 원심은, 피고의 항소추완신청이 적법하여 이 사건 소송이 원심에 계속된 이상 피고는 형식적으로 확정된 제1심판결에도 불구하고 반소제기요건을 갖춘 경우 항소심에서 반소를 제기할 수 있고, 나아가 이 사건 반소는 이 사건 본소의 청구원인이 부존재함을 그 청구원인으로 하는 것으로서 그 실질적 쟁점이 본소의 청구원인과 동일하므로 적법한 반소제기요건을 갖추었다고 판단하였는바, 원심의 위와 같은 판단은 정당하다.

8-17

대법원 2006. 6. 29. 선고 2006다19061, 19078 판결

원고의 본소청구를 배척하면서 피고의 예비적 반소에 대하여도 판단한 제1심판결의 효력 및 그 제1심판결에 대하여 원고만이 항소하고 피고는 제1심에서 각하된 반소에 대하여 항소를 하지 아니하였는데 항소심이 원고의 항소를 받아들여 원고의 본소청구를 인용하는 경우, 항소심은 피고의 예비적 반소청구를 심판대상으로 삼아 판단하여야 하는지 여부(적극)

> 피고는 원고의 본소청구가 인용될 것에 대비하여 예비적 반소를 제기하였는바, 제1심은 소의 이익이 없음을 이유로 원고의 본소와 피고의 반소를 모두 각하하였다. 제1심판결에 대하여 원고만이 불복 항소하였다. 항소심은 항소심의 심판범위는 본소청구에 관한 것으로 한정된다고 하면서 반소청구에 대하여 아무런 판단을 하지 않았는데, 이는 적법한가?

 판 결

피고의 예비적 반소는 본소청구가 인용될 것을 조건으로 심판을 구하는 것으로서 제1심이 원고의 본소청구를 배척한 이상, 피고의 예비적 반소는 제1심의 심판대상이 될 수 없는 것이고, 이와 같이 심판대상이 될 수 없는 소에 대하여 제1심이 판단하였다고 하더라도 그 효력이 없다고 할 것이므로, 피고가 제1심에서 각하된 반소에 대하여 항소를 하지 아니하였다는 사유만으로 이 사건 예비적 반소가 항소심의 심판대상으로 될 수 없는 것은 아니라고 할 것이고, 따라서 항소심으로서는 원고의 항소를 받아들여 원고의 본소청구를 인용한 이상, 피고의 예비적 반소청구를 심판대상으로 삼아 이를 판단하였어야 할 것이다.

 검 토

반소는 본소를 위한 소송절차 내에서 본소와 병합심판을 받기 위한 소로, 원칙적으로 조건을 붙일 수 없으나, 본소청구가 인용되거나 기각되거나 또는 부적법할 경우를 조건으로 반소청구에 대하여 심판을 구하는 예비적 반소는 심리의 과정에서 그 조건 성취가 분명하게 되어 절차의 안정을 해치는 것이 없으므로 허용된다.

 【대법원 1991. 6. 25. 선고 91다1615, 1622 판결】 피고가 원고의 본소청구가 인용될 경우를 대비하여 조건부로 반소를 제기한 경우, 본소청구를 기각한 이상 반소청구에 관하여 판단하지 아니한 것은 정당하고 이에 대한 상고는 그 대상이 없어 부적법하다.

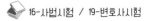 16-사법시험 / 19-변호사시험

다수당사자소송

9-1

대법원 1994. 5. 10. 선고 93다47196 판결

통상의 공동소송에 있어서 주장공통의 원칙의 적용 여부(소극)

해당 임야 5필지는 원고의 망부가 사정받은 뒤 원고가 이를 상속하였는데, 위 5필지 중 3필지에 관하여는 소외인 명의로 소유권보존등기가 되었다가 그중 1필지는 피고 A 명의로 이전등기가 경료되고, 다른 1필지는

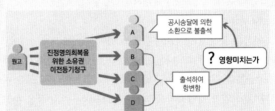

피고 B 명의로, 나머지 1필지는 피고 C 명의로 각 소유권이전등기가 경료되고, 나머지 2필지에 관하여는 피고 D 명의로 소유권보존등기가 각 경료되었다. 위 각 보존등기가 원인무효임을 전제로 피고들에 대하여 진정한 명의회복을 원인으로 한 소유권이전등기의 이행을 구하였다. 그런데 피고 A를 제외한 다른 공동피고 B, C, D는 제1, 2심에서 출석하여 그들 명의의 각 등기는 실체관계에 부합한다는 항변을 제출하였으나 피고 A는 공시송달에 의한 소환으로 불출석하여 아무런 항변도 제출하지 않았다. 다른 공동피고들의 위 주장은 피고 A에게도 미친다고 하여, 위 피고가 다른 공동피고들의 주장과 같은 주장을 한 것으로 볼 수 있는가?

 판 결   • 원심 ⊗ 파기환송

66조의 명문의 규정과 우리 민사소송법이 취하고 있는 변론주의 소송구조 등에 비추어 볼 때, 통상의 공동소송에 있어서 이른바 **주장공통의 원칙은 적용되지 아니한다**고 할 것일 뿐 아니라, 공동피고들의 위 주장은 그들의 각 등기가 실체관계에 부합하는 등기라는 주장으로서, 원고의 위 피고들에 대한 청구에 대한 항변에 불과할 뿐이고 피고 A에 대한 청구와는 무관한 것이어서, 주장공통의 원칙이 적용될 것인가 여부와는 상관없이, 피고 A가 그 명의의 등기가 실체관계에 부합하는 등기라는 항변을 한 것으로 보아 판단한 원심은 잘못이라 할 것이다.

 검 토

공동소송에 있어서 법은 각 청구의 관련성의 정도에 따라서 통상공동소송인의 지위에 대한 66조와 필수적 공동소송에 대한 특별규정인 67조를 규정하고 있다. 통상공동소송은 개별적으로

소송을 하여도 무방하나, 청구 사이에 일정한 관련성·공통성이 있으므로(65조) 하나의 소송절차에서 공동으로 소송을 하여도 무방한 경우의 공동소송인데, 각 공동소송인이 다른 공동소송인이 제출한 소송자료에 영향을 받지 않고, 독자적으로 소송수행을 하여 그 결과를 받는 공동소송인독립의 원칙이 적용된다(66조).

처분권주의나 변론주의에 나타나고 있는 민사소송법상의 자기책임의 원칙으로부터 공동소송인독립의 원칙은 당연하고, 오히려 필수적 공동소송에 관한 67조가 특별한 규정이라고 할 수 있다(가령 A·B 대 C의 소송에 있어서 A가 청구를 포기하고 싶다고 생각한 경우에 66조라면 가능하지만, 67조라면 B와 함께하여야 한다).

원심은 통상의 공동소송관계에 있어서 어느 공동소송인의 주장이 다른 공동소송인에게 이익이 되는 경우에는 그 다른 공동소송인이 그와 저촉되는 주장을 적극적으로 하지 아니하는 한, 주장공통의 원칙이 적용되어 동일한 주장을 한 것으로 보아야 한다고 전제한 다음, 피고 A는 공시송달에 의한 기일소환을 받은 탓으로 아무런 주장을 하고 있지는 않으나, 그와 통상의 공동소송관계에 있는 다른 공동피고들이 하고 있는 위 각 등기가 실체관계에 부합한다는 주장은 피고 A에게도 미친다고 하여, 피고 A가 다른 공동피고들의 주장과 같은 주장을 한 것으로 보아 피고 A에 대한 청구까지 함께 기각한 제1심판결을 그대로 인용하였다. 이는 변론주의를 존중하면서도 공동소송인 사이의 재판의 통일 쪽을 중시하여 공동소송인 사이의 주장공통의 원칙을 인정하고자 하는 입장이라고 할 수 있다.

그렇지만, **판례**는 위와 같이 주장공통의 원칙의 적용에 대하여 **부정적이다**(한편, 조수현, 대법원판례해설(제21호), 301면 이하는 사안에서 피고들 명의의 각 등기는 별개의 부동산을 대상으로 한 것이므로 각 공동소송인에게 공통된 주요사실이 아니라 특유한 항변이어서 출석하지 않은 피고도 그러한 항변을 한 것으로 본 것은 주장공통의 원칙을 인정한다고 하더라도 잘못이라고 본다). **생각건대** 각자가 고유한 행동선택을 할 수 있으므로 동일한 절차에 함께 병합되어 있다고 하여도 한쪽의 행위가 그대로 상대방의 행위로 영향을 미치는 것은 타당하지 않다. 주장공통의 원칙은 공동소송인 사이에 이해대립이 없는 경우로 다른 공동소송인에게 유리하게 되는 경우라면 공동소송인의 합리적 의사의 추측으로서 타당하다고 생각하지만, 그러한 경우에 한정하지 않는다면 주장공통으로 처리된 다른 공동소송인에게 생각지도 않은 불이익을 줄 가능성도 있다. 그래서 주장공통의 원칙을 인정하기 위해서는 그 범위를 한정하는 것과 함께 경우에 따라서는 법관은 적절한 **석명권**을 행사하여야 할 것이다.

한편, 공동소송인독립의 원칙이 기계적·형식적으로 적용되면, 통상공동소송에 있어서 재판의 통일이 보장되기 어려우므로 각각의 공동소송인에 대한 절차보장을 해치지 않는 범위에서 병합심리의 이점을 살리기 위하여 공동소송인 사이의 **주장공통 등 공동소송인독립의 원칙을 수정**하려는 논의가 있다.

11-사법시험 / 12-법무사시험 / 13-법전협 모의시험(2) / 14-변호사시험 /
14-법전협 모의시험(1) / 16-법전협 모의시험(3) / 18-변호사시험

9-2

대법원 2012. 11. 29. 선고 2012다44471 판결

조합재산에 속하는 채권에 관한 소송이 조합원들이 공동으로 제기하여야 하는 고유필수적 공동소송에 해당하는지 여부(**원칙적 적극**)

주택건설사업 등을 영위하는 甲 주식회사와 乙 재건축정비사업조합이 공동사업주체로서 기존의 연립주택을 철거하고 그 자리에 아파트를 건설하여 분양하는 내용의 시행·시공계약을 체결하고, 甲 회사와 乙 조합이 공동으로 매도인이 되어 丙과 아파트 분양계약을 체결하였다. 위 시행·시공계약은 공동으로 재건축사업을 추진하기 위하여 甲 회사와 乙 조합이 상호 출자를 약정한 조합계약의 성격을 가진다. 乙 조합을 제외하고 甲 회사만에 의해 제기된 분양대금청구의 소는 적법한가?

 판 결   • 원심 ⊗ 파기환송

민법상 조합계약은 2인 이상이 상호 출자하여 공동으로 사업을 경영할 것을 약정하는 계약으로서, 조합재산은 조합의 합유에 속하므로 조합재산에 속하는 채권에 관한 소송은 **합유물에 관한 소송**으로서 특별한 사정이 없는 한 조합원들이 공동으로 제기하여야 하는 **고유필수적 공동소송에 해당**한다(대법원 2010. 4. 29. 선고 2008다50691 판결 참조). 주택건설사업 등을 영위하는 甲 회사와 이 사건 조합이 공동사업주체로서 기존의 연립주택을 철거하고 그 지상에 아파트를 건설하기로 하며, 이 사건 조합원들에 의한 사업부지 제공의 대가로 아파트의 일부 세대를 이 사건 조합의 조합원들에게 분양하고 이 사건 조합의 조합원들이 일정한 분담금(다만 일반분양의 분양가에 따라 기본분담금이 감액될 수도 있다)을 납부하는 한편 원고에 의한 사업경비 제공의 대가로 나머지 일반분양세대를 분양하여 그 대금을 원고에게 귀속시키기로 하는 내용의 이 사건 시행·시공계약을 체결하였고, 이에 따라 甲 회사와 이 사건 조합이 공동으로 매도인이 되어 2005. 10. 10. 丙에게 일반분양세대인 이 사건 아파트를 분양하는 내용의 분양계약서를 작성하여 이 사건 분양계약을 체결한 사실을 알 수 있는데, 甲 회사와 이 사건 조합의 공동 명의로 이 사건 분양계약을 체결함에 따라 특별한 사정이 없는 한 丙에 대한 관계에서 이 사건 분양대금 청구권은 위 조합체의 재산에 속한다고 할 수 있고, 따라서 그 지급을 구하는 소송은 위 조합체의 구성원인 甲 회사와 이 사건 조합이 공동으로 제기하여야 하는 고유필수적 공동소송에 해당한다고 볼 수 있다.

그렇다면 원심으로서는 이 사건 분양대금채권이 위 조합체의 재산인지 아니면 원고 甲 회사에게 단독으로 귀속되는 재산인지를 심리한 후에, 그것이 위 조합체의 재산으로 인정되는 경우

에는 이 사건 조합을 제외하고 원고 甲 회사만에 의해 제기된 이 사건 소는 부적법하다고 판단하였어야 할 것이다(대법원 1994. 10. 25. 선고 93다54064 판결 등 참조).

그럼에도 이에 이르지 아니한 채 원고 甲 회사의 이 사건 분양대금청구를 인용한 원심판결에는 조합재산에 속하는 채권 및 필수적 공동소송에 관한 법리를 오해하여 필요한 심리를 다하지 아니함으로 말미암아 판결에 영향을 미친 위법이 있다.

 검토

총유, 합유, 공유 등 공동소유관계에 있어서 공동소송의 형태에 대하여 기본적으로 실체법상의 관리처분권의 귀속 형태를 기준으로 하면서 소송법적 관점도 함께 고려하여(절충설) 필수적 공동소송의 성립을 인정하고 있다. 민법상 합유물의 관리처분권은 **합유자 전원에 귀속**되므로 (민법 272조, 273조) 이에 관한 소송수행권도 모두가 공동으로 행사하여야 한다. **판례도 필수적 공동소송에 해당**한다고 보고 있다. 다만, 예외적으로 합유물의 보존행위는 합유재산의 멸실·훼손을 방지하고 그 현상을 유지하기 위하여 하는 사실적·법률적 행위로서 각 합유자 단독으로 할 수 있다(가령 합유물에 관하여 경료된 원인 무효의 소유권이전등기의 말소를 구하는 소송. 대법원 1997. 9. 9. 선고 96다16896 판결 등). 한편, 조합채무의 이행을 구하는 소송(**수동소송**)에서 조합의 채권자가 조합재산에 관한 공동책임을 묻는 것이 아니라, 각 조합원의 개인적 책임에 기하여 해당 채권을 행사하는 경우에는 필수적 공동소송이 아니다(아래 91다30705 판결 참조).

 【대법원 1991. 11. 22. 선고 91다30705 판결】 조합의 채권자가 조합원에 대하여 조합재산에 의한 공동책임을 묻는 것이 아니라 각 조합원의 개인적 책임에 기하여 당해 채권을 행사하는 경우에는 조합원 각자를 상대로 하여 그 이행의 소를 제기할 수 있고, 한편 그 조합채무가 특히 조합원 전원을 위하여 상행위가 되는 행위로 인하여 부담하게 된 것이라면 그 채무에 관하여 조합원들에 대하여 상법 57조 1항(수인이 그 1인 또는 전원에게 상행위가 되는 행위로 인하여 채무를 부담한 때에는 연대하여 변제할 책임이 있다)을 적용하여 연대책임을 인정함이 마땅하다.

 【대법원 1994. 10. 25. 선고 93다54064 판결】 동업약정에 따라 (한쪽은 주로 자금을 투자하고, 다른 한쪽은 부동산에 관한 정보제공과 전매 등의 일처리를 도맡아 하기로 하여) 동업자 공동으로 토지를 매수하였다면, 그 토지는 동업자들을 조합원으로 하는 동업체에서 토지를 매수한 것이므로 그 동업자들은 토지에 대한 소유권이전등기청구권을 준합유하는 관계에 있고, 합유재산에 관한 소는 이른바 고유필요적공동소송이라 할 것이므로 그 매매계약에 기하여 소유권이전등기의 이행을 구하는 소를 제기하려면 동업자들이 공동으로 하여야 한다.

 13-법무사시험 / 15-법원행정고시

9-3

대법원 1994. 4. 26. 선고 93다31825 판결

공동명의 예금채권자들의 은행을 상대로 한 예금반환청구소송이 필수적 공동소송인지 여부 / 공동명의 예금채권자 중 일부가 은행에 대한 공동반환청구절차에 협력하지 않는 경우 예금주인 공동명의 예금채권자의 권리행사 방법

> 원고가 A와 공동명의로 피고 은행에 예치한 금 30,000,000원의 보통예금 중 금 16,000,000원이 원고의 몫이라고 주장하면서 피고 은행을 상대로 예금반환청구소송을 제기하였으나, 공동명의의 예금채권자는 공동으로 이행의 청구나 변제의 수령을 하고 채무자의 이행도 예금채권자 전원에 대하여 하여야 할 것인데, 원고가 단독으로 청구를 하였으니 당사자적격을 흠결하였다는 이유로 소각하 판결이 선고되어 그 무렵 확정된 바 있다. 그리하여 이번에는 원고는 위 A와 은행을 공동피고로 위 A에 대하여는 위 금 16,000,000원의 예금에 관하여 원고와 공동으로 예금청구절차를 이행할 것을 구하고, 피고 은행에 대하여는 원고와 위 A가 공동으로 예금청구절차를 밟아야 한다는 점을 전제로 하고 위 A에 대한 위와 같은 청구를 함께 하여 이를 청구원인으로 보완하여 위 금 16,000,000원이 원고의 몫이라고 주장하면서 그 금원의 지급을 청구하였다. 제1심에서 위 A에 대하여는 원고 승소판결이 선고되고, 피고 은행에 대하여는 위 확정판결의 기판력에 저촉되어 부적법하다고 판단하였다. 위 A에 대한 원고 승소판결은 항소기간 도과로 그 무렵 확정되었고, 원고는 피고 은행만을 상대로 금 16,000,000원의 지급을 구하는 취지의 항소를 제기하였다. 제1심과 마찬가지로 항소심에서도 위 확정판결의 기판력에 저촉된다는 이유로 소각하 판결이 선고되었다. 필수적 공동소송인지 여부 및 소송판결의 기판력에 대하여 검토하시오.

 판 결　　　　　　　　　　　　　　　　　　　　• 원심 ⊗ 파기환송

　　은행에 공동명의로 예금을 하고 은행에 대하여 그 권리를 함께 행사하기로 한 경우에 그 공동명의 예금채권자들은 은행을 상대로 하여서는 공동으로 이행의 청구나 변제의 수령을 함이 원칙이라고 할 것이나(당원 1989. 1. 17. 선고 87다카8 판결 참조), 그렇다고 하여 공동명의 예금채권자들의 은행에 대한 예금반환청구소송이 **항상 필수적 공동소송으로서 그 예금채권자 전원이 당사자가 되어야만 한다고 할 수는 없다.**

　　만일 동업자들이 동업자금을 공동명의로 예금한 경우라면 채권의 준합유관계에 있어 합유의 성질상 은행에 대한 예금반환청구가 **필수적 공동소송에 해당한다고 볼 것이나,** 공동명의 예금채권자들 중 1인이 전부를 출연하거나 또는 각자가 분담하여 출연한 돈을 동업 이외의 특정 목적을 위하여 공동명의로 예치해 둠으로써 그 목적이 달성되기 전에는 공동명의 예금채권자가 자신의 예금에 대하여도 혼자서는 인출할 수 없도록 방지, 감시하고자 하는 목적으로 공동명의

로 예금을 개설할 경우에는 그 예금에 관한 관리처분권까지 공동명의 예금채권자 전원에게 공동으로 귀속된다고 볼 수 없을 것이므로, 이러한 경우에는 은행에 대한 예금반환청구가 **필수적 공동소송에 해당한다고 할 수는 없을 것이다.**

결론적으로 이 사건에서 공동명의예금이 개설된 경위를 보면, 예금의 반환청구소송이 필수적 공동소송이라고 할 수는 없을 것이다.

다만, 소송법상으로는 필수적 공동소송에 해당하지는 아니한다고 하더라도 공동명의 예금채권자는 그 예금을 개설할 때에는 은행과의 사이에 예금채권자들이 공동하여 예금반환청구를 하기로 한 약정에는 당연히 구속되는 것이므로, 그 예금채권자 중 1인이 은행을 상대로 자신의 예금의 반환을 청구함에 있어서는 다른 공동명의 예금채권자와 공동으로 그 반환을 청구하는 절차를 밟아야만 은행으로부터 예금을 반환받을 수 있다. 이는 소송요건과는 별개의 문제라고 보아야 할 것이다.

사안을 보면, 제1심에서 A에 대하여는 원고 승소판결이 선고되고, 이 부분 판결은 이미 확정되었는데 이는 전소의 판결확정 뒤에 사정의 변경이 있는 것이므로 전소에서 확정한 소송요건의 흠에 대한 기판력은 이 사건 소송에 미치지 않는다 할 것이므로 기판력에 저촉된다는 이유로 소각하를 한 항소심판결은 기판력에 관한 법리를 오해하였다.

검 토

원고로서는 A 및 피고 은행과 사이에 위 예금의 반환청구절차를 원고와 A가 공동하여 밟기로 약정하였음에 불과하다고 할 것이어서, 이 예금의 반환청구소송이 필수적 공동소송이라고 할 수는 없을 것이다. 위 경우 만일 다른 공동명의 예금채권자가 그 공동반환청구절차에 협력하지 않을 때에는, 예금주는 먼저 그 사람을 상대로 제소하여 예금주 단독으로 하는 반환청구에 관하여 승낙의 의사표시를 하라는 등 공동반환절차에 협력하라는 취지의 판결을 얻은 다음 이 판결을 은행에 제시함으로써 예금을 반환받을 수 있다고 할 것이다.

참조 **【대법원 2005. 9. 9. 선고 2003다7319 판결】** 위 경우에, 다만 은행에 대한 지급 청구만을 공동반환의 특약에 의하여 공동명의 예금채권자들 모두가 공동으로 하여야 하는 것이므로, 공동명의 예금채권자 중 1인에 대한 채권자로서는 그 **1인의 지분에 상응하는 예금채권에 대한 압류 및 추심명령** 등을 얻어 이를 집행할 수 있고, 한편 이러한 압류 등을 송달받은 은행으로서는 압류채권자의 압류 명령 등에 기초한 단독 예금반환청구에 대하여, "공동명의 예금채권자가 공동으로 그 반환을 청구하는 절차를 밟아야만 예금청구에 응할 수 있다."는 공동명의 예금채권자들과 사이의 공동반환특약을 들어 그 지급을 거절할 수는 없다.

16-변리사시험 / 17-법전협 모의시험(3)

9-4

대법원 2007. 8. 24. 선고 2006다40980 판결

공동상속인이 다른 공동상속인을 상대로 어떤 재산이 상속재산임의 확인을 구하는 소의 성질(=고유필수적 공동소송) 및 고유필수적 공동소송에서 당사자 일부의 또는 일부에 대한 소 취하의 효력(무효)

> 망 소외 1의 공동상속인들의 법정상속분은 원고와 피고 2 및 소외 2가 각 2/13, 피고 1이 3/130다. 이 사건 유체동산이 망 소외 1의 상속재산임의 확인을 구하는 소를 제기하였다. 원고가 망 소외 1의 공동상속인 중의 한 명인 소외 2에 대한 부분의 소를 취하하였는데, 효력이 있는가?

 판 결

공동상속인이 다른 공동상속인을 상대로 어떤 재산이 상속재산임의 확인을 구하는 소는 이른바 **고유필수적 공동소송**이라고 할 것이고, 피고들 일부에 대한 소 취하는 특별한 사정이 없는 한 그 효력이 생기지 않는바(대법원 2002. 1. 23.자 99스49 결정 참조) 망 소외 1의 공동상속인 중의 한 명인 소외 2에 대하여 상속재산확인을 구하는 부분의 소를 취하하였으나, 위 법리에 따라 위 소 취하는 그 효력이 생기지 않는다.

 검 토

확인의 이익이 있는지 여부도 문제되었고(☞ 소의 이익 4-10 부분 참조), 한편, 이러한 소가 필수적 공동소송에 해당하고, 나아가 원고들 일부의 소 취하 또는 피고들 일부에 대한 소 취하는 무효라고 본 것이다. 상속재산 귀속성을 다투는 공동상속인 사이의 분쟁 해결을 모두에 대하여 판단할 필요가 있기 때문에 필수적 공동소송으로 본 것은 타당하다. 한편, 이 소취하무효설에 대하여 다른 각도에서 소를 취하할 수 있지만(취하 자유설), 다만 그 결과(모두가 공동소송인이 되어야 한다는 당사자적격의 요건을 충족하지 못하여) 다른 공동소송인의 소까지 부적법 각하된다는 입장도 있다.

 참조 **【대법원 2011. 6. 24. 선고 2009다8345 판결】** 수인의 유언집행자에게 유증의무 이행을 구하는 소송이 유언집행자 전원을 피고로 하는 고유필수적 공동소송인지 여부(적극)

 10-사법시험 / 13-법전협 모의시험(1)

9-5

대법원 2011. 6. 24. 선고 2011다1323 판결

고유필수적 공동소송에서 공동소송인 중 일부가 상소를 제기하거나 상대방이 공동소송인 중 일부에 대하여 상소를 제기한 경우, 상소심의 심판 범위 및 고유필수적 공동소송에 대한 본안판결에서 공동소송인 일부에 대하여만 판결하거나 남은 공동소송인에 대해 추가판결하는 것이 허용되는지 여부(소극)

집합건물의 구분소유자들인 원고들은 제1심에서 피고 관리단의 관리인인 피고 乙에게 부정한 행위나 그 밖에 그 직무를 수행하기에 적합하지 아니한 사정이 있다는 이유로 집합건물의 소유 및 관리에 관한 법률 24조 3항에 근거하여 피고 관리단과 乙을 상대로 관리인인 피고 乙의 해임을 청구하였다. 제1심에서 원고들 승소 판결이 선고되었으나 피고 관리단은 항소하지 않았고 피고 乙만 항소하였다. 그런데 항소심은 원고들과 피고 乙만을 당사자로 취급하여 이들에게 변론기일을 통지하고 심리를 진행한 다음 선고기일을 통지하고 판결을 선고하면서 피고 乙의 항소를 기각하였다. 이는 적법한가?

 판 결

• 원심 ⊗ 파기환송

위 관리인 해임의 소는 관리단과 관리인 사이의 법률관계의 해소를 목적으로 하는 형성의 소이므로 그 법률관계의 당사자인 관리단과 관리인 모두를 공동피고로 하여야 하는 **고유필수적 공동소송**에 해당한다고 할 것이다. 위 소송에서 원고들의 피고들에 대한 청구는 그 전체가 당연히 항소심의 심판대상이 되어야 하므로, 원심으로서는 피고 관리단도 당사자로 취급하여 하나의 **전부판결을 선고했어야** 함에도 이를 간과하였다.

 검 토

판결의 합일확정을 필요로 하는 **고유필수적 공동소송**에 있어서는 공동소송인 중 일부가 제기한 상소 또는 공동소송인 중 일부에 대한 상대방의 상소는 다른 공동소송인에게도 그 효력이 미치는 것이므로 공동소송인 전원에 대한 관계에서 판결의 확정이 차단되고 그 소송은 전체로서 상소심에 이심되며, 상소심판결의 효력은 상소를 하지 아니한 공동소송인에게 미치므로 상소심으로서는 공동소송인 전원에 대하여 심리·판단하여야 한다. 고유필수적 공동소송에 대하여 본안판결을 할 때에는 공동소송인 전원에 대한 하나의 종국판결을 선고하여야 하는 것이지 공동소송인 일부에 대해서만 판결하거나 남은 공동소송인에 대해 추가판결을 하는 것은 모두 허용될 수 없다는 법리에 따른 판결이다.

 13-법무사시험

9-6

대법원 1991. 12. 27. 선고 91다23486 판결

각 채권자대위권에 기하여 공동하여 채무자의 권리를 행사하는 다수의 채권자들의 소송관계
(＝유사필수적 공동관계)

A가 B에 대한 소유권이전등기청구권에 기하여 B
를 대위하여 Y에 대하여 소유권이전등기말소등기
절차의 이행을 구하는 소를 제기하였다. 그 소송계
속 중에 A가 사망하자, 그 공동상속인들인 X-1,
X-2, X-3이 소송수계를 하였다. B가 원고 측 증
인으로 증언까지 하였으나 결국 청구를 기각하는
제1심판결이 선고되었다. 판결정본은 X-1에게는
1998. 6. 3.에, X-2, X-3에게는 1998. 6. 2.에
각 송달되었다. 이에 대하여 X-2, X-3은 항소하

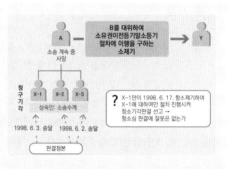

지 않았고, X-1만이 1998. 6. 17. 항소를 제기하였다. 항소심에서 X-2, X-3을 소송관계에서 배제시키
고 X-1에 대하여만 절차를 진행시켜 항소인 X-1에 대하여만 항소를 기각하는 판결을 선고하였다. 항소
심 판결에 잘못은 없는가?

 판결

채무자가 채권자대위권에 의한 소송이 제기된 것을 알았을 경우에는 그 확정판결의 효력은
채무자에게도 미친다는 것이 판례(당원 1975. 5. 13. 선고 74다1664 전원합의체 판결 참조)인바, 다수의
채권자가 각 채권자대위권에 기하여 공동하여 채무자의 권리를 행사하는 이 사건의 경우 소송
계속 중 채무자인 B가 제1심 증인으로 증언까지 한 바 있어 당연히 채권자대위권에 의한 소송
이 제기중인 것을 알았다고 인정되므로 그 판결의 효력은 위 B에게도 미치게 되는 것이다. 따라
서 위 망인의 소송수계인들은 **유사필수적 공동소송관계**에 있다고 하여야 할 것이다. 그런데 제
1심은 위 소송수계인들의 청구를 기각하는 판결을 선고하였고, 이에 대하여 그 수계인들 중
X-1만이 항소를 제기하자 원심은 위 X-1만을 항소인으로 다루어 소송을 진행시킨 다음 그
항소를 기각하는 판결을 선고하였는바, 민사소송법 67조 1항은 필수적 공동소송에 있어서 공동
소송인 중 1인의 소송행위는 공동소송인 전원의 이익을 위하여서만 효력이 있다고 규정하고 있
으므로 공동소송인 중 일부의 상소제기는 전원의 이익에 해당된다고 할 것이어서 다른 공동소
송인에 대하여도 그 효력이 미칠 것이며, 사건은 필수적 공동소송인 전원에 대하여 확정이 차단

되고 상소심에 이심된다고 할 것이다. 그리하여 위 X-1만이 항소를 제기하였다고 하더라도 나머지 X-2, X-3에 대하여도 항소심에 사건이 이심되는 것이며, 항소심은 필수적 공동소송관계에 있는 소송수계인들에 대하여 합일확정을 위하여 한 개의 판결을 선고하여야 할 것임에도 불구하고 위 X-1에 대하여만 절차를 진행하여 판결을 선고하였으므로 이는 필수적 공동소송에 관하여 특칙을 규정한 민사소송법 67조 1항의 법리를 오해한 것이다.

검토

우선 亡 A의 소송수계인들인 X-1, X-2, X-3의 지위 내지는 관계를 살펴보아야 한다. X-1, X-2, X-3은 통상공동소송관계에 지나지 않는가. 아니면 유사필수적 공동소송관계에 있는가. 그렇다면 X-1만의 항소제기가 어떠한 의의를 갖게 되는가를 검토하는 것이 핵심이다. 유사필수적 공동소송은 소송법상 효력이 제3자에게 확장되는(미치는) 경우에 판결의 합일확정의 요청(모순·충돌의 회피)에 의하여 소송수행에 있어서 소송자료의 통일, 절차진행의 통일이 이루어져야 하는 상호연합관계의 공동소송으로, 여러 주주에 의한 주주대표소송(상법 403조), 여러 압류채권자에 의한 추심의 소(민사집행법 249조) 등이 그 예이다.

여러 채권자가 채권자대위소송을 행하는 경우에 **통설**은 채권자 서로 사이에는 **유사필수적 공동소송관계**로 본다(가령, 강, 817면; 김홍, 1026면; 이, 748면; 정/유/김, 1012면). 이에 대하여 다른 채권자가 대위소송의 판결의 기판력을 받는다는 것부터가 잘못이고, 그 결과 통상공동소송에 지나지 않는다는 반대입장(호, 865-866면)이 있다.

그 관계가 **통상공동소송관계**라면, 66조 공동소송인독립의 원칙에 의하여 X-1만의 항소제기는 다른 공동소송인 X-2, X-3에게 영향을 미치지 않는다. 따라서 항소기간의 도과로 X-2, X-3 부분은 그대로 확정된다. 항소심에서 항소인 X-1에 대하여만 절차를 진행하였어도 하등의 잘못이 없게 된다. 이에 대하여 **유사필수적 공동소송관계**라면, 합일확정의 판결을 위하여 소송수행상 67조에 따라 소송진행과 소송자료의 통일이 도모되어야 한다. 따라서 항소기간은 각 공동소송인에게 판결정본이 송달된 때로부터 개별적으로 진행되지만, X-1, X-2, X-3 모두에 대하여 항소기간이 만료되기까지 판결은 확정되지 않는다. 모두에 대하여 판결의 확정이 차단되고, 소송 전부가 이심되므로 항소심에서 X-1에 대하여만 절차를 진행하여 판결을 선고한 것은 필수적 공동소송에 관한 법리를 그르친 것이 된다. **사견**으로는 판결은 모두에 대하여 확정이 차단되고 항소심에 이심되지만, 항소심에 있어서 절차진행은 오로지 항소한 X-1에 대하여만 행하여지는 것이라고 풀이하는 것이 상당하다고 본다. 스스로 항소하지 않아 항소수행의 의사를 가지지 않은 X-2, X-3에게도 스스로 항소한 X-1과 마찬가지의 항소심 당사자로서의 권리·의무를 부여하는 것은 오히려 부당하고, 소송경제에도 어긋난다고 생각한다.

9-7

대법원 2007. 6. 26.자 2007마515 결정

70조에 정한 예비적·선택적 공동소송의 요건

> 아파트 112동의 구분소유자 내지 임차인인 김씨 등은 112동 대표 겸 입주자대표회의 회장인 **박씨를 상대**로 입주자대표회의 구성원 중 112동 동대표지위에 있지 아니함을 확인한다는 내용의 '동대표지위부존재확인'의 소를 제기하였다가(동대표지위에서 이미 해임하였음에도 그 직을 계속 수행하고 있다는 점과 반대로 해임결의는 무효라는 점이 쟁점) 제1심법원에 소송계속 중 위 아파트 **'입주자대표회의'**를 피고로 추가하는 주관적·예비적 피고의 추가 신청을 하였다. 피고에 대한 청구와 입주자대표회의에 대한 청구가 법률상 양립할 수 없는 것으로 볼 수 없어 이유 없다며 그 신청을 기각하는 결정을 하였는데, 이를 검토하시오.

 판 결 • 원심 ⊗ 파기환송

70조 1항에서 '법률상 양립할 수 없다'는 것은, 동일한 사실관계에 대한 법률적인 평가를 달리하여 두 청구 중 어느 한 쪽에 대한 법률효과가 인정되면 다른 쪽에 대한 법률효과가

> **실체법적분 아니라 소송법상으로 서로 양립할 수 없는 경우 포함**
> · 동일한 사실관계에 대한 법률적 평가를 달리하여 두 청구가 모두 인용될 수 없는 관계
> · 사실관계 여하에 의하여 또는 택일적 사실인정에 의하여 각 청구에 대한 판단 과정이 필연적으로 상호 결합되어 있는 관계

부정됨으로써 두 청구가 모두 인용될 수는 없는 관계에 있는 경우나, 당사자들 사이의 사실관계 여하에 의하여 또는 청구원인을 구성하는 택일적 사실인정에 의하여 어느 일방의 법률효과를 긍정하거나 부정하고 이로써 다른 일방의 법률효과를 부정하거나 긍정하는 반대의 결과가 되는 경우로서, 두 청구들 사이에서 한 쪽 청구에 대한 판단 이유가 다른 쪽 청구에 대한 판단 이유에 영향을 주어 각 청구에 대한 판단 과정이 필연적으로 상호 결합되어 있는 관계를 의미하며, 실체법적으로 서로 양립할 수 없는 경우뿐 아니라 **소송법상으로 서로 양립할 수 없는 경우를 포함**하는 것으로 봄이 상당하다. 한편, 법인 또는 비법인 등 당사자능력이 있는 단체의 대표자 또는 구성원의 지위에 관한 확인소송에서 그 대표자 또는 구성원 개인뿐 아니라 그가 소속된 단체를 공동피고로 하여 소가 제기된 경우에 있어서는, 누가 피고적격을 가지는지에 관한 법률적 평가에 따라 어느 한 쪽에 대한 청구는 부적법하고 다른 쪽의 청구만이 적법하게 될 수 있으므로, 이는 70조 1항 소정의 예비적·선택적 공동소송의 요건인 각 청구가 서로 법률상 양립할 수 없는 관계에 해당하는 것으로 봄이 상당하다. 따라서 70조 1항에 의하여 준용되는 68조의 규정에 따라 그 주관적·예비적 피고의 추가가 허용되는 것으로 보아야 할 것이다.

검토

70조 1항은 예비적·선택적 공동소송이 허용되기 위하여 법률상 양립할 수 없는 경우를 요구하고 있는데, 어떠한 관계를 말하는가가 그다지 분명하지 않다. 한편, 사안과 같은 예비적 피고의 후발적 추가의 형태도 70조가 68조를 준용하도록 하여 인정하고 있다.

대상판결은 법률상 양립할 수 없는 경우의 의미를 대법원 단계에서 처음으로 밝힌 판례이다. 어느 한 피고에 대하여는 피고적격이 없고 또 다른 피고에게는 피고적격이 있는 관계, 즉 두 피고에 대하여 모두 피고적격이 있다고 할 수 없는 관계와 같이 **소송법상**으로 서로 양립할 수 없는 경우까지도 **법률상 양립 불가능의 요건이 구비되었다고 본 것**이다. 참고로 보면, 상대방 박씨 개인은 본안소송의 피고적격을 갖고 있지 않으므로 그 청구는 각하될 것으로 예상되고, 입주자대표회의가 그 피고적격을 갖는 바, 상대방 박씨 개인에 대한 확인청구가 부적법각하되는 것은 입주자대표회의에 대한 확인청구와 무관하게 이루어지는 것이고, 서로 필연적으로 결합하는 관계에 있다고 볼 수 없다는 점에서 **법률상 양립 불가능으로 보지 않는 입장**도 있을 수 있다.

 【대법원 2012. 9. 27. 선고 2011다76747 판결】 어떤 물건에 대하여 직접점유자와 간접점유자가 있는 경우 그에 대한 점유·사용으로 인한 부당이득의 반환의무는 동일한 경제적 목적을 가진 채무로서 서로 중첩되는 부분에 관하여는 일방의 채무가 변제 등으로 소멸하면 타방의 채무도 소멸하는 이른바 부진정연대채무의 관계에 있다고 할 것이고, 그와 같은 관계에 있는 채무자들에 대한 각 청구는 법률상 양립할 수 없는 것이 아니므로 그 소송은 예비적·선택적 공동소송이라고 할 수 없으므로 필수적 공동소송에 관한 67조는 준용되지 않아 상소로 인한 확정차단의 효력도 상소인과 그 상대방에 대해서만 생기고 다른 공동소송인에 대한 관계에는 미치지 않는다.

 【대법원 2008. 7. 10. 선고 2006다57872 판결】 주위적 청구는 피고 Z(카드회사)가 피고 Y(자동차판매회사)에게 차량대금을 지급하였음을 전제로 피고 Y에 대하여 차량미인도로 인한 채무불이행책임 또는 사용자책임을 묻는 것이고, 예비적 청구는 피고 Z가 Y에게 차량대금을 지급하지 않았음을 전제로, 피고 Z에 대하여 할부금 지급채무가 없음의 확인과 아울러 이미 납입한 할부금의 반환을 구하는 것인데, 주위적 청구에 대한 판단이유가 예비적 청구에 대한 판단이유에 영향을 줌으로써 위 각 청구에 대한 판단과정이 필연적으로 상호 결합되어 있는 관계에 있어 위 두 청구는 법률상 양립할 수 없어 예비적 공동소송에 해당한다.

 07-법원행정고시 / 11-사법시험 / 14-법전협 모의시험(3) /
14-법원행정고시 / 15-변호사시험 / 19-법전협 모의시험(1)

9-8

대법원 2018. 2. 13. 선고 2015다242429 판결

주관적·예비적 공동소송에서 공동소송인 중 일부가 소를 취하하거나 일부 공동소송인에 대한 소를 취하할 수 있는지 여부(적극) 및 이 경우 소를 취하하지 않은 나머지 공동소송인에 관한 청구 부분이 여전히 법원의 심판대상이 되는지 여부(적극)

제1심법원은 주위적 피고에 대한 원고의 청구를 인용하면서 예비적 피고에 대해서는 판결을 하지 않았다. 주위적 피고가 항소하였다. 이후 원고가 항소심에서 주위적 피고에 대한 소를 취하하였다. 예비적 피고에 대한 청구 부분은 여전히 항소심의 심판대상이 된다고 보아야 하는가?

 판 결

주관적·예비적 공동소송은 동일한 법률관계에 관하여 모든 공동소송인이 서로 간의 다툼을 하나의 소송절차로 한꺼번에 모순 없이 해결하는 소송형태로서 모든 공동소송인에 대한 청구에 관하여 판결을 하여야 하고(70조 2항), 그중 일부 공동소송인에 대해서만 판결을 하거나 남겨진 당사자를 위하여 추가판결을 하는 것은 허용되지 않는다. 그리고 주관적·예비적 공동소송에서 주위적 공동소송인과 예비적 공동소송인 중 어느 한 사람이 상소를 제기하면 다른 공동소송인에 관한 청구 부분도 확정이 차단되고 상소심에 이심되어 심판대상이 된다(대법원 2014. 3. 27. 선고 2009다104960, 104977 판결 참조).

민사소송법은 주관적·예비적 공동소송에 대하여 필수적 공동소송에 관한 규정인 67조 내지 69조를 준용하도록 하면서도 소의 취하의 경우에는 그 예외를 인정하고 있다(70조 1항 단서). 따라서 공동소송인 중 일부가 소를 취하하거나 일부 공동소송인에 대한 소를 취하할 수 있고, 이 경우 소를 취하하지 않은 나머지 공동소송인에 관한 청구 부분은 여전히 심판의 대상이 된다.

이후 원고가 원심에서 주위적 피고에 대한 소를 취하함으로써 주관적·예비적 공동소송관계가 해소되었다고 하더라도 예비적 피고에 대한 청구 부분은 여전히 원심의 심판대상이 된다고 보아야 한다.

검 토

예비적·선택적 공동소송에서는 양쪽 청구에 대한 소송절차가 일체적으로 취급되어야 하므로 그 절차적 규제는 필수적 공동소송에 대한 67조 내지 69조가 준용된다(70조 1항 본문). 그 결과, 소송자료의 통일과 소송진행의 통일이 있게 된다. 다만, 청구의 포기·인낙, 화해, 소의 취하의 경우에는 필수적 공동소송에 대한 특별규정을 적용하지 않고, 공동소송인 각자가 할 수 있다(70조 1항 단서).

 【대법원 2014. 3. 27. 선고 2009다104960, 104977 판결】 주관적·예비적 공동소송은 동일한 법률관계에 관하여 모든 공동소송인이 서로 간의 다툼을 하나의 소송절차로 한꺼번에 모순 없이 해결하는 소송형태로서 모든 공동소송인에 대한 청구에 관하여 판결을 하여야 하고(70조 2항), 그중 일부 공동소송인에 대하여만 판결을 하거나 남겨진 자를 위하여 추가판결을 하는 것은 허용되지 아니한다. 그리고 주관적·예비적 공동소송에서 주위적 공동소송인과 예비적 공동소송인 중 어느 한 사람이 상소를 제기하면 다른 공동소송인에 관한 청구 부분도 확정이 차단되고 상소심에 이심되어 심판대상이 된다.

 【대법원 2008. 7. 10. 선고 2006다57872 판결】
예비적·선택적 공동소송에서 조정에 갈음하는 결정에 대하여 일부 공동소송인이 이의하지 아니한 경우, 그 공동소송인에 대한 관계에서 위 결정이 확정되는지 여부(원칙적 적극)

| 원심 | - 67조가 준용
- 분리 확정되지 않음 |
| 상고심 | - 70조 1항 단서 적용
- 원칙적으로 분리 확정 가능
- 횡령에 반하고 이해관계가 상반된 경우 예외
- 결과적으로 원심은 정당 |

– 조정에 갈음하는 결정이 확정된 경우에는 재판상 화해와 동일한 효력이 있으므로 그 결정에 대하여 일부 공동소송인이 이의하지 않았다면, **원칙적**으로 이의하지 않은 공동소송인에 대한 관계에서는 조정에 갈음하는 결정이 **분리 확정될 수 있다**고 할 것이나, 다만 위 조정에 갈음하는 결정의 내용은 피고 Y에 대해서도 피고 Z의 원고에 대한 금원지급의무를 전제로 채무가 존재하지 아니함을 확인한다는 것이어서 피고들 사이의 권리의무관계가 **상호 관련**되어 있고, 분리 확정을 허용할 경우 **형평에 반할 뿐만 아니라, 이해관계가 상반된 공동소송인들 사이에서의 소송진행의 통일을 목적으로 하는 70조 1항 본문의 입법 취지에 반하는 결과**가 초래될 수 있다고 보이므로 분리 확정이 허용되지 않는다. 따라서 위 조정에 갈음하는 결정에 대하여 피고 Z만이 이의신청을 하였다 하더라도 위 조정에 갈음하는 결정은 원고와 피고들(Y, Z) 모두에 대하여 확정되지 않고 사건은 소송으로 복귀한다고 보아야 할 것이다.

9-9

대법원 2015. 6. 11. 선고 2014다232913 판결

주위적 피고에 대한 주위적 예비적 청구 중 주위적 청구 부분이 받아들여지지 아니할 경우 그와 법률상 양립할 수 없는 관계에 있는 예비적 피고에 대한 청구를 받아들여 달라는 취지로 결합하여 소를 제기할 수 있는지 여부(적극) 및 처음에는 주위적 피고에 대한 주위적·예비적 청구만 하였다가 청구를 결합하기 위하여 예비적 피고를 추가할 수 있는지 여부(적극) / 이 경우 주위적 피고에 대한 예비적 청구와 예비적 피고에 대한 청구를 병합하여 통상의 공동소송으로 보아 심리·판단할 수 있는지 여부(한정 적극) 및 이러한 법리는 주위적 피고에 대하여 실질적으로 선택적 병합 관계에 있는 두 청구를 주위적·예비적으로 순위를 붙여 청구한 경우에도 그대로 적용되는지 여부(적극)

① 원고는 소장에서 피고 경기도의료원을 상대로 그 운영의 수원병원이 응급구조사 등의 탑승 없이 망인을 이송한 이 사건 구급차의 운용자라고 주장하며 응급의료법 48조 위반의 불법행위에 기한 손해배상청구(이하 '주위적 청구'라고 한다)만을 하였다가, 준비서면을 통하여 수원병원이 이 사건 구급차의 운용자가 아니라고 하더라도 수원병원 의료진에게는 응급구조사의 탑승 여부 등을 확인하지 아니한 채 이 사건 구급차로 망인을 이송시킨 잘못이 있다고 주장하며 예비적으로 응급의료법 11조 2항 위반의 불법행위에 기한 손해배상청구(이하 '예비적 청구'라고 한다)를 추가하였다. ② 이어 원고는 수원병원이 이 사건 구급차의 운용자가 아니라면 수원병원과 특수구급차 임대계약을 체결한 피고 구급센터가 이 사건 구급차의 운용자에 해당한다고 주장하며 피고 경기도의료원에 대한 주위적 청구가 받아들여지지 아니할 경우 피고 구급센터에 대한 응급의료법 48조 위반의 불법행위에 기한 손해배상청구를 받아들여 달라는 취지로 피고 구급센터에 대한 청구를 결합하기 위하여 예비적 피고 추가 신청을 하였고, 제1심은 피고 구급센터를 이 사건의 예비적 피고로 추가하는 것을 허가하는 결정을 하였다. 피고 경기도의료원에 대한 각 청구는 실질적으로 선택적 병합 관계에 있는 것을 주위적·예비적으로 순위를 붙여 청구한 경우에 해당하고, 피고 경기도의료원에 대한 주위적 청구와 피고 구급센터에 대한 청구는 서로 법률상 양립할 수 없는 관계에 있으며, 한편 피고 경기도의료원에 대한 예비적 청구와 피고 구급센터에 대한 청구는 서로 법률상 양립할 수 있는 관계에 있다. 제1심이 피고 구급센터를 예비적 피고로 추가한 것은 적법한가? 피고 경기도의료원에 대한 주위적 청구가 받아들여지지 아니할 경우 피고 경기도의료원에 대한 예비적 청구와 피고 구급센터에 대한 청구를 병합하여 통상의 공동소송으로 보아 심리·판단할 수 있는가?

판결

피고 경기도의료원에 대한 각 청구는 실질적으로 선택적 병합 관계에 있는 것을 주위적·예비적으로 순위를 붙여 청구한 경우에 해당하고, 피고 경기도의료원에 대한 주위적 청구와 피고 구급센터에 대한 청구는 서로 **법률상 양립할 수 없는 관계**에 있으며, 한편 피고 경기도의료원에 대한 예비적 청구와 피고 구급센터에 대한 청구는 서로 법률상 양립할 수 있는 관계에 있으므로, 제1심이 피고 구급센터를 예비적 피고로 추가한 것은 적법하고, 피고 경기도의료원에 대한 주위적 청구가 받아 들여지지 아니 할 경우 피고 경기도의료원에 대한 예비적 청구와 피고 구급센터에 대한 청구를 병합하여 **통상의 공동소송**으로 보아 심리·판단할 수 있다.

 검토

대상판결은 70조 1항 본문이 규정하는 '공동소송인 가운데 일부에 대한 청구'를 반드시 '공동소송인 가운데 일부에 대한 모든 청구'라고 해석할 근거는 없으므로, 주위적 피고에 대한 주위적·예비적 청구 중 주위적 청구 부분이 받아 들여지지 아니 할 경우 그와 법률상 양립할 수 없는 관계에 있는 예비적 피고에 대한 청구를 받아들여 달라는 취지로 주위적 피고에 대한 주위적·예비적 청구와 예비적 피고에 대한 청구를 결합하여 소를 제기하는 것도 가능하고(대법원 2014. 3. 27. 선고 2009다104960, 104977 판결), 예비적 피고에 대한 청구를 받아들여 달라는 취지로 예비적 피고에 대한 청구를 결합하기 위하여 예비적 피고를 추가하는 것도 70조 1항 본문에 의하여 준용되는 68조 1항에 의하여 가능하다고 한 뒤, 이 경우 주위적 피고에 대한 예비적 청구와 예비적 피고에 대한 청구가 서로 법률상 양립할 수 있는 관계에 있으면 양 청구를 병합하여 **통상의 공동소송**으로 보아 심리·판단할 수 있고(대법원 2009. 3. 26. 선고 2006다47677 판결 참조), 이러한 법리는 원고가 주위적 피고에 대하여 실질적으로 선택적 병합 관계에 있는 두 청구를 주위적·예비적으로 순위를 붙여 청구한 경우에도 그대로 적용된다는 종전의 판례 법리를 전제로 한 판결이다.

 【대법원 2009. 3. 26. 선고 2006다47677 판결】 주위적 피고에 대한 예비적 청구와 예비적 피고에 대한 청구가 서로 법률상 양립할 수 있는 관계에 있으면 양 청구를 병합하여 통상의 공동소송으로 보아 심리·판단할 수 있다. ─ 양립할 수 있는 청구라서 부적합하더라도 이는 병합요건의 문제이고, 소송요건의 흠은 아니므로 그 **소송 자체를 각하할 것이 아니라** (보정과 같은 법원의 소송지휘 등을 통하여) **통상의 공동소송**으로 심리·판단하여야 한다는 점이 의미가 있다.

9-10

대법원 1993. 9. 28. 선고 93다32095 판결

필수적 공동소송이 아닌 소송에서의 피고 추가의 허부(**부정**)

> 일반인의 통행로로 제공된 이 사건 토지를 그 주변에 공장 또는 주거를 가지는 乙이 통행하였다 하여 그 임료상당의 부당이득을 청구하는 소를 제기하였다. 丙도 함께 통행하였다 하여 소송 도중에 丙을 피고로 추가하였다. 허용되는가?

 판 결

필수적 공동소송이 아닌 사건에 있어 소송 도중에 피고를 추가하는 것은 그 경위가 어떻든 간에 허용될 수 없다.

검 토

68조는 필수적 공동소송에서 누락된 공동소송인이 있을 때에 한하여 제1심 변론종결시까지 당사자로 추가하는 길(임의적 당사자변경)을 열어 소의 주관적·추가적 병합을 제한적으로 인정하고 있다. 그런데 통상공동소송관계에서까지 그 허용성 여부가 문제된다. **대상판결**은 **부정설**의 입장이다.

① **부정설** – 특별한 명문의 규정이 없는 한, 해석론으로 소의 주관적·추가적 병합을 허용하는 것은 무리이다(김홍, 1055면; 호, 764면). 반드시 소송경제에 적합하다고 할 수 없고 소송을 복잡하게 만든다. 경솔한 제소나 남소의 증가가 우려되고, 소송의 지연을 초래하기 쉽다는 점 등이 이유이다. ② **긍정설** – 별소의 제기와 변론의 병합이라는 구차한 과정을 통하느니 소의 주관적·추가적 병합을 허용하여야 한다(긍정하는 입장으로는 이, 763면; 정/유/김, 1026면; 정영, 906면; 한, 712면). 애초부터의 주관적 병합은 65조에서 인정하고 있는데, 그렇다면 이러한 관련성을 만족하고 있는 경우에는 후발적으로 추가를 인정하여도 무방하고, 심판의 중복이나 재판의 모순을 피할 수 있고 분쟁을 1회적으로 해결할 수 있어 소송경제에 적합하다는 점 등이 이유이다.

생각건대 원고의 소제기를 기회로 당사자 및 제3자에게 그 소송절차를 이용하여 통일적인 자기 권리의 실현 내지는 지위의 안정을 도모할 수 있도록 하는 것이 바람직하다고 하다 할 것이므로 판례의 입장과 달리, **긍정설**에 **찬성**한다.

참고로 보면, 70조의 예비적·선택적 공동소송에 있어서 68조를 준용하고 있으므로 후발적으로 예비적·선택적 공동소송인의 추가를 할 수 있다.

9-11

대법원 1999. 8. 24. 선고 99다15474 판결

선정당사자의 선정을 허용하기 위한 요건(공동의 이해관계)

Z로부터 무지개주택의 각호를 임차한 X(201호), A(202호), B(203호), C(301호), D(302호)는 위 주택 및 대지의 근저당권자의 경매신청에 의하여 그 소유권이 Z로부터 제3자에게 이전되면서 각 임대차보증금을 돌려받지 못하였다. 이들은 위 주택은 피고 Y가 소외 Z에게 명의신탁한 것으로 실제 소유자 및 임대인은 피고 Y이므로 피고 Y가 각 임대차보증금을 반환할 의무가 있다고 주장하면서(쟁점은 피고 Y가 임대차계약상의 임대인으로서 계약당사자인지 여부) 각 임대차보증금의 반환을 구하는 소를 X를 선정당

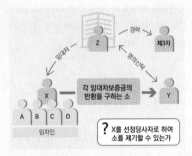

사자로 하여 피고 Y를 상대로 제기하고자 한다. 그런데 피고 Y는 자신은 위 주택의 시공자로서 임대 · 관리하였을 뿐이라고 다툰다. 이들은 선정당사자제도를 이용할 수 있는가?

 판 결

위 사안에서 사건의 쟁점은 피고가 임대차계약상의 임대인으로서 계약당사자인지 여부에 있으므로 그 임차인들은 서로 사이에 공동소송인이 될 관계가 있을 뿐만 아니라 주요한 공격방어방법을 공통으로 하는 경우에 해당함이 분명하여 공동의 이해관계가 있으므로 선정당사자를 선정할 수 있다.

 검 토

선정당사자제도를 이용할 수 있는 공동의 이해관계가 있는 여러 사람(다수자)을 가장 좁게 풀이하여 ① 고유필수적 공동소송의 경우에 한정한다고 하는 견해, 이것보다 조금 넓게 보아 ② 유사필수적 공동소송도 포함하여 필수적 공동소송의 관계에 있는 경우로 보는 견해, 그리고 이에 대하여 여러 사람의 범위를 보다 넓게 풀이하여 ③ 65조 전부의 공동소송의 경우가 이에 해당한다는 견해가 있다. 그런데 종래의 **통설**은 ④ 다수자 서로 사이에 공동소송인이 될 관계에 있고 또 주요한 공격방어방법을 공통으로 하여 사회관념상 상대방에 대하여 일체(＝一團)로서 대립한

다고 인정되는 경우를 말하는 것이고, 그리하여 65조 전문의 「소송목적이 되는 권리나 의무가 여러 사람에게 공통되거나 사실상 또는 법률상 같은 원인으로 말미암아 생긴」 경우에 해당할 때에 공동의 이해관계를 인정하고(그 구체적 예로서 연대채무자, 동일 사고로 인한 손해배상을 청구하는 다수의 피해자 등), 65조 후문의 「소송목적이 되는 권리나 의무가 같은 종류의 것이고, 사실상 또는 법률상 같은 종류의 원인으로 말미암아 생긴」 경우에 해당하는 때에는 공격방어방법이 공통할 것을 기대할 수 없어서 선정당사자의 선정이 허용되지 않는다고 본다(강, 836면; 김/강, 786면; 송/박, 173면; 한, 719면; 호, 892면).

생각건대 선정당사자제도는 소송절차를 단순화하는 길을 마련하기 위한 것이고, 이러한 취지에서 볼 때, 65조 후문의 경우에도 구체적으로 보아 주요한 공격방어방법이 공통으로 되는 것이 예상된다고 한다면 선정당사자제도에 의하여 소송절차의 단순화가 도모될 것이고, 한편 그 소송의 승패에 의하여 받을 이해관계가 어느 정도 공통하고 있는 사람 가운데에서 당사자가 선정되므로 변호사대리의 원칙을 잠탈할 우려를 강조할 필요도 없을 것이다. 결국 예외적이지만 65조 후문의 경우에도 선정당사자제도를 이용할 수 있는 여지를 남기는 것이 타당하다고 본다(이후 마찬가지 견해로는 김홍, 1058면; 이, 765면; 정영, 993면). 대상판결의 사안은 피고가 임대차계약상의 임대인으로서 계약당사자인지 여부에 있으므로 그 임차인들은 상호간에 공동소송인이 될 관계가 있을 뿐만 아니라 주요한 공격방어방법을 공통으로 하는 경우에 해당함이 분명하여 공동의 이해관계가 있다(평석으로는 전병서, 법률신문(1998. 9), 14면; 전병서, 민사소송(IV)(2001), 257면 이하 참조).

 【대법원 1997. 7. 25. 선고 97다362 판결】아파트를 분양받은 입주자들이 아파트 건축회사의 대표자에게 각각 사채를 대여하고 분양받은 아파트에 관하여 개별적으로 근저당권을 설정한 근저당권자들에 대하여 입주자들이 선정당사자를 선정하여 저당권설정계약이 반사회적법률행위로서 무효라고 주장하면서 각 그 해당 근저당권자를 상대로 근저당권설정등기의 말소를 청구한 사안에서 다수자의 권리·의무가 동종이며 그 발생원인이 동종인 관계에 있는 것만으로는 공동의 이해관계가 있는 경우라고 할 수 없을 것이어서 선정을 허용할 것은 아니라고 보았다.

 【대법원 2007. 7. 12. 선고 2005다10470 판결】공동의 이해관계가 없는 자가 선정당사자로 선정되었음에도 법원이 그러한 선정당사자 자격의 흠을 간과하여 그를 당사자로 한 판결이 확정된 경우, 선정자가 스스로 선정행위를 하였다면 선정당사자 자격의 흠이 민사소송법 451조 1항 3호의 재심사유에 해당하지 않는다.

9-12

대법원 1995. 10. 5.자 94마2452 결정

심급을 한정하여 선정당사자의 자격을 부여하는 선정행위의 허용 여부(**원칙적 적극**)

사건명과 함께 기재된 "X를 제1심 소송절차에 관하여" 선정당사자로 선정한다는 신청서를 제출하였다. 제1심판결에 X는 항소를 제기하였다. 항소심 재판장은 송달료 미납액을 보정할 것을 명하여 다른 선정자들을 제외하고 X에게 보정명령을 송달하였는데, 위 보정명령은 적법하게 송달된 것인가?

 판 결

선정을 모든 선정자의 합의로 장래를 향하여 취소, 변경할 수 있으므로 당초부터 특히 어떠한 심급을 한정하여 당사자인 자격을 보유하게끔 할 목적으로 선정을 하는 것도 역시 허용된다. 그러나 선정서에 사건명을 기재한 다음에 「제1심 소송절차에 관하여」 또는 「제1심 소송절차를 수행하게 한다」라는 문언이 기재되어 있는 경우라도 **특단의 사정이 없는 한**, 그 기재는 사건명 등과 더불어 선정당사자를 선정하는 사건을 특정하기 위한 것으로 보아야 하고 따라서 그 선정의 효력은 제1심의 소송에 한정하는 것이 아니라, **소송의 종료에 이르기까지 계속하는 것으로 해석함이 상당**하고, 사안에서 선정의 효력이 제1심의 소송에 한정하는 것이 아닌 것으로 해석하여 위 보정명령은 적법하게 송달된 것으로 보아야 한다.

 검 토

위 결정은 심급을 제한한 선정의 효력을 인정하면서도 사건명과 함께 기재된 「제1심 소송절차에 관하여」라는 등의 문구를 특별한 사정이 없는 한, 사건을 특정하기 위한 것으로 선정의 효력이 소송의 종료까지 그대로 유지된다고 보았다. **학설**은 심급을 한정한 선정행위의 허용 여부에 관하여, 소송의 단순화, 간소화에 의한 효율적 소송의 진행의 도모가 제도의 입법목적이고, 선정당사자로 하여금 소송종료시까지 소송을 수행케 하는 것이 본래의 취지라면, 제1심 소송절차만을 수행케 하는 내용이 조건으로 붙어 있어도 그 선정의 효력은 제1심 소송에 한정할 것이 아니라 소송의 종료까지 계속된다고 볼 것이라는 **소송종료설**의 입장도 있다(이, 766면; 정영, 995면). 그러나 심급을 한정한 선정을 무효로 하더라도 선정의 취소, 변경이 자유인 이상, 실익이 없으며 또한 부정하여야 할 특별한 이유는 없으므로 심급을 한정하여 선정할 수 있다고 할 것이다(**심급한정설. 통설**로, 가령 김홍, 1060면; 정/유/김, 1029면; 한, 719면).

9-13

대법원 1999. 7. 9. 선고 99다12796 판결

불법행위로 인한 손해배상책임을 지는 자는 피해자가 다른 공동불법행위자들을 상대로 제기한 손해배상 청구소송에 피해자를 위하여 보조참가를 할 수 있는지 여부(적극) 및 피해자가 패소판결에 대하여 상소하지 않은 경우에도 그 상소기간 내에 보조참가와 동시에 상소를 제기할 수 있는지 여부(적극)

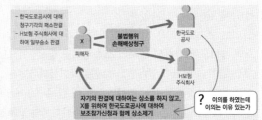

고속도로 선상에 철판이 떨어져 있었고, 위 철판이 앞서가던 화물차의 바퀴에 튕겨 뒤에 오던 승용차의 유리창을 깨고 들어와 조수석에 탑승한 피해자를 충격하였다. 피해자 X(원고)는 타고 있던 승용차의 보험자인 H보험주식회사와 한국도로공사를 공동피고로 하여 손해배상청구의 소를 제기하였다(앞서가던 화물차의 책임도 문제되지만, 여기서는 생략하여 논외로 한다). H보험주식회사에 대하여는 X의 일부승소의 판결이 있었으나, 한국도로공사에 대하여는 도로의 보존·관리상의 잘못을 인정할 수 없다고 판단하여 청구기각의 패소판결이 내려졌다. 그런데 H보험주식회사는 자기의 판결에 대하여는 상소를 하지 않고, X를 위하여 다른 공동피고 한국도로공사에 대하여 X의 상소기간 내에 보조참가신청과 함께 아울러 상소를 제기하였다. 이에 대하여 피고 한국도로공사가 이의를 하였는데, 이의는 이유 있는가?

 판결

특정 소송사건에서 당사자의 일방을 보조하기 위하여 보조참가를 하려면 당해 소송의 결과에 대하여 이해관계가 있어야 할 것이고, 여기에서 말하는 이해관계라 함은 사실상, 경제상 또는 감정상의 이해관계가 아니라 법률상의 이해관계를 가리키는바(대법원 1997. 12. 26. 선고 96다51714 판결 참조), 불법행위로 인한 손해배상책임을 지는 사람은 피해자인 원고가 다른 공동불법행위자를 상대로 제기한 손해배상청구소송의 결과에 대하여 **법률상 이해관계**를 갖는다고 할 것이므로, 위 소송에 원고를 위하여 보조참가를 할 수가 있고, 원고가 패소판결에 대하여 상소를 하지 않더라도 원고의 상소기간 내라면 보조참가와 동시에 상소를 제기할 수도 있다. 원고에게 이 사건 사고로 인한 손해배상책임을 지는 원고 보조참가인이 다른 공동불법행위자인 피고에 대한 원고의 패소판결이 확정되는 것을 방지하기 위하여 원고의 상소기간 내에 이 사건 **보조참가신청과 아울**

러 상소를 제기한 것은 적법하다. 이와 반대의 견해에 선 피고의 이의는 이유 없다.

 검 토

보조참가의 요건으로 다른 사람 사이의 소송이 계속 중일 것, 소송결과에 이해관계가 있을 것(보조참가의 이익) 등을 들 수 있는데, 그 의미·내용과 관련하여 어떠한 경우가 여기에 해당하는지 어려운 문제이다. 사안에서 문제되는 것은 H보험주식회사가 보조참가를 하기 위한 요건이다.

당사자 한쪽은 자기 소송의 상대방에게는 보조참가할 수 없지만, 통상공동소송에 있어서 자기의 공동소송인(한국도로공사)의 상대방(X)을 위하여 보조참가할 수는 있다. 그리고 소송이 어떠한 심급에 있는가는 상관없다.

그리고 보조참가인은 피참가인의 행위와 어긋나지 않는 한, 공격방어방법의 제출만이 아니라 상소의 제기도 포함하여 일체의 소송행위를 할 수 있으므로(76조), X가 상소권을 포기하지 않는 한, 보조참가의 이익이 있다면, H보험주식회사의 상소는 적법하다.

한편 참가신청은 상소의 제기와 동시에 할 수 있다(72조 3항).

결국 사안에서 문제되는 것은 H보험주식회사의 보조참가의 이익을 긍정할 수 있는지 여부인데, 이는「소송결과」에 법률상의 이해관계가 있을 것에서「소송결과」는 판결주문에서 판단되는 소송물에 한정되는가가 문제된다.

① **통설**─문리적으로「소송결과」는 판결주문 중의 판단에 한정되는 것이 당연하다는 것에서 보조참가인이 당사자가 되는 별도 장래의 소송에서 참가인의 법률상 지위가 본소송의 판결주문 중의 소송물인 권리관계의 존부에 논리적으로 의존관계에 있을 때에 보조참가의 이익이 있다(김/강, 801면; 김홍, 1078면; 송/박, 657면; 이, 788면; 정/유/김, 1048면; 정영, 939면; 한, 734면; 호, 911면). ② **유력설**─보조참가인의 법률상 지위가 판결주문에서 판단되는 소송물인 권리관계의 존부에 의하여 직접적으로 영향을 받는 관계에 있는 경우뿐만 아니라 판결이유 중의 판단에 의한 영향을 받는 경우도 포함된다고 본다(강, 851면). 동일한 분쟁에 관련되는 이해관계인을 가급적 많이 소송에 참가하게 하여 분쟁의 일회적 해결을 도모하기 위하여는 참가의 문호를 넓힐 필요가 있다는 것이 그 근거이다. 예를 들어 교통사고에 기한 손해배상청구소송에서 어느 피해자만이 가해자를 상대로 손해배상청구의 소를 제기하였을 때에 통설에 의하면 어느 피해자의 소송결과는 다른 공동피해자의 법률상 지위의 논리적 전제가 아니므로 다른 피해자는 보조참가를 할 수 없다. 그러나 유력설에 의하면 다른 피해자는 보조참가를 할 수 있다.

생각건대 자신의 법률상 지위가 다투어지는 때에 불리한 영향이 생긴다는 점에서 보조참가인에게는 판결주문 중의 판단과 판결이유 중의 판단이 다르지 않고, 보조참가인이 당사자가 되는 후소의 심리내용을 보면 대체로 불리한 영향이 생기는 것은 판결이유 중의 판단이다. 아울러 판결이유 중의 판단에 대하여도 이른바 참가적 효력이 생긴다고 한다면, 보조참가의 이익을 소송물인 권리관계의 존부에 대한 이해관계에 한정하는 것은 논리적이지 못하다. 그리하여 보조참가의 이익을 판결주문 중의 판단에만 연결시킬 필요는 없다고 본다. 결국 유력설과 같이 판결이유 중의 판단에 대한 이해관계에도 보조참가의 이익을 인정한다면 공통의 쟁점을 가진 제3자에게도 보조참가를 인정할 수 있어서 주요한 쟁점에 관하여는 하나의 소송에 집약할 수도 있다.

　　대상판결에 대하여 통설에서는 피참가인인 원고가 피고인 다른 공동불법행위자에게 승소한다면, 공동불법행위가 되어서 보조참가인이 다른 공동불법행위자에 대하여 구상권을 취득할 수 있으므로 보조참가인으로서 유리하여 소송결과에 이해관계를 긍정할 수 있다고 하겠지만, 생각건대 통설에 의하면 충분한 설명이 어렵다고 본다. X(원고)와 한국도로공사 사이의 소송에서 다투어지고 있는 한국도로공사의 손해배상의무의 존재는 보조참가인 H보험주식회사의 법적 지위(보조참가인의 원고에 대한 손해배상책임)에 아무런 영향을 미치지 아니하여 H보험주식회사는 X(원고)와 한국도로공사 사이의 소송결과에 법률상 이해관계가 없으므로 보조참가의 이익이 없다. 구상권의 문제는 공동불법행위자 사이에서 별도로 해결할 문제라고 할 수 있다. 보조참가인 H보험주식회사가 염두에 두고 있는 자기와 다른 공동불법행위자 한국도로공사 사이의 구상관계에의 영향은 판결이유 중에 나타난 다른 공동불법행위자 한국도로공사의 과실 유무의 판단에 의한 영향에 지나지 않는다. X(원고)와 한국도로공사 사이의 소송결과가 어떠한가에 의하여 H보험주식회사의 X(원고)에 대한 손해배상책임의 소멸을 가져오는 것은 아니고, 한국도로공사의 X(원고)에 대한 손해배상책임이 인정된다면, H보험주식회사와 한국도로공사는 X(원고)에 대하여 각자 손해를 배상하면 충분하다.

　　따라서 대상판결은 추상적으로는 통설의 입장에 따르고 있다고 못 볼 것은 아니지만, 오히려 보조참가의 이익을 유연하게 해석하여 보조참가의 허용요건을 확대하는 방향이라고도 평가할 수 있다. 대상판결은 구체적인 설시 없이 소송결과에 대하여 법률상의 이해관계를 가진다고만 판시하고 있어서 학설의 논의가 있는 부분에 대하여 좀 더 그 의미·내용을 명확하게 밝혀주지 못한 점에서 아쉬움이 남는다(평석으로는 전병서, 법률신문(제2863호), 14면 참조).

참조 【대법원 1997. 12. 26. 선고 96다51714 판결】 어느 소송사건에서 당사자의 일방을 보조하기 위하여 보조참가를 하려면 당해 소송의 결과에 대하여 이해관계가 있어야 할 것이고, 여기에서 말하는 이해관계라 함은 사실상, 경제상 또는 감정상의 이해관계가 아니라 법률상의 이해관계를 가리킨다 할 것이다.

참조 【대법원 2017. 6. 22. 선고 2014다225809 전원합의체 판결】 丁은 丙에 대한 채권을 청구채권으로 하여 丙의 乙에 대한 대여금채권 중 청구채권 금액에 이르기까지의 금액을 압류 및 전부하는 이 사건 전부명령을 받았다(확정). 위 대여금채권은 전부명령에 따라 丁에게 이전되었으므로, 丁은 위 대여금채권의 불가분채권자임을 주장하면서 乙에 대하여 대여금의 지급을 구하는 甲의 청구의 결과에 대하여 법률상의 이해관계가 있다고 할 것이므로 丁의 보조참가신청은 적법하다.

 14-5급(행정)공채시험 / 15-법전협 모의시험(2) / 18-5급(행정)공채시험

9-14

대법원 1969. 8. 19. 선고 69다949 판결

보조참가인에 대한 송달과 상소제기의 기간 / 피고의 상고기간 경과 후에 피고 보조참가인이 상고장을 제출한 경우 그 적법 여부**(부적법)**

> 판결정본이 피고 본인에게 대하여 송달의 효력이 발생한 것은 1969. 5. 20.이고, 피고보조참가인에게 송달된 것은 1969. 5. 22.이다. 피고와 피고보조참가인 공동명의로 본건 상고장이 제출된 것은 1969. 6. 4.이다. 피고와 피고 보조참가인의 본건 상고는 모두 적법한가?

 판 결

피고와 피고 보조참가인이 공동명의로 상고장을 제출한 경우에 피고 보조참가인에 대하여 판결정본이 송달된 때로부터 기산한다면 피고 보조참가인 명의로 된 상고제기가 2주 이내에 제기한 것이 된다 하여도 이미 피참가인인 피고에 대한 관계에 있어 상고기간이 경과한 것이라면 피고 보조참가인의 상고 역시 상고기간 경과 후의 것임을 면치 못하여 피고와 피고 보조참가인의 위 상고는 모두 부적법하다.

검 토

학설은, ① 참가인의 상소의 제기는 참가인에 대한 판결정본의 송달에 따라 판결 내용을 알았을 때 비로소 가능한 것이고, 피참가인의 상소기간이 경과되었다고 하여 상소를 제기할 수 없다는 것은 참가인에게 매우 부당하므로 참가인에게 판결정본이 송달된 때로부터 독자적인 상소기간을 인정하는 것이 타당하다는 견해도 있다(강, 855면). 그러나 ② 상소기간은 피참가인의 상소기간, 즉 피참가인에 대한 판결정본이 송달된 때로부터 진행하고, 참가인에 대한 송달시부터 진행하는 것은 아니라고 보는 것이 타당하므로 피참가인의 상소기간경과 뒤에, 참가인은 상소를 제기할 수 없다고 보아야 한다는 입장이 **통설**이다(김홍, 1086면; 이, 792면; 정/유/김, 1053면; 송/박, 663면; 정영, 943면; 한, 738면; 호, 915면). **판례**도 마찬가지 입장이다.

참고로 보면, 보조참가가 아닌 공동소송적 보조참가에 있어서 참가인의 상소기간은 참가인에 대한 판결정본 송달시부터 독립하여 독자적으로 계산된다.

 12-변호사시험

9-15

대법원 2010. 10. 14. 선고 2010다38168 판결

보조참가인이 제기한 항소를 피참가인이 포기 또는 취하할 수 있는지 여부(적극)

> 대한아마추어복싱연맹의 구성원 甲 등이 대한체육회를 상대로 위 복싱연맹 회장인준취소통지를 구하는 소
> 를 제기하여 제1심에서 인용되었고, 이에 위 복싱연맹과 회장 乙이 보조참가신청과 함께 항소를 제기하였
> 다. 위 회장인준취소통지청구의 소는 甲 등이 대한체육회에 대하여 직접 회장인준의 취소를 청구하는 것이
> 아니라 대한체육회의 회장인준취소를 전제로 회장인준을 취소하였다는 사실을 참가인 乙에게 통지할 것을
> 청구하는 것이다. 그런데 위 복싱연맹과 회장 乙이 보조참가신청과 함께 항소를 제기한 후에 피고 대한체
> 육회가 법원에 탄원서를 제출하는 방식으로 항소를 포기하였다. 위 보조참가인들의 항소의 효력은?

 판결

• 원심 ⊗ 파기, 소송종료선언

76조 2항은 참가인의 소송행위가 피참가인의 소송행위와 저촉된 때에는 그 효력이 없다고 규
정하고 있는데, 그 규정의 취지는 피참가인들의 소송행위와 보조참가인들의 소송행위가 서로
저촉될 때는 피참가인의 의사가 우선하는 것을 뜻하므로 피참가인은 참가인의 행위와 저촉되는
행위를 할 수 있고, 따라서 보조참가인들이 제기한 항소를 포기 또는 취하할 수도 있다. 이 사건
회장인준취소통지청구의 소는 회장인준의 취소를 청구하는 것이 아니라 회장인준취소를 전제
로 회장인준을 취소하였다는 사실을 참가인 乙에게 통지할 것을 청구하는 것이므로 이를 형성
의 소로 볼 수 없고 그 승소판결이 확정되더라도 대세적 효력이나 형성력은 없어 그 판결의 효
력이 보조참가인들에게 직접 미치지는 않으므로, 보조참가인들의 참가는 **통상의 보조참가**에 불
과하다. 보조참가인들이 보조참가신청과 함께 항소를 제기한 후에 피고가 원심법원에 탄원서를
제출하는 방식으로 **항소를 포기**하였음을 알 수 있으므로, 이로써 보조참가인들이 제기한 **항소
는 취하**되어 이 부분에 관한 소는 종료되었다고 보아야 한다. 그럼에도 불구하고, 원심은 보조
참가인들의 참가를 통상의 보조참가가 아닌 공동소송적 보조참가로 보고 피고의 항소포기와 무
관하게 보조참가인들의 항소의 효력이 지속되는 것으로 판단하였으니, 원심판결에는 보조참가
에 관한 법리를 오해하여 판결에 영향을 미친 위법이 있다. 그렇다면 원심판결을 파기하되, 대
법원이 직접 재판하기에 충분하므로 437조에 따라 자판하기로 하여 소송종료선언을 한다.

 검토

대상판결의 사안은 **통상의 보조참가**로 보아 보조참가인이 제기한 항소를 피참가인이 포기

또는 취하할 수 있다고 보았다.

참가인의 참가를 통상의 보조참가로 볼 것인가, 아니면 공동소송적 보조참가로 볼 것인가에 따라 그 지위가 다르게 된다.

보조참가인은 소송관여의 기회가 주어져(기일의 통지, 판결의 송달 등을 독자적으로 받는다) 피참가인을 위하여 피참가인이 할 수 있는 일체의 소송행위(주장·항변의 제출, 상대방의 소송행위에 대한 응답, 증거의 신청, 상소의 제기, 재심의 소의 제기 등)를 스스로 할 수 있는 것이 원칙이지만(76조 1항 본문), 한편 참가인의 자기의 이익보호는 피참가인을 승소시키는 것에 따라 간접적으로 실현되는 것에 지나지 않으므로 그 지위는 피참가인에게 종속하고, 피참가인의 이익보호를 위하여 참가할 때의 소송의 진행 정도에 따라 피참가인이 할 수 없는 소송행위는 참가인도 할 수 없는(76조 1항 단서) 등의 제한을 받는다. 또한 참가인의 소송행위가 피참가인의 소송행위에 어긋나는 경우에는 효력이 생기지 않는다(76조 2항). 가령 피참가인이 상소를 포기한 뒤에는 보조참가인은 상소를 제기할 수 없다. 그리고 피참가인으로서는 보조참가인의 행위가 있더라도 지체 없이 이를 취소할 수 있고, 또한 이에 어긋나는 행위를 하는 것에 의하여 참가인의 행위를 무효로 할 수 있다. 가령 보조참가인이 제기한 상소를 피참가인이 포기·취하할 수 있다(대상판결의 판시).

한편, 본 소송의 재판의 효력이 제3자에게도 미치는 경우에 그 제3자가 보조참가를 하는 **공동소송적 보조참가**의 경우는 그 참가인과 피참가인에 대하여 필수적 공동소송에 관한 67조 및 69조를 준용한다(78조). 공동소송적 보조참가인은 판결의 효력을 받는 사람이므로 그 독립성이 강화되어 필수적 공동소송인에 준한 지위가 주어져(이 점에서 '공동소송'적) 67조 및 69조를 준용하지만, 원래 당사자가 아니라 보조참가인의 성질을 가지므로 참가할 때의 소송의 진행 정도에 따라 피참가인이 할 수 없는 행위를 할 수 없다(76조 1항 단서 참조)는 점에서는 통상의 보조참가인과 마찬가지이다. 그런데 공동소송적 보조참가인이 피참가인의 소 취하를 저지할 수 있는지 여부가 문제되는데, 피참가인의 소송 자체의 처분행위 내지는 소송수행권을 중시하여 참가인의 의사와 상관없이 피참가인은 **소 취하**를 할 수 있다고 할 것이나(☞ 9-16 참조의 2011두13729 판결. 통설도 마찬가지이나, 참가인을 보호하기 위해서 67조를 준용하는 이상, 부정하는 입장으로는 한, 745면), 한편 (소의 취하와 달리) 공동소송적 보조참가인에게 불이익이 되는 것은 효력이 없으므로 참가인이 상소를 할 경우에 피참가인이 **상소취하**나 상소포기를 할 수 없고(아래 2015두36836 판결) 공동소송적 보조참가인의 상소를 피참가인이 취하하더라도 참가인은 상소절차를 수행하는 데 지장이 없다고 볼 것이다(통상의 보조참가에 관한 76조 2항의 적용 제외).

참조 【대법원 2017. 10. 12. 선고 2015두36836 판결】 행정소송 사건에서 참가인이 한 보조참가가 행정소송법 16조가 규정한 제3자의 소송참가에 해당하지 않는 경우에도, 판결의 효력이 참가인에게까지 미치는 점 등 행정소송의 성질에 비추어 보면 그 참가는 민사소송법 78조에 규정된 공동소송적 보조참가라고 볼 수 있다. **공동소송적 보조참가**에는 필수적 공동소송에 관한 67조 1항이 준용되므로, 피참가인의 소송행위는 모두의 이익을 위하여서만 효력을 가지고, 공동소송적 보조참가인에게 불이익이 되는 것은 효력이 없으므로, 참가인이 상소를 할 경우에 피참가인이 **상소취하**나 **상소포기를 할 수는 없다.**

9-16

대법원 2015. 10. 29. 선고 2014다13044 판결

재심의 소에 공동소송적 보조참가인이 참가한 후 피참가인이 공동소송적 보조참가인의 동의 없이 한 재심의 소 취하의 효력(무효) 및 이는 재심의 소를 피참가인이 제기한 경우나 통상의 보조참가인이 제기한 경우에도 마찬가지인지 여부(적극) / 통상의 보조참가인이 재심의 소를 제기한 경우, 피참가인의 재심의 소 취하로 재심의 소제기가 무효로 되거나 부적법하게 되는지 여부(소극)

[재심대상사건] 丙주식회사가 乙을 상대로 하여 자기가 乙에게 발행한 약속어음 공정증서의 집행력 배제를 구하는 내용의 청구이의의 소를 제기하였다. 제1심 계속 중 丙은 파산선고를 받았는데, 甲이 丙의 파산관재인으로서 소송을 수계한 다음, 2010. 9. 7. 일부 승소의 판결을 받았고, 그 판결정본이 2010. 9. 10. 甲과 乙에게 송달되었다. 甲과 乙은 항소하지 않았고, 원고 측 보조참가인 丁(丙의 대표이사로 위 약속어음 공정증서의 공동발행인)만 공동소송참가신청을 함과 동시에 항소하였으나, 甲이 2010. 11. 17. 항소를 취하하였다. 그런데 항소심은 2011. 4. 20. '원고 보조참가인의 공동소송참가신청 및 이에 기한 항소는 모두 부적법하고, 원·피고가 항소하지 아니한 데다가 원고 보조참가인이 보조참가인으로서 항소를 제기한 것으로 보더라도 원고의 항소취하로 소송이 종료되었다'고 보아, 원고 측 보조참가인 丁의 공동소송참가신청 및 항소를 각하하고, 위 제1심판결이 2010. 9. 25. 확정됨으로써 소송이 종료되었음을 선언하는 판결을 선고하였다. 그리고 丁이 상고하였지만, 상고기각되었다[그대로 확정].
이에 대하여 원고 측에 보조참가를 한 丁은 2012. 7. 27. 위 확정판결[재심대상판결]의 취소 등을 구하는 이 사건 재심의 소를 제기하면서, '제3자를 내세워 공정증서를 작성하였다는 소송신탁 주장'과 '경개계약이 체결되었다는 주장'에 대한 재심대상판결의 판단누락만을 재심사유(451조 1항 9호)로 주장하였다.
[1] 원고는 특별한 사정이 없는 한 판결의 정본을 송달받음으로써 丁이 주장하는 '제3자를 내세워 공정증서를 작성하였다는 소송신탁 주장'과 '경개계약이 체결되었다는 주장'의 판단이 누락되었다는 재심사유를 알게 되었다고 할 것인데, 원고가 항소를 제기하지 않고, 丁이 제기한 항소도 취하함에 따라 판결이 그대로 확정된 이상, 원고로서는 위와 같은 판단누락을 재심사유로 하여서는 재심의 소를 제기할 수 없게 되었다고 할 것이다. 그렇다면 丁은 위와 같은 판단누락을 재심사유로 하여 재심의 소를 제기할 수 있는가?
[2] 그 후 丙회사는 2013. 3. 14. 제1심법원에 공동소송적 보조참가신청서를 제출하였고, 그 신청서가 2013. 3. 20. 甲 및 乙에게 송달되었다. 丙의 공동소송적 보조참가신청에 대하여 乙은 丙의 공동소송적 보조참가가 허용되어서는 아니 된다는 취지의 준비서면을 제출함으로써 이의를 신청하였다. 제1심법원은 변론기일이나 기일 외에 丙의 공동소송적 보조참가를 허가할 것인지 여부를 결정하지 않았고, 판결의 주문에서도 이에 관하여 아무런 판단을 하지 않은 채, 2013. 8. 20. 丁의 재심청구를 전부 인용하여 위 재심대상판결을 취소하고 이 사건 약속어음 공정증서에 기한 강제집행을 불허하는 내용의 乙 패소판결을 선고하였다. 위 판결에 대하여 乙이 항소하자, 항소심은 재심의 소와 丙회사의 공동소송적 보조참가신청을 모두 부적법하다고 보아 이를 각하하는 판결을 선고하였다. 항소심은 丙회사의 공동소송적 보조참가신청을 부적법하다고 보았는데, 이 부분은 적법한 항소의 대상이 되는가? 재판의 누락과 상소의 대상의 점에서 검토하시오. [3] 한편, 이 사건 재심의 소에서 甲이 2013. 3. 21. 소(이 사건 재심의 소)를 취하한다는 내용의 소취하서를 제출하였다. 甲이 공동소송적 보조참가인인 丙회사의 동의 없이 이 사건 재심의 소를 취하한 것은 그 효력이 있는가? 甲의 소 취하로 이 사건 재심의 소제기가 무효로 되거나 부적법하게 되는가?

판 결   • 원심판결 중 공동소송적 보조참가신청 각하 부분을 파기

[1] 당사자가 보조참가에 대하여 이의를 신청한 때에는 법원은 참가를 허가할 것인지 아닌지를 결정하여야 하고(73조 1항), 다만 이를 결정이 아닌 종국판결로써 심판하였더라도 위법한 것은 아니며(대법원 1962. 1. 11. 선고 4294민상558 판결 등 참조), 이는 재판의 효력이 미치는 제3자가 공동소송적 보조참가를 한 경우에 그 참가에 대하여 당사자가 이의를 신청한 때도 같다. 그리고 판결에는 법원의 판단을 분명하게 하기 위하여 결론을 주문에 기재하도록 하고 있으므로, 비록 판결 이유에서 그 당부를 판단하였더라도 주문에 설시가 없으면 특별한 사정이 없는 한 그에 대한 재판은 누락된 것으로 보아야 하고, 재판의 누락이 있는 경우 그 부분 소송은 여전히 그 심급에 계속 중이어서 적법한 상소의 대상이 되지 아니하므로 그 부분에 대한 상소는 부적법하다(대법원 2007. 11. 16. 선고 2005두15700 판결 등 참조). 제1심법원은 공동소송적 보조참가인의 참가 허부에 대한 재판을 누락하였다고 할 것이므로 이 부분은 여전히 제1심에 계속 중이어서 적법한 상소의 대상이 되지 아니한다. 그럼에도 항소심 법원은 이를 간과한 채 이 부분을 심판대상으로 오인하여 공동소송적 보조참가인의 참가신청이 부적법하다고 보아 이를 각하하는 판결을 선고하였으니, 이러한 항소심 법원의 조치에는 재판의 누락과 상소의 대상 등에 관한 법리를 오해함으로써 판결 결과에 영향을 미친 위법이 있다.

[2] 공동소송적 보조참가인은 판결의 효력을 받는 점에서 필수적 공동소송인에 준하는 지위를 부여받기는 하였지만, 원래 당사자가 아니라 보조참가인의 성질을 가지므로 참가할 때의 소송의 진행 정도에 따라 피참가인이 할 수 없는 행위를 할 수 없다. 그런데 확정된 종국판결에 재심사유에 해당하는 중대한 하자가 있는 경우에 그 판결의 취소와 이미 종결된 사건의 재심판을 구하는 비상의 불복신청방법으로서 확정된 종국판결이 갖는 기판력, 형성력, 집행력 등 판결의 효력의 배제를 주된 목적으로 하는 재심의 소를 취하하는 것은 통상의 소를 취하하는 것과는 달리, 확정된 종국판결에 대한 불복의 기회를 상실하게 하여 더 이상 확정판결의 효력을 배제할 수 없게 하는 행위이므로, 이는 재판의 효력과 직접적인 관련이 있는 소송행위로서 확정판결의 효력이 미치는 공동소송적 보조참가인에 대하여는 불리한 행위이므로 재심의 소에 공동소송적 보조참가인이 참가한 후에는 피참가인이 재심의 소를 취하하더라도 공동소송적 보조참가인의 동의가 없는 한 효력이 없다. 이는 재심의 소를 피참가인이 제기한 경우나 통상의 보조참가인이 제기한 경우에도 마찬가지이다. 특히 통상의 보조참가인이 재심의 소를 제기한 경우에는 피참가인이 통상의 보조참가인에 대한 관계에서 재심의 소를 취하할 권능이 있더라도 이를 통하여 공동소송적 보조참가인에게 불리한 영향을 미칠 수는 없으므로 피참가인의 재심의 소 취하로 인하여 재심의 소제기가 무효로 된다거나 부적법하게 된다고 볼 것도 아니다. 원심이 재심의 소를 부적법 각하한 것은 위법하다.

[3] 그런데 원고는 특별한 사정이 없는 한 재심대상판결의 정본을 송달받음으로써 원고 보조참가인이 주장하는 판단누락의 재심사유를 알게 되었다고 할 것인데, 원고가 재심대상판결에 대하여 항소를 제기하지 아니하고 원고 보조참가인이 제기한 항소도 취하함에 따라 재심대상판결이 그대로 확정된 이상, 원고로서는 위와 같은 판단누락을 재심사유로 하여서는 재심의 소를 제기할 수 없

게 되었다고 할 것이다. 나아가 이와 같이 피참가인인 원고가 재심의 소를 제기할 수 없는 이상, 원고 보조참가인도 위와 같은 판단누락을 재심사유로 하여 재심의 소를 제기할 수 없다고 할 것이고, 이는 丙이 이 사건 재심의 소에 공동소송적 보조참가를 하였더라도 마찬가지이다. 결국 이 사건 재심의 소는 적법한 재심사유에 해당하지 아니하는 사유만을 재심사유로 주장한 것이어서 부적법하다고 할 것이다. 이 사건 재심의 소는 부적법하여 각하되어야 할 것이므로, 위와 같은 원심의 잘못은 판결 결과에 영향을 미쳤다고 할 수 없다. 그러므로 원심이 참가인의 공동소송적 보조참가신청이 적법함에도 이를 각하한 것은 잘못이라는 취지의 나머지 상고이유에 대한 판단을 생략한 채, 원심판결 중 공동소송적 보조참가신청 각하 부분을 파기하고, 나머지 상고를 기각한다.

검토

재심의 소에 공동소송적 보조참가인이 참가한 후 피참가인이 참가인의 동의 없이 재심의 소를 취하한 경우에 그 효력이 있는지 여부이다. 공동소송적 보조참가인은 소송물에 대하여 당사자적격이 없으므로 보조참가인으로의 종속성을 완전히 벗어날 수는 없고(따라서 참가인 스스로 소의 변경, 소의 취하는 불가능), 다만 판결의 효력을 받는 사람이므로 그 독립성이 강화되어 필수적 공동소송인의 지위에 가깝게 된다. 따라서 67조 및 69조를 준용한다(78조). 한편, 피참가인은 참가인 의사와 상관없이 소를 취하할 수 있다. 그런데 재심의 소를 취하하는 것은 통상의 소를 취하하는 것과는 달리 볼 것인지 여부가 쟁점이다.

위 대상판결은 보조참가인이 제기한 재심의 소에 공동소송적 보조참가인이 참가한 후에는 피참가인이 재심의 소를 취하하더라도 이는 공동소송적 보조참가인에게 불리한 행위이므로 그 취하의 효력이 없다고 판시함으로써 공동소송적 보조참가인의 소송상 지위를 한층 더 분명히 하였다는 점에서 그 의의를 찾을 수 있다(이종환, 대법원판례해설(제105호), 280면 이하 참조).

생각건대, 종국적 해결(즉, 확정판결까지는 아닌, 본안판결)이 있은 뒤에 피참가인이 소를 취하하는 것에 대해서만 규제하면 될 것이다. 예를 들어 피참가인의 상소심에서의 소의 취하(상소의 취하 포함), 재심의 소에서의 피참가인의 소의 취하는 일단 종국적 해결이 있었으므로 그 효력이 없다 할 것이지만, 위와 달리, 제1심판결이 있기 전의 단계에서의 피참가인의 소의 취하는 처분권주의에 바탕을 둔 피참가인의 고유한 소송수행권을 존중하는 취지에서 공동소송적 보조참가인의 의사 여부와 관계없이 적법하다고 보고자 한다.

 【**대법원 2013. 3. 28. 선고 2011두13729 판결**】 공동소송적 보조참가는 그 성질상 필수적 공동소송 중에서는 이른바 유사필수적 공동소송에 준한다 할 것인데, 유사필수적 공동소송에서는 원고들 중 일부가 소를 취하하는 경우에 다른 공동소송인의 동의를 받을 필요가 없다. 또한 소취하는 판결이 확정될 때까지 할 수 있고 취하된 부분에 대해서는 소가 처음부터 계속되지 아니한 것으로 간주되며(267조), 본안에 관한 종국판결이 선고된 경우에도 그 판결 역시 처음부터 존재하지 아니한 것으로 간주되므로, 이는 재판의 효력과는 직접적인 관련이 없는 소송행위로서 공동소송적 보조참가인에게 불이익이 된다고 할 것도 아니다. 따라서 피참가인이 공동소송적 보조참가인의 동의 없이 소를 취하하였다 하더라도 이는 **유효**하다.

9-17

대법원 1988. 12. 13. 선고 86다카2289 판결

보조참가인에 대한 재판의 효력(= **참가적 효력**)

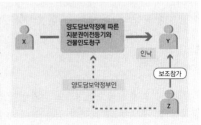

X가 Y에게 금 500,000,000원을 대여하였는데 Y가 이를 변제하지 못하자 X는 Y에게 양도담보의 약정에 따라 지분권이전등기와 건물인도를 청구하였다. Z가 피고 보조참가인으로 참가하여 위 양도담보약정 사실을 부인하였음에도 불구하고 피고 Y가 이를 인낙하였다. 위 인낙조서의 효력은 Z에게 미치는가?

 판 결

보조참가인이 피참가인을 보조하여 공동으로 소송을 수행하였으나 피참가인이 그 소송에서 패소한 경우에는 형평의 원칙상 보조참가인이 피참가인에게 그 패소판결이 부당하다고 주장할 수 없도록 구속력을 미치게 하는 이른바 **참가적 효력**이 있음에 불과하고 피참가인과 그 소송 상대방간의 판결의 기판력을 참가인과 피참가인의 상대방과의 사이에까지 미치게 하는 것은 아니다. 위 인낙조서의 효력은 보조참가인 Z에게까지 미칠 수 없다.

 검 토

77조는 일정한 경우를 제외하고 재판은 참가인에 대하여도 그 효력이 미친다고 규정하고 있다. 참가인이 피참가인과 협력하여 소송을 수행한 이상, 패소의 경우에는 그 책임을 공평하게 분담하여야 한다는 금반언의 사상에 근거한 효력이고, 참가인이 뒤에 피참가인에 대한 관계에서 판결의 내용이 부당하다고 주장할 수 없는 구속력으로서 기판력과 달리 보조참가에 특수한 효력, 즉 **참가적 효력**으로 풀이한다. 이 효력은 피참가인 패소의 경우에 주관적으로는 참가인과 피참가인 사이에만, 객관적으로는 전소판결의 패소이유 중의 판단에도 미친다고 본다.

☞ [318면 마지막 부분으로]

9-18

대법원 1991. 6. 25. 선고 88다카6358 판결

참가하지 않은 피고지자에 대한 소송고지의 효력

X는 Z에게 원목을 판매하여 원목 잔대금채권을 가지고 있었는데, Z는 X에 대한 위 잔대금채무의 변제를 위하여 그 당시까지 Y에게 외상납품함으로써 취득한 목재대금채권을 X에게 양도하고, 그 무렵 내용증명으로 이를 Y에게 통지하였다. 한편 甲은 Z의 Y에 대한 목재대금채권에 관하여 압류명령 및 전부명령을 받은 다음 Y를 상대로 전부금청구의 소를 제기하자, Y는 그 소송에서 위 채권의 양수사실을 주장하여 X를 상대로 소송고지신청을 하여 X에게 소송고지를 하였다. 그런데 X가 위 전부금청구소송에 참가하지 않았다. Y는 위 소송에서 위 채권압류 및 전부명령을 받기 전에 Z가 위 목재대금채권을 X에게 양도하고 위 양도통지를 하였다는 사실을 항변으로 제출하지 아니하여 법원은 위 채권압류 및 전부명령과 X의 위 채권양수의 효력의 우열에 관하여 아무런 판단을 하지 아니한 채 피고 Y의 패소판결을 선고하고 그 판결은 확정되었다. 그 뒤 X는 Y에 대하여 양수금청구의 소를 제기하였다. 甲이 Y를 상대로 한 위 전부금청구소송의 판결결과에 X는 구속을 받는가?

판 결

원고 X가 소송고지를 받고도 전부금청구소송에 **참가하지 않았지만**, 한편 위 전부금청구소송에서 피고 Y가 甲으로부터 채권압류 및 전부명령을 받기 전에 이미 원고 X에게 그 채권이 양도되었고 확정일자 있는 증서로 그 양도통지까지 받았다는 사실을 항변으로 제기하지 아니하여, 법원이 채권압류 및 전부명령과 채권양도의 효력의 우열에 관하여 **아무런 사실인정이나 판단을 하지 아니하게 되어서** 피고 Y의 패소판결이 선고된 것이라면, 채권양수의 효력이 열세라서 전부금청구소송에서 패소한 것이 아니므로 원고 X가 피고 Y를 상대로 한 양수금청구소송에서는 그 전부금청구소송의 판결결과에 **구속을 받지 아니한다.**

검 토

86조는 피고지자가 소송에 참가하여 고지자와 공동으로 소송행위를 한 것이 아님에도 불구하고 77조의 판결의 효력이 작동하도록 되어 있기 때문에 이례적 규정이다. 이 규정에 따라 참가하지 않은 피고지자에게 판결의 효력이 미치는 한계에 대하여는 좀 더 검토의 여지가 있다. 만약 사안의 전부금청구소송에서 피고 Y가 이미 X에게 위 목재대금채권이 양도되었다고 항변하였다가 그 항변이 배척되어서 그 소송에서 피고 Y가 패소하였다면 그 패소판결의 효력은 86조, 77조에 의하여 양수금청구소송에 영향을 미치므로 피고 Y는 전부금청구소송에서 이미 채권

양도의 항변이 배척되는 판단을 받지 않았느냐고 원고 X에게 주장함으로써 전부금청구소송의
판단의 정당성을 원고 X가 다투지 못하게 할 수 있다고 할 것이다.

 【대법원 1986. 2. 25. 선고 85다카2091 판결】 소송고지제도는 소송의 결과에 대하여 이해
관계를 가지는 제3자로 하여금 보조참가를 하여 그 이익을 옹호할 기회를 부여함과 아울
러 한편으로는 고지자가 패소한 경우의 책임을 제3자에게 분담시켜 후일에 고지자와 피
고지자간의 소송에서 피고지자가 패소의 결과를 무시하고 전소확정판결에서의 인정과
판단에 반하는 주장을 못하게 하기 위해 둔 제도이므로 피고지자가 후일의 소송에서 주
장할 수 없는 것은 **전소확정판결의 결론의 기초가 된 사실상, 법률상의 판단에 반하는
것**으로서 피고지자가 보조참가를 하여 상대방에 대하여 **고지자와의 공동이익으로 주장
하거나 다툴 수 있었던 사항에 한한다** 할 것이다.

 【대법원 2020. 1. 30. 선고 2019다268252 판결】 甲은 乙로부터 시설공사를 수급하여 丙의
설계에 따라 시공하였는데, 乙의 요청에 따라 설계변경 후 재시공을 하였고 乙을 상대로
재시공에 따른 대금을 청구하는 소를 제기하였는데 설계에 하자가 있었기 때문에 설계
변경이 乙의 책임이 아니라는 이유로 한 청구기각판결이 확정되었다. 위 사건에서 丙에
게 소송고지가 있었다. 이후 甲이 丙을 상대로 설계 하자에 따른 손해배상청구의 소를
제기하였는데, 위 확정된 판결은 설계에 하자가 있었기 때문에 乙이 하자에 대한 보완을
요구하였다는 것으로서 이는 **확정판결의 결론의 기초가 된 사실상·법률상 판단에 해
당**하므로 참가적 효력은 후소에 미친다.

- -

☞ [316면 마지막 부분에서]

 【대법원 1997. 9. 5. 선고 95다42133 판결】 보조참가인에 대한 전소 확정판결의 참가적 효
력이 부가적·보충적 판단이나 방론에도 미치는지 여부(소극) – 전소 확정판결의 참가적
효력은 전소 확정판결의 결론의 기초가 된 사실상 및 법률상의 판단으로서 보조참가인
이 피참가인과 공동이익으로 주장하거나 다툴 수 있었던 사항에 한하여 미치고, **전소 확
정판결에 필수적인 요소가 아니어서 그 결론에 영향을 미칠 수 없는 부가적 또는 보
충적인 판단이나 방론 등에까지 미치는 것은 아니다.**

 【대법원 2015. 5. 28. 선고 2012다78184 판결】 전소가 확정판결이 아닌 화해권고결정에
의하여 종료된 경우, 참가적 효력이 인정되는지 여부(소극) – 전소 확정판결의 참가적 효
력은 전소 확정판결의 결론의 기초가 된 사실상 및 법률상의 판단으로서 보조참가인이
피참가인과 공동이익으로 주장하거나 다툴 수 있었던 사항에 한하여 미친다는 법리에
비추어 보면 전소가 확정판결이 아닌 **화해권고결정에 의하여 종료된 경우에는 확정판
결에서와 같은 법원의 사실상 및 법률상의 판단이 이루어졌다고 할 수 없으므로 참가
적 효력이 인정되지 아니한다.**

9-19

대법원 2015. 5. 14. 선고 2014다16494 판결

소송고지에 의한 최고의 경우, 시효중단 효력의 발생 시기(=소송고지서를 **법원에 제출한 때**)

甲은 2011. 6. 7. 이 사건 후유장애가 후행사고로 인한 것이 아니라면 선행사고로 인한 것으로 귀결되는데, 선행사건 합의 당시 후유장애가 남을 것이라는 사실을 전혀 예상하지 못하였으므로, 甲이 패소할 경우에 선행사건 합의를 취소하고 乙보험회사에게 손해배상을 구하고자 소송고지를 한다는 내용의 소송고지신청서를 2008. 10. 11.로부터 3년이 경과하기 전인 2011. 6. 7. 법원에 제출하였고, 이는 2011. 11. 15. 乙보험회사에게 도달하였다. 시효중단 효력의 발생 시기는?

 판 결　　　　　　　　　　　　　　　　　　　　　　　　• 원심 ⊗ 파기환송

　　소송고지서에 고지자가 피고지자에 대하여 **채무의 이행을 청구하는 의사가 표명되어 있으면** 민법 174조에 정한 시효중단사유로서의 **최고의 효력**이 인정된다. 나아가 시효중단제도는 제도의 취지에 비추어 볼 때 그 기산점이나 만료점을 원권리자를 위하여 너그럽게 해석하는 것이 바람직하고, 소송고지에 의한 최고는 보통의 최고와는 달리 법원의 행위를 통하여 이루어지는 것이므로 만일 법원이 소송고지서의 송달사무를 우연한 사정으로 지체하는 바람에 소송고지서의 송달 전에 시효가 완성된다면 고지자가 예상치 못한 불이익을 입게 된다는 점 등을 고려하면, 소송고지에 의한 최고의 경우에는 민사소송법 265조를 유추 적용하여 당사자가 **소송고지서를 법원에 제출한 때**에 시효중단의 효력이 발생한다고 봄이 상당하다.

 검 토

　　소송고지로 인한 최고의 효력으로서 시효중단 효력의 발생 시기에 관하여 265조를 유추 적용하여 당사자가 소송고지서를.법원에 제출한 때에 효력이 발생하는가, 아니면 소송고지서의 송달시에 효력이 발생하는가가 쟁점이다. **대상판결**은 원고의 위 손해배상청구권의 소멸시효는 **소송고지서가 법원에 제출**된 2011. 6. 7. 중단되었다고 보았다.

 참조 【대법원 2009. 7. 9. 선고 2009다14340 판결】 요건을 갖춘 소송고지에 피고지자에 대한 채무이행 청구의 의사가 표명되어 있는 경우 민법 174조에 정한 시효중단사유로서의 최고의 효력이 인정되는지 여부(적극) 및 이 때 위 규정에 정한 6월의 기간의 기산점(=**당해 소송 종료시**)

9-20

대법원 1988. 3. 8. 선고 86다148, 149, 150 판결

권리주장참가의 요건

X는 Y를 상대로 X의 피상속인인 소외 망 A가 Y의 피상속인인 소외 망 B로부터 이 사건 계쟁 부동산을 매수하였음을 원인으로 그 소유권이전등기절차의 이행을 구하는 소를 제기하였다. 위 소송계속 중에 Z는 X의 주장과 달리 Z 본인이 위 B로부터 직접 매수하였는데, 다만 그 매매계약을 체결함에 있어서 매수인을 표시하는 방법으로 그 자신의 아들인 위 A의 이름을 사용하였을 뿐이고 자기가 정당한 매수 당사자라고 주장하면서 79조의 참가신청을 하면서 X

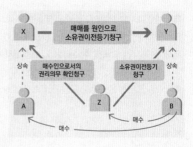

에 대하여는 위 매매에 있어서 매수인으로서의 권리의무가 위 A의 상속인인 X에게 있지 아니하고 Z에게 있다는 확인을 구하고, 위 B의 상속인인 Y에 대하여는 소유권이전등기절차의 이행을 구하고 있다. 당사자참가는 적법한가?

판 결 　　　　　　　　　　　　　　　　　　　　　　　　• 원심 ⊗ 파기환송

　　원고는 피고와의 사이에 체결된 매매계약의 매수당사자가 자기라고 주장하면서 그 소유권이전등기절차이행을 구하고 있고, 이에 대하여 참가인은 자기가 그 매수당사자라고 주장하는 경우라면, 참가인은 원고에 의하여 자기의 권리 또는 법률상의 지위를 부인당하고 있는 한편 그 불안을 제거하기 위하여서는 매수인으로서의 권리의무가 참가인에 있다는 확인의 소를 제기하는 것이 유효적절한 수단이라고 보이므로 결국 참가인이 피고에 대하여 그 소유권이전등기절차의 이행을 구함과 동시에 원고에 대하여 소유권이전등기청구권 등 부존재확인의 소를 구하는 것은 확인의 이익이 있는 적법한 것이다(아울러 이 사건에 있어서 원고의 피고에 대한 소유권이전등기청구권과 참가인의 피고에 대한 소유권이전등기청구권은, **당사자참가가 인정되지 아니하는 이중매매 등 통상의 경우와는 달리** 하나의 계약에 기초한 것으로서 어느 한쪽의 이전등기청구권이 인정되면 다른 한쪽의 이전등기청구권은 인정될 수 없는 것이므로 그 각 청구가 서로 양립할 수 없는 관계에 있음은 물론이고, 이는 하나의 판결로써 모순 없이 일시에 해결할 수 있는 경우에 해당한다고 할 것이므로 당사자참가는 적법하다고 아니할 수 없다).

검토

79조 1항 전단의 권리주장참가는 소송목적의 전부나 일부가 자기의 권리라고 주장하는 제3자가 당사자로 소송에 참가하여 3당사자 사이에 서로 대립하는 권리 또는 법률관계를 하나의 판결로 서로 모순 없이 일시에 해결하려는 것이므로 원·피고 사이에 다투고 있는 권리관계가 참가인에게 귀속하여서 그 때문에 참가인의 청구가 참가하려는 소송에서의 원·피고 사이의 청구와 논리적으로 **양립할 수 없는 경우**이어야 한다. 부동산양도에 기한 이전등기청구소송에 **2중양도**를 받았다고 주장하는 제3자가 자기에게의 이전등기를 구하여 참가한 경우에 **판례**는 원고와 참가인의 청구권 사이에 법률상 양립할 수 없는 관계가 인정되지 않으므로(양수인은 양도인에게 이전등기청구권만이 있는 것이고, 배타적인 물권이 없으므로) 참가는 허용되지 않는다고 보았다(대법원 1969. 3. 25. 선고 68다2435, 2436 판결. 김/강, 819면; 송/박, 681면은 이에 반대하고, 정영환, 918면; 이, 809면은 절충적 입장이다).

대상판결에 대하여 배타성이 없는 채권적 권리만을 가진 경우에도 권리주장참가가 허용될 수 있다는 것을 명확히 하고 있는 점에서 그 의의가 있으나, 다만 그 방론으로서 위 사안은 이중매매의 경우와 다르다고 하면서 이중매매의 경우에는 여전히 청구가 양립할 수 있다고 보는 문제점을 남기고 있다는 평석도 참조하라(차한성, 민사판례연구[XI], 401면 이하).

 【**대법원 2012. 6. 28. 선고 2010다54535, 54542 판결**】 원고(기획사)는 피고(연예인)를 상대로 전속계약 해지로 인한 손해배상청구를 하고, 독립당사자참가인(위 전속계약의 인수를 주장하는 기획사)은 전속계약상의 소속사 지위를 원고로부터 인수하였다고 주장하면서 원고에 대하여 원·피고 사이에 전속계약이 존재하지 아니한다는 확인을 구하였다. 그런데 확인의 소는 반드시 당사자 사이의 법률관계에 한하지 않고 당사자 일방과 제3자 사이 또는 제3자 상호간의 법률관계도 그 대상이 될 수는 있으나, 그 법률관계를 확인판결에 의해 즉시 확정할 필요가 있고 그것이 가장 유효적절한 수단이 되어야 한다. 따라서, 독립당사자참가인의 권리 또는 법률상 지위가 원고로부터 부인당하거나 또는 그와 저촉되는 주장을 당함으로써 위협을 받거나 방해를 받는 경우에는 독립당사자참가인은 원고를 상대로 자기의 권리 또는 법률관계의 확인을 구하여야 하며, 그렇지 않고 원고가 자신의 주장과 양립할 수 없는 제3자에 대한 권리 또는 법률관계를 주장한다고 하여 원고에 대하여 원고의 그 제3자에 대한 권리 또는 법률관계가 부존재한다는 확인을 구하는 것은, 설령 그 확인의 소에서 독립당사자참가인이 승소판결을 받는다고 하더라도 그로 인하여 원고에 대한 관계에서 자기의 권리가 확정되는 것도 아니고 판결의 효력이 제3자에게 미치는 것도 아니라는 점에서 확인의 이익이 있다고 할 수 없다. 그렇다면 참가신청은 **소의 이익이 없어 부적법**하다고 할 것이다.

 18-법무사시험

9-21

대법원 2001. 8. 24. 선고 2000다12785, 12792 판결

사해방지참가의 요건

1995. 3. 9. 원고 甲은 피고 丙에게 6억원을 대여하고 담보로 피고 丙 소유의 부동산 4분의 1 지분에 관하여 근저당권설정등기를 경료하였다. 1995. 10. 19. 소외 A는 피고 丙에게 3억 9천만원을 대여하고 피고 丙 소유의 위 부동산 4분의 1 지분에 관하여 근저당권설정등기를 경료하였고, 1997. 2. 13. 원고 乙이 근저당권자 A로부터 근저당권부 피담보채권을 양수하고 근저당권 이전의 부기등기를 경료하였다. 그런데 원고 甲, 소외 A 명의의 각 근저당권설정등기는 1998. 9. 23. 해지를

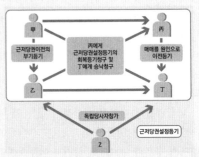

원인으로 하여 말소등기가 마쳐지고, 이에 따라 원고 乙 명의의 위 부기등기도 직권으로 말소되었는데, 위 말소등기신청시에는 원고들 명의의 근저당권설정등기의 등기필증이 첨부되어 있었다. 피고 丙은 위 4분의 1 지분을 공유권자인 피고 丁에게 매도하고 1997. 9. 23. 피고 丁 앞으로 이전등기를 경료하였다. 丁는 1997. 9. 30. 소외 C에 대하여 23억원을 대여하면서 이를 담보하기 위하여 피고 丁의 단독소유인 위 부동산에 관하여 근저당권설정등기를 마쳤다. 이러한 사안에서 원고들은 피고 丙에 대하여 위 부동산 가운데 4분의 1 지분에 관한 원고들의 각 근저당권설정등기가 피고 丙의 서류위조로 불법적으로 말소된 것이므로 그 각 설정등기의 회복등기절차를 이행함과 아울러 피고 丁에 대하여 위 회복등기절차에 대한 승낙의 의사표시를 구하였다. 이에 대하여 丁는 원·피고들에 대하여 위 근저당권의 부존재확인을 구하면서 독립당사자참가를 하였다. 당사자참가는 적법한가?

 판 결

79조가 규정한 독립당사자참가 중 1항 후단의 사해방지참가는 원고와 피고가 당해 소송을 통하여 제3자를 해할 의사, 즉 **사해의사**를 갖고 있다고 객관적으로 인정되고, 그 소송의 결과 제3자의 **권리 또는 법률상의 지위가 침해될 염려**가 있다고 인정되는 경우에 그 참가의 요건이 갖추어 진다고 할 것이라고 전제하고, 사안에서 근저당권설정등기의 불법말소를 이유로 그 회복등기를 구하는 본안소송에서 원고가 승소판결을 받는다고 하더라도 그 후순위 근저당권자가 있는 경우에는 바로 회복등기를 할 수 있는 것은 아니고 부동산등기법 75조에 의하여 이해관계 있는 제3자인 후순위 근저당권자의 승낙서 또는 이에 대항할 수 있는 재판의 등본을 첨부하여야 하므로 원고로서는 후순위 근저당권자를 상대로 승낙을 구하는 소송을 별도로 제기하여 승소판

결을 받아야 하고, 따라서 본안소송에서 원고가 승소판결을 받는다고 하더라도 그 기판력은 회복등기에 대한 승낙을 구하는 소송에는 미치지 아니하므로 후순위 근저당권자는 그 소송에서 위 근저당권이 불법으로 말소되었는지의 여부를 다툴 수 있는 것이기는 하지만, 말소회복등기소송에서의 사실인정관계가 승낙의사표시 청구소송에서도 유지되어 후순위 근저당권자는 선순위 근저당권을 수인하여야 할 것이기에 본안소송의 결과는 당연히 후순위 근저당권자를 상대로 승낙을 구하는 소에 사실상 영향을 미치게 됨으로써 후순위 근저당권자의 권리의 실현 또는 법률상의 지위가 침해될 염려가 있다 할 것이므로 후순위 근저당권자에게는 원·피고들에 대한 근저당권부존재확인청구라는 참가소송을 통하여 후일 발생하게 될 이러한 불안 내지 염려를 사전에 차단할 필요가 있는 것이고, 이러한 참가소송은 사해판결로 인하여 초래될 이러한 장애를 방지하기 위한 유효적절한 수단이 된다고 할 것이다. 독립당사자참가는 적법하다.

 검 토

사해방지참가(79조 1항 후단)의 '제3자가 소송결과에 따라 권리가 침해된다고 주장하는'의 의미에 대하여, 원고와 피고가 해당 소송을 통하여 제3자를 해할 의사, 즉 사해의사를 갖고 있다고 객관적으로 인정되는 경우에 참가가 허용된다는 **사해의사설**(통설. 강, 874면; 김/강, 820면; 이, 810면; 정/유/김, 1076면; 정영, 920면), 참가인의 법적 지위가 당사자 사이의 권리관계의 존부를 논리적 전제로 하고 있기 때문에 당사자 사이의 본소송의 판결결과의 영향을 사실상 받는 경우를 의미한다고 보는 **이해관계설**, 단순히 이해관계를 가지는 것만으로 충분하지 않고(이 경우 보조참가제도에 의할 수 있다), 참가인이 본소송의 판결의 효력(기판력을 받거나(다만, 공동소송참가 또는 공동소송적 보조참가 제도도 있다) 적어도 반사적 효력)을 받는 경우에 한정할 것이라는 **판결효설** 등이 주장되고 있다.

판례는 **사해의사설**을 채택하고 있다. 다만 판례는 사해의사에다가 제3자의 권리 또는 법률상의 지위가 침해될 염려도 언급하고 있다(한, 762면; 호, 936면. 한편 이, 811면은 사해의사가 인정되면 권리침해의 염려가 추정된다고 할 것이므로 판례의 입장이 사해의사설과 큰 거리가 있다고 보기 어렵다고 한다).

생각건대 사해방지참가의 이유는 사해성의 유무, 이해관계의 강약, 법률상 지위가 침해될 염려 등을 서로 관련하여 판단하고 결정하여야 할 것이다(김홍, 1117면도 사해의사의 확인은 어려운 문제로서, 개개의 구체적 사정에 의하여 결정할 수밖에 없다고 한다).

9-22

대법원 2014. 6. 12. 선고 2012다47548 판결

원고의 피고에 대한 청구의 원인행위가 사해행위라는 이유로 원고에 대하여 사해행위취소를 청구하면서 사해방지참가신청을 하는 경우, 위 참가신청이 적법한지 여부(소극)

X는 Y와, Y로부터 이 사건 건물에 대한 공사대금을 지급받기로 하고, 이를 지급받지 못할 경우 위 건물의 소유권을 이전받기로 하되, 그 후 Y가 공사비 전액을 X에게 지급할 경우 X는 위 건물의 소유권을 다시 Y에게 이전하기로 하는 내용의 대물변제약정을 하였는데, 그 후 Y는 위 공사대금을 변제하지 아니하였다. X는 Y에게 위 약정을 원인으로 한 소유권이전등기절차의 이행을 하는 소를 제기하였다. X와 Y는 상호가 함께 기재된 용지를 사용하고, Y의 주소지가 X 대표이사의 주소지와 동일하며, X의 대표이사가 Y를 대리하여 약속어음공정증서를 작성하는 등 X와 Y는 실질적으로 동일한 회사로서 운영되어 왔는데, 그 과정에서 X와 Y는 허위로 위 건물에 관한 공사계약서를 작성하였고, X의 Y에 대한 허위 공사대금채권 및 Y에 우호적인 일부 시공업자들의 공사대금채권에 우선 변제할 목적으로 위 약정을 체결하였으므로 이는 Y의 일반 채권자들에 대한 사해행위에 해당하므로 취소되어야 한다고 Z는 위 소유권이전등기절차의 이행을 구하는 소에 X에 대해서만 편면적으로 사해방지참가를 하였다. [Z 독립당사자참가의 청구취지] 피고와 원고 사이에 별지목록 기재 부동산에 관하여 2009. 6. 15. 체결한 대물변제예약을 취소한다. Z의 사해방지참가는 적법한가?

 판 결 • ⊗ 파기, 자판(제1심판결 취소, 참가신청 부적법 각하)

사해행위취소의 상대적 효력에 의하면, 독립당사자참가인의 청구가 그대로 받아들여진다 하더라도 원고와 피고 사이의 법률관계에는 아무런 영향이 없고, 따라서 그러한 참가신청은 사해방지참가의 목적을 달성할 수 없으므로 **부적법**하다.

 검 토

79조 1항 후단의 사해방지참가는 프랑스법 사해재심제도에서 유래한다고 보는데, 그 입법정책이나 입법목적이 불분명한 점에서 사해행위취소와 맞물려 위 사안과 같은 경우에 그 요건의 충족이라든지 신청의 적법성을 둘러싸고 대상판결과 다른 의견이 있을 수 있다. 가령 사해행위취소의 효력에 대하여 상대적 무효설을 따른다고 하더라도 취소채권자의 참가를 허용하지 않고, 별소를 허용하는 것은 편면참가를 허용하여 독립당사자참가의 활용도를 높이려는 방향과도 역행한다고 보는 입장도 있다(태기정, 동북아법연구(2016. 1), 591면 이하).

 17-변호사시험

9-23

대법원 2005. 5. 26. 선고 2004다25901, 25918 판결

독립당사자참가에 의한 소송에서 원·피고 사이에만 재판상 화해를 하는 것이 허용되는지 여부(소극)

X가 A토지를 소유하고 있음을 이유로 Y를 상대로 하여 명의신탁해지를 원인으로 한 소유권이전등기절차의 이행을 구하였다. 이 사건에서 Z는 오히려 자신이 A토지를 소유하고 있다는 이유로 X와 Y를 상대로 독립당사자참가를 하였다. 법원은 X와 Y, Z 사이에 Y는 X에게 A토지에 관하여 명의신탁해지를 원인으로 한 소유권이전등기절차를 이행한다는 화해권고결정을 하였는데, Z는 화해권고결정에 대하여 이의하였다. 법원이 X와 이의하지 않은 Y 사이에 재판상 화해가 성립되었다고 판단한 것에 잘못이 없는가?

 판 결   • 원심 ⊗ 파기환송

79조에 의한 소송은 동일한 권리관계에 관하여 원고, 피고 및 참가인 상호간의 다툼을 하나의 소송절차로 한꺼번에 모순 없이 해결하려는 소송형태로서 두 당사자 사이의 소송행위는 **나머지 1인에게 불이익이 되는 한** 두 당사자 간에도 효력이 발생하지 않는다고 할 것이므로, 원·피고 사이에만 재판상 화해를 하는 것은 3자 간의 **합일확정의 목적에 반하기 때문에 허용되지 않는다**고 할 것이다.

 검 토

독립당사자참가소송에서의 필수적 공동소송에 관한 67조의 준용(79조 2항)에 있어서 주의할 것은 필수적 공동소송에서의 심리와 달리, 독립당사자참가소송에서의 심리는 본질적으로 「합일확정의 요구」에 기한 것은 아니라는 점이다. 필수적 공동소송의 경우와 같이 공동소송인 사이의 협동관계·연합관계가 아니라, 3당사자 사이의 배척관계·견제관계이다. 결국 독립당사자참가소송에서는 「3당사자 가운데 2인의 소송행위는 다른 1인의 불이익이 되는 경우에 그 효력이 없다」는 것이 67조 1항의 준용의 의미이다. 2당사자 사이의 화해(화해권고결정)도 불리한 소송행위로 나머지 한 사람에게 불이익이 되는 한 허용되지 않는다.

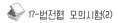 17-법전협 모의시험(2)

9-24

대법원 2007. 12. 14. 선고 2007다37776, 37783 판결

독립당사자참가소송에서 원고승소 판결에 대하여 참가인만이 상소를 했음에도 원고의 피고에 대한 청구인용 부분을 원고에게 불리하게 변경할 수 있는 경우

제1심에서 X는 Y에 대하여 서울중앙지방법원 2004타경35701호 부동산임의경매 사건에 관하여 위 법원이 2005. 12. 22. 작성한 배당표 중 피고에 대한 배당액 69,005,965원을 0원으로, 원고에게 69,005,965원을 배당하는 것으로 각 경정한다는 판결을 구하였다. Z는 이 사건 배당금 중 60,408,470원의 수령권자는 자신임을 주장하면서, X에 대하여는 X와 소외인 사이의 이 사건 부동산에 대한 임대차계약의 무효확인을, Y에 대하여는 위 공탁금 중 60,408,470원의 출급청구권이 자신에게 있다는 확인을 각 구하였다. 제1심에서는 X의 청구를 인용하고, Z의 참가신청을 부적법 각하하는 판결을 선고하였고, 이에 대하여 Z만 항소하였다. 항소심에서는 X의 청구는 이유 없으므로 본소 부분을 취소하고 X의 Y에 대한 청구를 기각하였고 Z의 참가신청을 부적법 각하한 부분에 대하여는 Z의 항소를 기각하였다. 이에 대하여 X가 상고를 하였다. 항소심의 판단에 잘못이 없는가?

 판 결

• 원심 ⊗ 파기자판

79조 1항에 따라 원·피고, 독립당사자참가인간의 소송에 대하여 본안판결을 할 때에는 위 3당사자를 판결의 명의인으로 하는 하나의 종국판결만을 내려야 하는 것이지 위 당사자의 일부에 관해서만 판결을 하는 것은 허용되지 않고, 같은 조 2항에 의하여 67조가 준용되는 결과 독립당사자참가소송에서 원고승소의 판결이 내려지자 이에 대하여 참가인만이 상소를 한 경우에도 판결 **전체의 확정이 차단되고 사건 전부에 관하여 이심의 효력**이 생기는 것이지만, 원고승소의 판결에 대하여 참가인만이 상소를 했음에도 상소심에서 원고의 피고에 대한 청구인용 부분을 원고에게 불리하게 변경할 수 있는 것은 참가인의 참가신청이 적법하고 나아가 합일확정의 요청상 필요한 경우에 한한다고 할 것이고, 이러한 법리에 비추어 살펴보면, 원심의 판단에는 독립당사자참가소송에서 패소한 당사자 중 일부만이 항소한 경우의 항소심의 심판대상에 관한 법리를 오해하여 판결에 영향을 미친 위법이 있다.

그리고 제1심판결 중 원고의 본소청구를 인용한 부분은 참가인의 참가신청이 부적법하다는 이유로 참가인의 항소를 기각한 원심판결에 대하여 참가인이 상고를 제기하지 않고 상고기간을 도과한 때(기록에 의하면 2007. 6. 8.이다)에 그대로 확정되었다고 할 것이므로 원심판결 중 본소청구에 관한 부분을 파기하되, 이 부분은 이 법원이 직접 재판하기에 충분하므로 자판하기로 하는바,

이 부분에 관한 소송은 2007. 6. 8. 참가인이 상고를 제기하지 않고 상고기간을 도과함으로써 종료되었다.

 검토

독립당사자참가소송의 종국판결에 대하여 한 사람만이 상소를 한 경우라도 사건은 당연히 전체가 상급심에 이심되고, 상급법원은 3당사자를 명의인으로 하는 1개의 종국판결을 하여야 한다(통설·판례).

그런데 사안은 항소심에서의 불이익변경금지의 원칙을 독립당사자참가소송에서의 합일확정의 요청과 어떻게 조화시킬 것인가의 문제라고 할 수 있다. 참가인의 참가신청을 각하한 제1심 판결에 대하여 참가인만이 항소하였는데, 참가인의 항소를 기각하면서 제1심판결 중 피고가 항소하지도 않은 원고의 피고에 대한 청구인용의 본소 부분을 취소하고 원고에게 불리하게 변경한 것은 부적법하다고 본 사례이다. 원고승소의 판결에 참가인만이 상소를 하였음에도 상소심에서 원고의 피고에 대한 청구인용 부분을 원고에게 불리하게 변경할 수 있는 것(피고가 항소한 바 없으나, 원고의 피고에 대한 판결 부분도 합일확정의 요청 때문에 피고에게 이익으로 변경될 수 있고, 이 경우 불이익변경금지의 원칙이 배제된다)은 참가인의 참가신청이 적법하고 나아가 합일확정의 요청상 필요한 경우에 한한다는 취지이다. 결국 원고가 승소하였음에도 참가인만이 상소를 한 경우에 원고의 피고에 대한 인용판결을 기각으로 변경하는 것은 본안판결을 할 경우로서 참가인의 청구를 인용하기 위하여 필요한 경우, 즉 합일확정에 필요한 범위 내에서만 허용된다고 할 것이다(정태학, 대법원판례해설(2008. 7), 663면).

한편, 참고로 보면 만약 참가신청을 각하하고 원고의 청구를 기각한데 대하여 원고만이 항소한 경우에 위 참가신청을 각하한 부분은 본소청구와는 별도로 확정된다(대법원 1992. 5. 26. 선고 91다4669, 91다4676 판결 참조).

 참조 【대법원 2007. 10. 26. 선고 2006다86573, 86580 판결】 독립당사자참가소송의 항소심에서 항소 내지 부대항소를 제기한 바 없는 당사자에게 제1심판결보다 유리한 내용으로 판결을 변경하는 것이 가능한지 여부(한정 적극)

9-25

대법원 2015. 7. 23. 선고 2013다30301, 30325 판결

채권자대위소송계속 중 다른 채권자가 동일한 채무자를 대위하여 채권자대위권을 행사하면서 공동소송참가신청을 한 경우, 참가신청이 적법한지 여부(한정 적극)

A 회사는 대주주인 Y 회장 등으로부터 자사주 100만여주를 95억여원에 매수하였다. A 회사의 채권자인 한국외환은행은 Y 회장 등의 거래는 상법이 금지한 회사의 자기주식 취득이어서 무효라며 A 회사를 대위하여 Y 회장 등을 상대로 매매대금의 반환을 구하는 소를 제기하였다. 제1심이 원고 일부승소판결을 선고하자, A 회사의 다른 채권자인 신용보증기금은 항소심에서 공동소송참가를 하였다. 위 채권자들이 각기 자신을 이행 상대방으로 하여 금전의 지급을 청구한 경우이다. A 회사가 일부 청구임을 명시하여 피대위채권의 일부만을 청구하였고, 참가인인 신용보증기금의 청구금액은 A 회사의 청구금액을 초과하지 않는다. 공동소송참가는 적법한가?

 판 결   • 원심 ⊗ 파기환송

채권자대위소송이 계속 중인 상황에서 다른 채권자가 동일한 채무자를 대위하여 채권자대위권을 행사하면서 공동소송참가신청을 할 경우, 양 청구의 소송물이 동일하다면 83조 1항이 요구하는 '소송목적이 한쪽 당사자와 제3자에게 합일적으로 확정되어야 할 경우'에 해당하므로 그 참가신청은 적법하다. 이때 양 청구의 소송물이 동일한지는 채권자들이 각기 대위행사하는 피대위채권이 동일한지에 따라 결정되고, 채권자들이 각기 자신을 이행 상대방으로 하여 금전의 지급을 청구하였더라도 채권자들이 채무자를 대위하여 변제를 수령하게 될 뿐 자신의 채권에 대한 변제로서 수령하게 되는 것이 아니므로 이러한 채권자들의 청구가 **서로 소송물이 다르다고 할 수 없다.** 여기서 원고가 일부청구임을 명시하여 피대위채권의 일부만을 청구한 것으로 볼 수 있는 경우에는 참가인의 청구금액이 원고의 청구금액을 초과하지 아니하는 한 참가인의 청구가 원고의 청구와 소송물이 동일하여 중복된다고 할 수 있으므로 소송목적이 원고와 참가인에게 **합일적으로 확정되어야 할 필요성을 인정**할 수 있어 참가인의 **공동소송참가신청을 적법**한 것으로 보아야 할 것이다.

그럼에도 원심은 위 공동소송참가신청을 부적법하다고 판단하였으니, 그렇다면 위 참가신청 각하 부분을 파기하여야 할 것이나, 참가인의 공동소송참가신청이 적법할 경우 원고의 청구와 참가인의 청구는 합일적으로 확정될 필요가 있으므로 원심판결 전부를 파기한다.

검토

공동소송참가라 함은 소송계속 중 당사자 사이의 판결의 효력을 받는(소송목적이 한쪽 당사자와 제3자에게 합일적으로만 확정되어야 할 경우) 제3자가 원고 또는 피고의 공동소송인으로 소송에 참가하는 것을 말한다(83조).

참가인이 공동소송에 참가하기 위해서는 본래 소송을 낸 자와 같은 판결을 받을 '합일적 확정'의 필요가 있어야 하는데, 위 사안에서 먼저 진행 중인 채권자대위소송에 다른 채권자가 공동소송참가할 합일확정 필요성이 있는지 여부가 문제된 것이다.

채권자대위소송계속 중 다른 채권자가 동일한 채무자를 대위하여 채권자대위권을 행사하면서 공동소송참가신청을 한 경우, 참가신청이 적법한지 여부 및 이때 양 청구의 소송물이 동일한지 판단하는 기준 및 원고가 일부 청구임을 명시하여 피대위채권의 일부만을 청구한 것으로 볼 수 있는 경우, 참가인의 공동소송참가신청이 적법한지 여부 등이 쟁점이다.

대상판결은 채권자대위소송계속 중 다른 채권자의 공동소송참가의 적법성을 인정한 판례로 그 의의가 크다. 다만, 법리적으로 채권자가 피대위채권의 일부만을 청구하는 경우의 소송물을 둘러싸고 논의의 여지가 남는다(김경욱, 고려법학(2018. 9), 127면 이하; 임소연, 아주법학(2016. 10), 132면 이하; 태기정, 법학논총(2015. 10), 215면 이하 참조).

 【대법원 2001. 7. 13. 선고 2001다13013 판결】 학교법인의 이사회결의무효확인의 소에 제3자가 공동소송참가를 할 수 있는지 여부(소극) ─ 이사회 결의무효확인소송이 제기되어 승소확정판결이 난 경우, 그 판결의 효력은 위 소송의 당사자 사이에서만 발생하는 것이지 대세적 효력이 있다고 볼 수는 없다(대법원 2000. 1. 28. 선고 98다26187 판결). 대세적 효력이 있는 주식회사에서의 주주총회결의무효확인소송 등의 경우와는 달리, **합일적으로 확정될 경우가 아니므로 제3자의 공동소송참가는 부적법**하다.

 【대법원 2003. 10. 10. 선고 2003다26099 판결】 재개발조합의 대의원회결의에 흠이 있는 경우에 관하여 법률에 별도의 규정이 없으므로 그 결의에 무효사유가 있는 경우에는 이해관계인은 언제든지 또 어떤 방법에 의하든지 그 무효를 주장할 수 있고, 이와 같은 무효주장의 방법으로서 대의원회결의무효확인의 소가 제기되어 승소확정판결이 난 경우, 그 판결의 효력은 위 소송의 당사자 사이에서만 발생하는 것이지 대세적 효력이 있다고 볼 수는 없으므로, 위 대의원회결의무효확인의 소는 그 소송의 목적이 당사자 일방과 제3자에 대하여 합일적으로 확정될 경우가 아니어서 제3자는 공동소송참가를 할 수 없다.

16-5급(행정)공채시험

9-26

대법원 2002. 3. 15. 선고 2000다9086 판결

회사의 주주대표소송에의 참가의 법적 성격(＝공동소송참가)

X회사(은행)가 신규여신을 제공할 때에 H철강주식회사는 제 철소건설을 위하여 외부에서 거액의 자금을 빌렸기 때문에 재무구조가 열악하였다. X은행의 여신심사의견서에도 여신 제공이 원칙적으로 금지되는 대상업체라고 기재되어 있었으 므로 X은행의 대표이사 Y는 자체 신용조사로 H주식회사가 상환능력이 미흡하다는 사정을 충분히 알 수 있었다. 따라서 신규대출을 삼가하였어야만 하였고, 대출을 하더라도 만약의 사태에 대비하여 확실한 담보를 취득하는 등 채권보전조치에 만전을 다하였어야 하였다. 결국 X은행의 소수주주 A, B, C

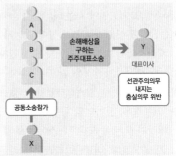

는 대표이사 Y를 상대로 주주대표소송으로 손해배상(선관주의 내지 충실의무 위반)을 구하는 소를 제기 하였다. 원고 측이 제대로 소송수행을 하지 못거나 혹은 피고와 결탁함으로써 X은행의 이익이 침해될 염려가 있다는 것을 이유로 X은행은 원고 측에 공동소송참가를 할 수 있는가? 공동소송참가가 중복된 소 제기의 금지 취지에 어긋나지 않는가?

 판결

　주주대표소송의 판결의 효력을 받는 권리귀속주체인 회사가 이를 막거나 자신의 권리를 보 호하기 위하여 소송수행권한을 가진 정당한 당사자로서 그 소송에 참가할 필요가 있으며, 회사 가 대표소송에 당사자로서 참가하는 경우에 소송경제가 도모될 뿐만 아니라 판결의 모순·저촉 을 유발할 가능성도 없다는 사정과, 상법 404조 1항에서 특별히 참가에 관한 규정을 두어 주주 대표소송의 특성을 살려 회사의 권익을 보호하려 한 입법취지를 함께 고려할 때, 회사의 참가는 **공동소송참가를 의미하는 것**으로 해석함이 타당하고, 나아가 이러한 해석이 **중복제소를 금지 하고 있는 취지**에 어긋나는 것도 아니다.

 검토

　주주대표소송(상법 403조)의 법적 구조, 즉 법적 성질에 대하여는 대위소송설과 대표소송설(미

국의 class action과 같은)이 주장되고 있다. 채권자대위소송이나 추심소송과 마찬가지로 **제3자의 소송담당**의 하나의 유형으로 이해하는 입장이 일반적이다. 회사의 이익을 위하여 주주가 원고로 소송을 수행할 자격과 권능이 인정된 것이다. 따라서 소송을 수행한 원고 주주가 받은 판결은 본래 권리의 귀속주체인 회사에 대하여도 효력이 미친다(218조 3항). 그리고 주주는 소를 제기한 뒤 지체 없이 회사에 대하여 그 소송의 고지를 하여야 한다(상법 404조 2항). 소송고지가 의무화된 경우이다.

한편, 회사는 주주대표소송에 참가할 수 있는데(상법 404조 1항), 그 참가는 어떠한 형태의 참가인가가 문제이다. 위 참가는 회사가 원고 측에 참가하는 것을 염두에 둔 것이라고 할 수 있다. 예를 들어 주주대표소송 중의 당사자인 원고 주주를 돕기 위하여 혹은 원고 주주와 이사가 행하는 담합하여 서로 짜고 하는 소송을 방지하기 위한 경우이다. 그런데 참가의 형태는 주주대표소송에 관한 절차법 문제의 하나에 지나지 않는다고 볼 수도 있지만, 이론적으로는 주주대표소송의 법적 구조 내지는 법적 성질이 그 전제가 된다.

학설은 위 대상판결과 같이 **공동소송참가**라고 보는 입장이 일반적이나(가령 강, 888면; 김홍, 1136면; 한, 754면) 주주가 대표소송에 의하여 회사의 권리를 대위행사한 때에는 회사는 이제 다시 소제기를 할 수 없으므로 주주대표소송에 회사가 참가하고자 하는 것은 당사자로서는 할 수 없고, **공동소송적 보조참가**만을 할 수 있다는 입장도 있다. 한편, 주주대표소송의 성질에 대해 대위소송성과 대표소송성의 양쪽 측면을 인정하는 경우에는 주주에게도 이사의 책임을 추궁할 고유한 권리가 있다고 풀이할 수 있어, 원고 주주가 고유한 권리로 주주대표소송을 수행하고 있는데, 여기에 또 본래의 권리주체인 회사가 참가하는 것은 공동소송참가가 아니라, 주관적·추가적 병합에 의한 통상공동소송이라는 견해도 있을 수 있다.

대상판결과 관련하여 주주가 대표소송을 제기한 뒤에 회사의 공동소송참가는 중복소송이 될 수밖에 없으며, 중복제소가 안 된다고 하여 공동소송참가가 허용된다고 한 대상판결은 잘못이라는 반대입장이 있으나(이, 798면), 대상판결은 공동소송참가라고 풀이하는 것이 중복제소를 금지하고 있는 취지에 어긋나는 것도 아니라고 보았다.

한편, 회사가 원고 측이 아닌, 피고 측에 보조참가를 하기 위한 참가의 이익이 있는지 여부도 문제되지만, 여기서는 별론으로 한다. **생각건대**, 회사는 이사의 패소를 막는 것에 법률상의 이해관계를 가진다고 할 수 있으므로 회사는 소송결과에 법률상 이해관계가 있어서 보조참가의 이익이 인정된다고 할 것이다. 따라서 회사는 피고 측에 보조참가를 할 수 있다고 본다. 이에 대하여, 이는 회사의 사실상 이익에 불과한 것이고, 법률상 이해관계를 충족하지 못하므로 보조참가의 이익이 없다고 비판하면서 보조참가는 허용될 수 없다는 입장도 있다(김상균, 민사소송(IV), 242면).

9-27

대법원 1998. 1. 23. 선고 96다41496 판결

회사 대표이사가 개인 명의로 소를 제기한 후 회사를 당사자로 추가하면서 개인 명의의 소를 취하한 경우, 당사자추가신청의 적법 여부(소극)

X주식회사의 대표이사인 甲(X주식회사는 甲의 1인회사)은 제1심법원에 근저당권자인 피고 Y상호신용금고주식회사를 상대로 개인 명의로 X주식회사 소유의 점포에 대한 근저당권설정등기말소청구의 소를 제기하였다가, 제1차 변론기일 전인 같은 해 X주식회사를 원고로 추가하는 당사자추가신청을 하여 그 제1차 변론기일에 소장 및 당사자추가신청서

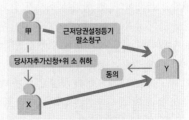

를 진술한 뒤 甲의 소를 취하하였고, 이에 피고 Y주식회사는 당사자추가신청 및 소취하에 동의하였으며, 그 뒤 원고 X주식회사와 피고 Y주식회사 사이에 변론을 거쳐 제1심판결이 선고되었다. 소송경제 및 분쟁 해결의 일회성의 요청과 관련하여 원고의 변경에 대하여 검토하시오.

 판결

일반적으로 당사자표시정정신청을 하는 경우에도 실질적으로 당사자가 변경되는 것은 허용할 수 없고, 필요적 공동소송이 아닌 사건에서 소송 도중에 당사자를 추가하는 것 역시 허용될 수 없으므로, 당사자의 변경을 가져오는 **당사자추가신청은 부적법**한 것이라고 하면서도, 그러나 법원이 당사자추가신청의 부적법함을 간과한 채 받아들이고 피고 회사도 그에 동의하였으며, 종전 원고인 甲이 이를 전제로 소를 취하하게 되어 제1심 제1차 변론기일부터 새로운 원고인 원고 회사와 피고 회사 사이에 본안에 관한 변론이 진행된 다음 제1심에서 본안판결이 선고되었다면, 이는 마치 처음부터 원고 회사가 종전의 소와 동일한 청구취지와 청구원인으로 피고 회사에 대하여 별도의 소를 제기하여 본안판결을 받은 것과 마찬가지라고 할 수 있어 **소송경제의 측면에서나 신의칙** 등에 비추어 그 후에 새삼스럽게 당사자추가신청의 적법 여부를 문제 삼는 것은 허용될 수 없다.

검토

원고 회사의 대표이사인 甲은 당초 甲 개인 명의로 원고 회사 소유 점포의 근저당권설정등기말소청구의 소를 제기하였는데, 위 점포는 원고 회사 소유이므로 원고 회사 자체를 원고로 하였어야 하였던 사안으로, 원고 회사를 새로운 원고로 하고자 한다. 이와 같이 원고를 잘못 내세운 경우에 甲은 소를 취하하고, 소장의 기재를 「甲」 개인으로부터 「X주식회사 대표이사 甲」으로 변경하여 다시 소를 제기하는 방법을 취할 수 있다는 것은 물론이다. 한편 종전의 소송관계를 그대로 유지하기 위하여 「X주식회사 대표이사 甲」으로 당사자표시정정에 의하여 종전의 소송관계를 그대로 유지할 수 없는가도 고려할 수 있다. 이는 당사자의 확정론과 관련하여 당사자표시정정인가 아니면 임의적 당사자변경인가 하는 형태로 논의되어 왔다. 그런데 사안이 당사자표시정정의 한계를 넘기 때문에 임의적 당사자변경론에서 논의되어야 할 범위라고 본다면, 「X주식회사 대표이사 甲」으로 원고의 변경이 허용될 수 있는지 여부를 검토하여야 한다.

판례는 허용되지 않는다고 본다. **학설**은 명문의 규정이 없는 경우의 임의적 당사자변경은 허용되지 않는다는 입장과(강, 893면; 김홍, 1143면) 불허하면 소송경제와 분쟁해결의 일회성이라는 요청에 어긋나게 된다는 등을 이유로 허용되어야 한다는 입장으로 나뉜다(김용, 830면; 이, 826면; 정/유/김, 1106면; 정영, 964면). 그리고 임의적 당사자변경이 허용된다고 하더라도 그 법적 성질, 즉 어떠한 이론구성으로 허용된다고 볼 것인가에 대하여는 견해가 나뉘고 있는데, 대별하면 다음 3개의 견해가 있다. ① **소의 변경설** – 당사자는 법원, 소송물과 함께 소의 한 가지 요소이므로, 그 변경은 소의 변경의 일종으로 허용된다고 하는 입장이다. ② **복합행위설**(신소제기·구소취하설) – 당사자변경이라는 하나의 행위가 있는 것이 아니라, 신소의 제기와 구소에 있어서 소의 취하가 복합하는 것에 따라 결과적으로 당사자변경이 생긴다고 보는 입장이다(김/강, 840면; 김홍, 1143면; 이, 827면). 가령 새로 가입하는 당사자에 대하여 신소를 제기하면서 동시에 구당사자에 대하여 소를 취하하면, 그 결과로서 당사자가 변경된다. ③ **특수행위설** – 당사자의 의사에 따라 당사자변경을 목적으로 하는 특수한 단일행위로서 기존의 법규와 별도로 독자적으로 그 요건·효과를 규율하려는 입장이다(독자제도설이라고도 한다. 정/유/김, 1109면; 정영, 966면; 한, 778면; 호, 953면).

위 대상판결은 기존의 임의적 당사자변경을 불허하고 있는 입장을 고수하고는 있지만, 결과적으로 소송경제, 신의칙을 거론하면서 타당한 결과를 모색하고 있는데, **생각건대** 사안에서 임의적 당사자변경론을 적용하여 타당한 결과를 얻을 수 있으므로 군이 신의칙을 끌어들일 필요는 없다고 보이고, 위 대상판결에서도 제시하고 있는 소송경제라는 규제개념을 좀 더 적극적·직접적으로 살려서 임의적 당사자변경을 긍정할 것이다. 다만, 일반론적으로 임의적 당사자변경을 완전히 자유롭게 무제한으로 허용하면 소송계속 중에 당사자가 되는 사람의 절차보장, 즉 주장·증명의 기회를 부당하게 빼앗는 결과가 될 수 있으므로 어느 정도 제한을 가할 필요가 있지만, 사안이야말로 제1심, 제1차 변론기일 전에 원고 회사를 원고로 추가하는 당사자추가신청을 하여 제1차 변론기일에 甲의 소를 취하하였고, 이에 피고 회사는 당사자추가신청 및 소의 취하에 동의하였으므로 새로운 당사자인 원고 회사의 절차보장(주장·증명의 기회 등)을 해치지 않는다고 보인다. 결국 새롭게 당사자로서 관여하게 되는 사람의 절차보장과 종전 소송을 무위로 돌리지 않으면서 어떻게 후소송에 연결시킬 것인가라는 소송경제 및 분쟁해결의 일회성의 요청에 비추어 볼 때, 甲으로부터 X주식회사로 원고를 변경하는 것을 긍정하여 당초의 소송관계를 유지하면서 소송을 속행할 수 있도록 하여도 무방하다고 본다. 이 경우의 이론구성은 임의적 당사자변경의 법적 성질에 관한 **복합행위설**과 같이 새로운 당사자인 X주식회사의 신소의 제기와 甲의 구소의 취하라 할 것이고, 새로운 당사자인 X주식회사의 대표이사인 甲이 구소송에 실질적으로 관여하여 甲의 소송수행이 새로운 당사자인 X주식회사에 의한 소송수행과 동일시할 수 있으므로 새로운 당사자인 X주식회사와의 관계에서도 종래의 소송수행결과가 유지된다고 보아야 할 것이다(대상판결의 평석으로는 전병서, 판례월보(1998. 11), 37면 이하 참조).

참조 **【대법원 1993. 9. 28. 선고 93다32095 판결】** 필수적 공동소송이 아닌 사건에 있어 소송 도중에 피고를 추가하는 것은 그 경위가 어떻든 간에 허용될 수 없다.

참조 **【대법원 1997. 10. 17.자 97마1632 결정】** 260조 1항 본문이 피고의 경정을 제한적으로 허용하고 있는바, 위 규정에서 피고를 잘못 지정한 것이 명백한 때라고 함은 청구취지나 청구원인의 기재 내용 자체로 보아 원고가 **법률적 평가를 그르치는 등의 이유로 피고의 지정이 잘못된 것이 명백하거나 법인격의 유무에 관하여 착오를 일으킨 것이 명백한 경우** 등을 말한다 할 것이고, 이 사건과 같이 원고가 공사도급계약상의 수급인은 그 계약 명의인인 피고라고 하여 피고를 상대로 소송을 제기하였다가 심리 도중 변론에서 피고 측 답변이나 증거에 따라 이를 번복하여 수급인이 피고보조참가인이라고 하면서 피고경정을 구하는 경우에는 계약 명의인이 아닌 실제상의 수급인이 누구인지는 증거조사를 거쳐 사실을 인정하고, 그 인정 사실에 터잡아 법률 판단을 하여야 인정할 수 있는 사항이므로, 위 법규정 소정의 '피고를 잘못 지정한 것이 명백한 때'에 해당한다고 볼 수 없고, 피고가 공시송달중인 상태에서 피고보조참가인이 자신이 수급인이라고 주장하였다 하여 달리 볼 수도 없다.

09-사법시험 / 18-5급(행정)공채시험 / 14-법전협 모의시험(3) (위 97마1632 결정) / 15-사법시험 / 16-변호사시험 / 19-법전협 모의시험(3)

9-28

대법원 2019. 2. 28. 선고 2016다255613 판결

매도청구권 행사 이후에 이루어진 특정승계에 대한 승계인수(**원칙적 소극**)

> 재건축 참가 여부를 촉구받은 사람이 재건축에 참가하지 않겠다는 뜻을 회답하거나 2개월 이내에 회답을 하지 않았는데 그 토지 또는 건축물의 특정승계가 이루어진 경우, 사업시행자는 제1심 소송계속 중에 매도청구 대상인 토지 또는 건축물을 특정승계한 제3자로 하여금 82조 1항에 따라 매도청구소송을 인수하도록 신청할 수 있는가?

 판 결

위 경우, 사업시행자는 승계인에게 다시 새로운 최고를 할 필요 없이 곧바로 승계인을 상대로 매도청구권을 행사할 수 있다고 보아야 한다. 그러나 위 규정은 승계인에게 매도할 것을 청구할 수 있다고 정하고 있을 뿐이고 승계인이 매매계약상의 의무를 승계한다고 정한 것은 아니다. 따라서 사업시행자가 매도청구권을 행사한 이후에 비로소 토지 또는 건축물의 특정승계가 이루어진 경우 이미 성립한 매매계약상의 의무가 그대로 승계인에게 승계된다고 볼 수는 없다.

토지 또는 건축물에 관한 특정승계를 한 것이 토지 또는 건축물에 관한 소유권이전등기의무를 승계하는 것은 아니다. 따라서 사업시행자가 조합 설립에 동의하지 않은 토지 또는 건축물 소유자를 상대로 매도청구의 소를 제기하여 매도청구권을 행사한 이후에 제3자가 매도청구 대상인 토지 또는 건축물을 특정승계하였다고 하더라도, 특별한 사정이 없는 한 사업시행자는 82조 1항에 따라 제3자로 하여금 매도청구소송을 인수하도록 신청할 수 없다.

 검 토

82조 1항은 '승계인의 소송인수'에 관하여 "소송이 법원에 계속되어 있는 동안에 제3자가 소송목적인 권리 또는 의무의 전부나 일부를 승계한 때에는 법원은 당사자의 신청에 따라 그 제3자로 하여금 소송을 인수하게 할 수 있다."라고 규정하고 있다. 소송목적인 소송상 청구, 즉 소송물의 양도가 소송승계의 원인이다. **소송물인 권리관계 그 자체가** 양도된 경우뿐만 아니라, 그 권리관계가 귀속되는 물건(다툼의 대상＝계쟁물)이 양도되어 **당사자적격이 이전**된 경우도 포함된다(대법원 2003. 2. 26. 선고 2000다42786 판결. 가령 건물철거 및 토지인도청구소송에서 건물이 제3자에게 양도된 경우, 신주발행무효의 소가 계속 중 주식이 양도된 경우 등).

주택재건축사업의 사업시행자인 원고가 사업시행구역 내 토지와 건물을 소유하던 A를 상대로 구「도시 및 주거환경정비법」39조에 따라 매도청구권을 행사하였고, 피인수신청인은 그 후에 위 토지와 건물의 소유권을 특정승계로 취득하였는데, 피인수신청인이 원고의 매도청구권 행사 이후에 비로소 위 토지와 건물의 소유권을 특정승계한 사정만으로는 82조 1항에서 정하는 '소송목적인 의무를 승계한 때'에 해당한다고 할 수 없으므로 승계인수신청은 허용될 수 없다고 판단하여 상고기각한 사안이다.

 【대법원 1983. 3. 22.자 80마283 결정】 甲의 乙에 대한 채권적 청구권에 기한 부동산소유권이전등기청구의 소송계속 중 그 소송목적이 된 이전등기이행채무 자체를 승계함이 없이 단순히 소유권이전등기(또는 근저당설정등기)가 乙로부터 제3자인 丙 앞으로 경료되었다 하여 그 소송목적이 된 채무를 승계한 때에 해당하지 않고, 丙에 대하여 등기의 말소를 구하기 위한 소송인수는 허용되지 않는다. — 여기서 甲이 乙에게 주장하는 권리(채권적 청구권)와 甲의 丙에게 주장하는 권리(가령 물상청구권인 방해배제청구권)에 있어서 양 청구가 동일한 것인가를 둘러싸고 丙이 乙로부터 당사자적격을 승계하였는지 여부와 관련된 문제가 되고, 이 판단에 있어서 소송물이론과 관련하여 구소송물이론에 따르면 양 청구권은 실체법상의 근거가 달라 다른 소송물이 되므로 당사자적격의 이전은 긍정될 수 없고, 甲의 소송승계의 신청은 허용되지 않게 된다고 본 것이다. 이에 대하여 신소송물이론에 따라 청구가 채권적 청구권인가, 물권적 청구권인가의 실체법적 성질을 구별하지 않은 채, **당사자적격의 이전**이 있다고 보아(송/박, 706면), 아니면 乙로부터 丙이 甲과 사이에 사회통념상 동일하다고 볼 **분쟁주체인 지위를 이전**받았다고 보아(정/유/김, 1097면), 甲의 丙에 대한 인수승계를 긍정할 수 있다는 견해가 주장되는 것이다.

 【대법원 2014. 1. 29. 선고 2013다78556 판결】 고유필수적 공동소송인 공유물분할청구의 소송계속 중 변론종결일 전에 공유자 중 1인인 원고의 공유지분의 일부가 A에게 이전되었으므로 변론종결시까지 민사소송법 81조에서 정한 승계참가나 82조에서 정한 소송인수 등의 방식으로 그 일부 지분권을 이전받은 A가 이 사건 소송의 당사자가 되었어야 함에도 그렇지 못하였으므로 결국 당사자적격의 흠으로 이 사건 소송 전부가 부적법하게 된다.

14-법전협 모의시험(3) (위 80마283 결정) / 14-5급(행정)공채시험 /
16-변호사시험 (위 80마283 결정) / 18-법전협 모의시험(3) (위 2013다78556 판결)

9-29

대법원 2005. 10. 27. 선고 2003다66691 판결

소송인수신청이 있는 경우에 피인수신청인이 그 승계인에 해당하는지 여부가 인수참가신청의 적법 사유인지 여부(소극)

원고는 소외 청주우유협동조합을 상대로 예탁금반환청구의 소를 제기한 후 농림부장관이 농업협동조합의 구조개선에 관한 법률 6조 2항에 근거하여 행한 계약이전결정에 의하여 청주축산업협동조합이 소송의 목적인 예탁금반환채무를 승계한 것으로 보고 법원에 소송을 인수하게 할 것을 신청하였는데, 법원은 신청의 이유로서 주장하는 사실관계 자체

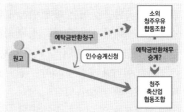

에서 그 승계적격의 흠결이 명백하지 않았음에도 승계인에 해당하는가의 여부를 피인수신청인에 대한 청구의 당부와 관련하여 판단한 뒤, 예탁금반환채무는 계약이전 대상에 해당하지 않으므로 피인수신청인이 위 예탁금반환채무를 인수하지 아니하였다고 판단하여 원고의 인수신청을 각하하였다. 소송인수에 관한 법리를 오해한 잘못은 없는가?

 판 결

소송계속 중에 소송목적인 의무의 승계가 있다는 이유로 하는 소송인수신청이 있는 경우 신청의 이유로서 주장하는 사실관계 자체에서 그 승계적격의 흠결이 명백하지 않는 한, 결정으로 그 신청을 인용하여야 하는 것이고, 그 승계인에 해당하는가의 여부는 피인수신청인에 대한 청구의 당부와 관련하여 판단할 사항으로 심리한 결과 승계 사실이 인정되지 않으면 **청구기각의 본안판결**을 하면 되는 것이지 **인수참가신청 자체가 부적법하게 되는 것은 아님**에도, 원고의 인수참가신청은 허용될 수 없다고 판단하여 이를 각하한 것은 소송인수에 관한 법리를 오해한 결과이다(원고의 소송인수신청을 받아들인 후 본안에 들어가 판단하더라도 피인수신청인에 대한 청구를 받아들일 수 없을 것이므로 소송인수신청을 각하한 원심판결을 파기하지 않고 유지하기로 하여 이 부분에 관한 원고의 상고를 기각한다).

검 토

인수신청이 있으면 법원은 당사자와 제3자를 심문하고 신청의 허부에 대한 결정을 한다(82조 2항). 여기서는 제3자가 권리·의무를 승계하고 있는 것이 소명되고 있는지 여부가 심리대상이 된다. 소명이 있으면 제3자에게 인수하게 명하고, 소명되지 않으면 인수신청을 각하한다. 각하 결정에 대하여는 항고할 수 있으나(439조), 인수결정은 중간적 재판이므로 독립하여 불복신청을 할 수 없고, 종국판결과 함께 불복신청된다(392조).

법원은 종국판결을 하는 데에 있어서 위 인수결정에 구속되지 않는다. 인수신청에 대한 재판이 소명으로 행하여지는 데 대하여, 종국판결을 하는 데에는 증명이 필요한데, 그래서 인수결정 뒤 본안에 관한 심리중에 권리·의무의 승계가 없다고 판명된 때(즉, 승계인이라고 할 수 없다는 판단이 든 경우)에 어떠한 재판에 의하여 결말을 맺어야 하는가가 문제이다. 이에 대하여 다음의 3가지 대처방법을 생각할 수 있다.

① 인수결정에 의하여 인수인이 된 사람에게 당사자 지위가 연결되었고, 본안에 관한 심리도 행하여졌으므로 **본안문제**로 취급하여 **청구기각**하는 방법을 생각할 수 있다(강, 905면; 김홍, 1166면; 이, 840면; 정영, 986면). ② 인수승계는 당사자적격의 문제이므로 인수인이 된 자에게 당사자적격이 없는 것이 판명된 것이어서 본안판결이 아닌 **소각하판결**을 하는 방법을 생각할 수 있다. ③ 본안의 선결문제로 보아 인수의 원인인 권리·의무의 승계가 없는 것이 판명되었으므로 인수결정을 취소하고 **인수신청 자체를 각하**하는 방법도 생각할 수 있다(정/유/김, 1100면).

위 여러 입장은 각기 장단점이 있으나, 이론적으로 명확하고 절차적으로도 간편하고, 게다가 원고와 피인수신청인 사이의 분쟁을 종국적으로 해결할 수 있다는 점에서 소송경제에 합치하기 때문에 **청구기각설**이 **타당**하다고 생각한다.

참조 **【대법원 2014. 1. 29. 선고 2013다78556 판결】** 공유물분할에 관한 소송계속 중 변론종결일 전에 공유자 중 1인인 甲의 공유지분의 일부가 乙 및 丙 주식회사 등에 이전된 사안에서, 변론종결 시까지 일부 지분권을 이전받은 자가 소송당사자가 되지 못하여 소송 전부가 부적법하다고 한 사례 – 공유물분할청구의 소와 같은 고유필수적 공동소송에서 일부 지분이전등기를 받은 사람이 인수승계 등의 방식으로 해당 소송의 당사자가 된 적이 없다면 소송 전부가 부적법하게 되는데, 이는 위 인수결정 뒤 본안에 관한 심리 결과 승계사실이 인정되지 않는 경우와 다르다.

9-30

대법원 2017. 7. 18. 선고 2016다35789 판결

소송목적인 권리를 양도한 원고가 82조 3항, 80조에 따라 소송에서 탈퇴한 후 인수참가인에 대한 청구기각 또는 소각하 판결이 확정된 경우, 원고가 제기한 최초의 재판상 청구로 인한 시효중단의 효력이 소멸하는지 여부(적극) 및 인수참가인의 소송목적 양수 효력이 부정되어 인수참가인에 대한 청구기각 또는 소각하 판결이 확정된 날부터 6개월 내에 탈퇴한 원고가 다시 탈퇴 전과 같은 재판상의 청구 등을 한 경우, 탈퇴 전에 원고가 제기한 재판상의 청구로 인하여 발생한 시효중단의 효력이 그대로 유지되는지 여부(적극)

甲이 2011. 6. 20. 乙을 상대로 2001. 11. 22.자 약정금의 지급을 구하는 소(이하 '전소'라 한다)를 제기하였다. 甲은 전소의 계속 중 약정금 채권을 소외인에게 양도하였다고 주장하며 이를 이유로 소외인에 대한 소송인수를 신청하여, 법원이 2011. 9. 30. 소외인을 원고 인수참가인으로 하여 소송인수 결정을 하였고, 甲은 같은 날 乙의 승낙을 받아 전소에서 탈퇴하였다. 이에 따라 소외인이 전소에서 소송을 계속 수행하였는데, 법원은 甲과 소외인 사이의 채권양도는 소외인으로 하여금 소송행위를 하게 하는 것을 주된 목적으로 이루어진 것으로서 무효라는 이유로 2012. 6. 8. '원고 인수참가인의 소가 부적법하다'고 보아 그 소를 각하하는 판결을 선고하였고, 그 항소심은 2013. 5. 23. 같은 이유로 항소를 기각하였다. 그런데 소외인이 상고한 상고심에서, 대법원은 2014. 10. 27. '원고와 소외인 사이의 채권양도가 무효라 하더라도 그러한 사유만으로 원고의 인수참가 신청이나 소외인의 소가 부적법하게 되는 것은 아니므로, 무효의 채권양도를 원인으로 하는 소외인의 청구는 기각되었어야 함에도 항소심이 소외인의 소가 부적법하다고 판단한 것은 잘못이나, 불이익변경금지의 원칙상 소외인에게 더 불리한 청구기각의 판결을 선고할 수는 없다'고 인정하여 상고를 기각하였다. 甲은 2015. 1. 19. 乙을 상대로 다시 위 약정금의 지급을 구하는 이 사건 소를 제기하였다. 전소를 제기함으로써 발생한 시효중단의 효력은?

 판 결   • 원심 ⊗ 파기환송

소송목적인 권리를 양도한 원고는 법원이 소송인수 결정을 한 후 피고의 승낙을 받아 소송에서 탈퇴할 수 있는데(82조 3항, 80조), 그 후 법원이 인수참가인의 청구의 당부에 관하여 심리한 결과 인수참가인의 청구를 기각하거나 소를 각하하는 판결을 선고하여 그 판결이 확정된 경우에는 원고가 제기한 최초의 재판상 청구로 인한 시효중단의 효력은 소멸한다. 다만 소송탈퇴는 소 취하와는 그 성질이 다르며, 탈퇴 후 잔존하는 소송에서 내린 판결은 탈퇴자에 대하여도 그 효력이 미친다(82조 3항, 80조 단서). 이에 비추어 보면 인수참가인의 소송목적 양수 효력이 부정되어 인수참가인에 대한 청구기각 또는 소각하 **판결이 확정**된 날부터 6개월 내에 탈퇴한 원고가 다

시 탈퇴 전과 같은 재판상의 청구 등을 한 때에는, 탈퇴 전에 원고가 제기한 재판상의 청구로 인하여 발생한 시효중단의 효력은 그대로 유지된다. 원고가 제기한 이 사건 전소에서 소외인이 채권 양수인으로서 소송을 인수하고 원고가 탈퇴하였는데 그 후의 심리 결과 소외인의 채권 양수 사실이 무효로 인정된 결과 소외인의 소를 각하하는 판결이 2014. 10. 27. 확정되었으나, 그 확정된 날부터 6개월 내인 2015. 1. 19. 원고가 이 사건 전소와 같은 이 사건 소를 제기하였으므로 원고가 이 사건 전소를 제기함으로써 발생한 시효중단의 효력은 위와 같은 확정판결에도 불구하고 그대로 유지된다.

 검토

재판상의 청구는 소송의 각하, 기각 또는 취하의 경우에는 시효중단의 효력이 없고(민법 170조 1항), 다만 그로부터 6개월 내에 다시 재판상의 청구 등을 한 때에는 시효는 최초의 재판상 청구로 인하여 중단된 것으로 본다(민법 170조 2항). 한편, 법원이 소송인수 결정을 한 경우에는 소송이 법원에 처음 계속된 때에 소급하여 시효중단의 효력이 생긴다(민사소송법 82조 3항, 81조).

그런데 소송목적인 권리를 양도한 원고는 법원이 소송인수 결정을 한 후 피고의 승낙을 받아 소송에서 탈퇴할 수 있는데(민사소송법 82조 3항, 80조), 그 후 법원이 인수참가인의 청구의 당부에 관하여 심리한 결과 인수참가인의 청구를 기각하거나 소를 각하하는 판결을 선고하여 그 판결이 확정된 경우에는 원고가 제기한 최초의 재판상 청구로 인한 시효중단의 효력은 소멸한다. **소송탈퇴**한 시점이 아니라, 인수참가인의 청구를 기각하거나 소를 각하하는 판결을 선고하여 그 **판결이 확정**된 경우에 시효중단의 효력은 소멸한다. 그 확정된 날부터 6개월 이내인 2015. 1. 19. 원고가 피고를 상대로 다시 동일한 약정금의 지급을 구하는 후소를 제기한 사안에서, 원고가 전소를 제기함으로써 발생한 시효중단의 효력은 위와 같은 확정판결에도 불구하고 그대로 유지된다고 판단한 사례이다.

만약, 소송탈퇴를 **소 취하**의 성질과 마찬가지로 보면, **소송탈퇴한 날**부터 6개월 내에 후소를 제기하여야 하고, 그렇지 않으면 원고는 전소로 인한 시효중단을 주장할 수 없는데, 위 판결은 소송탈퇴가 소 취하와 그 성질이 다르다고 본 점에서 의의가 있다. 한편, 관련하여 소송탈퇴의 효력으로 판결은 탈퇴한 당사자(원고)에 대하여도 그 효력이 미치는데(80조 단서), 다만 위와 같은 원인으로(소송목적인 권리 또는 의무가 승계되지 않은 것) 인수참가인의 청구가 기각된 경우에 탈퇴 전의 원고에게 시효중단을 위하여 다시 소를 제기하는 것을 허용할 법리의 필요성이 검토되어야 한다.

9-31

대법원 2019. 10. 23. 선고 2012다46170 전원합의체 판결

승계로 인해 중첩된 원고와 원고 승계참가인의 청구 사이에 필수적 공동소송에 관한 67조가 적용되는지 여부(적극)

공사수급인인 원고가 도급인인 피고를 상대로 공사계약에 따른 정산금의 지급을 구하였다. 원고 승계참가인은 위 정산금채권 중 일부에 관하여 채권압류 및 전부명령을 받고 제1심 소송에 승계참가를 하였다. 원고는 자신의 채권 일부가 승계참가인에게 이전되었음을 인정하면서도 소송탈퇴 또는 소취하 등을 하지 않은 채 청구를 그대로 유지하였다. 제1심법원은 인정된 정산금채권 전부가 승계참가인에게 이전되었음을 이유로 원고의 청구를 기각하고, 승계참가인의 청구를 일부 인용하였다. 이에 대해 승계참가인과 피고만이 항소하고, 원고는 항소하지 않았다. 항소심 계속 중 피고가 승계참가인의 전부명령은 압류의 경합으로 무효라고 다투자 원고가 부대항소를 제기하였다. 원고가 제기한 부대항소는 적법한가? 항소심 법원은 전부명령이 무효라고 판단하면서 원고의 부대항소를 받아들여 원고의 청구를 일부 인용하고, 승계참가인의 청구를 기각하였는데, 이는 정당한가?

 판 결

승계참가에 관한 민사소송법 규정과 2002년 민사소송법 개정에 따른 다른 다수당사자 소송제도와의 정합성, 원고승계참가인과 피참가인인 원고의 중첩된 청구를 모순 없이 합일적으로 확정할 필요성 등을 종합적으로 고려하면, 원고가 승계참가인의 승계 여부에 대해 다투지 않으면서도 소송탈퇴, 소 취하 등을 하지 않거나 이에 대하여 피고가 부동의하여 원고가 소송에 남아있다면 승계로 인해 중첩된 원고와 승계참가인의 청구 사이에는 **필수적 공동소송에 관한 67조가 적용**된다. 따라서 제1심판결에 대하여 승계참가인과 피고들만 항소하였더라도 원고 청구 부분을 포함한 제1심판결 전체의 확정이 차단되고 사건 전부에 관하여 이심의 효력이 생기므로 원고가 제기한 부대항소는 적법하다는 이유로, 원고의 부대항소를 받아들여 원고의 청구를 일부 인용하고 승계참가인의 청구를 기각한 항소심의 판단은 정당하다. 종전 대법원 2004. 7. 9. 선고 2002다16729 판결 등은 위 전원합의체 판결의 견해에 배치되는 범위 내에서 이를 변경하기로 한다.

　[보충의견] 새로운 법리에 따를 때, 법원은 양립불가능한 원고의 청구와 승계참가인의 청구가 어떤 관계에 있는지 소송관계인에게 석명하는 것이 바람직하고, 그에 따라 편면적 독립당사자참가소송 또는 예비적·선택적 공동소송에 준하여 향후 소송관계를 처리할 필요가 있다는 민유숙 대법관의 보충의견이 있다.

검 토

제3자가 소송목적인 권리를 승계하였다고 주장하면서 (권리승계형) 승계참가를 하였는데, 피참가인인 원고가 승계를 인정하면서도 소송탈퇴 또는 소취하 등을 하지 않고 소송에 그대로 남아 있는 경우, 승계로 인하여 중첩된 피승계인과 승계인의 청구 사이의 관계는 어떻게 되는가가 쟁점이다. 사안에서 대상판결은 필수적 공동소송에 관한 67조가 적용된 결과 승계참가인과 피고만 항소하였더라도, 원고의 청구 부분을 포함한 제1심판결 전체의 확정이 차단되고, 사건 전부에 관하여 이심의 효력이 생기므로 원고의 부대항소는 적법하고, 이를 전제로 한 원심의 판단은 정당하다고 본 것이다. **권리승계형 승계참가**의 경우에도 원고의 청구가 그대로 유지되고 있다면 중첩되는 원고의 청구와 승계참가인의 청구 사이에 **필수적 공동소송에 관한 규정이 적용**된다고 명시적으로 판단하고, 이와 달리 보았던 선례를 변경한 것에 **대상판결의 의의**가 있다.

사안에서 원고의 피고에 대한 청구와 승계참가인의 피고에 대한 청구는 권리주장참가형 독립당사자참가소송 또는 예비적·선택적 공동소송과 마찬가지로 주장 자체로 법률상 양립할 수 없는 관계에 있으므로 피승계인이 승계사실을 다투는 경우 등 전주가 탈퇴하지 않는 한 합일확정이 요구되는 독립당사자참가의 소송형태가 된다고 본다 (이, 841면; 정/유/김, 1102면; 정영, 988면; 한, 796면). 결국 **대상판결**과 같이 **필수적 공동소송에 관한 심리의 특칙** (67조)이 준용된다고 본 것은 타당하다 (다만, 김홍, 1171면은 위 전원합의체 판결이 독립당사자참가소송의 형태로 되는 것인지, 예비적·선택적 공동소송의 형태로 되는 것인지를 분명히 하지 않은 채 필수적 공동소송에 관한 67조가 준용된다고 하고 있을 뿐이라는 점을 지적하고 있다).

한편, **인수승계**의 경우는 종전의 당사자 사이의 소송에 승계인의 상대방과 승계인의 소송이 공동소송의 형식으로 추가되는 것이므로 승계의 효력을 다투는 등의 특별한 경우를 제외하고, 독립당사자참가의 구조로는 되지 않고 (79조가 준용되지 않는다), **통상의 공동소송**으로 심리되는 것에 지나지 않는다. 그런데 그렇다면 심판의 통일이 보장되지 않으므로 참가승계와 마찬가지로 79조의 준용을 주장하거나, 실질적 3면적 대립관계가 인정되는 한 필수적 공동소송의 특칙이 타당하다는 입장이 있을 수 있다 (한편, 김홍, 1171면은 위 전원합의체 판결이 인수승계의 경우에 승계사실을 다투지 아니하는 피승계인과 승계인 사이의 관계를 어떻게 볼 것인지에 관하여 전혀 다루지 않은 점을 지적하고 있다).

【대법원 2004. 7. 9. 선고 2002다16729 판결】 원고는 승계참가인이 승계참가신청을 하자 탈퇴를 신청하였으나, 피고의 부동의로 탈퇴하지 못하였는데, 원고의 청구와 승계참가인의 청구는 **통상의 공동소송**으로서 모두 유효하게 존속한다 (위 전원합의체 판결의 견해에 배치되는 범위 내에서 **변경**되었다).

PART

10

상소심절차

10-1

대법원 2006. 5. 2.자 2005마933 결정

[1] 항소권의 포기 등으로 제1심판결이 확정된 후에 항소장이 제출된 경우, 원심재판장이 항소장 각하명령을 할 수 있는지 여부(적극) [2] 항소를 한 뒤 소송기록이 있는 제1심법원에 항소권포기서를 제출한 경우, 항소권 포기의 효력발생시기(제1심법원에 포기서를 제출한 즉시) [3] 전부 패소한 당사자가 항소권을 포기한 경우, 상대방의 항소기간이 만료하지 않았더라도 제1심판결이 확정되는지 여부(적극)

> X는 포항시를 상대로 제1심법원에 낙찰자지위확인의 소를 제기하였고, Z는 포항시를 위하여 위 소송에 보조참가하였다. 제1심법원은 2005. 6. 10. X 승소판결을 선고하였고, 위 판결 정본은 2005. 6. 13. Z에게, 2005. 6. 14. X에게, 2005. 6. 16. 포항시에게 각 송달되었다. 위 판결에 대하여 Z는 2005. 6. 13. 피고 보조참가인의 자격으로 항소를 제기하였는데, 포항시는 2005. 6. 24. 13:00경 제1심법원에 위 사건에 관한 항소포기서를 제출하면서 Z가 제기한 항소를 취하하는 항소취하서도 함께 제출하였다. Z는 2005. 6. 24. 20:00경 위 소송에 독립당사자참가신청을 하면서 동시에 위 판결에 대한 항소를 제기하였는데, 제1심법원의 재판장은 제1심판결 선고 후 독립당사자참가신청을 하면서 제기하는 항소는 제1심판결 확정 전까지만 가능하므로 위 항소장은 항소할 수 있는 기간을 넘겨 제출된 것임이 분명하다고 하여 2005. 6. 30. 위 항소장을 각하하는 명령을 하였다. 적법한가?

 판결   • 원심 ⊗ 파기환송

399조 2항 규정의 취지에 비추어 볼 때 **항소권의 포기 등으로 제1심판결이 확정된 후에 항소장이 제출되었음이 분명한 경우도 '항소기간을 넘긴 것이 분명한 때'와 달리 볼 이유가 없으므로**, 이 경우에도 원심재판장이 항소장 각하명령을 할 수 있는 것으로 봄이 상당하다 할 것이다.

395조 1항은 "항소권의 포기는 항소를 하기 이전에는 제1심법원에, 항소를 한 뒤에는 소송기록이 있는 법원에 서면으로 하여야 한다."고 규정하고 있는바, 그 규정의 문언과 취지에 비추어 볼 때 항소를 한 뒤 소송기록이 제1심법원에 있는 동안 제1심법원에 항소권포기서를 제출한 경우에는 제1심법원에 항소권포기서를 제출한 즉시 항소권 포기의 효력이 발생한다고 봄이 상당하다 할 것이다. 포항시의 항소권 포기의 효력은 항소권포기서의 접수와 동시에 발생하였다고 보아야 할 것이고, 그와 동시에 보조참가인인 Z의 항소도 그 효력을 상실하였다고 할 것이다.

한편, 상대방이 전부승소하여 항소의 이익이 없는 경우에는 **항소권을 가진 패소자만 항소포**

기를 하면 비록 상대방의 항소기간이 만료하지 않았더라도 제1심판결은 확정된다고 해석하여야 할 것이므로, X가 제1심에서 전부승소한 이 사건의 경우에는 피고 포항시의 항소권 포기의 효력이 발생한 2005. 6. 24.자로 제1심판결은 확정되었다고 할 것이다.

따라서 Z의 항소장을 각하한 제1심 재판장의 명령은 정당하다 할 것인데, 원심은 판시와 같은 이유만으로 위 제1심 재판장의 명령을 위법하다 하였으니, 이러한 원심의 조치에는 항소장 각하명령에 관한 법리를 오해하여 재판에 영향을 미친 위법이 있다고 판시하여 원심결정을 파기하고 사건을 원심법원에 환송한다.

 검 토

제1심에서 전부 패소한 당사자의 보조참가인이 보조참가인의 자격으로 제1심판결에 대한 항소를 제기하였다가, 그 당사자가 제1심법원에 항소포기서와 함께 보조참가인이 제기한 항소를 취하하는 항소취하서를 제출하자, 소외인들과 함께 독립당사자참가신청을 하면서 제1심판결에 대한 항소장을 제출한 사안에서, 위 항소장이 항소할 수 있는 기간을 넘겨 제출되었다는 이유로 위 항소장을 각하한 제1심 재판장의 명령을 정당하다고 한 사례이다(원심은 '항소기간을 넘긴 것이 분명한 때'의 의미에 대하여 엄격하게 항소권의 포기와 같이 항소기간 도과 외의 다른 사유로 항소권이 소멸된 후에 항소가 제기된 경우까지를 포함하지 않는다고 보았고, 독립당사자참가신청을 하면서 제출한 항소장이 기존 당사자에 대한 각 판결 정본 송달일로부터 2주 이내에 제기되었으므로, 비록 항소장이 항소포기서가 제출된 이후에 제출되었다고 하더라도 이로써 399조 2항에서 말하는 '항소기간을 넘긴 것이 분명한 때'에 해당한다고 할 수 없다고 보았다).

대상결정은 항소권의 포기 방식에 관한 현행 민사소송법 규정의 의미, 전부 패소한 당사자의 항소권의 포기의 경우 판결확정시기, 원심재판장의 항소장 각하명령 범위 등에 관하여 판시함으로써 상소와 관련한 민사소송법 규정들의 해석을 명확히 하였다는 점에 그 의의가 있다(정창호, 민사재판의 제문제 15권(2006), 447-456면).

 【대법원 1968. 7. 29.자 68사49 전원합의체 결정】 인지를 보정하라는 보정명령을 받고서도 그 기간 이내에 흠을 보정하지 아니한 채 원심재판장에 의하여 항소장각하명령이 내려졌다면, 위 각하명령이 고지되기 전에 흠결을 보정한 경우는 물론, 위 각하명령에 대하여 즉시항고를 하고 그 흠결을 보정하였을 경우라도 이를 경정하거나 재도의 고안 또는 항고심의 결정에 의하여 취소할 수 없다.

10-2

대법원 1997. 10. 24. 선고 96다12276 판결

가분채권의 일부 청구에 관하여 전부 승소한 채권자가 나머지 부분에 관하여 청구를 확장하기 위하여 항소할 수 있는지 여부(적극)

X가 소외 B공사에 입사하여 근무하다가 퇴사하고 퇴직금을 수령한 후, Y회사에 입사하였다. Y회사는 소외 B공사의 일부 부서를 물적 기반으로 하여 설립된 회사로서 그 인사권과 경영권을 소외 B공사가 행사하고 있다. 그 후, X는 다시 Y회사에서 퇴사하고, Y회사에 대하여 퇴직금지급을 청구하여(그것이 나머지 부분을 유보하고 일부만 청구하는 것이라는 취지를 명시하지 않았다) 제1심에서 전부승소하였다. 한편 소외 B공사와 Y회사 양쪽에서 근무하다가 퇴

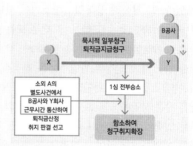

직한 소외 A가 소외 B공사를 상대로 제기한 퇴직금청구소송에서 위 X의 제1심판결 선고 직후에 소외 B공사와 Y회사에서의 근무기간을 통산하여 퇴직금을 산정하여야 한다는 취지의 대법원 판결의 선고가 있었다. 그리하여 X는 항소를 제기함과 동시에 위와 같은 소외 A의 대법원 판결의 취지에 따라 자신의 근로관계는 소외 B공사와 Y회사를 통하여 실질적으로 계속되었다며 소외 B공사와 Y회사에서의 근무기간을 통산하여 산정한 퇴직금의 지급을 구하는 것으로 그 청구를 확장하였다. 이를 항소의 이익과 관련하여 검토하시오.

 판 결

제1심에서 원고 X가 가분채권인 퇴직금에 대한 이행청구의 소를 제기하면서 그것이 나머지 부분을 유보하고 일부만 청구하는 것이라는 취지를 **명시하지 아니한 경우**에는 그 확정판결의 기판력은 나머지 부분에까지 미치는 것이어서 별소로 나머지 부분에 관하여 다시 청구할 수는 없는 것이고(이는 일부청구이론에 있어서 명시적인 일부청구를 긍정하는 통설·판례의 입장이다. 이러한 명시적 일부청구 긍정설에서는) 제1심에서의 퇴직금청구가 일부청구라고 명시하지 않은 (묵시의) 일부청구라면, 일부청구에 관하여 전부승소한 원고 X는 나머지 부분에 관하여 청구를 확장하기 위한 항소가 허용되지 아니하여 나머지 부분을 소구할 기회를 상실하는 불이익을 입게 된다. 따라서 이러한 경우에는 **예외적으로 전부승소한 판결에 대해서도 나머지 부분에 관하여 청구를 확장하기 위한 항소의 이익을 인정함이 상당**하다.

검토

사안에서 문제되는 것은 제1심에서의 퇴직금청구에 있어서 전부승소한 원고 X(항소인)의 항소의 이익이다. ① **실질적 불복설** ─ 항소심에서 청구의 확장을 한다면 제1심판결보다도 유리한 판결을 받을 수 있다는 것에서 무조건으로 항소의 이익을 긍정한다. 따라서 원고가 제1심에서 전부승소의 판결을 받은 경우에도 실체적으로 보다 유리한 판결을 받기 위하여 항소를 제기할 수 있다. ② **형식적 불복설** ─ 항소인이 제1심에서 구한 본안판결의 신청내용과 법원이 내린 판결내용(판결주문)을 비교하여 그 전부 또는 일부가 인정되지 않는 경우에 항소의 이익을 인정한다(통설. 가령 김홍, 1180면; 정/유/김, 852면; 정영, 1250면). 근거 내지 장점은, 첫째, 이러한 기준의 명백함이다. 결국 신청과 판결주문을 형식적으로 비교하여 후자가 전자에 미치지 못한다면 항소의 이익이 있다라는 판단방식은 매우 명쾌하고 알기 쉽다. 둘째, 신청대로 전부 받아들여진 재판을 받은 사람에게는 설사 그것이 불리한 결과를 가져온다 하더라도 그 결과에 책임을 져야 한다는 일종의 자기책임의 원칙에서 항소를 허용할 필요는 없다. 그러나 형식적 불복설에서도 **일정한 예외**를 인정하여 실질적 불복설에 의하여 보완하고 있다. 즉, 잔액청구가 기판력 등으로 차단되는 경우와 같이 뒤에 별소에서 청구를 할 수 없는 경우에는 전부승소한 판결에 대하여도 소의 변경을 위한 항소의 이익을 인정한다(이, 853면; 정영, 1250면; 한, 807면).

대상판결은 예외를 인정하는 형식적 불복설과 마찬가지 입장을 취하였다. 통상 예로 들고 있는 항소의 이익과 일부청구가 관련된 구체적 사안이 처음으로 대법원 판결을 거쳐 적극적으로 확인된 것이다. 참고로 보면, 만약 일부청구를 완전히 부정하는 입장(일부청구 부정설)에서는 일부청구라는 것을 명시하였는지 여부와 관계없이 별소의 제기가 허용되지 않으므로 이때에 예외를 인정하는 형식적 불복설과 결합하면, 일부청구라는 것을 명시하였는지 여부와 관계없이 항소심에서 청구를 확장하기 위한 항소의 이익이 긍정될 것이다.

생각건대 항소의 이익을 인정하는 결론은 긍정할 수 있더라도, 예외가 허용되는 것이 별소를 제기할 수 있는지 여부에 의하여 결정되는 것이 타당한가는 검토의 여지가 있다. 항소에 의한 청구의 확장은 제1심에서 과실 없이 잔부를 청구할 수 없었던 경우에 한정되어야 하는 것은 아닌가. 즉, 명시할 수 있는데도 명시하지 않아 잔액을 별도 청구할 수 없는 것에 원고에게 책임이 있는 경우까지 그 예외를 인정하는 점에는 의문이 든다(전병서, 판례월보(1998. 3), 16면 이하 참조).

10-3

대법원 1994. 6. 28. 선고 94다3063 판결

재산상 손해에 관하여 전부 승소하고 위자료에 관하여 일부 패소한 원고가 항소한 뒤 항소심에서 재산상 손해부분에 관하여 청구를 확장할 수 있는지 여부(적극)

> 원고는 제1심에서 피고 소유 화물자동차의 운행으로 인하여 상해를 입었음을 이유로 재산상 손해로서 금 39,238,808원과 위자료로서 금 5,000,000원을 합한 금 44,238,808원의 배상을 구하였다가 재산상 손해 부분에 대하여는 전부 승소하고 위자료는 금 3,000,000원만 인용되어 일부 패소판결을 받았고, 이에 원고만이 항소를 제기한 다음, 재산상 손해(소극적 손해) 금 39,963,294원을 추가로 지급해 달라는 취지로 청구를 확장하였다. 항소심은 원고의 제1심에서의 청구는 피고의 불법행위를 이유로 재산상 손해의 배상을 구하는 부분과 위자료 손해의 배상을 구하는 부분이 객관적으로 병합된 형태로서 재산상 손해의 배상을 청구하면서 그 일부를 유보하고 나머지만을 청구한다는 취지를 명시하지 아니한 이상 그 판결의 기판력은 재산상 손해의 전부에 미치고 원고는 전부 승소한 재산상 손해의 배상을 구하는 부분에 대하여 항소할 이익이 없고, 청구취지의 확장도 허용되지 않는다는 이유로 이를 각하하였다. 항소심의 판단에 잘못이 없는가?

 판 결

전부승소한 판결에 대하여는 항소가 허용되지 않는 것이 원칙이라고 할 것이나, 이러한 경우에도 법은 상대방이 항소를 제기하여 확정이 차단된 경우에는 청구취지의 확장을 위하여 부대항소를 하거나 항소심에서 청구취지의 확장을 하여 그 나머지 부분의 청구를 할 수 있도록 허용하고 있고(대법원 1991. 9. 24. 선고 91다21688 판결; 대법원 1992. 12. 8. 선고 91다43015 판결 각 참조), 하나의 소송물에 관하여 형식상 **전부승소한 당사자의 상소이익의 부정은 절대적인 것이라고 할 수도 없는 바**, 원고가 재산상 손해(소극적 손해)에 대하여는 형식상 전부승소하였으나 위자료에 대하여는 일부패소하였고, 이에 대하여 원고가 원고 패소 부분에 불복하는 형식으로 항소를 제기하여 사건 전부가 확정이 차단되고 소송물 전부가 항소심에 계속되게 된 경우에는, 더욱이 불법행위로 인한 손해배상에 있어 재산상 손해나 위자료는 단일한 원인에 근거한 것인데 편의상 이를 별개의 소송물로 분류하고 있는 것에 지나지 아니한 것이므로 이를 실질적으로 파악하여, 항소심에서 **위자료는 물론이고 재산상 손해**(소극적 손해)**에 관하여도 청구의 확장을 허용하는 것이 상당할 것이고**, 이렇게 해석한다고 하여 피고의 법적 안정성을 부당하게 해하거나 실체적 권리를 침해하는 것도 아니고, 그러하지 아니하고 재산상 손해(소극적 손해)에 대한 항소의 이익을 부정하고 청구취지의 확장을 허용하지 아니하면 원고는 판결이 확정되기도 전에 나머지 부분을 청구할 기회를 절대적으로 박탈당하게 되어 부당하다고 아니할 수 없다.

 검 토

　　대상판결은 항소의 이익의 유무를 실질적인 관점에서 파악하여 설사 전부승소자라 하더라도 청구취지의 확장을 위하여 항소의 이익이 인정되는 경우가 있음을 시사하고 있는 최초의 판결이다(전병식, 대법원판례해설(제21호), 316면).

　　인신사고에 의한 손해배상청구에 있어서 손해3분설을 완화한 것으로 상소의 이익에 있어서 손해3분설이 흔들린다고 보고 있다(이, 257면, 854면).

　　한편, **형식적 불복설에 의하더라도** 신체상해로 인한 손해배상청구에 있어서 그 내용이 여러 개의 손해항목으로 나누어져 있는 경우에 각 항목은 청구를 이유 있게 하는 공격방법에 불과하므로 불이익변경 여부는 개별 손해항목을 단순 비교하여 결정할 것이 아니라 동일한 소송물인 손해의 전체 금액을 기준으로 판단하여야 하므로(대법원 1996. 8. 23. 선고 94다20730 판결 참조) 위 사안은 제1심판결 주문에서 손해의 전체 금액 가운데에서 일부패소를 받은 것이 분명하므로 상소의 이익이 있다는 입장도 있다(강, 915면).

【대법원 1992. 3. 27. 선고 91다40696 판결】청구인용의 승소판결에 대하여 판결이유에 불만이 있다 하여 제기한 상소의 이익 유무(소극)

【대법원 1996. 8. 23. 선고 94다20730 판결】[1] 불법행위로 말미암아 신체의 상해를 입었다고 하여 가해자에게 재산상 손해배상을 청구함에 있어서 소송물인 손해는 적극적 손해와 소극적 손해로 나누어지고, 그 내용이 여러 개의 손해항목으로 나누어져 있는 경우 각 항목은 청구를 이유 있게 하는 공격방법에 불과하므로, 불이익변경 여부는 개별 손해항목을 단순 비교하여 결정할 것이 아니라 동일한 소송물인 손해의 전체 금액을 기준으로 판단하여야 한다. [2] 피해자가 가해자로부터 이미 치료비 등의 손해배상금을 지급받아 그중 피해자의 과실비율 상당액을 재산상 손해액에서 공제하는 경우에는, 과실 참작 후의 금액이 아니라 나아가 그 공제 후에 인정된 최종적인 금액을 기준으로 삼아 불이익변경이 있는지의 여부를 가려 보아야 한다.

19-법전협 모의시험(2) (위 91다40696 판결)

10-4

대법원 2017. 1. 12. 선고 2016다241249 판결

병합된 수개의 청구 전부에 대하여 불복한 항소에서 그중 일부 청구에 대한 불복신청을
철회한 경우의 효과 및 이때 항소 자체의 효력에 영향이 있는지 여부(소극)

> 甲은 주주권확인청구(제1청구), 주권인도청구(제2청구) 및 명의개서청구(제3청구)를 하였는데, 제1심이
> 甲의 각 청구를 기각하는 판결을 선고하였고, 甲은 2015. 9. 30. 제1심판결정본을 송달받았다. 甲이 제1
> 심판결 전부에 대하여 항소를 하였는데, 2015. 10. 30. 위 제2청구 및 제3청구 부분에 대한 항소를 취하
> 하는 내용의 항소취지변경(감축)신청서를 제출하였다. 그 후 甲은 2015. 11. 11. 제2청구 및 제3청구 중
> 일부의 인용을 구하는 항소취지변경(감축)신청서를 제출하였다. 항소기간과 관련하여 적법한가?

 판 결   • 원심 ⊗ 파기환송

항소의 취하는 항소의 전부에 대하여 하여야 하고 **항소의 일부 취하는 효력이 없으므로** 병
합된 수개의 청구 전부에 대하여 불복한 항소에서 그중 일부 청구에 대한 불복신청을 철회하였
다 하더라도 그것은 단지 불복의 범위를 감축하여 심판의 대상을 변경하는 효과를 가져오는 것
에 지나지 아니하고, 항소인이 항소심의 변론종결시까지 언제든지 서면 또는 구두진술에 의하
여 불복의 범위를 다시 확장할 수 있는 이상 항소 그 자체의 효력에 아무런 영향이 없다고 전제
하고, 원고의 위 2015. 10. 30.자 항소취지변경(감축)신청서의 내용은 항소취지를 기존의 제1, 2,
3청구 전부에서 제1청구 부분만으로 감축함으로써 제2청구와 제3청구 부분을 불복의 범위에서
제외시키는 것이고, 위 2015. 11. 11.자 항소취지변경(감축)신청서의 내용은 다시 제2, 3청구의
일부를 불복의 범위에 포함시키는 것임을 알 수 있으므로 2015. 10. 30.자 항소취지변경에 의하
여 항소의 일부가 취하되는 효력이 발생한 것이 아니라, 단지 **제1심판결의 변경을 구하는 불복
의 범위가 항소장보다 좁게 변경된 것에 불과**하고, 항소심 변론종결 전인 2015. 11. 11.자 항소
취지변경에 의하여 위와 같이 불복 범위에서 제외되었던 일부 청구 부분이 다시 불복의 범위에
포함되었다고 보아야 할 뿐, 취하되었던 항소를 다시 제기한 것으로 볼 수는 없다고 할 것이라
고 하면서, 따라서 원심법원으로서는 위와 같이 다시 불복의 범위에 포함된 제2, 3청구 중 일부
에 대하여 심리에 나아가 이를 판단하였어야 함에도 불구하고 그 판시와 같이 항소가 부적법하
다는 이유로 이를 각하하고 말았으니, 이러한 원심의 판단에는 항소의 취하 및 항소취지의 변경
에 관한 법리를 오해하여 판결에 영향을 미친 위법이 있다.

검토

상소불가분의 원칙이 적용된다면 원래부터 일부만 상소하더라도 그 상소의 효력은 원판결 전부에 미치고, 전부 상소하였다가 일부를 취하하여도 상소의 효력은 변함이 없이 원판결 전부에 미치게 된다. 따라서 상소인은 상소심 변론종결시(상고심은 상소이유서 제출기간)까지 불복의 범위를 다시 확장할 수 있기 때문에 상소를 일부 취하하더라도 상소 취하는 상소제기의 효력을 소급하여 상실시키는 효력은 없어 그런 의미에서 상소의 일부 취하는 효력이 없게 되는 것이다. 한편, 통상의 공동소송에서는 공동소송인 한 사람의 또는 한 사람에 대한 항소를 취하할 수 있으나, 필수적 공동소송의 경우에는 공동소송이 모두가 또는 모두에 대하여 항소를 취하하는 것이 필요하다(67조 참조)는 점에 주의하라.

		항소의 취하	소의 취하
공통점		− 처분권주의의 발현 − 항소의 취하의 방식에는 소의 취하의 방식을 준용(393조)	
근본적 차이		항소만을 철회	소 그 자체의 철회
근본적 동의	주체	항소인(원고·피고)	
	시간적 한계	항소상의 종국판결이 있을 때까지(393조 1항)	종국판결 확정시까지(266조 1항)
	상대방의 동의	불필요	피고가 준비서면의 제출 등을 한 뒤에는 필요(266조 2항)
효과의 차이		− 항소는 소급적으로 실효 − 1심 판결에는 영향 없음	− 소송계속의 소급적 소멸(267조 1항) − 재소금지효(267조 2항)

원심은 위 2개의 청구에 대하여 이미 항소가 취하된 것이고 항소기간 경과 후에 다시 항소를 제기하는 것은 부적법하다는 이유로 이 부분 항소를 각하하였으나, **대상판결**은 항소의 일부가 취하되는 효력이 발생하는 것이 아니라 단지 불복의 범위가 감축되었다가 항소심 변론종결 전에 다시 불복의 범위가 확장된 것에 불과한 것이므로 심리에 나아갔어야 한다고 판단한 사례이다.

상소인에 의한 상소신청의 철회를 상소의 취하라고 하는데, 상소의 **일부취하가 허용되는지 여부**에 있어서, 상소불가분의 원칙이 적용된다면 일부만 상소하더라도 그 상소의 효력은 원판결 전부에 미치고, 전부 상소하였다가 일부를 취하하여도 상소의 효력은 변함이 없이 원판결 전부에 미치고, 상소인은 상소심 변론종결시(상고심은 상소이유서 제출기간)까지 불복의 범위를 다시 확장할 수 있으므로 일부 취하하더라도 상소 취하는 상소제기의 효력을 소급하여 상실시키는 효력은 없어 그러한 의미에서 상소의 일부 취하는 효력이 없게 되는 것이다.

참조 【대법원 1971. 10. 22. 선고 71다1965 판결】 필수적 공동소송도 아닌 사건에서 공동소송의 한 사람에 대한 원고의 항소취하의 효력을 다른 피고가 다툴 수는 없다. 즉, 통상의 공동소송에서는 공동소송인 한 사람의 또는 한 사람에 대한 항소를 취하할 수 있다. 이 경우의 취하의 성질은 대상이 별개 독립이므로 항소의 일부취하가 아니라 전부취하이다.

 18-변리사시험

10-5

대법원 2016. 1. 14. 선고 2015므3455 판결

항소기간 경과 후에 항소취하가 있는 경우, 제1심판결이 확정되는 시기(=항소기간 만료 시) / 항소기간 경과 전에 항소취하가 있는 경우, 항소기간 내에 다시 항소제기가 가능한지 여부(적극)

원고가 피고를 상대로 제기한 이혼소송에서, 제1심법원은 2015. 2. 13. 원고 승소판결을 선고하였다. 2015. 2. 16. 및 2015. 3. 2. 각각 피고의 주소지로 제1심판결 정본의 송달을 시도하였으나 모두 폐문 부재로 송달이 불능되었다. 그런데 피고는 제1심판결 정본을 적법하게 송달받지 아니한 상태에서 2015. 3. 6. 제1심법원에 항소장('1차 항소장')을 제출하였다가, 2015. 3. 11. 제1심법원에 항소취하서를 제출하였다. 피고는 2015. 3. 13. 제1심판결 정본을 적법하게 송달받은 후 같은 날 제1심법원에 다시 항소장 ('2차 항소장')을 제출하였다. 항소심법원은 본안에 관한 판단을 생략한 채, 피고의 2015. 3. 11. 항소취하로 이 사건 소송이 종료되었다는 내용의 소송종료선언을 하였다. 항소취하에 관한 법리 오해가 없는가?

 판 결

• 원심 ⊗ 파기환송

비록 피고가 제1심판결 정본을 적법하게 송달을 받지 아니한 상태에서 1차 항소장을 제출 하였다가 2015. 3. 11. 항소취하서를 제출한 사정은 있으나, 피고에 대한 제1심판결 정본은 2015. 3. 13.에야 적법하게 송달이 이루어졌으므로 피고는 그로부터 2주 내에 다시 적법하게 항소를 제기할 수 있다 할 것이므로 같은 날 제출된 2차 항소장도 적법한 항소의 제기라고 할 것이다. 그럼에도 원심이 피고의 2015. 3. 11. 항소취하로 이 사건 소송이 종료되었다고 한 것 은 잘못이다.

 검 토

제1심판결의 선고가 있으면, 판결서 송달 전이라도 항소장을 제출하는 것은 적법하나, 한편 항소기간 2주는 판결서를 송달받은 날로부터 진행한다(396조 1항). 항소인은 항소심의 종국판결 이 있기 전에 항소를 취하할 수 있다(393조 1항). 피항소인의 동의는 필요하지 않다(동조 2항에서 266조 2항을 준용하지 않음). 항소의 취하에 의하여 항소는 소급하여 효력을 잃게 되어 항소심 절차 는 종료된다(393조 2항, 267조 1항). 따라서 제1심판결이 남게 되고, 만약 항소기간 경과(항소기간이 만료) 후에 항소취하가 있는 경우에는 항소기간 만료시로 소급하여 제1심판결이 확정된다. 그런 데 항소권의 포기와 달리, 항소의 취하 뒤라도 **항소기간 내라면 재차 항소를 할 수 있다.**

10-6

대법원 2003. 9. 26. 선고 2001다68914 판결

피항소인이 부대항소를 할 수 있는 범위가 항소인이 주된 항소에 의하여 불복을 제기한 범위에 의하여 제한되는지 여부(소극) / 원고 전부승소 판결에 대하여 피고가 지연손해금 부분에 대해서만 항소하고 원고가 부대항소로서 청구취지를 확장변경한 경우, 항소심이 제1심판결의 인용금액을 초과하여 원고의 청구를 인용하는 것이 불이익변경금지의 원칙에 위배되는지 여부(소극) / 항소심이 원고의 부대항소에 따라 확장된 청구를 전부 인용하는 변경판결을 한 경우 피고가 항소나 부대항소를 하지 아니한 부분에 관하여 제기한 피고의 상고는 부적법하다고 판단한 사례

원고가 구상금 청구의 소를 제기하여 제1심에서 원고의 청구가 인용되었는데, 이에 대하여 피고는 청구 중 지연손해금 부분(A라고 한다)에 대하여만 항소를 제기하고, 원금 부분(B라고 한다)에 대하여는 항소를 제기하지 아니하였다. [1] 항소심이 원고의 부대항소를 받아들여 제1심판결의 인용금액(A+B)을 초과하여 원고 청구를 인용하였다. 불이익변경금지의 원칙이나 항소심의 심판범위에 관한 법리오해의 위법이 있는가? [2] 원고 승소의 제1심판결 중 원금 부분(A)은 항소심의 심판대상이 되는가? 이 부분에 관하여 제기한 피고의 상고는 적법한가?

 판 결

[1] 원고 전부승소 판결에 대하여 피고가 지연손해금 부분에 대해서만 항소하고 원고가 부대항소로서 청구취지를 확장변경한 경우, 항소심이 제1심판결의 인용 금액을 초과하여 원고의 청구를 인용하는 것이 불이익변경금지의 원칙에 위배되지 않는다.

[2] 원고의 청구를 전부 인용한 제1심판결에 대하여 원고가 청구를 확장하기 위하여 부대항소하였으나, 피고는 원금 부분(A)에 대하여 항소나 부대항소를 하지 아니한 경우 원고 승소의 제1심판결 중 원금 부분(A)은 피고의 나머지 부분에 대한 항소로 항소심에 이심은 되었으나 항소심의 심판대상은 되지 않았다 할 것이다. 그리고 항소심에서의 변경판결은 실질적으로는 항소가 이유 있는 부분에 대하여는 항소를 인용하여 제1심판결 중 일부를 취소하고 항소가 이유 없는 부분에 대하여는 항소를 기각하는 일부취소의 판결과 동일한 것인데 다만 주문의 내용이 복잡하게 되는 것을 피하고 주문의 내용을 알기 쉽게 하기 위한 편의상의 요청을 좇은 것에 불과한 것이다. 이 사건에서 항소심이 확장된 부분을 포함한 원고의 청구를 전부 인용하는 변경판결을 한 것은 피고의 항소를 기각하고, 원고의 부대항소를 인용하여 확장된 원고의 청구를 인용한 판결과 동일한 것으로서 이는 항소심의 심판대상이 된 피고의 항소 부분과 원고의 부대항소 부분에 한정된 것이며 원고 승소의 제1심판결 중 원금 부분(A)에 대하여는 항소심이 판결을 한 바

없다. 그렇다면 원고 승소의 제1심판결 중 원금 부분(A)에 대하여 아무런 불복을 제기하지 않은 피고가 그 부분에 관하여 제기한 상고는 상고의 대상이 될 수 없는 부분에 대한 **상고로서 부적법**하다고 할 것이다.

 검토

항소심은 그 심판의 범위를 항소인의 불복의 신청에 의하여 정하는데, 한편 항소인은 제1심 판결의 소송물 전부가 아닌 그 일부만을 불복의 대상으로 할 수 있고, 항소심 도중에 심판의 대상을 확장할 수 있다. 그렇다면 항소하지 않은 피항소인에게도 심판의 대상을 자기에게 유리한 범위까지 확장하는 것을 인정하는 것이 공평할 것이다. 이것이 부대항소다.

부대항소란 피항소인의 항소권이 소멸하여 독립하여 항소를 할 수 없게 된 후에도 상대방이 제기한 항소의 존재를 전제로 이에 부대하여 원판결을 자기에게 유리하게 변경을 구하는 제도로서, 피항소인이 부대항소를 할 수 있는 범위는 항소인이 주된 항소에 의하여 불복을 제기한 범위에 의하여 제한을 받지 않는다.

 【대법원 1995. 6. 30. 선고 94다58261 판결】원고는 제1심 변론기일에서 위자료를 제외한 나머지 청구(일실이익과 장례비)를 모두 취하하였고, 위자료 부분에 관하여 전부 승소판결을 선고받았다. 원고는 "제1심판결 중 원고 패소부분을 취소한다. 피고는 원고에게 금 10,000,000원 및 위 금원에 대하여 1989. 10. 12.부터 이 사건 선고일까지 연 5푼의, 그 다음날부터 완제일까지 연 2할 5푼의 비율에 의한 금원을 지급하라."는 내용의 항소를 하였다. 그 후 항소심은 2차 변론기일에서 위 항소장을 진술시키고, 5차 변론기일에 가서 원고에게 위 항소장의 취지를 제1심에서 취하한 일실이익과 장례비에 대하여 부대항소한 취지로 석명을 구하여 부대항소한 것으로 보고 이 부분에 대하여 판결을 하였다. 이 부분에 대하여 판결을 한 것은 옳다.

 【대법원 1995. 3. 10. 선고 94다51543 판결】항소인은 피항소인이 **부대항소를 제기하였는지 여부에 관계없이 항소를 취하**할 수 있고, 그 때문에 피항소인이 부대항소의 이익을 잃게 되어도 이는 그 이익이 본래 상대방의 항소에 의존한 은혜적인 것으로 주된 항소의 취하에 따라 소멸되는 것이어서 어쩔 수 없고, 이미 부대항소가 제기되어 있다 하더라도 주된 항소의 취하는 그대로 유효하다 할 것이다.

 【대법원 2000. 2. 25. 선고 97다30066 판결】피고만이 항소한 항소심에서 원고가 청구취지를 확장변경한 경우, 항소심이 1심판결의 인용 금액을 초과하여 원고의 청구를 인용하는 것이 불이익변경금지의 원칙에 위배되지 않는다.

 10-변리사시험 / 14-5급(행정)공채시험 / 18-법전협 모의시험(1)

10-7

대법원 2002. 9. 6. 선고 2002다34666 판결

피고의 상계항변을 인용하여 원고 청구를 기각한 항소심 판결 부분에 대하여도 피고는 상고를 제기할 수 있는지 여부(적극) 및 그 상고심에서 원고의 소구채권 자체가 인정되지 아니하는 경우 상고심의 조치(＝전부 파기)

> 원심은 원고의 청구원인사실을 모두 인정한 다음 피고의 상계항변을 받아들여 상계 후 잔존하는 원고의 나머지 청구 부분만을 일부 인용하였다. 피고로서는 원심판결 이유 중 원고의 소구채권을 인정하는 전제에서 피고의 상계항변이 받아들여진 부분에 관하여도 상고를 제기할 수 있는가? 피고의 상계항변의 당부를 따져볼 필요도 없이 원고 청구가 배척될 경우의 상고심의 조치는?

판결

원심에서 원고의 청구원인사실을 모두 인정한 다음 피고의 상계항변을 받아들여 상계 후 잔존하는 원고의 나머지 청구부분만을 일부 인용하였는데, 이 경우 피고로서는 원심 판결이유 중 원고의 소구채권을 인정하는 전제에서 피고의 상계항변이 받아들여진 부분에 관하여도 **상고를 제기할 수 있고**, 상고심에서 원고의 **소구채권 자체가 인정되지 아니하는 경우** 더 나아가 피고의 **상계항변의 당부를 따져볼 필요도 없이** 원고 **청구가 배척**될 것이므로, 결국 원심판결은 그 전부에 대하여 **파기**를 면치 못한다.

검토

항소심에서의 종국판결에서, 제1심판결이 정당하다고 인정되는 경우는 물론(414조 1항), 그 이유가 부당하더라도 항소심의 변론종결 당시의 상황에서 판단하여 결론적으로 제1심판결의 주문에 일치하면 역시 **항소를 기각**한다(동조 2항). 가령 변제를 이유로 한 청구기각판결에 대하여 변제가 아닌 소멸시효를 이유로 하여 항소기각판결을 하는 것은 무방하다. 원판결의 결론이라고 할 수 있는 주문에 포함된 것에 한하여 기판력이 있으며, 판결이유 중의 판단에 있어서는 기판력에 영향이 없기 때문이다(216조 1항). 그런데 216조 2항에 의하여 상계항변에 대한 판결이유 중의 판단에는 기판력이 생기기 때문에 상계항변의 경우에는 특별한 고려가 필요하다.

제1심판결이 피고의 예비적 상계의 항변을 인용하여 원고의 청구를 기각한 때에 (피고 승소이더라도 항소의 이익은 있으므로) **피고만이** (소구채권의 성립을 다투어 상계의 항변의 인용을 불복으로 하는) **항소**하고, 원고가 항소도 부대항소도 하지 않은 경우에 있어서 항소심이 **소구채권**의 성립을 **부정**하는 때에는 (더 나아가 피고의 상계항변의 당부를 따져볼 필요도 없이) 제1심판결을 취소하고 다시 청구기각의 판결을 하여야 한다(강, 942면; 김홍, 1202면; 이, 881면; 정영, 1285면; 한, 826면). 216조 2항과의 관계에서 상계의 항변에 관한 판단에는 기판력이 생겨서 결론은 같은 청구기각이지만 기판력의 객관적 범위가 달라지기 때문이다. **대상판결**도 마찬가지 입장이다.

 【대법원 2013. 11. 14. 선고 2013다46023 판결】 소구채권 그 자체를 부정하여 원고의 청구를 기각한 제1심판결에 대하여 원고가 항소한 결과 항소심이 소구채권은 인정하면서도 피고의 상계항변을 받아들여 원고의 청구를 배척하는 경우 항소심판결의 주문 기재방법 — 기판력의 범위를 서로 달리하므로, 원심으로서는 그 결론이 같다고 하여 원고의 항소를 기각할 것이 아니라 제1심판결을 취소하고 다시 원고의 **청구를 기각하는 판결을 하여야 했다.** — 예를 들어 대여금청구사건에 있어서 제1심이 소비대차 사실이 인정되지 않는다 하여 원고의 청구를 기각하였으나, 항소심에서는 소비대차 사실은 인정되지만, 소멸시효의 항변이 이유 있어 청구를 기각할 경우라면, 판결이유는 다르나, 원고의 청구를 배척함에 있어서는 제1심판결과 결론이 같으므로 원고의 **항소를 기각**하여야 한다. 판결이유 중의 판단에 대하여는 기판력에 영향이 없기 때문에(216조 1항) 그대로 항소기각판결을 하는 것은 문제가 되지 않는다. 그런데 216조 2항에 의하여 상계항변에 대한 판결이유 중의 판단에는 기판력이 생기기 때문에 상계항변의 경우에는 특별한 고려가 필요하다. 즉 상계의 항변에 관한 판단에는 기판력이 생겨서 제1심판결과 항소심 판결이 기판력의 범위를 달리하기 때문에 결론은 같은 청구기각이지만, 항소심으로서는 제1심판결을 취소하고, 다시 청구기각의 판결을 하여야 한다(이, 881면).

 【대법원 2011. 10. 13. 선고 2011다51205 판결[미간행]】 원고가 청구한 채권의 발생을 인정한 후 피고가 한 상계항변을 받아들여 원고 청구의 전부 또는 일부를 기각한 제1심판결에 대하여 원고만이 항소한 경우, 항소심이 원고가 청구한 채권의 발생이 인정되지 않는다는 이유로 원고의 청구를 기각할 수 있는지 여부(소극) — 제1심판결이 원고가 청구한 채권의 발생을 인정한 후 피고가 한 상계항변을 받아들여 원고 청구의 전부 또는 일부를 기각하고 이에 대하여 원고만이 항소한 경우에 항소심이 제1심과는 다르게 원고가 청구한 채권의 발생이 인정되지 않는다는 이유로 **원고의 청구를 기각**하는 것은 항소심의 심판범위를 벗어나 항소인인 원고에게 불이익하게 제1심판결을 변경하는 것이어서 **허용되지 않는다.** — 위와 같은 처리가 타당하다(강, 946면; 김홍, 1204면; 이, 886면; 정/유/김, 880면 등도 마찬가지 입장). 216조 2항과의 관계에서 제1심판결에서는 피고의 반대채권도 소멸하고 있으므로 원고가 불복신청을 한 범위에서 판결을 하는 데에는 제1심판결의 결론을 유지할 수밖에 없기 때문이다. 즉, 동일한 청구기각판결이라도 제1심의 청구기각판결과 항소심에서의 청구기각판결은 기판력의 범위에 있어서 동일하지 않은 바, 상계의 항변을

인정한 것에 의한 제1심의 청구기각판결과 달리 소구채권의 부존재에 의한 항소심의 판단내용대로의 청구기각판결에 있어서는 반대채권에 대하여 심리하지 않은 것이므로 반대채권의 부존재에는 기판력이 미치지 않는다. 따라서 항소를 한 원고에게는 제1심판결에 비하여 항소심의 판단이 보다 불이익하게 된다. 또 피고가 항소도 부대항소도 하지 않은 것은 상계의 항변에 의한 청구기각으로 만족하고 있는 것이므로 처분권주의의 관념으로부터도 항소기각판결로 무방할 것이다.

 【대법원 1995. 9. 29. 선고 94다18911 판결】 피고의 상계항변을 인용한 제1심판결에 대하여 피고만이 항소한 경우, 항소심에서 그 상계항변을 배척하는 것이 불이익변경 금지에 위배되는지 여부(적극) – 피고의 상계항변을 인용한 제1심판결에 대하여 피고만이 항소하고 원고는 항소를 제기하지 아니하였는데, 항소심이 피고의 상계항변을 판단함에 있어 제1심이 **자동채권으로 인정하였던 부분을 인정하지 아니하고** 그 부분에 관하여 피고의 상계항변을 배척하였다면, 그와 같이 항소심이 제1심과는 다르게 그 자동채권에 관하여 피고의 상계항변을 배척한 것은 항소인인 피고에게 **불이익하게 제1심판결을 변경한 것에 해당**한다. – 항소심의 판단 내용대로라면 상계의 항변을 배척하고 청구인용판결이 될 수밖에 없지만, 이는 항소인(=피고)에게 불리하게 제1심판결을 변경하는 것으로 항소인이 신청한 바가 아니므로 항소심에서는 청구기각판결을 청구인용판결로 변경할 수 없고, 항소기각판결에 머물러야 한다. 즉, 상계에 의한 청구기각의 제1심판결을 유지하여야 한다(강, 947면; 김홍, 1205면; 이, 886면).

10-8

대법원 1999. 6. 8. 선고 99다17401, 17418 판결

항소심이 청구기각 판결을 하여야 할 사건에 대하여 소각하 판결을 하였으나 원고만이 불복하여 상고한 경우, 상고심이 취할 조치(= 상고기각)

> X보험주식회사의 자동차보험에 가입한 소외 A가 운전하던 승용차가 차량의 고장으로 인하여 정차하였는데, 그 과정에서 Y 운전의 오토바이가 위 승용차를 뒤에서 추돌하여 Y가 중상을 당한 사고가 발생하였다. X보험주식회사는 1997. 5. 19. 위 사고는 오로지 Y의 일방적 과실만에 의하여 발생한 것이라고 주장하며 Y를 상대로 위 사고와 관련한 손해배상채무의 부존재확인을 구하는 소를 제기하였고, 이에 대하여 Y는 같은 해 7. 8. X보험주식회사를 상대로 손해배상채무의 이행을 구하는 반소를 제기하였다. 이러한 사안에서 항소심은 본소는 소의 이익이 없어 부적법하다고 하여 이를 각하하였고, Y의 반소에 관하여 손해배상의무가 있다는 판결을 선고하였다. 항소심판결에 대하여 X보험주식회사만이 항소를 하였다. 이에 대한 상고심에서, 반소에 관하여는 항소심의 판단을 수긍하였으나, 본소에 관하여는 소의 이익이 소멸되어 부적법하다고 볼 수 없으므로 항소심이 본소를 각하한 것은 잘못이라고 보았다. 그렇다면 X보험주식회사에게 손해배상채무가 있는 이상, 상고심에서 채무부존재확인을 구하는 본소에 관하여(반소에 관하여는 항소심의 판단을 수긍) 항소심판결을 취소하고, 청구기각판결을 할 수 있는가? 아니면 원심판결을 그대로 유지하여야 하는가?

 판 결

원고에게 손해배상채무가 있는 이상, 그 부존재확인을 구하는 원고의 본소청구는 이유 없고, 원고만이 상고한 이 사건에서 소를 각하한 원심판결을 파기하여 원고에게 더 불리한 청구기각의 판결을 할 수는 없으므로, **원심판결을 그대로 유지**하지 않을 수 없다. 결국 상고를 기각한다.

 검 토

청구기각판결을 하여야 할 사건에 대하여 소각하의 소송판결을 하였으나, 원고만이 이에 불복하여 항소한 경우에 항소심이 소송요건(소의 이익)은 존재한다는 판단에 도달한 때에 항소심이 취할 조치가 문제된다. 즉, 항소심이 소를 각하한 원판결을 취소하고, 스스로 청구기각판결을 할 수 있는지 여부가 418조를 둘러싸고 쟁점이 된다. 소가 부적법하다고 각하한 원판결을 취소하는 경우에는 제1심의 심리가 전혀 없었던 것이므로 항소심 법원은 사건을 제1심법원에 환송하여야 하는데(필수적 환송), 다만 1990년 민사소송법 개정시 418조 단서가 신설되어 제1심에서 본안판결을 할 수 있을 정도로 심리가 된 경우에는 항소심 법원은 스스로 본안판결을 할 수 있게 되었지만, 한편 소각하의 소송판결보다 청구기각판결이 상소한 원고에게 불리한 것인지 여부가 불이익변경금지의 원칙과 관련하여 문제된다. ① **청구기각설**(통설) 상소심에서 하급심 판결을 취소하고 청구기각판결을 하는 것이 실제적인 결론에 도달하며, 소송경제에도 합치한다고 한다. 본래 불이익변경금지원칙의 취지가 원판결이 당사자에게 부여한 바를 상소심에서 함부로 박탈하는 것을 금하는 데 있는 바, 하급심에서 원고는 소송요건이 불비되었다고 판단받았을 뿐이다. 아직 실체적인 법적 지위에 대한 아무런 판단을 받은 바 없다면, 상소심이 하급심 판결을 취소하고 청구기각판결을 하더라도 불이익변경금지의 원칙에 어긋나지 않는다(강, 949면; 정/유/김, 879면; 한, 830면; 호, 643-644면. 다만, 김홍, 1207면은 항소기각설이든 청구기각설이든 실무상 그다지 문제 없다고 한다). ② **절충설** 418조 단서의 요건에 해당하면, 제1심판결을 취소하고 청구기각판결을 할 것이로되, 그렇지 않으면, 동조 본문에 의하여 환송하는 것이 옳다(이, 886면; 정영, 1290면). 그런데 위에서 살펴본 청구기각설도 이미 418조 단서를 충족할 것을 전제로 하고 있다면, 절충설도 청구기각설과 마찬가지로 보면된다. ③ **항소기각설**(판례) 원고만이 항소한 사건에 있어서 소각하의 소송판결보다도 청구기각판결이 원고에게 보다 불리하기 때문에 청구기각판결이 허용되지 않고, 원판결을 유지하여야 하므로 항소기각의 판결을 하여야 한다(김/강, 897면). ④ **환송설** 원판결을 취소하고 청구기각판결을 하는 것은 불이익변경금지의 원칙에 의하여 허용할 수 없고, 418조에 충실하게 심급의 이익을 고려하여 원심으로 환송하여야 한다.

생각건대 소각하의 소송판결에 대한 원고의 항소는 청구에 대하여 본안판결을 구하는 취지이다. 그 취지를 고려한다면 항소심에서 소송요건을 갖추었다고 인정하면서 청구기각이 분명하다고 판단되는 경우에 원판결을 취소하고 청구기각판결을 할 수 있다. 이것이 원고의 신청의 범위를 넘어 원판결을 원고의 불이익으로 변경하는 것은 아니라고 본다. **청구기각설에 찬성**한다. 그렇다면 사안에서 본소를 부적법 각하하고, 반소에서는 손해배상의무가 있다고 판단한 원심판결에 대하여 X보험주식회사만이 상고하였다. 상고심은 반소에 관하여는 원심의 판단을 수긍하였다. 그리고 본소에 관하여는 소의 이익이 소멸되어 부적법하다고 볼 수 없으므로 본소를 부적법 각하한 것은 잘못이라고 하였다. 그렇다면 상고심은 본소에 있어서 소각하의 소송판결을 취소하고, 반소와 관련하여 X보험주식회사에게 손해배상채무가 있는 이상, 본소가 이유 없다는 것이 분명하여 청구기각판결을 할 수 있다고 할 것이다.

10-9

대법원 1984. 6. 14. 선고 84다카744 판결

환송받은 항소심에서 환송 전의 항소심 소송대리인에게 한 송달의 효력(유효)

변호사 A는 사건이 대법원에서 환송되기 전의 항소심에 계속되고 있을 때 피고의 소송대리인으로 선임되어 그 항소심판결 선고시까지 피고의 소송대리인으로서 소송수행을 하였다. 대법원에서 환송받은 원심법원의 법원사무관이 발송한 환송 후의 원심판결정본은 1984. 2. 4.에 위 변호사 A에게 송달되었고 피고의 상고장은 그로부터 2주일이 훨씬 지난 1984. 2. 29.에 접수되었다. 상고의 제기는 적법한가?

 판결

사건이 상고심에서 환송되어 다시 항소심에 계속하게 된 경우에는 상고 전의 항소심에서의 소송대리인의 대리권은 그 사건이 항소심에 계속되면서 다시 **부활**하는 것이므로 환송받은 항소심에서 환송 전의 항소심에서의 소송대리인에게 한 송달은 소송당사자에게 한 송달과 마찬가지의 **효력이 있다.** 그렇다면 환송 뒤의 항소심에서 환송 전의 항소심에서의 소송대리인 A에게 한 송달은 피고에게 한 송달과 마찬가지의 효력이 있고, 피고의 상고는 2주가 지난 뒤에 제기한 것이므로 부적법하다.

또한 대상판결은 소송대리인 A가 판결정본의 송달을 받고도 피고에게 그 사실을 알려 주지 아니하여 피고가 그 판결정본의 송달사실을 모르고 있다가 기간이 지난 뒤에 비로소 그 사실을 알게 되었다 하더라도 이를 가리켜 당사자가 책임질 수 없는 사유로 말미암아 불변기간을 지킬 수 없었던 경우(173조 참조)에 해당된다고는 볼 수 없다.

 검토

사안에서 환송 전 항소심에서의 소송대리인의 대리권이 환송 후 항소심에서 당연히 부활하여 그 소송대리인에게 한 송달이 당사자에게 한 송달과 마찬가지의 효력이 있는지 여부가 문제된다.

① **긍정설** – 처음 1차의 항소심 소송대리인은 이미 사실관계에 정통하고 있는 것 및 만약 본인이 그 대리인을 신뢰할 수 없게 되었다면 언제라도 해임할 수 있는 점을 고려하면 통상은 다시 부활하는 것으로 생각하여도 무방하다(종전 변론의 재개·속행으로 부활된다는 입장으로는 강, 966면;

김홍, 223면; 한, 851면). ② **부정설** – 심급대리의 원칙하에서 환송판결은 종국판결이므로 환송 후는 다른 심급으로 보아야 하는 것, 환송 후 항소심은 상고심을 거쳤기 때문에 원래의 항소심보다 사실이 복잡하게 되는 것, 상고심에서의 소송대리인이 환송 전 항소심 소송대리인과 다른 경우 또는 상고심에서 소송대리인을 선임하지 않은 경우 등은 소송대리에 대한 신뢰관계도 없어지게 되는 것 및 이미 과거에 금이 간 본인과 소송대리인 사이의 신뢰관계를 이제 회복시키는 것은 무리라는 것 등을 이유로 부활하는 것에 반대한다(송/박, 771면; 이, 190면, 914면; 정/유/김, 906면; 정영, 1326면; 호, 664면).

판례는 환송 후라도 항소심이라고 풀이하여 당연히 **대리권이 부활**한다고 하는 **긍정설**의 입장이다.

생각건대 파기되어 환송된 경우에 있어서 긍정설(당연부활설)이 상당히 위화감을 주는 것은 사실이나, 하여튼 당사자 본인의 수권행위에 대한 해석문제로 보아 본질적으로는 개개의 해석에 맡겨야 할 것이고, 특별한 사정이 없는 한, 긍정설(**당연부활설**)로서 운용하는 것이 타당하다고 본다.

📖참조 **【대법원 1996. 4. 4.자 96마148 결정】** 한편, 상고심에서 항소심으로 파기환송된 사건이 다시 상고되었을 경우에는 환송 전의 상고심에서의 소송대리인의 대리권이 그 사건이 다시 상고심에 계속되면서 부활하게 되는 것은 아니다.

📖참조 **【대법원 1991. 11. 22. 선고 91다18132 판결】** 피고만이 상고하여 원심판결 중 피고 패소부분이 파기환송된 경우 원심에 환송되는 사건의 심판범위는 위 패소부분을 넘을 수 없고 따라서 이 한도를 초과하여 피고에게 불이익한 판결을 할 수 없다. 그러나 환송 후 항소심의 소송절차는 환송 전 항소심의 속행이므로 당사자는 원칙적으로 새로운 사실과 증거를 제출할 수 있음은 물론, 소의 변경, 부대항소의 제기 이외에 청구의 확장 등 그 심급에서 허용되는 모든 소송행위를 할 수 있고 이러한 이유로 또한 민사소송법에는 형사소송법 제368조와 같은 불이익변경의 금지 규정도 없는 이상, 환송 전의 판결보다 상고인에게 불리한 결과가 생기는 것은 불가피하다고 하겠다.

📖참조 **【대법원 2016. 7. 7. 선고 2014다1447 판결】** 항소심 사건의 소송대리인인 변호사 등은 항소심판결이 송달되어 위임사무가 종료되어야 보수를 청구할 수 있는지 여부(원칙적 적극) 및 이때 항소심판결이 상고심에서 파기환송되는 경우, 변호사 등은 환송 후 항소심 사건의 소송사무까지 처리하여야만 위임사무의 종료에 따른 보수를 청구할 수 있는지 여부(원칙적 적극)

📖 20-변호사시험

10-10

대법원 1994. 12. 23. 선고 94다44644 판결

수개의 청구를 모두 기각한 제1심판결에 대하여 그중 일부의 청구에 대하여만 항소를 제기한 경우, 항소하지 아니한 나머지 부분을 환송 후의 항소심이 다시 인용할 수 있는지 여부(소극)

원고가 피고에게 소유권이전등기의 말소와 금 1억 3천만원의 금원지급청구를 하였는데, 제1심은 이를 모두 기각하였고, 이에 대하여 원고는 말소등기청구기각 부분에 관하여만 항소를 제기하였을 뿐 항소심 변론종결시까지 항소취지를 확장한 바 없다. 항소심은 말소등기청구는 이유 없다고 하여 원고의 항소를 기각하였다. 말소등기청구 부분에 관하여 원고의 상고가 있었고, 상고심에서 원고의 상고를 받아들여 말소등기청구기각 부분을 파기하고 원심법원에 환송하였다. 환송 뒤 항소심은 말소등기청구 부분의 인용뿐만 아니라 원고의 금 1억 3천만원의 금원지급청구 부분도 심리·판단하여 인용하였다. 이에 대하여 피고는 말소등기청구 부분 및 금원지급청구 부분에 대하여 각 재상고하였다. 금원지급청구 부분의 피고의 상고에 대하여 재상고심은 어떻게 처리하여야 하는가?

 판 결

수개의 청구를 모두 기각한 제1심판결에 대하여 원고가 그중 일부의 청구에 대하여만 항소를 제기한 경우, 항소되지 않았던 나머지 부분도 항소로 인하여 **확정이 차단**되고 항소심에 **이심**은 되나, 원고가 그 변론종결시까지 항소취지를 확장하지 아니하는 한 나머지 부분에 관하여는 원고가 불복한 바가 없어 항소심의 심판대상이 되지 아니하므로 항소심으로서는 원고의 수개의 청구 중 항소하지 아니한 부분을 다시 인용할 수는 없다고 할 것인 바, 이 사건 말소청구와 금원청구를 모두 기각한 제1심판결에 대하여 원고가 말소청구 부분에 관하여만 항소하였을 뿐 그 변론종결시까지 항소취지를 확장한 바 없는 이 사건에 있어서 항소심의 심판범위는 말소청구 부분에 한하고 나머지 부분에 관하여는 환송 전 원심판결의 선고와 동시에 확정되어 소송이 종료되었다 할 것임에도 환송 후 원심이 금원청구 부분까지 심리판단한 것은 잘못이다.

 검 토

항소심의 심판대상이 된 말소등기청구기각 부분에 대한 상고가 있는 경우에 항소심의 심판대상이 되지 않은 금원지급청구기각 부분은 상고심에 이심되지 않고 따로 확정되는가, 그리고 구체적으로 언제 확정되는가에 대하여 견해가 나뉘고 있다. 말소등기청구기각 부분에 대하여 상고가 있는 이상, 상소불가분의 원칙이 여전히 상고심에까지 적용되어 병합된 청구 전부에 대한 판결의 확정이 차단되고 사건 전부가 상고심에 이심된다는 견해(비확정설)가 있을 수 있지만, 일반적 견해는 항소심 단계에서 확정된다는 것이다. 다만, 금원지급청구기각 부분이 구체적으로 언제 확정되는가에 대하여 견해가 나뉘고 있다. ① **항소심 변론종결시설** – 상대방 당사자의 부대항소가 허용될 수 없는 시기, 즉 항소심에서는 항소심 변론종결시(403조)의 도과시(상고심에서는 상고이유서 제출기간의 도과시)가 그 확정시라고 할 수 있다(이, 626면; 한, 584면. 김용, 459면은 이를 부대항소보장설이라고 한다). ② **항소심 판결선고시설** – 항소심의 변론종결시에 항소하지 아니한 원고의 제1심 패소 부분이 확정된다고 한다면 항소심의 변론이 재개되는 경우에는 확정되었던 것이 다시 확정되지 않은 것으로 되는 것인지 여부에 관하여 의문이 있을 수 있으므로 항소심 판결선고시에 확정된다고 보는 것이 타당하다(강, 655면; 김홍, 836면; 정/유/김, 763면; 정영, 1131면; 윤진수, 사법행정(1993. 8), 62면; 김명수, 대법원판례해설(제36호), 420면). **대상판결**은 ② 판결선고시설의 입장이다(가령 1억원의 지급을 구하였다가 패소하였으나, 그 가운데 5,000만원 부분에 대하여만 항소한 것과 같이 1개의 청구 가운데 일부에 대하여만 항소한 사안에서 대법원 2001. 4. 27. 선고 99다30312 판결도 마찬가지 취지). 따라서 사안에서, 원심판결 중 금원청구 부분을 파기하고, 자판하여 소송종료선언을 하였다(확정판결에 의하여 소송이 종료되었음에도 불구하고 이를 간과하고 심리를 진행하여 온 때에 해당).

 【대법원 2001. 4. 27. 선고 99다30312 판결】 원고가 청구를 전부 기각한 제1심판결의 일부에 관하여만 항소하였을 뿐 항소심 변론종결시까지 항소취지를 확장한 바 없는 경우, 원고가 항소하지 아니한 나머지 부분에 관하여는 항소심판결의 선고와 동시에 확정되어 소송이 종료되었음을 선언한 사례

 【대법원 2013. 6. 28. 선고 2011다83110 판결】 1개의 청구의 일부를 인용하는 제1심판결에 대하여 피고만이 항소하면서 불복범위를 그 청구 인용금액의 일부로 한정한 경우, 불복신청하지 아니하여 항소심의 심판범위에 속하지 아니한 부분에 관하여 피고가 상고를 제기할 수 있는지 여부(소극) – 항소심의 심판범위는 이심된 부분 가운데 불복신청한 한도로 제한되고, 불복신청하지 아니하여 항소심의 심판범위에 속하지 아니한 부분은 항소심이 판결을 한 바 없어 상고대상이 될 수 없다.

10-11

대법원 2001. 3. 15. 선고 98두15597 전원합의체 판결

환송판결의 기속력이 재상고심의 전원합의체에도 미치는지 여부(소극)

대법원의 전원합의체가 종전의 환송판결의 법률상 판단을 변경할 필요가 있다고 인정하는 경우에는, 그에 기속되지 아니하고 통상적인 법령의 해석적용에 관한 의견의 변경절차에 따라 이를 변경할 수 있는가?

 판결

대법원은 법령의 정당한 해석적용과 그 통일을 주된 임무로 하는 최고법원이고, 대법원의 **전원합의체**는 종전에 대법원에서 판시한 법령의 해석적용에 관한 의견을 스스로 변경할 수 있는 것인바(법원조직법 7조 1항 3호), 환송판결이 파기이유로 한 법률상 판단도 여기에서 말하는 '대법원에서 판시한 법령의 해석적용에 관한 의견'에 포함되는 것이므로 대법원 전원합의체가 종전의 환송판결의 법률상 판단을 변경할 필요가 있다고 인정하는 경우에는, 그에 **기속되지 아니하고** 통상적인 법령의 해석적용에 관한 **의견의 변경절차에 따라 이를 변경할 수 있다.**

환송판결의 기속력의 취지는 법령의 해석적용의 통일과 사건이 하급심법원과 상고법원 사이를 여러 차례 왕복할 수밖에 없게 되어 심급제도 자체가 무의미하게 되는 결과를 방지함으로써 당사자의 법률관계의 안정과 소송경제를 도모하고자 하는 데 있다고 할 수 있는데, 따라서 그 취지를 관철하기 위하여서는 원칙적으로 하급심 법원뿐만 아니라 상고법원 자신도 동일 사건의 재상고심에서 환송판결의 법률상 판단에 기속된다고 할 것이다. 그러나 한편, 환송판결이 한 법률상의 판단을 변경할 필요가 있음에도 불구하고 대법원 전원합의체까지 이에 기속되어야 한다면, 그것은 전원합의체의 권능 행사를 통하여 법령의 올바른 해석적용과 그 통일을 기하고 무엇이 정당한 법인가를 선언함으로써 사법적 정의를 실현하여야 할 임무가 있는 대법원이 자신의 책무를 스스로 포기하는 셈이 될 것이고, 그로 인하여 하급심 법원을 비롯한 사법전체가 심각한 혼란과 불안정에 빠질 수도 있을 것이며 소송경제에도 반하게 될 것이다. 따라서 대법원 전원합의체까지 이에 기속되지는 않는다.

검 토

상고심에 의하여 원판결이 파기되어 환송받은 법원은 그 심급의 소송절차에 따라 새로 변론을 열어 심리하지 않으면 안 된다(436조 2항). 환송 뒤의 심판은 신구술변론에 기한 심판이지만, 그때 상고심이 파기의 이유로 한 사실상과 법률상의 판단에 기속된다(436조 2항 후문, 법원조직법 8조 참조). 여기서 상고심의 판단은 환송을 받은 환송심뿐만이 아니라 그 사건에 대하여 다시 상고가 행하여진 때에 제2차(재)상고심도 기속하는데(다만, 이 기속력은 상급심의 재판의 기속력과 구별되어 판결법원 자신에 대한 자박력(=자기구속력)에 속하는 것이라고 생각한다), 다만, 종전 환송판결이 행한 법률상 판단을 변경할 필요가 있다고 인정하는 경우에 재상고심의 전원합의체까지도 예외 없이 그에 기속되는지 여부가 문제된다.

종전 판례는 환송판결의 기속력이 재상고심의 전원합의체까지도 예외 없이 미친다고 보았으나, 대상판결에 의하여 이러한 입장은 위와 같이 **변경**되었다.

생각건대 법령의 해석적용에 관한 의견 변경의 권능을 가진 대법원 전원합의체에게 그 권한이 주어지는 한, 사건이 대법원과 원심법원을 여러 차례 왕복함으로써 사건의 종국적 해결이 지연될 위험이 없다고 할 것이므로 종전 환송판결이 한 법률상 판단을 변경할 필요가 있다고 인정하는 경우에 환송판결의 자박력(=자기구속력)을 부정하는 것이 타당하다. 따라서 재(제2차)상고심의 전원합의체가 통상적인 법령의 해석적용에 관한 의견의 변경절차에 따라 이를 변경할 수 있다고 보아야 할 것이다.

 【대법원 2012. 3. 29. 선고 2011다106136 판결】 436조 2항에 의하여 환송받은 법원이 기속되는 "상고법원이 파기이유로 한 법률상의 판단"에는 상고법원이 명시적으로 설시한 법률상의 판단뿐 아니라 명시적으로 설시하지 아니하였더라도 파기이유로 한 부분과 논리적·필연적 관계가 있어서 상고법원이 파기이유의 전제로서 당연히 판단하였다고 볼 수 있는 법률상의 판단도 포함되는 것으로 보아야 한다.

10-12

대법원 2014. 10. 8.자 2014마667 전원합의체 결정

결정·명령의 원본이 법원사무관등에게 교부되어 성립한 경우, 결정·명령이 당사자에게 고지되어 효력이 발생하기 전에 결정·명령에 불복하여 항고할 수 있는지 여부(적극)

제1심법원의 2012. 7. 12.자 이 사건 주식양도명령이 2012. 7. 18. 채권자에게, 2012. 7. 26. 채무자인 재항고인에게, 2012. 8. 17. 제3채무자에게 각각 송달되었는데, 재항고인은 자신에게 이 사건 주식양도명령이 송달되기 전인 2012. 7. 23.에 즉시항고를 제기하였고, 원심은 위 즉시항고는 이 사건 주식양도명령이 재항고인에게 고지되어 효력을 발생하기 전에 한 것이어서 부적법하고 그 하자를 치유할 방법도 없다는 이유로, 재항고인의 즉시항고를 각하하였다. 재항고인의 즉시항고를 각하한 원심결정에 관하여 검토하시오.

 판 결　　　　　　　　　　　　　　　　　　　　　　· 원심 ⊗ 파기환송

　판결과 달리 선고가 필요하지 않은 결정이나 명령과 같은 재판은 원본이 법원사무관등에게 교부되었을 때 성립한 것으로 보아야 하고, 일단 성립한 결정은 취소 또는 변경을 허용하는 별도의 규정이 있는 등의 특별한 사정이 없는 한 결정법원이라도 이를 취소·변경할 수 없다. 또한 결정법원은 즉시항고가 제기되었는지 여부와 관계없이 일단 성립한 결정을 당사자에게 고지하여야 하고, 고지는 상당한 방법으로 가능하며(민사소송법 221조 1항), 재판기록이 항고심으로 송부된 이후에는 항고심에서의 고지도 가능하므로 결정의 고지에 의한 효력 발생이 당연히 예정되어 있다.

　일단 결정이 성립하면 당사자가 법원으로부터 결정서를 송달받는 등의 방법으로 결정을 직접 고지받지 못한 경우라도 결정을 고지받은 다른 당사자로부터 전해 듣거나 기타 방법에 의하여 결론을 아는 것이 가능하여 본인에 대해 결정이 고지되기 전에 불복 여부를 결정할 수 있다. 그럼에도 이미 성립한 결정에 불복하여 제기한 즉시항고가 항고인에 대한 결정의 고지 전에 이루어졌다는 이유만으로 부적법하다고 한다면, 항고인에게 결정의 고지 후에 동일한 즉시항고를 다시 제기하도록 하는 부담을 지우는 것이 될 뿐만 아니라 이미 즉시항고를 한 당사자는 그 후 법원으로부터 결정서를 송달받아도 다시 항고할 필요가 없다고 생각하는 것이 통상의 경우이므로 다시 즉시항고를 제기하여야 한다는 것을 알게 되는 시점에서는 이미 즉시항고기간이 경과하여 회복할 수 없는 불이익을 입게 된다.

이와 같은 사정을 종합적으로 고려하면, 이미 성립한 결정에 대하여는 결정이 고지되어 효력을 발생하기 전에도 결정에 불복하여 항고할 수 있다.

[반대의견] 판결의 경우와는 달리 즉시항고에 관하여는 재판 고지 전의 즉시항고를 허용하는 규정이 없을 뿐만 아니라, 결정과 명령은 원칙적으로 고지되어야 효력이 발생하므로 민사소송법 226조 1항 단서(화해권고결정은 정본이 송달되기 전에도 이의를 신청할 수 있다)와 같은 특별한 규정이 없는 한, 아직 고지되기 전이어서 효력이 발생하지도 않은 결정과 명령을 다투어 즉시항고를 제기할 수 있다고 해석할 여지 자체가 없다고 보아야 하는 이상, 1주일의 즉시항고기간에 관한 민사소송법 444조 1항과 민사집행법 15조 2항은 그 기간에 관하여 종기뿐만 아니라 시기도 규정한 것으로 새겨야 마땅하다.

효력이 없는 재판에 대하여 불복을 허용해야 할 논리적 근거는 있을 수 없고, 곧 재판이 고지되어 효력이 발생할 것이라는 점은 그야말로 비법률적인 사실 추측에 불과한 것으로서, 법적 안정성을 위하여 획일성이 요구되는 민사소송법 규정의 해석에서 그와 같은 사정이 고려되어야 하는 성질의 것이라고 보아서는 안 된다.

상소기간 등 민사소송상의 여러 제도는 당사자의 이익뿐만 아니라 획일적 운용이 가져올 공익적 장점에 기초하여 마련된 것이므로, 단순히 규정에 따를 때 초래되는 다소의 불합리가 있다 하여 함부로 문언과 다른 해석을 하는 것은 허용될 수 없다.

따라서 아직 효력이 발생하지 않은 결정에 대하여는 항고권이 발생하지 않고 항고권 발생 전에 한 항고는 부적법한 것으로 각하하여야 한다.

검토

항고인은 재판을 고지받은 날부터 1주의 불변기간 이내에 항고장을 원심법원에 제출하여야 한다(민사집행법 15조 2항). 결정과 명령은 상당한 방법으로 고지하면 효력을 가진다(민사소송법 221조 1항). 판결의 경우에는 판결의 선고가 있으면 판결서 송달 전에도 항소를 할 수 있다(민사소송법 396조 1항 단서).

한편, 판결의 경우와는 달리, 선고가 필요하지 않은 결정과 명령은 원칙적으로 고지되어야 효력이 발생하고, 즉시항고에 관하여는 재판 고지 전의 즉시항고를 허용하는 규정이 없다.

결정이나 명령과 같은 재판은 당사자에게 고지되어야 효력이 발생하는데, 아직 당사자에게 고지되지 아니하여 효력이 발생하지는 않았지만, 그러한 결정이 있는 사실을 알게 된 당사자가 그 결정이 자기에게 고지되기 전에 항고를 제기할 수 있는지 여부가 쟁점이다.

대상결정은 적극적으로 보았다.

PART
11

재심절차

11-1

대법원 1995. 2. 14. 선고 93재다27, 34 전원합의체 판결

대법원의 환송판결은 종국판결인지 여부(적극) / 대법원의 환송판결이 재심대상을 규정한 451조 1항 소정의 "확정된 종국판결"인지 여부(소극)

> 피고는, 재심대상판결이 제2심판결을 파기하고 사건을 원심법원으로 환송하는 것은 그 판시가 종전의 대법원판례와 상반되어 실질적으로 판례를 변경한 것임에도 불구하고 대법관 전원의 3분의 2 이상의 전원합의체에서 재판하지 않고 대법관 4인으로 구성된 부에서 재판하였으니, 이는 451조 1항 1호 소정의 "법률에 의하여 판결법원을 구성하지 아니한 때"에 해당한다고 주장하면서 재심대상판결의 취소와 상고기각의 판결을 구하고 있다. 환송판결을 대상으로 하여 제기한 이 사건 재심의 소는 적법한가?

 판결

　재심제도의 본래의 목적에 비추어 볼 때 재심의 대상이 되는 "확정된 종국판결"이란 당해 사건에 대한 소송절차를 최종적으로 종결시켜 그것에 하자가 있다고 하더라도 다시 통상의 절차로는 더 이상 다툴 수 없는 기판력이나 형성력, 집행력을 갖는 판결을 뜻하는 것이라고 이해하여야 할 것이다. 대법원의 환송판결은 형식적으로 보면 "확정된 종국판결"에 해당하지만, 여기서 종국판결이라고 하는 의미는 당해 심급의 심리를 완결하여 사건을 당해 심급에서 이탈시킨다는 것을 의미하는 것일 뿐이고 실제로는 환송받은 하급심에서 다시 심리를 계속하게 되므로 소송절차를 최종적으로 종료시키는 판결은 아니며, 또한 환송판결도 동일절차 내에서는 철회, 취소될 수 없다는 의미에서 기속력이 인정됨은 물론 법원조직법 8조, 민사소송법 406조 2항 후문의 규정에 의하여 하급심에 대한 특수한 기속력은 인정되지만 소송물에 관하여 직접적으로 재판하지 아니하고 원심의 재판을 파기하여 다시 심리판단하여 보라는 종국적 판단을 유보한 재판의 성질상 직접적으로 기판력이나 실체법상 형성력, 집행력이 생기지 아니한다고 하겠으므로 이는 **중간판결의 특성을 갖는 판결로서 "실질적으로 확정된 종국판결"이라 할 수 없다**. 종국판결은 당해 심급의 심리를 완결하여 심급을 이탈시킨다는 측면에서 상소의 대상이 되는 판결인지 여부를 결정하는 기준이 됨은 분명하지만 종국판결에 해당하는 모든 판결이 바로 재심의 대상이 된다고 이해할 아무런 이유가 없다. 통상의 불복방법인 상소제도와 비상의 불복방법인 재심제도의 본래의 목적상의 차이에 비추어 보더라도 당연하다. 따라서 환송판결은 재심의 대상을 규정한 민사소송법 451조 1항 소정의 "확정된 종국판결"에는 **해당하지 아니하는 것**으로 보아야 할 것이어서, 환송판결을 대상으로 하여 제기한 이 사건 재심의 소는 **부적법**하므로 이를 각하하여야 한다.

[별개의견] 대법원의 소부에서 종전의 대법원의 법령해석과 배치되는 재판을 하였다 하여 그것이 법원조직법 7조 1항 3호 소정의 "종전에 대법원에서 판시한 헌법·법률·명령 또는 규칙의 해석적용에 관한 의견을 변경할 필요가 있음을 인정한 경우"에 해당한다고 볼 수 없고, 나아가 그것이 451조 1항 1호 소정의 "법률에 의하여 판결법원을 구성하지 아니한 때"에 해당한다고 보아서도 아니 된다. 그렇다면 재심대상판결의 판시가 종전의 대법원판례와 상반되어 실질적으로 판례를 변경하는 것인데도 전원합의체가 아닌 소부에서 재판하였다는 것은 적법한 재심사유가 될 수 없으므로 결국 이 사건 재심의 소는 부적법하여 각하될 수밖에 없다.

[반대의견] 환송판결의 기속력은 436조 2항 후문과 법원조직법 8조에 의하여 하급심은 물론 이를 탓할 수 없는 환송법원 자신에게도 미쳐 결국 대법원 환송판결은 그 사건의 재상고심에서 대법원의 전원합의체에까지 기속력이 미친다는 것이 당원의 견해인바, 환송판결은 소송종료를 저지시킬 뿐만 아니라 이와 같이 기속력이 있어 파기당한 당사자에게 그 법률상 이해관계가 막대하므로 이를 실효시키려는 재심이 특별히 부정될 이유가 없는 것이다. 1981. 9. 8. 선고 80다3271 전원합의체 판결로 대법원의 환송판결이 확정된 종국판결에 해당함에는 이론이 있을 수 없게 된 마당에 환송판결의 기속력의 성질에 관하여 당원이 이미 중간판결설을 배척하였음에도 불구하고 다시 환송판결에는 기판력, 집행력, 형성력이 없고 실질적으로 중간판결의 특성을 갖는다는 이유로 여전히 그 재심을 허용하지 않으려는 것은 위 전원합의체판결의 근본취지에 배치될 뿐만 아니라 이론적으로도 일관성을 잃고 있다는 것을 지적하지 않을 수 없다. 대법원의 환송판결은 확정된 종국판결로서 재심대상이 되므로 이 사건 재심사유의 존부 및 당부 판단에 나아가 그 결론에 따라 재심의 소의 각하, 기각 또는 인용의 판결을 하여야 할 것이다.

검토

대법원의 환송판결에 재심사유에 해당하는 중대한 하자가 있는 경우에 신속한 하자의 시정에 중점을 두어 환송판결 자체가 재심의 대상이 된다고 할 것인지, 절차의 안정과 재심이라는 예외적 비상의 구제수단은 실질적으로 통상의 구제수단이 모두 종료된 경우에만 허용된다는 재심제도의 보충성에 중점을 두어 환송판결 자체는 재심의 대상이 되지 아니한다고 할 것인지가 대상판결에서 핵심적 쟁점이 되었다. **판례**는 후자의 입장을 택한 것이다. 대상판결의 의의가 크다는 입장(윤진수, 인권과 정의(1995. 6), 63면 이하)과 오히려 재심의 대상으로 보는 것이 타당하다는 입장이 있다(유병현, 인권과 정의(1995. 12), 80면 이하).

 13-사법시험

11-2

대법원 2012. 6. 14. 선고 2010다86112 판결

1. 형사상 처벌을 받을 다른 사람의 행위로 말미암아 상소 취하를 한 경우, 451조 1항 5호에 준하는 재심사유로 인정할 수 있는지 여부(적극) 및 '형사상 처벌을 받을 다른 사람의 행위'에 당사자의 대리인이 범한 배임죄가 포함되는지 여부(한정 적극) 2. 피고 주식회사의 실질적 대표자인 甲의 항소 취하에 451조 1항 5호의 재심사유가 있다고 판단하면서도 항소 취하의 효력을 인정하여 피고 회사의 재심청구를 기각한 원심판결에 법리오해의 위법이 있다고 한 사례

> 피고 주식회사의 실질적 대표자인 甲이 소송의 상대방(원고 A)과 공모하여 개인적으로 10억 원을 받기로 하고 전부 패소한 제1심판결에 대한 피고의 항소를 취하하였다. 피고 주식회사는 위 항소가 무효라는 등의 취지로 변론기일지정신청을 하였는데, 항소법원은 소송종료선언으로 소송판결을 하였다. 甲 및 원고 A는 업무상배임죄로 유죄판결을 받고 그 판결이 확정되었다. 이후 피고가 위 판결에 대하여 451조 1항 5호 소정의 '형사상 처벌(=업무상배임죄)을 받을 다른 사람(= 피고의 실질적 대표이사인 甲 및 원고 A)의 행위로 말미암아 자백(= 항소취하)을 한 때'에 해당하는 재심사유가 존재한다고 주장하면서 재심의 소를 제기하였다. 이는 451조 1항 5호의 재심사유가 되는가? 甲의 항소 취하에 위 재심사유가 있다고 판단하면서도 항소 취하의 효력을 인정하여 피고의 이 사건 재심청구를 기각한 것에 잘못은 없는가?

 판결
• 원심 ⊗ 파기환송

451조 1항 5호는 '형사상 처벌을 받을 다른 사람의 행위로 말미암아 자백을 한 경우'를 재심사유로 인정하고 있는데, 이는 다른 사람의 범죄행위를 직접적 원인으로 하여 이루어진 소송행위와 그에 기초한 확정판결은 법질서의 이념인 정의의 관념상 그 효력을 용인할 수 없다는 취지에서 재심이라는 비상수단을 통해 확정판결의 취소를 허용하고자 한 것이므로, 형사상 처벌을 받을 다른 사람의 행위로 말미암아 **상소 취하**를 하여 그 원심판결이 확정된 경우에도 위 **자백에 준하여** 재심사유가 된다고 봄이 상당하다. 그리고 위 '형사상 처벌을 받을 다른 사람의 행위'에는 **당사자의 대리인**이 범한 배임죄도 **포함**될 수 있으나, 이를 재심사유로 인정하기 위해서는 단순히 대리인이 문제된 소송행위와 관련하여 배임죄로 유죄판결을 받았다는 것만으로는 충분하지 않고, 위 대리인의 배임행위에 소송의 상대방 또는 그 **대리인이 통모하여 가담한 경우**와 같이 대리인이 한 소송행위의 효과를 당사자 본인에게 귀속시키는 것이 절차적 정의에 반하여 도저히 수긍할 수 없다고 볼 정도로 대리권에 실질적인 흠이 발생한 경우라야 한다.

그러나 한편, 원심이 재심대상판결에 위와 같이 재심사유가 있음을 인정하고서도 甲이 한 항

소 취하가 결국 적법하다고 보아 소송종료선언을 한 재심대상판결이 그 결론에서 정당하다고 판단한 것은 수긍하기 어렵다.

어떠한 소송행위에 451조 1항 5호의 재심사유가 있다고 인정되는 경우 그러한 소송행위에 기초한 확정판결의 효력을 배제하기 위한 재심제도의 취지상 재심절차에서 해당 소송행위의 효력은 당연히 부정될 수밖에 없고, 그에 따라 법원으로서는 **위 소송행위가 존재하지 않은 것과 같은 상태를 전제로 재심대상사건의 본안에 나아가 심리·판단하여야 하며** 달리 위 소송행위의 효력을 인정할 여지가 없다.

검토

451조 1항 5호 소정의 재심사유로서 '형사상 처벌을 받을 다른 사람의 행위로 말미암아 자백을 하였을 때'의 해석과 관련하여 대리인의 배임행위로 이루어진 상소 취하를 다룬 판례이다.

형사상 처벌을 받을 다른 사람의 행위로 말미암아 상소 취하를 한 경우도 451조 1항 5호의 자백에 준하여 재심사유로 인정할 수 있는지 여부 및 항소 취하와 같은 소송행위에 451조 1항 5호의 재심사유가 있는 경우, 재심절차에서 해당 소송행위의 효력이 당연히 부정되는지 여부가 쟁점이 되었다.

그런데 451조 1항 5호는 '형사상 처벌을 받을 다른 사람의 행위로 말미암아 자백을 한 경우'를 재심사유로 인정하고 있는데, 통상 여기서 다른 사람이라 함은 상대방 또는 제3자를 말하는 것인데, 사안은 당사자의 대표자가 상대방과 공모하여 항소 취하를 한 사안이다. 종래의 다수설은 '다른 사람'이라 함은 상대방(법정대리인·소송대리인도 포함) 또는 제3자를 말하였으나, 위 대상판결은 일률적으로 당사자 본인의 대표자 등을 '다른 사람'에 포함시키지 않는 것은 규정의 취지에 반하므로 당사자의 대리인(법정대리인, 소송대리인 포함)도 당사자 본인에서 본다면 다른 사람이라고 풀이할 수 있다고 보았다.

그리고 항소취하에 재심사유가 있다고 인정되는 경우에 재심의 대상이 된 확정판결사건의 본안에 한 심리·재판을 함에 있어서 그 재심사유로서 흠이 존재하는 위 항소취하에 대하여 다시 적법 여부 등을 심리하여 판단할 수 있는지 여부가 쟁점이 되었다.

한편, 소취하와 같은 소송행위에 의사표시의 흠에 관한 민법규정을 유추적용하여 소송행위의 무효나 취소를 주장할 수 있는지 여부에 관한 쟁점에 대하여는 앞에서(☞ 7-1 부분) 설명하였다.

간이소송절차

12-1

대법원 2004. 8. 20. 선고 2003다1878 판결

소액사건에 관하여 상고이유로 할 수 있는 '대법원의 판례에 상반되는 판단을 한 때'의 요건이 갖추어지지 않은 경우에도 대법원이 실체법 해석 적용의 잘못에 관하여 직권으로 판단할 수 있는 경우

> 소액사건에 있어서, 자동차손해배상보장법 9조 1항 및 상법 724조 2항에 의하여 피해자에 대하여 직접 손해배상책임을 지는 책임보험자가 국민건강보험법 53조 1항 소정의 제3자에 포함되는지에 관하여는 대법원판례가 없고, 국민건강보험법 53조 1항의 해석에 관하여 하급심의 판단이 엇갈리고 있는 상황에서 같은 쟁점의 사건이 다수 하급심에 계속 중이다. 이 경우에 대법원은 소액사건심판법 3조의 '대법원의 판례에 상반되는 판단을 한 때'와 관련하여 국민건강보험법 53조 1항에 대한 해석 및 적용의 당부에 관하여 직권으로 판단할 수 있는가?

 판결

소액사건에 있어서 **구체적 사건에 적용할 법령의 해석에 관한 대법원판례가 아직 없는 상황에서 같은 법령의 해석이 쟁점으로 되어 있는 다수의 소액사건들이 하급심에 계속되어 있을 뿐 아니라 재판부에 따라 엇갈리는 판단을 하는 사례가 나타나고 있는 경우**, 소액사건이라는 이유로 대법원이 그 법령의 해석에 관하여 판단을 하지 아니한 채 사건을 종결하고 만다면 국민생활의 법적 안전성을 해칠 것이 우려된다고 할 것인바, 이와 같은 **특별한 사정이 있는 경우**에는 소액사건에 관하여 상고이유로 할 수 있는 소액사건심판법 3조 '대법원의 판례에 상반되는 판단을 한 때'의 요건을 갖추지 아니하였다고 하더라도 법령해석의 통일이라는 대법원의 본질적 기능을 수행하는 차원에서 실체법 해석 적용에 있어서의 잘못에 관하여 대법원이 직권으로 판단할 수 있다고 보아야 할 것이다.

 검토

소액사건에 대해서는 상고가 제한되어, 사실상 2심제이다. 여기에서 '대법원의 판례에 상반되는 판단을 한 때'의 의미가 쟁점이 되었다. 그런데 소액사건심판법이 법령위반을 상고이유에서 배제하였음에도, 위 대상판결은 제한적이지만 법령위반도 대법원의 판단사항으로 한 것이므로 법률에 의한 재판을 하여야 할 사법권의 한계를 벗어난 일종의 '입법행위'라는 부정적 임장도 있다(이, 964면).

12-2

대법원 2009. 7. 9. 선고 2006다73966 판결

확정된 지급명령 발령 전에 생긴 청구권의 불성립이나 무효 등의 사유를 그 지급명령에 대한
청구이의의 소에서 주장할 수 있는지 여부(적극)

"피고의 원고에 대한 서울지방법원 2001. 12. 1. 결정 2001차22294호, 같은 법원 2002. 9. 24. 결정
2002차23345호 각 지급명령에 기한 강제집행은 이를 불허한다."는 청구이의의 소가 제기되었다. 각 지
급명령에 기판력이 인정되는가?

판 결

기판력은 인정되지 아니한다.

검 토

판례는 지급명령에는 기판력이 인정되지 아니하므로 지급명령에 대한 집행력의 배제를 목적
으로 제기된 청구이의의 소에서 지급명령 발령 전에 발생한 청구권의 일부 불성립이나 소멸 등
의 사유로 청구이의가 일부 받아들여지는 경우에는, 지급명령 이전부터 청구이의의 사실심판결
선고시까지 그 청구권에 관한 이행의무의 존부나 범위에 관하여 항쟁함이 상당한 경우에 해당
한다고 할 것이어서 위 기간 범위 안에서는 소송촉진 등에 관한 특례법 3조 1항의 이율을 적용
할 수 없다고 보았다.

【대법원 2009. 5. 14. 선고 2006다34190 판결】 확정된 이행권고결정이 기판력을 가지는지
여부(소극) — 확정판결에 대한 청구이의 이유를 변론이 종결된 뒤(변론 없이 한 판결의 경우에
는 판결이 선고된 뒤)에 생긴 것으로 한정하고 있는 민사집행법 44조 2항과는 달리 소액사건
심판법 5조의8 3항은 이행권고결정에 대한 청구에 관한 이의의 주장에 관하여는 위 민사
집행법 규정에 의한 제한을 받지 아니한다고 규정하고 있으므로, 확정된 이행권고결정에
관하여는 그 결정 전에 생긴 사유도 청구에 관한 이의의 소에서 주장할 수 있다.

13-법원행정고시

12-3

대법원 2010. 6. 24. 선고 2010다12852 판결

확정된 지급명령에 대한 청구이의의 소에서 채권의 발생원인 사실에 대한 증명책임의 소재
(=피고) 및 권리장애 또는 소멸사유 해당 사실에 대한 증명책임의 소재(=원고)

> 乙의 대여금의 반환을 구하는 지급명령이 甲의 이의신청이 없어 그대로 확정되었다. 그 후 甲은 乙을 상
> 대로 대여금의 반환채무가 있음을 전제로 한 위 지급명령에 기한 강제집행은 불허되어야 한다고 주장하
> 여 청구이의의 소를 제기하였다. 甲의 통장에 입금된 돈은 乙의 甲에 대한 대여금이 아니라 무상지원금이
> 므로 위 돈이 대여금임을 전제로 한 위 지급명령에 기한 강제집행은 불허되어야 한다는 甲의 주장에 대하
> 여, 법원은 위 돈이 대여금이라는 취지에 부합하는 증거들을 배척하고 달리 乙의 甲에 대한 대여금채권이
> 있음을 인정할 증거가 없다는 이유로 위 지급명령에 기한 강제집행을 불허하였다. 乙에게 채권의 발생원
> 인 사실을 증명할 책임이 있는가?

 판 결

확정된 지급명령의 경우 그 지급명령의 청구원인이 된 청구권에 관하여 지급명령 발령 전에
생긴 불성립이나 무효 등의 사유를 그 지급명령에 관한 이의의 소에서 주장할 수 있고(민사집행법
58조 3항, 44조 2항 참조), 이러한 청구이의의 소에서 청구이의 사유에 관한 증명책임도 일반 민사
소송에서의 증명책임 분배의 원칙에 따라야 하므로 확정된 지급명령에 대한 청구이의소송에서
원고가 피고의 **채권이 성립하지 아니하였음을 주장하는 경우**에는 **피고**에게 채권의 발생원인
사실을 증명할 책임이 있고, 원고가 그 채권이 통정허위표시로서 무효라거나 변제에 의하여 소
멸되었다는 등 **권리 발생의 장애 또는 소멸사유에 해당하는 사실을 주장하는 경우**에는 **원고**
에게 그 사실을 증명할 책임이 있다.

 검 토

청구이의의 소에서 원고가 주장하려는 이의가 청구권의 존재나 내용에 관한 것이라면 권리
의 **발생원인사실의 증명책임**은 채무부존재확인소송과 마찬가지로 채권자인 **피고**에게 있다는
점을 밝힌 판결이다. 한편, 집행권원이 확정판결인 경우에는 본래 항변사실인 청구권의 존재가
엄격한 소송절차를 거쳐 그 기판력에 의해 분명한 것이 되므로 재항변사실인 청구권의 소멸, 저
지사유 등도 미리 원고가 청구원인으로 주장·증명할 필요가 있다.

판례색인

★ 주요판례
△ 참조판례

[1992]

[1994]

사소송법 457조가 적용되는지 여부(소극)

【대법원 1999. 11. 26. 선고 98다19950 판결】
　소송당사자의 확정 방법 및 당사자 표시정정이 허용되는 경우

【대법원 1999. 12. 24. 선고 99다35393 판결】
　원고가 청구취지에서는 피고를 상대로 그 명의로 경료된 등기의 말소등기절차의 직접 이행을 구하고 있으나 청구원인 사실로 대위권 행사의 전제가 되는 사실관계를 모두 주장하고 있는 경우, 위 주장의 취지를 직접 등기의 말소를 구하는 것으로만 보아 청구를 기각한 것은 석명의무를 위반하였다고 본 사례

[2000]

【대법원 2000. 1. 21. 선고 99다3501 판결】
　후소의 선결문제와 기판력

【대법원 2000. 1. 31.자 99마6205 결정】
　소송상 화해나 청구의 포기에 관한 특별수권이 있는 경우, 당해 소송물인 권리의 처분이나 포기에 대한 권한도 수여되어 있다고 볼 것인지 여부(적극) / 소송대리권의 존속 시한(＝당해 심급의 판결 송달시까지)

★**【대법원 2000. 2. 11. 선고 99다10424 판결】** ·· 223
　명시적 일부청구에 대한 판결의 기판력이 미치는 범위

【대법원 2000. 2. 11. 선고 99다49644 판결】
　채무불이행으로 인한 손해배상 예정액의 청구에 채무불이행으로 인한 손해배상액의 청구가 포함되어 있다고 볼 수 있는지 여부(소극) 및 채무불이행으로 인한 손해배상액의 청구에 있어 법원이 당사자가 주장하지 아니한 손해의 발생 사실을 기초로 손해액을 산정할 수 있는지 여부(소극)

△**【대법원 2000. 2. 25. 선고 97다30066 판결】** ·· 355
　피고만이 항소한 항소심에서 원고가 청구취지를 확장변경한 경우, 항소심이 1심판결의 인용 금액을 초과하여 원고의 청구를 인용하는 것이 불이익변경금지의 원칙에 위배되는지 여부(소극)

【대법원 2000. 2. 25. 선고 98다15934 판결】
　텔레비전이 발화·폭발한 사안에서의 입증책임

【대법원 2000. 3. 10. 선고 99다67703 판결】
　당사자 일방이 화해조서의 당연무효 사유를 주장하며 기일지정신청을 한 경우, 무효사유가 존재한다고 인정되지 아니한 때에 법원이 취할 조치 소송종료선언

사유가 존재하는지 여부를 심리하여 재심의 소를 배척할 수 있는지 여부(적극)

【대법원 2000. 8. 22. 선고 2000다25576 판결】

이행기 미도래 내지 조건 미성취의 청구권에 있어 이행기 도래 내지 조건 성취시 채무자의 무자력으로 인하여 집행곤란 또는 이행불능에 빠질 사유가 있는 경우, 장래이행의 소를 제기할 수 있는지 여부(소극)

사문서의 작성명의자가 그 사문서의 진정성립 여부에 관하여 부지라고 답변하였으나 그 사문서상의 인영이 자신의 진정한 인장에 의한 것임을 인정하는 취지로 진술하고 그 작성명의자가 타인에게 위임하여 발급받은 자신의 인감증명서상의 인영과 그 사문서상의 인영을 육안으로 대조하여 보아도 동일한 것으로 보이는 경우, 원심으로서는 그 작성명의자에게 그 인영 부분의 진정성립 여부를 석명한 후 그에 따라 그 서증의 진부에 대한 심리를 더하여 보고 그 결과 그 사문서의 진정성립이 추정되면 그 작성명의자가 자신의 인장이 도용되었거나 위조되었음을 입증하지 아니하는 한 그 진정성립을 부정할 수 없음에도 바로 그 사문서의 형식적 증거력을 배척한 원심판결은 사문서의 진정성립에 관한 법리오해가 있다고 하여 이를 파기한 사례

【대법원 2000. 10. 18.자 2000마2999 결정】

법원이 소송관계를 명료하게 하기 위하여 선정당사자에게 진술을 금하고 변호사의 선임을 명하는 경우, 민사소송법 144조 3항의 규정을 유추 적용하여 선정자들에게 그 취지를 통지하여야 하는지 여부(적극)

【대법원 2000. 10. 27. 선고 2000다33775 판결】

소제기 이전에 사망한 자를 상대로 한 상고의 적법 여부(＝부적법)

예비적 병합에 있어서 일부판결이 법률상 허용되는지 여부(소극) 및 주위적 청구를 배척하면서 예비적 청구에 대하여 판단하지 아니하는 판결을 한 경우, 그 판결에 대한 상소가 제기되면 판단이 누락된 예비적 청구 부분도 상소심으로 이심되는지 여부(적극) / 주위적 청구를 인용한 제1심판결에 대하여 피고가 항소한 경우, 예비적 청구도 이심되는지 여부(적극) 및 항소심이 제1심에서 인용되었던 주위적 청구를 배척할 때에는 다음 순위의 예비적 청구에 관하여 심판을 하여야 하는지 여부(적극)

【대법원 2000. 12. 22. 선고 2000재다513 판결】

상대방의 법정대리권 등의 흠결을 재심사유로 삼기 위한 요건

[2002]

【대법원 2002. 2. 5. 선고 2001다72029 판결】
전 등기명의인이 미성년자이고 당해 부동산을 친권자에게 증여하는 행위가 이해상반행위라 하더라도 친권자에게 이전등기가 경료된 이상, 그 이전등기에 관하여 필요한 절차를 적법하게 거친 것으로 추정된다고 한 사례

【대법원 2002. 2. 8. 선고 2001다17633 판결】
양립할 수 있는 수개의 청구를 당사자가 예비적 병합의 형태로 심판의 순위를 붙여 청구한 경우의 심리방법

【대법원 2002. 5. 10.자 2002마1156 결정】
채권자가 사해행위의 취소와 함께 수익자 또는 전득자로부터 책임재산의 회복을 구하는 사해행위취소의 소에 있어서의 의무이행지

【대법원 2002. 6. 14. 선고 2001므1537 판결】
인지소송에서 혈연상의 친자관계를 증명하는 방법

【대법원 2002. 6. 28. 선고 2000다62254 판결】
간접사실에 대하여 변론주의가 적용되는지 여부(소극)

【대법원 2002. 8. 13. 선고 2002다20278 판결[미간행]】

보조참가인이 피참가인의 행위와 소극적으로 불일치하는 소송행위를 할 수 있는지 여부(적극)

【대법원 2002. 8. 23. 선고 2000다66133 판결】

서증에 있어서 형식적 증거력과 실질적 증명력의 판단 순서 / 원본의 존재 및 원본의 성립의
진정에 관하여 다툼이 있는 경우 서증으로서 사본 제출의 효과 / 서증 제출에 있어 원본제출
이 요구되지 않는 경우와 그 주장·입증책임의 소재

항소심 판결상 예비적 청구에 관하여 이루어져야 할 판단이 누락되었음을 알게 된 당사자가
상고를 통하여 그 오류의 시정을 구하였어야 함에도 상고로 다툴 수 없는 특별한 사정이 없
었음에도 상고로 다투지 아니하여 그 항소심판결을 확정시킨 후 그 예비적 청구의 전부나 일
부를 소송물로 하는 별도의 소송을 새로 제기하는 것이 권리보호 요건을 갖추지 못한 부적법
한 소제기인지 여부(적극)

피고의 상계항변을 인용하여 원고 청구를 기각한 항소심 판결 부분에 대하여도 피고는 상고
를 제기할 수 있는지 여부(적극) 및 그 상고심에서 원고의 소구채권 자체가 인정되지 아니하
는 경우 상고심의 조치(=전부 파기)

생명 또는 신체에 대한 불법행위로 인한 손해배상청구소송에서 그 손해배상의무의 존부나
범위에 관하여 항쟁함이 상당한지 여부는 적극적·소극적·정신적 손해 등 소송물별로 따로
판단하여야 하는지 여부(적극)

【대법원 2002. 9. 24. 선고 2000다49374 판결】

소송계속 중 회사인 일방 당사자의 합병에 의한 소멸로 인하여 소송절차 중단사유가 발생하
였음에도 법원이 이를 간과하고 판결을 선고하였으나 이미 소송대리인이 선임되어 있었던
경우 그 하자의 치유 방법(판결 경정)

【대법원 2002. 10. 25. 선고 2002다23598 판결】

주위적 청구와 예비적 청구가 양립 가능한데, 주위적 청구의 일부를 기각하고 예비적 청구보
다 적은 금액만을 인용할 경우, 예비적 청구에 대한 판단 여부의 결정방법

【대법원 2002. 12. 6. 선고 2000다4210 판결】

소송행위를 주목적으로 하는 채권양도의 효력 및 소송신탁 여부의 판단 기준

【대법원 2002. 12. 6. 선고 2002다44014 판결】

제소전 화해에 기하여 마쳐진 소유권이전등기가 원인무효라고 주장하며 말소등기절차의 이
행을 청구하는 것이 기판력에 저촉되는지 여부(적극) / 제소전 화해조서(소유권이전등기) → 이

를 원인무효라고 주장하며 말소등기절차의 이행을 청구(모순관계로 기판력에 저촉) → 진정한 등기명의의 회복을 위한 소유권이전등기청구(말소등기청구와 소송물은 실질상 동일)

[2003]

[2004]

【대법원 2004. 7. 9. 선고 2003다46758 판결】
수량적으로 가분인 동일 청구권에 기한 청구금액의 감축의 의미 및 착오로 인한 소의 일부 취하의 효력(유효)

【대법원 2004. 7. 21.자 2004마535 결정】
송달받을 사람이 경영하는, 그와 별도의 법인격을 가진 회사의 사무실이 송달받을 사람의 영업소나 사무소에 해당하는지 여부(소극)

소액사건에 관하여 상고이유로 할 수 있는 '대법원의 판례에 상반되는 판단을 한 때'의 요건이 갖추어지지 않은 경우에도 대법원이 실체법 해석 적용의 잘못에 관하여 직권으로 판단할 수 있는 경우

【대법원 2004. 9. 24. 선고 2004다28047 판결】
주주총회결의의 하자를 다투는 소에 있어서 청구의 인낙이나 그 결의의 부존재 또는 무효를 확인하는 내용의 화해 및 조정의 가부(소극)

공유물분할의 소에 있어서 공유물분할의 방법 / 공유물을 공유자 중의 1인 단독소유 또는 수인의 공유로 하고 다른 공유자에 대하여는 가격배상만 하는 방법의 공유물분할이 가능한지 여부(적극)

【대법원 2004. 10. 28. 선고 2002다74213 판결】
사기적인 방법으로 외국판결을 편취하였다는 사유가 외국판결에 대한 승인 및 집행을 거부할 사유에 해당하는지 여부(한정 적극)

[2005]

【대법원 2005. 1. 27. 선고 2002다59788 판결】
국제재판관할 결정시 판단 기준 — 대한민국과 실질적 관련성이 있다는 이유로 대한민국 법원의 국제재판관할권을 인정한 사례

【대법원 2005. 3. 11. 선고 2002다60207 판결】
당사자가 어떠한 법률효과를 주장하면서 미처 깨닫지 못하고 그 요건사실 일부를 빠뜨린 경우, 법원이 그 누락사실을 지적하여 당사자에게 그에 대한 변론을 할 기회를 주어야 할 의무가 있는지 여부(적극)

[2006]

[2007]

【대법원 2007. 6. 15. 선고 2006다80322, 80339 판결】
    참가하려는 소송에 수개의 청구가 병합된 경우 권리주장참가의 요건

【대법원 2007. 6. 18.자 2007아9 결정[미간행]】
    민사소송법 48조 단서가 법관기피제도의 본질적인 내용을 침해하여 위헌인지 여부(소극)

    민사소송법 70조에 정한 예비적·선택적 공동소송의 요건

    선정자가 스스로 선정행위를 하였다면 선정당사자 자격의 흠이 민사소송법 451조 1항 3호의
    재심사유에 해당하지 않게 되는지 여부(적극)

【대법원 2007. 7. 26. 선고 2007다19006, 19013 판결】
    건물의 소유권을 취득하였음을 전제로 건물의 인도를 구하는 청구에 그 건물을 원시취득한 매
    도인을 대위하여 건물의 인도를 구하는 취지가 포함되어 있다고 본 원심판결을 파기한 사례

【대법원 2007. 8. 23.자 2006마1171 결정[미간행]】
    참가요건에 흠이 있는 승계참가신청의 처리방법(=판결로 각하)

    [1] 공동소송인 사이에 어떤 재산이 상속재산임의 확인을 구하는 소가 확인의 이익이 있는지
    여부(적극) [2] 공동상속인이 다른 공동상속인을 상대로 어떤 재산이 상속재산임의 확인을 구
    하는 소의 성질(=고유필수적 공동소송) 및 고유필수적 공동소송에서 당사자 일부의 또는 일부
    에 대한 소 취하의 효력(무효)

【대법원 2007. 9. 6. 선고 2007다41966 판결】
    피고의 상고기간 경과 후에 피고 보조참가인이 상고장을 제출한 경우 그 적법 여부(부적법)

【대법원 2007. 9. 20. 선고 2007다25865 판결】
    동일한 채무자에 대하여 발생시기와 발생원인 등을 달리하는 수개의 손해배상채권을 가지고
    있는 채권자가 그중 일부만을 청구하는 경우, 손해배상채권별로 청구금액을 특정하여야 하는
    지 여부(적극)

    독립당사자참가소송의 항소심에서 항소 내지 부대항소를 제기한 바 없는 당사자에게 제1심
    판결보다 유리한 내용으로 판결을 변경하는 것이 가능한지 여부(한정 적극)

【대법원 2007. 11. 16. 선고 2006다41297 판결】
    청산 중의 비법인사단의 성격 및 권리능력

【대법원 2008. 11. 27. 선고 2007다69834, 69841 판결】
재심절차에서 중간확인의 소를 제기하였으나 재심사유가 인정되지 않아서 재심청구를 기각
하는 경우, 중간확인의 소에 관하여 법원이 취하여야 할 조치(=판결 주문으로 소각하)

[2009]

【대법원 2009. 1. 15. 선고 2008다74130 판결】
확인의 소제기 전·후에 권리관계를 다투던 피고가 항소심에서 그 권리관계를 다투지 않는
경우, 확인의 이익이 있는지 여부(적극)

【대법원 2009. 1. 30. 선고 2006다60908 판결】
비법인사단의 대표자의 대표권 유무가 의심스러운 경우, 법원이 이에 관하여 심리·조사할 의
무가 있는지 여부(적극)

【대법원 2009. 2. 12. 선고 2008재다564 판결[미간행]】
원심 소송대리인이 법정기간 내에 상고이유서를 제출하였으나 소송위임장을 첨부하지 않자
그 상고이유서의 효력을 부인하고 소송대리권의 증명에 관한 보정을 명하지도 않은 채 상고
를 기각한 재심대상판결에, 민사소송법 451조 1항 9호의 재심사유가 없다고 한 사례

【대법원 2009. 2. 12. 선고 2008다84229 판결[미간행]】
아파트입주자대표회의가 직접 하자보수에 갈음한 손해배상청구의 소를 제기하였다가 구분
소유자들로부터 손해배상채권을 양도받아 양수금청구를 하는 것으로 청구원인을 변경한 사

안에서, 소를 제기한 때가 아니라 청구원인을 변경하는 취지의 준비서면을 제출한 때에 소멸시효 중단의 효과가 발생한다고 한 사례

[2011]

지 여부(한정 적극) 및 추심명령에 대한 재판권이 인정되지 않는 경우에는 추심금 소송에 대한
재판권 역시 인정되지 않는지 여부(적극)

【대법원 2011. 12. 22. 선고 2009다75949 판결[미간행]】
　　민사소송법 436조 2항에서 정한 환송받은 법원을 기속하는 '상고법원이 파기이유로 삼은 사
　　실상의 판단'의 의미

【대법원 2011. 12. 22. 선고 2011다73540 판결】
　　민사소송법 451조 1항 단서에서 정한 '이를 알고도 주장하지 아니한 때'의 의미 및 공시송달
　　에 의하여 판결이 선고되고 판결정본이 송달되어 확정된 이후에 재심의 방법을 택한 경우, 추
　　완상소기간이 도과하였더라도 재심기간 내에 재심의 소를 제기할 수 있는지 여부(적극)

【대법원 2011. 12. 22. 선고 2011다84298 판결】
　　유치권을 고의적으로 작출한 경우 저당권자 등이 경매절차 기타 채권실행절차에서 유치권을
　　배제하기 위하여 그 부존재확인 등을 소로써 청구할 수 있는지 여부(적극)

[2012]

【대법원 2012. 1. 12. 선고 2009다84608, 84615, 84622, 84639 판결】
　　감정인의 감정 결과의 증명력 및 감정 결과 중 오류가 있는 부분만을 배척하고 나머지 부분
　　에 관한 감정 결과를 증거로 채택할 수 있는지 여부(원칙적 적극)

【대법원 2012. 1. 27.자 2011마1941 결정】
　　전 심급을 통하여 최종적으로 승소한 금액의 일정 비율을 변호사 성공보수로 지급하기로 약
　　정한 경우, 심급별 소송비용에 산입될 성공보수의 산정 방법

【대법원 2012. 2. 10.자 2011마2177 결정】
　　조정조서에 제곱미터 미만의 단수를 표시하여 위치와 면적을 기재함으로써 조정조서 집행이
　　곤란해진 경우, 당사자 일방이 그 소유로 될 토지의 지적에 표시된 제곱미터 미만의 단수를
　　포기하여 조정조서 집행을 가능하게 하는 취지로 신청한 조정조서 경정의 허가 여부(적극)

【대법원 2012. 2. 16. 선고 2010다82530 전원합의체 판결】
　　공동명의로 담보가등기를 마친 수인의 채권자가 각자의 지분별로 별개의 독립적인 매매예약
　　완결권을 가지는 경우, 채권자 중 1인이 단독으로 자신의 지분에 관한 청산절차를 이행한 후
　　그 지분에 관한 소유권이전의 본등기절차 이행을 구할 수 있는지 여부(적극)

【대법원 2012. 3. 15. 선고 2011다105966 판결[미간행]】
　　선정당사자가 소송행위 등을 할 때에 선정자의 개별적인 동의가 필요한지 여부(소극)

여부(원칙적 적극) / 조합재산에 속하는 채권에 관한 소송이 조합원들이 공동으로 제기하여야
하는 고유필수적 공동소송에 해당하는지 여부(원칙적 적극) / 법률심인 상고심에서의 승계참
가 허용 여부(소극)

【대법원 2012. 12. 27. 선고 2012다75239 판결】
　재심의 소제기가 채권자대위권의 목적이 될 수 있는지 여부(소극)

[2013]

△【대법원 2013. 1. 10. 선고 2010다75044, 75051 판결】 ··· 283
　피고의 항소추완신청이 적법하여 해당 사건이 항소심에 계속된 경우, 피고가 반소를 제기할
　수 있는지 여부(적극)

【대법원 2013. 1. 10. 선고 2012다75123, 75130 판결】
　집행증서상 단순 이행의무로 되어 있는 청구권이 반대의무의 이행과 상환으로 이루어져야
　하는 동시이행관계에 있는 경우, 청구이의의 소를 제기할 수 있는지 여부(적극) 및 이러한 소
　송에서 법원이 취해야 할 조치

【대법원 2013. 2. 14. 선고 2011다109708 판결】
　주권발행 전 주식의 주주명의를 신탁한 실질적인 주주의 채권자가 자신의 채권을 보전하기
　위하여 실질적인 주주를 대위하여 명의신탁계약을 해지하고 주주명의인을 상대로 주주권 확
　인을 구할 이익이 있는지 여부(적극)

【대법원 2013. 2. 15. 선고 2012다68217 판결】
　[1] 동일한 목적을 달성하기 위하여 복수의 채권을 가진 채권자가 어느 하나의 채권만을 행
　사하는 것이 명백한 경우, 채무자의 소멸시효 완성 항변은 채권자가 행사하는 당해 채권에 대
　한 항변으로 볼 것인지 여부(적극) [2] 소멸시효기간에 관한 주장에 변론주의가 적용되는지
　여부(소극)

【대법원 2013. 2. 28. 선고 2011다21556 판결】
　상계항변이 먼저 이루어지고 그 후 대여금채권의 소멸을 주장하는 소멸시효항변이 있는 경
　우, 상계항변 당시 채무자에게 수동채권인 대여금채권의 시효이익 포기의 효과의사가 있었다
　고 할 수 있는지 여부(소극) 및 제1심에서 상계항변이 먼저 이루어지고 항소심에서 소멸시효
　항변이 이루어진 경우에도 마찬가지인지 여부(적극)

【대법원 2013. 2. 28. 선고 2012다98225 판결[미간행]】
　재판상 화해의 창설적 효력이 미치는 범위

【대법원 2013. 5. 16. 선고 2012다202818 전원합의체 판결】
'진실·화해를 위한 과거사정리위원회'가, 진실규명 신청대상자가 조사대상 사건의 희생자라
는 결정을 함에 따라 유족들이 그 결정에 기초하여 국가를 상대로 손해배상을 구하는 민사소
송을 제기한 경우, 위 위원회 조사보고서가 갖는 증명력

【대법원 2013. 5. 31.자 2013마488 결정】
원고에게 소송비용에 대한 담보제공을 명할 수 있도록 한 취지 및 소송비용에 대한 담보제공
명령의 허용 요건

【대법원 2013. 6. 10.자 2013그52 결정】
이행권고결정의 이행조항의 '판결 선고일'의 의미는 '이행권고결정의 고지일'인 '이행권고결
정서 등본의 송달일'이라고 봄이 타당하다고 한 사례

【대법원 2013. 6. 13. 선고 2012다33976 판결】
법원이 채권자취소소송계속 중 채무자에 대하여 개인회생절차 개시결정이 내려진 사실을 알
고도 채무자의 소송수계가 이루어지지 아니한 상태로 소송절차를 진행하여 선고한 판결의
효력 — 마치 대리인에 의하여 적법하게 대리되지 아니하였던 경우와 마찬가지의 위법

【대법원 2013. 6. 27. 선고 2012다118549 판결】
甲이 乙을 상대로 소유권이전등기의 등기원인을 증여에서 매매로 경정하는 절차의 이행을
청구한 사안에서, 공동 신청에 의한 소유권이전등기의 경우 쌍방이 공동으로 등기원인을 경
정하는 등기를 신청할 수 있고, 상대방이 거부하는 경우에는 그를 상대로 경정등기절차이행
을 명하는 판결을 받아 단독으로 신청할 수 있다고 한 사례

1개의 청구의 일부를 인용하는 제1심판결에 대하여 피고만이 항소하면서 불복범위를 그 청
구 인용금액의 일부로 한정한 경우, 불복신청하지 아니하여 항소심의 심판범위에 속하지 아
니한 부분에 관하여 피고가 상고를 제기할 수 있는지 여부(소극)

국제재판관할의 결정 기준 및 물품을 제조·판매하는 제조업자에 대한 제조물책임소송에서
손해발생지 법원에 국제재판관할권이 있는지 판단하는 방법 / 불법행위로 인한 손해배상청
구 소송에서 가해행위와 손해 사이의 인과관계를 비율적으로 인정할 수 있는지 여부(소극)

【대법원 2013. 7. 25. 선고 2011다56187 판결】
원고가 승계참가시까지 한 소송행위의 효력은 그 승계참가인에게 미치는지 여부(적극)

【대법원 2013. 7. 31.자 2013마670 결정】
항소장 각하명령이 성립한 후 그 명령정본이 당사자에게 고지되기 전에 부족한 인지에 대한
보정이 있는 경우, 각하명령이 위법한 것으로 되거나 재도의 고안에 의해 그 명령을 취소할

수 있는지 여부(소극)

【대법원 2013. 8. 22. 선고 2011다100923 판결】
채권자가 채무자의 대리인으로서 채무 금액이나 이율, 변제기 등 일부 백지상태의 위임장을 보충하여 금전소비대차계약 공정증서의 작성을 촉탁한 경우, 위임장의 백지보충된 부분이 정당한 보충권한에 의하여 기재된 것이라는 점을 채권자가 별도로 증명하여야 하는지 여부(적극)

【대법원 2013. 8. 22. 선고 2012다68279 판결】
乙에 대하여 회생절차를 개시하면서 관리인을 선임하지 아니하고 乙을 관리인으로 본다는 내용의 회생절차개시결정이 있은 후 甲 주식회사가 乙을 상대로 사해행위 취소의 소를 제기한 사안에서, 관리인으로서 乙의 지위를 표시하라는 취지로 당사자표시 정정의 보정명령을 내리지 않고 乙이 당사자적격이 없다는 이유로 소를 각하한 원심판결에 법리오해 등의 잘못이 있다고 한 사례

【대법원 2013. 8. 23. 선고 2012다17585 판결】
근저당권의 피담보채무에 관한 부존재확인의 소가 근저당권이 말소되면 확인의 이익이 없게 되는지 여부(적극)

【대법원 2013. 8. 23. 선고 2013다28971 판결】
항소법원이 제1심판결을 취소하는 경우 반드시 사건을 제1심법원에 환송하여야 하는지 여부(소극)

【대법원 2013. 9. 9.자 2013마1273 결정】
등기이사이던 사람이 회사를 상대로 사임을 주장하며 이사직을 사임한 취지의 변경등기를 구하는 소를 제기한 경우, 그 소에 관하여 회사를 대표할 사람(＝대표이사) / 소장에 대표자의 표시가 되어 있으나 그 표시에 잘못이 있는 경우, 재판장이 보정명령을 하고 그에 대한 불응을 이유로 소장을 각하할 수 있는지 여부(소극)

【대법원 2013. 9. 12. 선고 2011다57869 판결】
상법 403조에 따라 대표소송을 제기하기 위하여 상법 또는 구 증권거래법이 정하는 주식보유요건을 갖추어야 할 시기 및 대표소송을 제기한 주주 중 일부가 주식을 처분하는 등으로 주주의 지위를 상실한 경우, 그 주주가 제기한 부분의 소가 부적법하게 되는지 여부(원칙적 적극)

【대법원 2013. 9. 13. 선고 2012다36661 판결】
제권판결에 대한 취소판결의 확정을 조건으로 한 수표금 청구가 장래이행의 소로서 허용되는지 여부(소극)

【대법원 2013. 9. 13. 선고 2013다45457 판결】
부당이득반환청구권과 불법행위로 인한 손해배상청구권 중 어느 하나에 관한 소를 제기하여 승소 확정판결을 받았으나 채권의 만족을 얻지 못한 경우, 나머지 청구권에 관한 이행의 소를

제기할 수 있는지 여부(적극) 및 손해배상청구의 소를 먼저 제기하여 과실상계 등으로 승소액
이 제한된 경우, 제한된 금액에 대한 부당이득반환청구권 행사의 허용 여부(적극)

【대법원 2013. 10. 11. 선고 2013도9616 판결】
피고인이 재판과정에서 배상신청인과 민사적으로 합의하였다는 내용의 합의서를 제출하였
고, 합의서 기재 내용만으로는 배상신청인이 변제를 받았는지 여부 등 피고인의 민사책임에
관한 구체적인 합의 내용을 알 수 없는 경우, 사실심법원이 취해야 할 조치

[2014]

권이 생겼다고 봄이 타당하다고 한 사례

【대법원 2014. 4. 10. 선고 2012다29557 판결】
화해권고결정의 효력 및 그 기판력의 범위

【대법원 2014. 4. 10. 선고 2013다54390 판결[미간행]】
판결이유에 포함된 것이라도 상계항변으로 주장된 자동채권은 상계로써 대항한 액수에 한하여 확정판결의 기판력이 미치는지 여부(적극)와 이때 상계의 의미(=단독행위로서 상계)

【대법원 2014. 4. 16.자 2014마4026 결정】
항소장이나 판결문 등에 기재된 피항소인의 주소 외에 다른 주소가 소송기록에 있음에도 다른 주소로 송달을 시도하지 않고 항소장에 기재된 주소로 송달이 되지 않았다는 것만으로 주소보정을 명하고 이에 응하지 않음을 이유로 항소장을 각하할 수 있는지 여부(소극)

【대법원 2014. 4. 24. 선고 2012다40592 판결[미간행]】
공탁관이 가족관계증명서, 제적등본 등 첨부서류만으로는 출급청구인이 진정한 상속인인지 심사할 수 없다는 이유로 공탁물출급청구를 불수리한 경우, 정당한 공탁물 수령권자가 공탁자를 상대로 공탁물출급청구권의 확인을 구하는 소송을 제기할 이익이 있는지 여부(적극)

【대법원 2014. 4. 24. 선고 2012다105314 판결[미간행]】
교통사고 피해자 차량의 보험자가 가해 차량 소유자를 상대로 제기한 구상금청구소송에 교통사고의 피해자가 보조참가하여 가해 차량의 소유자에게도 과실이 있음을 적극적으로 다툰 경우, 피해자의 손해배상청구권의 소멸시효는 위 보조참가로 중단되는지 여부(적극)

【대법원 2014. 4. 30.자 2014마76 결정】
인지 보정명령에 따라 인지액 상당의 현금을 수납은행에 납부하면서 잘못하여 인지로 납부하지 아니하고 송달료로 납부한 경우, 소장 등을 심사하는 재판장이 신청인에게 인지를 보정하는 취지로 송달료를 납부한 것인지 석명을 구하고 다시 인지를 보정할 기회를 부여하여야 하는지 여부(적극)

【대법원 2014. 5. 16. 선고 2011다52291 판결】
토지의 지적도상 경계선에 따른 면적과 토지대장에 표시된 면적이 불일치할 경우, 지적도상 경계선에 따른 면적을 기준으로 토지대장의 면적 표시를 정정하기 위하여 인접 토지소유자에게 정정에 대한 승낙의 의사표시를 소구할 법률상의 이익이 있는지 여부(소극)

실질적으로 선택적 병합 관계에 있는 두 청구를 당사자가 주위적·예비적으로 순위를 붙여 청구하였고, 제1심법원이 주위적 청구를 기각하고 예비적 청구만을 인용하는 판결을 선고하였는데 피고만이 항소한 경우, 항소심의 심판 범위

도록 소송수계를 신청할 수 있는지 여부(적극) 및 피고에 대하여 실종선고가 확정된 경우에도
마찬가지로 적용되는지 여부(적극)

【대법원 2014. 9. 26. 선고 2014다29667 판결】

작성명의인의 인영에 의하여 처분문서의 진정성립을 추정할 때 요구되는 심리의 정도

★**【대법원 2014. 10. 8.자 2014마667 전원합의체 결정】** ·· 367

결정·명령의 원본이 법원사무관등에게 교부되어 성립한 경우, 결정·명령이 당사자에게 고
지되어 효력이 발생하기 전에 결정·명령에 불복하여 항고할 수 있는지 여부(적극)

【대법원 2014. 10. 27. 선고 2013다25217 판결】

甲이 乙의 丙에 대한 점유취득시효를 원인으로 한 소유권이전등기청구권 중 일부 지분을 상
속받았다고 주장하면서 丁을 상대로 丙의 丁에 대한 소유권이전등기의 말소등기청구권을 대
위하여 전부 말소를 구한 사안에서, 甲이 주장하는 지분을 초과하는 부분에 관하여 보전의 필
요성이 없다는 이유로 소를 각하한 원심판결에 석명의무를 다하지 아니하여 심리를 제대로
하지 않은 잘못이 있다고 한 사례

★**【대법원 2014. 10. 30. 선고 2013다53939 판결】** ·· 235

기판력이 미치는 객관적 범위에 해당하지 아니하는 경우, 전소 판결의 변론종결 후에 당사자
로부터 계쟁물 등을 승계한 자가 제기한 후소에 전소 판결의 기판력이 미치는지 여부(소극)

【대법원 2014. 10. 30. 선고 2014다43076 판결】

도의원 보궐선거에 출마자의 한 선거사무소로 소장부본 등의 송달이 유효하게 이루어진 후 송
달장소변경신고를 하지 않은 상태에서 변론기일통지서 등이 송달불능되자 위 사무소로 발송
송달을 한 사안에서, 위 선거사무소가 민사소송법 183조 1항의 사무소에 해당한다고 한 사례

△**【대법원 2014. 11. 13. 선고 2009다3494, 3500 판결】** ·· 88

어느 서면에 의하여 증명되어야 할 법률관계를 둘러싸고 이미 소가 제기되어 있는 경우에 그
와 별도로 서면의 진정 여부 확인을 구할 이익이 있는지 여부(소극) / 소로써 확인을 구하는
서면의 진부가 확정되어도 서면이 증명하려는 권리관계 내지 법률적 지위의 불안이 제거될
수 없는 경우, 증서의 진정 여부 확인을 구할 이익이 있는지 여부(소극)

【대법원 2014. 11. 13. 선고 2009다71312, 71329, 71336, 71343 판결[미간행]】

권리주장참가의 요건

【대법원 2014. 12. 11. 선고 2013다28025 판결】

회복등기절차 이행이나 회복등기에 대한 승낙의 의사표시를 구할 법률상 이익이 있는지 여
부(소극)

【대법원 2014. 12. 22.자 2014다229016 명령】

판결 선고 후 판결문을 전자문서로 전산정보처리시스템에 등재하고 그 사실을 전자적으로

항변을 하는 경우에도 마찬가지로 적용되는지 여부(적극)

【대법원 2015. 3. 20. 선고 2014다75202 판결[미간행]】
주관적·예비적 공동소송에서 조정을 갈음하는 결정에 대하여 일부 공동소송인이 이의하지
아니한 경우, 그 공동소송인에 대한 관계에서 위 결정이 확정되는지 여부(원칙적 적극) 및 분리
확정이 허용되지 않는 경우 / 이러한 법리는 화해권고결정의 경우에도 마찬가지로 적용되는
지 여부(적극)

【대법원 2015. 4. 9. 선고 2013다89372 판결】
도시 및 주거환경정비법에 따른 조합의 이사가 자기를 위하여 조합을 상대로 소를 제기하는
경우, 조합에 감사가 있는데도 조합장이 없거나 조합장이 대표권을 행사할 수 없는 사정이 있
다는 이유로 민사소송상의 특별대리인을 선임할 수 있는지 여부(원칙적 소극) 및 수소법원이
이를 간과하고 특별대리인을 선임한 경우, 특별대리인이 이사가 제기한 소에 관하여 조합을
대표할 권한이 있는지 여부(소극)

제기한 경우, 피참가인의 재심의 소 취하로 재심의 소제기가 무효로 되거나 부적법하게 되는
지 여부(소극)

【대법원 2015. 11. 17. 선고 2014다81542 판결】
민사소송에서 당사자 일방이 일부가 훼손된 문서를 증거로 제출하였는데 상대방이 훼손된
부분에 잔존 부분의 기재와 상반된 내용이 기재되어 있다고 주장하는 경우, 증거가치 판단과
사실인정의 방법

문서의 제출을 거부할 수 있는 예외사유로서 정한 '직업의 비밀'의 의미 / 어느 문서가 문서를
가진 사람이 이용할 목적으로 작성되고 외부자에게 개시하는 것이 예정되어 있지 않으며 개
시할 경우 문서를 가진 사람에게 간과하기 어려운 불이익이 생길 염려가 있는 경우, 민사소송
법 344조 2항 2호의 자기이용문서에 해당하는지 여부(원칙적 적극)

【대법원 2015. 12. 23. 선고 2013다17124 판결】
[1] 확정된 재심판결에 대하여 재심의 소를 제기할 수 있는지 여부(적극) [2] 원래의 확정판결
을 취소한 재심판결에 대한 재심의 소에서 원래의 확정판결에 대하여 재심사유를 인정한 종
전 재심법원의 판단에 재심사유가 있어 종전 재심청구에 관하여 다시 심리한 결과 원래의 확
정판결에 재심사유가 인정되지 않을 경우, 법원이 취할 조치 및 그 경우 재심사유가 없는 원
래의 확정판결 사건의 본안에 관하여 다시 심리와 재판을 할 수 있는지 여부(소극)

[2016]

【대법원 2016. 1. 14. 선고 2013다40070 판결[미간행]】
451조 1항 6호 판결의 증거가 된 문서가 위조나 변조되었음을 재심사유로 삼을 때 그 행위에
대하여 유죄의 확정판결이 없는 경우, 재심청구인이 증명하여야 할 사항 / 451조 1항 8호에
서 정한 '재판이 판결의 기초가 되었다'는 것의 의미

항소기간 경과 후에 항소취하가 있는 경우, 제1심판결이 확정되는 시기(=항소기간 만료시) / 항소
기간 경과 전에 항소취하가 있는 경우, 항소기간 내에 다시 항소제기가 가능한지 여부(적극)

【대법원 2016. 1. 28. 선고 2015다207747 판결】
법정지인 재판국에서 피고에게 방어할 기회를 부여하기 위하여 규정한 송달에 관한 방식과
절차를 따르지 아니하였으나 패소한 피고가 외국법원의 소송절차에서 실제로 자신의 이익을

사업방식을 변경하는 내용의 약정을 체결한 다음 정비구역 내 토지등소유자로 구성된 주민총회를 개최하였고, 주민총회에서 약정을 추인하는 결의를 하자, 乙 등 일부 토지등소유자가 주민총회결의의 무효 확인을 구한 사안에서, 소가 확인의 이익이 없어 부적법하다고 한 사례

乙의 입장을 밝혀 보지도 아니한 채 乙이 변론기일에 출석하지 아니하자 곧바로 변론을 종결하고 제1심판결과 전혀 다른 결론의 판결을 선고한 항소심의 조치에는 심리미진 등 잘못이 있다고 한 사례

된 경우, 주주대표소송의 원고 적격을 상실하는지 여부(적극)

【대법원 2018. 11. 29. 선고 2018므14210 판결】

민사소송법 76조 1항 단서가 공동소송적 보조참가인에게도 적용되는지 여부(적극) 및 보조참가인의 재심청구 당시 피참가인인 재심청구인이 이미 사망하여 당사자능력이 없는 경우, 보조참가인의 재심청구가 허용되는지 여부(원칙적 소극)

【대법원 2018. 12. 13. 선고 2016다210849, 210856 판결】

소송법상 특별대리인의 권한 범위

【대법원 2018. 12. 28. 선고 2017다265815 판결】

채권자가 사해행위취소 및 원상회복으로서 수익자 명의 등기의 말소를 청구하여 승소판결이 확정된 경우, 수익자 명의 등기를 말소하는 것이 불가능하게 되었다고 하여 다시 수익자를 상대로 원상회복청구권을 행사하여 가액배상을 청구하거나 원물반환으로서 채무자 앞으로 직접 소유권이전등기절차를 이행할 것을 청구할 수 있는지 여부(소극)

[2019]

【대법원 2019. 2. 14. 선고 2015다255258 판결】

이사가 주주총회결의 취소의 소를 제기하였다가 소송계속 중이나 사실심 변론종결 후에 사망한 경우, 소송이 중단되지 않고 그대로 종료하는지 여부(적극)

서도 할 수 있는지 여부(적극)

【대법원 2019. 10. 17. 선고 2014다46778 판결】
물건 점유자를 상대로 한 물건의 인도판결이 확정된 경우, 점유자가 그 판결의 효력으로 판결의 상대방에게 물건을 인도하여야 할 실체적 의무가 생기거나 정당한 점유권원이 소멸하여 그때부터 물건의 점유가 위법하게 되는지 여부(소극) 및 위 인도판결의 기판력이 물건에 대한 불법점유를 원인으로 하는 손해배상청구 소송에 미치는지 여부(소극)

【대법원 2019. 10. 17. 선고 2018다300470 판결】
여러 개의 유죄판결이 재심대상판결의 기초가 되었는데 이후 각 유죄판결이 재심을 통하여 효력을 잃고 무죄판결이 확정된 경우, 어느 한 유죄판결이 효력을 잃고 무죄판결이 확정되었다는 사정이 별개의 독립된 재심사유가 되는지 여부(원칙적 적극) 및 각 유죄판결에 대하여 형사재심에서 인정된 재심사유가 공통된다거나 무죄판결의 이유가 동일하더라도 마찬가지인지 여부(적극)

소송계속 중 제3자가 민사소송법 81조에 따라 소송에 참가한 후 원고가 제3자인 원고 승계참가인의 승계 여부에 대해 다투지 않으면서도 소송탈퇴, 소 취하 등을 하지 않거나 이에 대하여 피고가 부동의하여 원고가 소송에 남아 있는 경우, 승계로 인해 중첩된 원고와 원고 승계참가인의 청구 사이에 필수적 공동소송에 관한 민사소송법 67조가 적용되는지 여부(적극)

【대법원 2019. 11. 28. 선고 2017다244115 판결】
법원이 당사자의 변론재개신청을 받아들여 변론을 재개할 의무가 있는 예외적인 경우

【대법원 2019. 12. 24. 선고 2016다222712 판결】
외국적 요소가 있는 법률관계에 적용될 준거법으로서의 외국법의 내용이 법원의 직권조사사항인지 여부(적극)

[2020]

【대법원 2020. 1. 9.자 2019마6016 결정】
민사소송법 163조 1항 2호의 "영업비밀이 적혀 있는 때"에 해당한다고 주장하며 그 열람 등 제한을 신청한 경우, 위 조항의 취지와 그 요건으로서 영업비밀의 개념

【대법원 2020. 1. 16. 선고 2019다264700 판결】
항고소송으로 제기하여야 할 사안을 민사소송으로 잘못 제기한 경우 수소법원이 취하여야 할 조치(=소 변경을 위한 석명권 행사)

[하급심]

[저자 약력]

서울대학교 법대 졸업
사법시험 합격
대법원 법무사자격심의위원회 위원 역임
대법원 개인회생절차 자문단 위원 역임
법무부 법조직역 제도개선 특별분과위원회 위원 역임
법무부 공증인 징계위원회 위원 역임
독학사시험위원, 변리사시험위원, 입법고시위원, 공인노무사시험위원 역임
사법시험위원, 변호사시험위원 역임
(현재) 대한변호사협회지「인권과 정의」편집위원
(현재) 한국 민사소송법학회 부회장
(현재) 중앙대학교 법학전문대학원 교수

[저 서]

강의 민사소송법[제2판], 박영사
민사집행법[제2판], 박영사
도산법[제4판], 박영사
민사소송법연습[제7판], 법문사
분쟁유형별 민사법[제4판], 법문사
공증법제의 새로운 전개, 중앙대학교 출판부
제로(0) 스타트 법학[제4증보판], 문우사
[e북] 민사소송법 판례, 유스티치아
[e북] 민사소송법 선택형 문제, 유스티치아

민사소송법 핵심판례 셀렉션

초판발행	2020년 5월 7일
지은이	전병서
펴낸이	안종만 · 안상준
편 집	윤혜경
기획/마케팅	조성호
표지디자인	박현정
제 작	우인도 · 고철민
펴낸곳	(주) **박영사**
	서울특별시 종로구 새문안로3길 36, 1601
	등록 1959. 3. 11. 제300-1959-1호(倫)
전 화	02)733-6771
f a x	02)736-4818
e-mail	pys@pybook.co.kr
homepage	www.pybook.co.kr
ISBN	979-11-303-3637-4 93360

copyright©전병서, 2020, Printed in Korea

정 가   29,000원